Eine Kindheit in Bad Orb

zeitzeugen

Bibliografische Informationen Der Deutschen Nationalbibliothek

Die Deutsche Nationalbibliothek verzeichnet diese Publikation in der Deutschen Nationalbibliografie; detaillierte bibliografische Daten sind im Internet über http://dnb.d-nb.de abrufbar

Gestaltung: Kay Niebank, Bremen
Umschlagfoto & Aufnahmen im Buch, sofern nicht anders angegeben, aus dem Besitz des Autors
Druck & Bindung: Books on Demand GmbH, Norderstedt
Printed in Germany
Gedruckt auf säurefreiem Papier

Niebank-Rusch-Fachverlag, Hartwigstr. 2c, 28209 Bremen
Besuchen Sie uns im Internet: www.nr-verlag.de

ISBN: 978-3-939564-31-7

Eine Kindheit in Bad Orb

Christoph Funke

niebank
rusch
fachverlag

Für Silke und Tammo

Eine Brücke in die Vergangenheit gibt es nicht. Wir können nicht zurückwandern ins Gewesene; die Vergangenheit ist kein Raum nur etwas entfernt gelegen. In unserer Lebenszeit haben wir keine zwei Ufer, die wir verbinden können. Wir haben nur einen einzigen, den diesseitigen Pfeiler, unsere Gegenwart. Die Vergangenheit ist gewesen; sie existiert nicht mehr. Sie besteht in dem Bild, das wir uns heute und hier von ihr machen; wir können sie nicht fotografieren. Sie läßt sich nicht vorzeigen.

Kurt Flasch, Über die Brücke, 2005, S.138, Frankfurt

Wenn ich mir der tatsächlichen Ereignisse nicht mehr sicher sein kann, so kann ich wenigstens getreu wiedergeben, welche Eindrücke sie hinterlassen haben. Ich werde mein Bestes tun.

Julian Barnes, Vom Ende einer Geschichte, 2011, S.10, Köln

In guter Hoffnung

Im September 1941, zwei Jahre nach dem Beginn des Zweiten Weltkriegs, befanden sich die Truppen der deutschen Wehrmacht auf dem Vormarsch nach Moskau. Mein Vater, Oberleutnant der Artillerie, war als Batteriechef an der Ostfront in den Kämpfen gegen die Rote Armee eingesetzt. Meine Mutter lebte in ihrer Heimatstadt Wien und stand kurz vor ihrer Entbindung. Mein Vater wäre in der Zeit meiner Geburt gerne bei ihr gewesen. Seinem Urlaubsgesuch konnte nicht stattgegeben werden.

Meine Eltern waren ein Jahr verheiratet. Sie sahen sich wenig. Mit zahlreichen Feldpostbriefen, Kartengrüßen und gelegentlichen Telefongesprächen hielten sie einen engen Kontakt. Viele Briefe der Mutter bis zum Zeitpunkt meiner Geburt blieben erhalten. Seltsamerweise kein einziger meines Vaters.

Am 17. September schrieb meine Mutter meinem Vater an die Front:

„Mein liebster Rudolf!
... Ich kann Dir aber sagen, ich freue mich so sehr auf unser Kind, nun da ich mit allen Vorbereitungen fertig bin und Zeit habe, mich wirklich der Freude hinzugeben. Je näher die Zeit kommt, desto mehr freue ich mich, und dieses frohe und starke Gefühl der Freude lässt keine Bangigkeit aufkommen, die einen ja manchmal in Erwartung des noch nicht Erlebten beschleichen will. Es ist ja auch zu herzig, wenn man nun all die lieben kleinen Sachen anschaut, diese winzigen Hemdchen und Jäckchen, und wenn man sich dann vorstellt, dass da so ein liebes, kleines Lebendiges drinnen steckt, mit winzigen Händchen und Füßchen und großen Augen, und wenn man sich nun sagen kann, das ist ein Zusammenfluss des liebsten Menschen und einem selber, und in diesem winzigen Geschöpfchen lebt Blut und Seele von Jahrzehnten und Jahrhunderten. Ich glaube, ein Heim ist erst ein wirkliches Zuhause, wenn so ein kleines Körbchen im Zimmer steht, und Du wirst's auch erleben, es ist nichts Störendes dabei, es gehört eher zu einem dazu, dass man sich's gar

nicht vorstellen kann, dass es einmal nicht gewesen sein könnte. Ja, wenn es nicht fast lächerlich wäre, ich freue mich schon auf unser zweites Kindchen. Du weißt, ich bin weder sentimental, noch in meine Mutterschaft verliebt, aber es ist zu nett, wenn man etwas kleines Krabbliges in sich wachsen fühlt, auch wenn der Balg nachts dem Magen seiner Mutter als Kopfkissen oder Fußstütze benutzt, was er noch immer mit unvermindertem Eifer und wunderschöner Beharrlichkeit tut. Und es ist so schön, wenn man spürt, wie sehr sich der Körper auf das kleine Wesen einstellt, wie sich alle Räume dehnen, so widerstandslos und selbstverständlich.
... Für mich waren diese neun Monate jedenfalls trotz vielem Kummer um Dich und mancher schweren Stund eine wunderschöne Zeit, die ich nicht missen möchte, und ich kann mir gar nicht vorstellen, dass der Abschluss nun weniger schön sein könnte. Dabei habe ich auch hier keine Illusionen. Natürlich ist jede Geburt ein Gewitter, das durch den Körper geht, aber ist's mit der Liebe nicht genau so und wie schön ist die trotzdem."

Drei Tage später, am 20. September, einem Samstag, schrieb sie:

„Mein liebster Rudi!
Wenn in früheren Jahren die ersten Astern geblüht haben in den Gärten und die Sonne so mild und müd geschienen hat, hat mich immer eine tiefe Wehmut überkommen. Aber heuer ist das nicht so. Denn was bedeutet eine müde Sonne und blühende Herbstblumen gegen unser frisches Glück, das ja eigentlich erst im Werden und in der Entwicklung steht.
Heute habe ich Dich schon viele viele Male herbeigewünscht. Ich habe mit Heli Lintner einen wunderschönen und langen Spaziergang gemacht in eine kleine Wienerwaldschenke, wo man bei einem vorzüglichen alkoholfreien Apfelsaft an schlichten Holztischen mitten im Wald sitzen kann. Die Buchenwälder sind noch frischgrün, aber aus der Erde steigt doch schon der starke Duft von Herbst und Vergehn. Ich habe mir fest vorgenommen, dass wir anlässlich Deines nächsten Urlaubes diese Schenke aufsuchen müssen, auch wenn es kalt und Winter ist, denn bis dahin kann ich den Piepmatz leicht in seinem Wagen fahren.

Gestern hab ich mit Dr. Kraul telefoniert. Ich habe ihm gesagt, dass es mir sehr gut geht, dass ich aber schon ganz leichte Anzeichen verspüre. Er hat mir genau erklärt, wann ich abzischen muss, ich glaube aber, es wird schon noch länger dauern, und das ist ganz angenehm ...“

Und dann war ich schneller auf der Welt als diese Feldpostbriefe bei meinem Vater in Russland. Und dieser wurde wenige Tage, nachdem meine hoffnungsvolle Mutter den zweiten so euphorisch geschrieben hatte, in einem Kampfeinsatz seiner Abteilung verwundet. Der Streifschuss eines feindlichen Gewehrschützen riss seine Schädeldecke auf. Ein anderes Geschoss durchschlug seinen linken Oberschenkel. Die Briefe seiner Frau erreichten ihn hinter der Front in einem Lazarett.

Ich wurde am 22. September 1941 als ältestes von drei Geschwistern in Wien geboren. Mein Namenspatron ist der Heilige Christophorus, unter dessen Bild sich meine Eltern im Erfurter Dom zum ersten Mal begegneten. Meine Schwester Gitti kam im November 1942, mein Bruder Martin im August 1944 zur Welt.

Meine Mutter in ihrer Wiener Wohnung. Ich werde erwartet.

Mein Vater (rechts) in Russland (September 1941).

Meine Mutter und ihre Herkunft

Unsere Mutter Gertrud geb. Köck (1907-1972) war Wienerin. Ihr Vater Johann (Hans) Köck (1859-1924) stammte von einem Bauernhof mit einem angeschlossenen Mühlen- und Sägereibetrieb in St. Veit an der Gölsen in Niederösterreich. Als ältester Sohn und vorgesehener Erbe zeigte er aber kein besonderes Interesse an der Führung dieses Familienbetriebs, ließ sich auszahlen, ging zur Kaiserlich Königlichen Österreichischen Post und wurde schließlich Postamtsdirektor in Wien. Auf einer Tanzveranstaltung lernte er meine böhmische Großmutter Theresia Kaunzner (1869-1930) aus dem winzigen Dorf Walkowa im Kreis Luditz (Pfarrei Chiesch) im Sudetenland kennen. Sie war eine Tochter des Bauern Franz Kaunzner und seiner Frau Franziska geb. Hiehsl und weilte zum Besuch ihres Bruders in Wien. Dieser leistete in der Hauptstadt der k.u.k. Monarchie gerade seinen Wehrdienst ab. Damals gehörten das heutige Tschechien sowie die Slowakei und der südliche Teil Polens noch zu Österreich, und in Böhmen lebte bis zu ihrer Vertreibung 1945 eine überwiegend deutschsprachige Bevölkerung.

Meine Mutter war ein spätes, lange erwartetes Wunschkind. Bei ihrer Geburt waren beide Eltern schon über siebzehn Jahre verheiratet. Ihre Mutter war damals achtunddreißig und ihr Vater achtundvierzig.

Nach der Volksschule besuchte sie die von katholischen Schwestern geführte Privat-Bürgerschule zu St. Ursula und anschließend die Handelsschule des Frauenbildungs-Vereines. Mein Großvater verweigerte seiner einzigen Tochter eine weitere Schulbildung. Sie war sechzehn und hatte ein mir vorliegendes hervorragendes Abschlusszeugnis, er aber war krank und rechnete mit seinem baldigen Tod. Gertrud, auch Trude oder Gerti, wie ihre Familie und Freunde sie nannten, sollte schnellstens einen Beruf erlernen, Beamtin und finanziell unabhängig werden. Er starb 1924 mit 65 Jahren an einer Gehirnblutung, ein Jahr nach Beginn ihrer Lehrzeit als Sekretärin bei der Bundeskrankenkasse. Ihre zehn Jahre jüngere Mutter verlor sie sechs Jahre später, als sie selbst dreiundzwanzig Jahre alt war.

Meine Wiener Großeltern Hans und Therese Köck mit meiner Mutter (1909).

Diese Großmutter Theresia konnte, wie später ihr einziges Kind, gut wirtschaften, und von meiner Mutter wurde ihr auch ein strenges und resolutes Auftreten nachgesagt. Wenn immer sie wollte, verschaffte sie sich schnell den Respekt, den sie für sich geboten hielt. Nur vor einem kleinen Hahn musste sie immer wieder passen. Als Bauerntochter von klein auf an allerhand Getier um sich herum gewöhnt, hielt sie im Garten hinter ihrem Wiener Stadthaus eine Zeit lang Zwerghühner. Zu deren Wohlbefinden gehörte auch ein Hahn, „damit die Hennen besser legen", wie sie aus Erfahrung wusste. Dieser Hahn verhielt sich meiner Großmutter gegenüber stets giftig und aggressiv. Wenn sie sich seinem Hühnervolk näherte, stürzte er sich auf sie und versuchte, sie in die Beine zu picken. Eines Tages zog sie bei einem solchen Angriff im Zorn einen Schuh aus und schleuderte ihn auf den sie umflatternden Vogel. Der Schuh verletzte den Hahn so arg, dass er fortan nur noch auf einem Bein herumhüpfen konnte, weil das andere nach der Heilung verkrüppelt blieb.

Dennoch führte diese Machtprobe nicht zu dem angestrebten Erfolg. Der so brutal bekämpfte Vogel war in keiner Weise eingeschüchtert und attackierte meine böhmische Großmutter trotz seiner schweren Behinderung weiterhin mit aller Macht. Es ist nicht überliefert, wann Theresia Köck dem renitenten Widersacher schließlich den Hals umdrehte.

Meine Mutter erbte von ihr im Wiener Stadtteil Gersthof, am Bischof-Faber-Platz 4, direkt gegenüber dem Haupteingang der Pfarrkirche St. Leopold, ein schuldenfreies dreigeschossiges Mietshaus in guter Lage, Baujahr 1902, mit sechs Zwei- und Dreizimmerwohnungen und einer Schusterwerkstatt im Kellergeschoss. Das Haus hatte meine Großmutter 1909 erworben. Warum laut des erhaltenen Kaufvertrags sie die Besitzerin war und nicht ihr Mann, weiß ich nicht. Jedenfalls lebte meine Mutter in ihren eigenen Räumen und verfügte schon als junge Frau mit dreiundzwanzig Jahren neben ihrem beruflichen Einkommen über regelmäßige Mieteinnahmen. Diese Situation hielt sie frei von unerwünschten Bindungen und Abhängigkeiten. Sie galt als attraktiv, sehr selbstständig, unternehmungsfreudig und weltoffen. Auf einer ihrer Reisen lernte sie Anfang des Krieges 1939 im Dom von Erfurt meinen Vater kennen und verliebte sich in ihn.

Meine Mutter im Büro mit ihrer Freundin Fanny Sperl (1937).

Über das Leben meiner Mutter bis zu ihrer Heirat und das ihrer Eltern ist mir viel weniger bekannt als über das des Vaters und seiner Familie. Das liegt daran, dass meine Großeltern mütterlicherseits schon viele Jahre vor meiner Geburt starben, die Mutter ohne Geschwister aufwuchs, wir in Bad Orb so fern von Wien lebten und damit weit weg von den meiner Mutter nahestehenden Menschen, die uns etwas über sie hätten erzählen können. Ein anderer Grund ist sicherlich, dass ich mich als Kind und später auch als Erwachsener nicht besonders für das Vergangene interessierte. Es zählte die Gegenwart und das Zukünftige. Für Rückblicke in die Familiengeschichte nahm ich mir keine Zeit. Zudem starb meine Mutter schon 1972, als ich einunddreißig Jahre alt, also aus meiner heutigen Sicht noch ziemlich jung war.

Anders als über ihre Verwandten der väterlichen Seite, den Köcks, konnte ich auch nachträglich nichts über die Verwandten ihrer Mutter im Sudetenland in Erfahrung bringen. Meines Wissens unterhielt meine Mutter von Bad Orb aus keinerlei Kontakte zu ihnen. Möglicherweise hat sie über sie gesprochen. Ich erinnere mich nicht daran. In ihrem Nachlass befanden sich beglaubigte Abschriften der beiden Geburts- und Taufscheine ihrer Großeltern Franz Joseph Kaunzner und Franziska Hiehsl sowie eine Abschrift von deren 1856 ausgestellten Trauungs-Schein, aber keine weiteren Unterlagen, auch kein Foto, das sich zweifelsfrei diesen Großeltern zuordnen lässt. Franz Joseph war von Beruf Bauer, Franziska eine Bauerntochter. Meine Mutter verwies immer mit einem gewissen Stolz auf ihre bäuerliche Herkunft. Ihre Eltern Hans Köck und Theresia Kaunzner heirateten 1889 in der Pfarrei Chiesch im Kreis Eger, der Heimat meiner Großmutter. Hans war damals dreißig und Theresia zwanzig Jahre alt.

Nach der Heirat meiner Eltern 1940 erwähnt meine Mutter in einem ihrer Briefe an meinen Vater ein Hochzeitsgeschenk von ihrer Cousine Resi aus dem Egerland. Folglich müssen Kontakte zu ihren dortigen Verwandten bestanden haben. Sie endeten möglicherweise 1945 infolge des Einmarschs der sowjetischen Truppen und der Vertreibung der deutschsprachigen Bevölkerung aus der damaligen Tschechoslowakei und der Errichtung des Eisernen Vorhangs zwischen dem Ostblock und Westeuropa.

In ihren Briefen aus den Jahren 1939 bis 1941 an meinen Vater gibt meine Mutter dem Leser einige Einblicke in ihr Denken und Fühlen als junge Frau. Sie schrieb auch viel über ihre Tagesabläufe, ihre Freizeitaktivitäten, ihre Bindungen zu befreundeten Menschen und über die von ihr wahrgenommenen Aufgaben und Pflichten.

Bei meinem ersten Wienbesuch 1964 schwärmte ihre enge Freundin Helene Lintner davon, wie gut meine Mutter wirtschaften und mit Geld umgehen konnte. Ihren Besitz verwaltete sie umsichtig und gewissenhaft, wie sie selbst sagte, unter dem Motto: „Was du ererbt von deinen Eltern, erwirb es, um es zu besitzen." Sie beschäftigte sich intensiv mit der Verwaltung ihres Hauses, den Aufgaben und Problemen als Vermieterin, den Erklärungen für die Einkommens- und Vermögenssteuer, der Anlage des verfügbaren Kapitals. Meinem Vater konnte sie, solange sie noch berufstätig war, wiederholt anbieten, ihm finanziell beizustehen, falls er mit seinem Leutnantsgehalt nicht auskäme. In einem Brief an ihn beschreibt sie detailliert ihre gemeinsamen Einkommensverhältnisse vor und nach der Heirat. Auch später in Bad Orb in der Spessartstraße führte sie penibel ein Haushaltsbuch. Sie war sparsam, andererseits großzügig und niemals knausrig. Rechnen konnte mein Vater auch, doch in finanziellen Dingen war sie die Erfahrenere, Klügere und Weitsichtigere.

Beeindruckt haben mich die Schilderungen ihrer Hochzeitsvorbereitungen. Meine Eltern heirateten in Bad Orb, weil meine Mutter in Wien keine Familie und keine ihr nahestehenden Verwandten hatte. Mein Vater konnte zu den Vorbereitungen wenig beitragen. Seine Artillerieeinheit lag im Sommer 1940 bei Thorn am rechten Ufer der Weichsel. Sie musste auf Anfrage seines Regimentskommandeurs, Oberstleutnant Raapke, den Nachweis erbringen, dass sie als „Braut achtbar und ihr Ruf einwandfrei" war, sie in geordneten finanziellen Verhältnissen lebte, und sie und ihre Familie dem nationalsozialistischen Staat positiv gegenüber standen. Dafür bürgten zwei Freunde von ihr, die Hofräte Sperl und Wildner. Sie kümmerte sich um Gestaltung, Druck und Versand der Vermählungskarten, das Gravieren der Trauringe, Brautkleid und Brautkranz, besorgte die weiteren nötigen Dokumente, auch die für den geforderten Ariernachweis, schickte die beglaubigten Abschriften nach Orb und machte ihren künftigen Schwiegereltern völlig unaufdringlich ganz detaillierte Vorschläge, inklusive eines möglichen Zeitplans für den Ablauf ihres Hochzeitstages mit standesamtlicher und anschließend kirchlicher Trauung, dem gemeinsamen Mittagessen in einem Restaurant oder in der Post und Kaffeetrinken am Nachmittag. Sie sorgte selbst für die Unterbringung ihres Trauzeugen Bozi von Cavallar und seiner Frau Mimi im Hotel „Zum Weissen Ross", kündigte als Mitbringsel u.a. vier Pfund Zucker an – mit Eiern konnte sie nicht aufwarten, davon gab es für sie nur zwei pro Monat (August 1940!) – und schrieb dann noch, man sollte sich über ihre eigene Unterbringung „um Himmelswillen keine Sorgen machen", denn es gäbe sicherlich genug Sofas im Hause Funke. Einen Monat vor der Hochzeit erklärte sie in einem Brief ihre Hochzeitsvorbereitungen für beendet. Man merkt, sie war es gewohnt, gut zu planen und auch komplizierte Angelegenheiten zügig zu gestalten und zu regeln.

Etwa einen Monat vor meiner Geburt verfasste meine Mutter, vielleicht auch für den Fall einer für sie unglücklich ausgehenden Niederkunft, nach der Beratung durch einen Anwalt ihr Testament. Der Krieg dauerte schon zwei Jahre. In Wien waren die Hauseigentümer aufgefordert worden, zum Schutz vor Bombenangriffen Luftschutzkeller einzurichten. Nachts wurde die ganze Stadt im Dunkeln gehalten, um den Bombern der Alliierten keine Angriffsziele zu bieten. Auch mein Vater befand sich als Teilnehmer des Russlandfeldzugs immer wieder in Lebensgefahr. Sie schrieb ihm: „Die Zeiten sind gegenwärtig so unsicher und bewegt, dass es einfach Pflicht und Schuldigkeit ist, so wichtige Fragen zu ordnen." Im Fall ihres Todes hätten dann, anders als gesetzlich vorgesehen, Mann und Kind oder Kinder ihr Vermögen zu jeweils gleichen Teilen geerbt. Sie berücksichtigte auch die Möglichkeit einer Zwillingsgeburt und nicht nur ihren eigenen Tod, sondern auch den meines Vaters, also den Fall, dass mich das Schicksal zum Waisenkind gemacht hätte. Sie ging alle Männer in der Familie Funke durch und schätzte sie aufgrund ihres Alters und Charakters daraufhin ein, ob sie sich als mein Vormund eigneten. Sie einigte sich schließlich mit meinem Vater auf meinen Orber Großvater Karl Funke und für den Fall seines Ablebens auf Onkel Felix Horwedel, den Mann von Else, einer Schwester meines Vaters. Sie hinterlegte Testament und diesbezüglich wichtige Dokumente bei ihrem Anwalt und teilte meinem Vater mit, dass er die Abschriften im Mittelfach ihres Schreibsekretärs finden könnte.

Glücklicherweise blieben wir alle am Leben und mir das Schicksal eines Waisenkindes erspart. Einer Frau, die schon vor der Geburt ihres Kindes derartig vorausschauend für es sorgt, kann ich nur mit Hochachtung begegnen.

Mein Vater und seine Familie

Mein Vater Rudolf, 1912 geboren und fünf Jahre jünger als meine Mutter, war zur Zeit ihres Kennenlernens schon Berufsoffizier und Leutnant der Artillerie in der Wehrmacht. Er stammte aus Bad Orb in Hessen. Sein Vater Karl Funke war der älteste Sohn eines früheren Gutsbesitzers im Eichsfeld in Thüringen. Wegen einer landwirtschaftlichen Wirtschaftskrise in den 80er Jahren des 19. Jahrhunderts und den Erbansprüchen seiner sieben Geschwister war der Familienbesitz in Hohengandern überschuldet und musste schließlich verkauft werden. Dieser Urgroßvater übernahm daraufhin bei einem Baron von Christen in Werleshausen die Stelle eines Gutsinspektors. Folglich sah mein Großvater als sein ältester Sohn ohne eigenen Grundbesitz für sich in der Landwirtschaft keine Zukunft mehr. Nach der Volksschule und zwei Jahren Privatunterricht in Deutsch, Französisch, Rechnen, Geografie und sogar etwas Latein bestand er mit 16 Jahren die Aufnahmeprüfung bei der Deutschen Reichspost. 1895 ernannte ihn die Kaiserliche Ober-Postdirektion in Kassel zum Postassistenten. 1900 wurde ihm die Verwaltung des Postamts von Mansbach im Kreis Hünfeld übertragen. Mit 30 Jahren erreichte er 1905 die Versetzung in das größere und bedeutendere Orb, das sich ab 1909 Bad Orb nennen durfte. Dort leitete er das Postamt mit seinen Außenstellen auf der Wegscheide und im Jossgrund, zunächst als Postverwalter, dann als Postmeister. In seinen Verantwortungsbereich fielen neben der Brief-, Paket-, Telegramm- und Geldzustellung die Vermittlung sämtlicher hereinkommender und hinausgehender Telefonate und zudem die Organisation des Personenverkehrs zwischen Bad Orb und den Dörfern des Jossgrunds, zunächst mit Postkutschen, später mit Postbussen. Weil fast alle wehrfähigen Männer zu Kriegsdiensten eingezogen waren und in den zivilen Diensten fehlten, übte er sein Amt bis zum Alter von über einundsiebzig Jahren aus und ging erst Ende Juni 1946 in Pension.

Vaters Mutter Anna, geborene Pálinkáš (gesprochen „Palinkasch“), war zwölf Jahre jünger als ihr Mann und bei ihrer Heirat erst neunzehn. Der katholische Pfarrer Haseneier, damals Rektor der bischöflichen Lateinschule in Bad Orb, machte sie mit unserem Großvater bekannt. Vor ihrer Heirat lebte sie in Langen bei Darmstadt. Ihre Mutter Anna, eine geborene Mayer, war eine Pfälzerin aus Alzey, ihr Vater Janoš Pálinkáš – in seinem Taufschein vom Oktober 1854 lauten seine Vornamen allerdings Franziskus Johannes – stammte aus Tata in Ungarn. Der Sohn eines Landwirts entwickelte früh eine besondere Begeisterung für den Pferdesport. Sein Beruf als Jockey führte ihn nach England in die dortige Welt der Reitställe und Rennbahnen. Er galt als hervorragender Pferdekenner und war auch als Geschäftsmann erfolgreich. Jahrelang stand er als Stallmeister im Dienst der Landgrafen von Hessen und Darmstadt und nutzte seine englischen Verbindungen zum Erwerb von Reit- und Rennpferden für die Garnisonsoffiziere im Darmstädter und Frankfurter Raum und auch weit darüber hinaus. Von meinem Vater wurde er als stets elegant und distanziert auftretender Herr beschrieben, der sich aus seinen Enkelkindern während ihrer Besuche in Langen weniger als aus seinen Pferden zu machen schien. Er und seine Frau führten dort ein großes und sehr offenes Haus.

Mein Vater erzählte, in der Vorhalle ihrer „Villa Annaruhe“ hätte in einem Käfig ein stets sehr aufmerksamer Papagei namens Jaques gesessen, der Bewohner und Gäste mit seinen Sprachkünsten verblüffte. So konnte er sagen: „Jaquechen will schlafen, gute Nacht“, wenn sein Käfig abends mit einem Tuch abgedeckt werden sollte, und auch „Theo“... – so hieß Oma Annas jüngere Schwester - ...“ hat ´nen neuen Hut.“ Mein Vater imitierte zur Freude von uns Kindern gelegentlich diese Vogellaute mit einer theatralisch hohen Kopfstimme.

Ansonsten ist mir auch von diesen Urgroßeltern wenig überliefert. Allerdings starb der Urgroßvater schon 1920 im Alter von 66 Jahren. Damals war mein Vater erst acht. Ein altes Foto zeigt ein mächtig wirkendes, etwa drei Meter hohes Grabmal aus schwarzem Granit, mit „Ruhestätte der Eheleute Pálinkáš“ in goldener Inschrift und dem Namen des Urgroßvaters mit dem Ge-

Mein Großvater Karl Funke (hintere Reihe, dritter von links) mit seinen Eltern Ernst und Anna Katharina Funke und seinen Geschwistern (ca. 1898).

burts- und Sterbedatum darunter. Der Platz für den Namen der Urgroßmutter ist leer. Die dreizehn Jahre jüngere und auch nach dem Tod ihres Mannes weiterhin sehr lebensfreudige Frau dachte gar nicht daran, sich in Langen an seine Seite zu legen und verheiratete sich wieder mit einem Frankfurter Weinhändler. Den überlebte sie auch und starb 1939 in Alzey.

Meine Großmutter warf ihrer Mutter im Nachhinein verbittert vor, sie hätte nach dem Tod ihres ersten Mannes unachtsam dessen ganzes Vermögen verschleudert. Sie ließ sich während der Weltwirtschaftskrise in den 20er Jahren falsch beraten und veräußerte in einer Zeit zunehmender Inflation ihren Immobilienbesitz. Sie hatte eine eigenartige Beziehung zu Geld und konnte damit schlecht umgehen.

Ganz anders als meine Mutter kam mein Vater Rudolf (Rudi) aus einer großen Familie, die auch immer enge Kontakte zu den Verwandten des Großvaters in Thüringen pflegte. Er war das vierte von sechs Geschwistern. Vor ihm wurden Aenne, Oskar und Else geboren. Ihm folgten noch Irmgard (Irmel) und Karl Ernst. Nur den Söhnen wurde der Besuch der höheren Schule ermöglicht. Die Töchter schickten die Eltern nach der Volksschule ins Institut der katholischen Schwesterngemeinschaft „Englische Fräulein“ in Aschaffenburg, die heutige Maria-Ward-Schule. Wie einst ihre eigene Mutter bei den „Armen Schulschwestern in Miltenberg“ lernten sie dort in Erwartung einer baldigen Eheschließung auch gute und feine Manieren und besondere hausfrauliche Fertigkeiten. Tante Aenne erzählte mir einmal, wie sie von einer Schwester gerügt wurde, weil sie beim Essen einer Torte diese mit der Kuchengabel zu sehr zerstückelte. „Hühnerfutter sei das“, schalt sie die Schwester und zeigte ihr, wie man es richtig machte.

Mein Vater fuhr nach dem Besuch der Orber Lateinschule vier Jahre lang bis zum Abitur an sechs Tagen der Woche mit der Bahn über Wächtersbach und Gelnhausen nach Büdingen zum Wolfgang Ernst-Gymnasium. Die Gymnasien in den Kreisstädten Gelnhausen und Schlüchtern gab es damals noch nicht. Nach dem Abitur wollte er Offizier in der Marine der Reichswehr werden, bestand aber wegen einer leichten Kurzsichtigkeit die

Meine Großeltern Anna und Karl Funke mit ihren sechs Kindern (1922). Von links: Oskar, Else (hinten), Irmel, Karl Ernst, Aenne, mein Vater Rudi.

Aufnahmeprüfung nicht. Er erzählte mir, von weit über hundert Bewerbern hätte man nur drei genommen. Laut der Angaben in seinem „Zeugnis der Reife“ von 1931 beabsichtigte er dann, in den Reichspostdienst zu gehen.

Ich weiß nicht, welche Rolle die damalige hohe Arbeitslosigkeit und allgemeine wirtschaftliche Notlage in seiner Situation spielte. Jedenfalls arbeitete er zwei Jahre lang in Bad Orb als Posthelfer. Eine seiner Aufgaben war es, mit dem Fahrrad Telegramme zuzustellen. Während dieser Zeit hielt er sich aber keinesfalls durchgehend in Orb auf. Zwischendurch war er wochenlang mit dem Fahrrad oder zu Fuß zwischen der Ostsee und den Alpen unterwegs, allein und mit seinem Orber Freund Heiner Reuter, und unterhielt so auch enge Kontakte zu der verzweigten Verwandtschaft meines Großvaters. Auf einer der zahlreichen Postkarten, die er von unterwegs an seine Familie in Orb schrieb, bezeichnete er sich als „Walzbruder“, also als Wanderburschen auf der Walze. Viele arbeitslose und abenteuerlustige junge Männer waren in dieser Zeit mit wenig und auch ohne Geld in ganz Deutschland unterwegs, übernachteten im Freien, nutzten Notunterkünfte, kamen auf Bauernhöfen in Scheunen oder Schuppen unter, schlugen sich irgendwie durch und suchten in der Ferne ihr Glück.

Die Familie Funke pflegte enge freundschaftliche Kontakte zum katholischen Pfarrhaus und seinem langjährigen Pfarrer Lins. Mein Vater verstand sich bestens mit ihm, und dieser intelligente und politisch sehr unabhängige Mann beeinflusste seine Entscheidung, sich an der Philosophisch-Theologischen Hochschule in Fulda zu immatrikulieren. Nach dem 4. Semester des Studiums der Katholischen Theologie legte er das erste theologische Staatsexamen, das Examen Philosophicum ab, beendete das Studium aber trotz nachweislich guter Zeugnisse nach dem sechsten Semester. Die Aussichten auf ein dauerhaft zölibatäres Leben behagten ihm nicht und quälten ihn.

Einen gewissen Trost verschaffte ihm zeitweise die Vorstellung, anstelle der Theologie Medizin zu studieren und später als Missionsarzt zu arbeiten. So wäre er der Kirche auch beruflich eng verbunden geblieben, und die hohen Erwartungen seiner frommen Eltern wären nicht so enttäuscht worden.

Mein Vater als Zwanzigjähriger.

Gegen Ende seines Theologiestudiums bewarb er sich im Herbst 1935 um einen Studienplatz an der Akademie für Lehrerbildung in Bonn. Seine Bewerbung wurde wegen „Überfüllung“ abgewiesen. Er vermutete aber, der wahre Grund seiner Zurückweisung sei ein anderer gewesen: Als Student der Theologie und ohne Mitgliedschaft in einer Gruppierung der NSDAP, wie der Hitlerjugend, der SA und SS, hätte man ihn als politisch unzuverlässig betrachtet.

Mein Vater lehnte sein ganzes Leben lang enge parteipolitische Bindungen ab, auch nach dem Kriege, als er sich durch den Eintritt in die ihm nahestehende CDU sicherlich berufliche Vorteile hätte verschaffen können. Durch das Theologiestudium philosophisch und intellektuell geschult, betrachtete und beurteilte er politische und gesellschaftliche Entwicklungen stets distanziert und kritisch. Es lag ihm nicht, von Anderen in eine Gesinnung eingebunden zu werden, die er nicht voll und ganz teilen konnte und daraus Kapital zu schlagen.

Inzwischen rüstete Deutschland unter seiner nationalsozialistischen Regierung auf. Mein Vater wollte in die neue Wehrmacht. Die Wehrmacht besaß in dieser Zeit gegenüber der Partei Hitlers noch eine gewisse Vormachtstellung. Hier zählte vor der politischen Gesinnung in erster Linie die Leistung auf militärischem Gebiet.

Die meisten Offiziere standen der SS und SA sogar sehr kritisch gegenüber, der SS, weil sie als Waffen tragende Konkurrenz und zudem als ideologisch überfrachtet betrachtet wurde. Mein Vater meldete sich zum Wehrdienst, musste aber zuvor für ein halbes Jahr in den Arbeitsdienst und bei Gersfeld in der Rhön im Straßen- und Wegebau seinen Beitrag für die Verbesserung der Infrastruktur des Landes leisten. Anschließend, fast drei Jahre vor dem Ausbruch des Zweiten Weltkriegs, wurde er im Oktober 1936 mit 24 Jahren Soldat.

Meine Eltern finden sich

Kurz nach Kriegsbeginn begegneten sich meine Eltern dann vor dem riesigen auf Sandstein gemalten Christophorusbild im Dom von Erfurt. Vor dem Dom sprach meine Mutter – sie war immer die Wagemutigere – den gutaussehenden Leutnant an, der sich an einem Urlaubstag im Stammland seiner väterlichen Vorfahren umsah.

Sie verlobten sich schon zu Weihnachten 1939 und heirateten im September 1940 in Orb. Dennoch wurde Wien nach der Heirat wegen der dortigen beruflichen Bindungen und der günstigen Wohnverhältnisse der Mutter der gemeinsame Wohnsitz der Eltern. In Wien wurden auch meine Schwester Brigitte (Gitti) und mein Bruder Martin geboren. Die Mutter hatte zu den dortigen Ärzten mehr Vertrauen als zu deren Orber Kollegen. Die Taufe aber empfingen wir drei immer im großen Kreis der Funkefamilie in der alten Orber Martinskirche.

Meine Eltern an ihrem Hochzeitstag (1940).

Pfarrer Lins traut meine Eltern in der Orber Martinskirche.

Zwischen Vaters Familie in Orb und meiner Mutter in Wien herrschten gute und freundliche Beziehungen. Tante Irmel, Vaters jüngste Schwester, hielt sich mehrmals in Wien auf, um zu helfen, wenn es meiner Mutter nicht gut ging und sie dann eine Hilfe bei der Betreuung der Kinder brauchte. So versorgte sie mich in der Zeit nach Gittis Geburt, als die Mutter noch im Krankenhaus war und dann mit der Neugeborenen zu Hause noch Schonung brauchte. Von den anderen Orbern ließen sich zur Freude meiner Mutter auch die Brüder des Vaters, Oskar und Karl Ernst, blicken. Die Mutter war stolz auf ihr mit Liebe gehegtes Zuhause mit den restaurierten Biedermeiermöbeln aus dem Dorotheum und anderen mit viel Bedacht ausgesuchten Einrichtungsgegenständen. Zudem verstand sie sich und ihr Wiener Umfeld als gewichtigen Gegenpol zu der kleinstädtischen Orber Gesellschaft, und die Besucher aus Bad Orb erlebten sie hier einmal nicht als Zugereiste und Gast aus dem fernen Österreich, das nach dem Anschluss Ostmark hieß, sondern auch als eigenständige kultivierte Großstädterin in einer ganz andersartigen, viel weiteren Welt.

Wie ausgeprägt ihr Selbstbewusstsein als Österreicherin und ihre innere Bindung an ihr Land war, entnehme ich auch einem Brief, in dem sie im Juni 1940 als Verlobte meinem Vater schrieb: „ ... und ich bin stolz, dass ich als feinste und vornehmste Mitgift die Kultur meiner Heimat in die Ehe bringe, diese Kultur, die seit Jahrhunderten gewachsen und gereift ist und wie ein ewiger goldener Quell auch in den jetzigen harten Tagen das Leben befruchtet."

Eine solche romantisch klingende, damals so sinnstiftende Vaterlandsliebe, können wir Menschen von heute nur schwer nachvollziehen. Meiner Mutter aber war es wirklich Ernst damit. Sie war weit in ihrem Land herumgekommen, hatte eine Schwäche für Schlösser, Klöster, Kirchen, Kapellen mit ihrer sakralen Kunst, war eine begeisterte Wanderin und Skiläuferin, liebte die Bergwelt und hatte Gefallen an dem damals noch überwiegend einfachen Leben ihrer Bewohner.

In einem ihrer Briefe an meinen Vater im August 1940 schreibt sie: „Ich hoffe sehr, dass wir doch noch das ein oder das andere Mal ins Hochgebirge kommen, einmal wieder auf einem Berg stehen und die Kette der Riesen vor sich haben, Gletscher an Gletscher gereiht und darüber ein wolkenloser Himmel, nur die Schreie der Bergdohlen im Ohr und das Rauschen des nie versiegenden Wassers; darnach werde ich immer Heimweh haben ...".

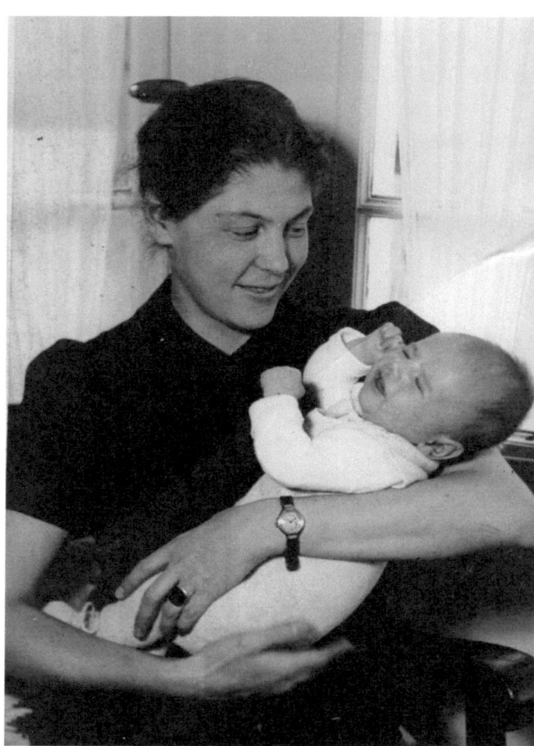

Hier bin erst zwei Monate alt.

Inzwischen schon zehn Monate.

Von Wien nach Bad Orb

Mein eindrucksvollstes frühes Kindheitserlebnis ist unsere letzte Reise von Wien nach Bad Orb im November 1944. Die Lage für die Einwohner der Stadt wurde immer grauenvoller. Bombenangriffe und Zerstörungen aus der Luft nahmen zu. Ihnen voraus ging stets das auf- und abklingende Gejaule der warnenden Sirenen. Aus dem Osten rückte langsam aber sicher die Rote Armee gegen Österreich vor. Berichte über die Gräueltaten der russischen Soldateska verbreiteten sich mehr und mehr. Dazu kam eine schon seit Beginn des Krieges immer ausgeprägtere Nahrungsmittelknappheit. Schon im Oktober 1940 hatte meine Mutter meinem Vater nach Polen geschrieben: „ ... mit einem Päckchen Butter hilfst Du mir augenblicklich mehr als mit einem golden Armband." Alles war streng rationiert. Ohne Marken bekam man nichts. Keine Lebensmittel, keine Bekleidung, keine Stoffe, keine Schuhe. Wer über kein Gartenland und keine besonderen Beziehungen zur bäuerlichen Bevölkerung auf dem Land verfügte, der war schlecht versorgt, spürte den Hunger, war unterernährt und anfällig für Krankheiten. Die Sorgen der Mutter um das Wohl ihrer drei kleinen Kinder verstärkten sich ständig. Martin war Ende August 1944 als Frühgeburt zur Welt gekommen und zunächst winzig und schwächlich. Man habe ihn in Watte packen müssen, so zerbrechlich sei er gewesen, erzählte die Mutter uns später. Wegen der ständigen Fliegerangriffe wurden ihr mit uns Kindern von der Behörde ein so genanntes Bombenausweichquartier in Weissenbach an der Triesting im Bezirk Baden südlich von Wien zugewiesen. Meine Mutter fand diese Unterkunft aber teilweise vom Hochwasser zerstört vor, und der noch heile Teil war mit evakuierten Deutschen aus Aachen schon vollständig besetzt. In Übereinstimmung mit meinem Vater und den Großeltern Funke beschloss sie, sich nach Orb in den Schutz der Familie zu begeben. Unsere damalige Haushaltshilfe Hella machte die Reise mit, fühlte sich aber in Orb nicht wohl gelitten und kehrte nach Wien zurück.

Ich war drei Jahre und zwei Monate alt, und kurze Phasen dieser Reise sind in meiner Erinnerung: Ich saß inmitten des Gepäcks auf der Ladefläche eines Kleinlasters. Im Führerhaus war kein Platz mehr für mich. Wir fuhren vom Bischof-Faber-Platz zum Westbahnhof. Der Zug war überfüllt, vor allem mit Soldaten. Sie freuten sich über uns Kinder, rückten zusammen, und Gitti und ich saßen zwischen ihnen. Mutters Hauptsorge galt dem kleinen Martin. Sie transportierte ihn in einem Waschkorb aus Weidengeflecht. Die Soldaten teilten ihre Verpflegung mit uns. Einige von ihnen spielten Karten. Zuweilen herrschte eine fröhliche, fast ausgelassene Stimmung. Zwischendurch glitt der Zug an zerstörten, ausgebrannten Fahrzeugwracks vorbei. Aus menschlicher Wärme und Geborgenheit heraus blickte ich durch das Fenster in eine feindselige, schwer beschädigte Außenwelt. Unsere Lebensumstände empfand ich als normal. Ich kannte keine anderen. Das Böse des Krieges hielt man von den Kindern so gut es ging fern. Jedoch beim Anblick der geschwärzten, teils mit noch erkennbarer Tarnfarbe versehenen Wracks, sah ich, was der Krieg anrichtet, und erst dann wusste ich wirklich, was Krieg ist.

Die Reise zog sich hin. Tag und Nacht. Ich weiß nicht, wie lange. Der Zug hielt oft auf freier Strecke, rollte manchmal langsam, dann wieder schnell. In Frankfurt hatten wir Aufenthalt. Wir bestiegen den Anschlusszug in Richtung Fulda. Die Mutter hatte alle Hände voll zu tun. Zunächst vertraute sie Gitti und mich hilfreichen Mitreisenden an, dann holte sie mit Hella die Gepäckstücke in den Waggon. Plötzlich ein schriller Pfiff. Der Zug setzte sich in Bewegung. Aber der Waschkorb mit Martin stand noch auf dem Bahnsteig. Damals schlossen sich die Türen nicht automatisch. Die Mutter sprang entsetzt durch die noch offene Tür aus dem anfahrenden Zug auf den Bahnsteig und stieß einen gellenden Schrei aus. Der ging mir durch Mark und Bein. So hatte ich die Mutter noch nie erlebt. Es war wie ein Wunder. Der Zug verlor an Fahrt und blieb wieder stehen. Martin kam mit. Stunden später, nach nochmaligem Umsteigen in Wächtersbach, wurden wir im Bad Orber Bahnhof von der Familie willkommen geheißen.

In der Orber Post

Die Funkes lebten in der großen Dienstwohnung des Postmeisters über dem früheren Orber Postamt schräg gegenüber dem Bahnhof. In einer breiten Einfahrt zwischen der Post und der Metzgerei Fries parkten die Postbusse. Sie verkehrten regelmäßig zwischen Orb und dem zum Orber Postbezirk gehörenden Dörfern des Jossgrunds. Sie beförderten Pendler, Fahrschüler und andere Reisende sowie Briefe und Pakete. Die großen Gepäckstücke wurden über eine fest installierte Leiter hinten am Bus auf ein Dachgestell verladen und festgebunden.

In solch einem Bus wollte ich unbedingt auch einmal mitfahren. Die Busfahrer nahmen mein Anliegen nie ernst und wiesen mich stets zurück. An einem Nachmittag langweilte ich mich, und der ferne unbekannte Jossgrund lockte. Der Bus wurde sorgfältig beladen. Die letzten Reisenden stiegen ein. Kaum hatte der Fahrer den Motor angelassen, kletterte ich hinten die Leiter hoch und wollte mich zwischen das Gepäck auf dem Dachgestell setzen. Der Fahrer hatte mich aber durch die Hinterscheibe gesehen. Er stellte den Motor ab, stieg aus, kam nach hinten und holte mich herunter. Kaum hatte er den Motor zum zweiten Mal angelassen, kletterte ich erneut nach oben. Der nun noch aufmerksamere Fahrer beobachtete mich, stieg wütend noch einmal aus, holte mich wieder herunter, schimpfte mich aus und verwarnte mich.

Trotzdem versuchte ich ein drittes Mal mitzufahren. Da wurde es dem Busfahrer zu bunt. Er riss mich von der Leiter, packte mich fest am linken Arm und übergab mich im Posthof meiner herbeigerufenen Mutter. Er erklärte ihr mein Verhalten. Sie haute mir den Hintern voll, führte mich in eine Garage und drehte von außen den Schlüssel um. Durch das Holztor hörte ich den Bus abfahren – ohne mich. Ich fühlte mich so unverstanden. Das schmerzte mehr als die Schläge der Mutter.

Hinter der Post lag zwischen dem Postgebäude und einem großen Garten ein gepflasterter Hof. Man erreichte ihn durch eine breite Toreinfahrt. Ihr gegenüber befanden sich zwei Garagen und ein scheunenähnliches Wirtschaftsgebäude mit Obergeschoss, das rechtwinklig zum Hauptgebäude stand und von den Garagen bis zur Gartengrenze reichte. Darin gab es zum Garten hin einen Hühnerstall, daneben Stellplätze für die Fahrräder der Briefträger und die kastenförmigen zweirädrigen Postkarren für die Paketzustellung. Eine Holztreppe im Innenraum führte nach oben. Dort hielt unser Opa auf der Gartenseite seine Bienenvölker.

Der Hof war auch vom Hausflur des Wohngebäudes und von den Diensträumen der Post zugänglich. Wegen des kürzeren Weges zum Paketraum standen die Postkarren manchmal regengeschützt unter dem großen Balkon neben dem Eingang zu den Diensträumen. Hinter dem Hauptgebäude und dem Hof bildete ein Holzzaun die Grenze zum Garten.

Mein allererster Blick in den Hühnerstall faszinierte mich. Es war schon dämmerig und die Klappe zum Auslauf in den Garten geschlossen. Die großen Vögel saßen seltsam still und ruhig nebeneinander auf einer Stange. Ich konnte nicht begreifen, dass sie darauf die ganze Nacht verbrachten und in dieser Stellung auch noch gut schliefen.

Im Hühnerstall standen an der einen Wand auch kleine Holzkästen mit Nestern. Dort legten die Hennen ihre Eier hinein. Einmal sah ich voller Freude ein Ei in einem Nest. Ich griff es mir und rannte stolz über den Fund auf den Hof hinaus. Dort lief ich geradewegs dem Opa in die Arme. Er nahm mir das Ei sofort ab und wurde böse. Zum einen war uns Kindern das Betreten des Hühnerstalls ohne einen Erwachsenen nicht erlaubt, zum anderen war mein Fund ein Ei aus Gips, ein Hinweis für noch unerfahrene Hühner, wozu die Nester dienten. Wenn ich mich richtig erinnere, war dies das einzige Mal überhaupt, dass unser wirklich herzensguter Großvater mit mir geschimpft hat.

Das Postamt befand sich im Erdgeschoss des Hauptgebäudes. Man betrat es, bevor es später modernisiert wurde, durch einen Eckeingang an der Bahnhofsstraße und der Posteinfahrt. Rechts lagen die Briefschalter, zum Hof hin der breite Paketschalter. Vom Schalterraum aus konnte man in das Postmeisterbüro unseres Großvaters gelangen. Es war aber auch vom Treppenhaus des Gebäudes aus zugänglich. Daneben gab es noch einen länglichen Raum für die damals notwendige Telefonvermittlung. Alle Gespräche zwischen Bad Orb und der Außenwelt wurden hier verbunden und konnten, wie sich Tante Aenne, zeitweise auch eines der „Fräulein vom Amt“, fröhlich erinnerte, von den neugierigen Telefonistinnen mitgehört werden. Die fühlten sich wichtig, weil sie dadurch über so vieles in Orb Bescheid wussten.

Über dem 1931 neu erbauten Orber Postamt lag die Wohnung der Großeltern. Sie hatte sechs Zimmer, Zentralheizung und ein für damalige Verhältnisse sehr modernes Bad. Die Wohnfläche betrug etwa 180 Quadratmeter, den großen Balkon über dem Posthof nicht mitgerechnet. Als Besonderheit gefiel mir der Eisschrank. Die Kühlung besorgte ein länglicher Quader aus Eis in einem mit Blech ausgekleideten Fach. Er schmolz in der warmen Wohnung schnell und musste häufig ersetzt werden. Das entstandene Eiswasser entnahmen wir einem Hahn an der linken Vorderseite. Wir Kinder hatten die Aufgabe, mit einem Handwagen aus dem nahen Elektrizitätswerk in der Bahnhofsstraße neues Eis zu holen. Von dort fuhren wir es in Jutesäcke eingehüllt zur Post.

Das Dachgeschoss über der Wohnung war zur Straße hin ausgebaut und bot der Familie zusätzliche Räume. Sie dienten aber auch der vorübergehenden Unterbringung von Postangestellten. Hierher wichen meine Großeltern nach der Pensionierung des Großvaters aus, weil die Dienstwohnung darunter der Familie seines Nachfolgers Klemp zustand. Auf dem schummrigen Bodenraum zum Garten hin hing häufig auf gespannten Leinen Wäsche zum Trocknen. Einmal erschrak ich, weil gegenüber der Eingangstür an einem Querbalken kopfüber ein totes Reh festgebunden war. Aus seinem aufgeschlitzten Hals tropfte Blut in eine Schüssel.

Das Postamt wurde uns nach der Ankunft aus Wien zunächst zur Heimat. Nicht nur meine Mutter mit uns Kindern hatte hier Schutz gefunden. Auch Tante Else, die zweitälteste Schwester meines Vaters aus Karlsruhe mit ihren beiden Töchtern Friederike und Juliane wohnte hier. Tante Aenne, die älteste Schwester, lange Jahre in erster Ehe in Fulda verheirat, kehrte in „die Post“ zurück, nachdem ihr zweiter Mann, Hugo Feldmann, zum Kriegsdienst eingezogen worden war.

Die Schwestern meines Vaters. Von links: Aenne, Irmel und Else (1940).

Tante Irmel, die jüngste Schwester, damals noch unverheiratet, hatte hier auch noch ihr Zuhause, war aber selten in Orb. Sie musste in einer Munitionsfabrik bei Kassel Dienst tun. Tante Margret, Onkel Oskars erste Frau, und ihre Tochter Ingrid hatten eine Wohnung in der Quanzstraße, aber ihre Kontakte zur Familie waren eng und besonders Ingrid (9) hielt sich häufig in der Großfamilie auf. Altersmäßig stand sie Friederike (11) am nächsten. Juliane (6) war die jüngste unserer großen Kusinen. Vom Alter her trennten uns Welten, und die Mädchen hatten interessantere Kontakte als zu uns Kleinen. Aber manchmal bezogen sie uns in ihre Spiele im Posthof oder Garten mit ein. Friederike als die Älteste, Lustigste und uns allen Überlegene trat dabei gerne als Anführerin auf und bestimmte die Spielverläufe. Wir liebten es, von ihr auf dem Posthof in einem

Handwagen im Kreis herumgezogen zu werden, und zwar so schnell es nur ging, bis zur Gefahr des Umkippens. Und manchmal ritt sie der Teufel. Der Wagen gehorchte der Fliehkraft, und wir kollerten schreiend über das Hofpflaster. Wir spielten unter ihrer Anleitung auch Tätigkeiten und Gebräuche der Erwachsenen nach. So führte sie uns in die Zeremonien einer Beerdigung ein. Jemand hatte eine tote Maus gefunden. Die wurde nun, wie es sich gehörte, nach alter christlicher Sitte feierlich unter die Erde gebracht. Einen Sarg brauchte die nicht. Sie wurde auf Rosenblätter gebettet und auch damit zugedeckt bevor wir das kleine Grab zuschaufelten. Klar, dass wir es auch mit Blumen schmückten und zwei Hölzchen zu einem Kreuz zusammenbanden und es aufstellten.

Es herrschte immer noch Krieg. Unsere Väter waren fort. Opa war der einzige Mann im Haus. Seine Soldatenzeit lag schon weit zurück. Er gehörte von 1896 bis 1898 in Potsdam dem „Ersten Garde-Regiment zu Fuß“ an. Auf einem Foto zur Erinnerung an eine Landwehrübung im Jahre 1904 steht er mit acht Kameraden neben dem Kronprinzen Wilhelm von Preußen. Für die Teilnahme an den beiden Weltkriegen war er dann zu alt.

In Orb heulten die Sirenen und gaben Fliegeralarm. Bombengeschwader flogen über uns hinweg nach Nordosten. Nach dem Abwurf ihrer todbringenden Fracht kehrten sie Stunden später zurück. Das kleine Orb bot an sich kein lohnendes Ziel. Doch so ganz sicher war sich da keiner. Nachts brannten keine Straßenlaternen. Aus den Häusern durfte kein Licht nach außen dringen. Rollos sorgten für die befohlene Verdunkelung. An die Tieffliegerangriffe im Februar 1945 auf die Eisenbahnlinie und den Orber Bahnhof in unserer Nachbarschaft erinnere ich mich nicht, auch nicht an die Bomben, die nicht sehr weit von der Post in der nahen Kinderheilanstalt und im Bereich der Ludwigsstraße einschlugen und mehrere Bewohner töteten. In einer Nacht wurde auch ein Haus in der Innenstadt zerstört, ca. 150 Meter von der Post entfernt. Aber sachkundigere Orber stuften diesen Vorfall als Versehen ein. Die Bombe war wahrscheinlich über dem eigentlichen Zielgebiet nicht aus dem Bombenschacht des Flugzeuges herausgefallen, und die Besatzung wollte sie auf dem Rückflug nach England einfach nur loswerden.

Bei Alarm eilten wir alle gleich in den Luftschutzkeller, Juliane mit ihren Puppen allen voraus. Gegen die Kälte nahmen wir Decken mit. Nicht nur wir, auch aus der Nachbarschaft flüchteten sich die Menschen in den öffentlichen Schutzraum unter der Post. So die Heils. Der Vater war Lehrer. Die Großmutter trug immer schwarz. Ich fragte sie einmal nach dem Grund. Sie sagte, das sei so Sitte. Ihr Enkel Reinhold war ein Spaßvogel. Überhaupt wurde da unten weder Trübsal geblasen noch Angst geschürt. Die Stimmung war überwiegend optimistisch und fröhlich. Oma hatte eine Wohnecke mit Sofa und Hängematte eingerichtet. Ingrid erinnert sich, dass sie darin liegen durfte. Die Mehrheit der Anwesenden saß gewöhnlich im Stuhlkreis. Die Erwachsenen waren unterhaltsam. Sie erzählten Geschichten und Witze. Es wurde viel gelacht. Auch mit Spielen vertrieben wir uns die Zeit. Am Streichholzschachtelspiel konnten auch wir Kleinen uns beteiligen. Die Hülle einer Schachtel wurde von Nase zu Nase ohne Hilfe der Hände weitergeben. Wer sie am häufigsten ohne Zwischenfall vom Nachbarn richtig übernahm und nicht fallen ließ, hatte gewonnen. Große Nasen waren von Vorteil. Wir Kinder mit unseren kleinen Nasen hatten es schwerer. Erst nach der Entwarnung stiegen wir erleichtert und müde wieder nach oben und gingen richtig schlafen.

Nur unsere Tante Aenne sah ich nie dort unten. Entweder war sie im Dienst bei der Stalag oder sie weigerte sich, bei Fliegeralarm mit uns nach unten zu kommen. Sie blieb dann in ihrem Zimmer. „Wenn wir von einer Bombe getroffen werden, bin ich gleich tot, und ihr da unten seid verschüttet," sagte sie. Sie ließ sich nicht so schnell aus der Ruhe bringen. Auch war sie eine hübsche und fröhliche Frau. Ich hatte sie besonders gern.

Tante Aenne (1940).

Krieg und Tod

Weit entfernt von Orb leisteten die Männer Kriegsdienste, freiwillig oder gezwungen. Unser Vater war inzwischen als Major und Abteilungskommandeur in einem Artillerieregiment einer deutsch-kroatischen Division auf dem Balkan im Einsatz. Dort kämpfte die Deutsche Wehrmacht mit Hilfe kroatischer Hilfstruppen gegen die dortigen von Marschall Tito geführten Partisanen. Den musisch begabten und manchmal vor Humor nur so sprühenden Onkel Oskar hatte man bei Kriegsbeginn in die SS eingezogen. Nach Einsätzen in Polen und Russland wurde er wegen gesundheitlicher Probleme nach Flossenbürg an der Grenze zum Sudetenland versetzt. Dort betrieb die SS die „Deutsche Erd- und Steinwerke" (DESt), für die KZ-Häftlinge im nahen Steinbruch Granit brechen mussten. Er arbeitete im Rang eines Hauptscharführers in seinem Beruf als Buchhalter. Tante Elses Mann, Onkel Felix Horwedel, im Zivilleben Bankkaufmann, diente in Frankreich in einer Einheit als Zahlmeister. In den seltenen Heimaturlauben beglückte er die Familie mit Kostbarkeiten aus dem besetzten Land, wie Cognac, Parfums und modischen Überraschungen für die Frauen des Hauses.

Diese Männer überlebten den Krieg. Andere kehrten nicht zurück und wurden betrauert. Onkel Karl Ernst galt seit März 1944 als vermisst. Tante Aennes zweiter Mann, Hugo Feldmann, ein Berufsschullehrer aus Fulda, verlor im Februar 1945 sein Leben nach einer schweren Verwundung als Panzersoldat im aussichtslosen Kampf gegen die vorrückende Rote Armee. Auch Edwin, der Bruder von Onkel Felix, war gefallen.

Unserem Vater, nach der Teilnahme am Frankreichfeldzug im darauf folgenden Krieg gegen Russland eingesetzt, blieben die Strapazen seiner Kameraden im harten russischen Winter 1941/42, die späteren Kämpfe um Stalingrad und Tod oder Gefangenschaft erspart. Während sein Artillerieregiment 258 immer weiter nach Osten befohlen wurde, lag er mit seinen Kriegsverletzungen wochenlang in einem Lazarett. Die Verwundungen heilten gut aus. Das Loch in der Schädeldecke unter der genähten Kopfhaut blieb.

Wir Kinder durften später manchmal den Zeigefinger darauf legen. Die Vertiefung fühlte sich so weich und nachgiebig an, und bei der Berührung gruselte uns.

Das Postamt in der Bahnhofstraße vor dem späteren Umbau.

Mein Patenonkel Karl Ernst Funke

Karl Ernst Funke (23) war Flugingenieur und Leutnant der Luftwaffe und zuletzt mit seiner Staffel des Fernaufklärungsgeschwaders 101 in Südfrankreich stationiert. Als Flugzeugführer flog er eine JU 88, eine zweimotorige Propellermaschine mit einer vierköpfigen Besatzung, spezialisiert auf Fernaufklärungen im Mittelmeerraum. Eines Tages kehrten die Männer von einem Einsatz über dem Seegebiet vor Algier nicht mehr zurück. In einem letzten Funkspruch meldeten sie noch, dass sie von feindlichen Jagdflugzeugen angegriffen würden. Man fand nie heraus, was ihnen dann zustieß und wo sie geblieben waren. Ahnen konnte man es schon.

Meine Kusine Juliane weiß noch genau, wie die Nachricht von seinem wahrscheinlichen Tod eintraf und die Familie erschütterte. Oma zog sich in Trauer zurück. Tante Irmel, die Zweitjüngste, stand Karl Ernst von allen Geschwistern immer am nächsten. Sie brachte dieses Unglück am offensichtlichsten zum Ausdruck. Tagelang brach sie immer wieder in Tränen aus, und niemandem gelang es, sie zu beruhigen.

Mein Vater erzählte uns einmal, unser Opa hätte 1933, am Tag der Machtübernahme durch Adolf Hitler, begeistert zu seiner Familie gesagt: „Kinder, dass ich das noch erleben darf!" Er war der Wirtschaftskrise, der ständigen politischen Unruhen, auch in dem kleinen Bad Orb, und der demütigenden Vorherrschaft der Alliierten, die der Versailler Vertrag ihnen zugestand, überdrüssig und müde. Zwar hatte er im November 1932 das Zentrum gewählt, aber über einige Jahre hinweg glaubte auch er an Adolf Hitler. Er hatte keine schlimmen Vorahnungen, sondern sah in ihm den verheißungsvollen Befreier Deutschlands aus der Abhängigkeit der Sieger von 1918. Und als Postmeister einer abgelegenen Kleinstadt im Spessart hatte er sicher weniger Einblicke in das Wesen der nationalsozialistischen Bewegung als der Münchner Erzbischof und spätere Kardinal Faulhaber, der nach Abschluss des Reichskonkordats mit dem Vatikan im Jahr der Machtergreifung dem neuen Reichskanzler damals noch in Lobestönen sogar „Taten von weltgeschichtlicher Größe" bescheinigte.

Und nun war sein geliebter jüngster Sohn gefallen, dieser, wie Tante Mia, eine Kusine meines Vaters und Gittis Patentante aus Mühlhausen, es in einem Kondolenzbrief ausdrückte, „immer strahlende und zuversichtliche Held, der keine Schatten sah".

Die Ernennungsurkunde zum Oberleutnant, unterzeichnet vom Oberbefehlshaber der Luftwaffe, Reichsmarschall Göring, und die Tapferkeitsauszeichnung, das Eiserne Kreuz 1. Klasse, gingen schon an einen Toten. Mit dem üblichen „Heil Hitler!" in den Begleitschreiben wurden sie und seine Privatsachen über das Luftgaupostamt Paris an seine trauernden Eltern in die Orber Post geschickt.

Unsere Oma konnte sich mit dem Verlust lange nicht abfinden. Sie hegte eine schwache Hoffnung, dass Karl Ernst den Absturz überlebt hatte und vielleicht in englische Gefangenschaft geraten war. Anfragen beim Deutschen Roten Kreuz und bei der Deutschen Kriegsgräberfürsorge noch Jahre danach halfen nicht weiter. In ihrer Not suchte die unglückliche Oma sogar nach dem Krieg in Frankfurt eine Wahrsagerin auf. Gleich, was diese ihr prophezeite, ihr jüngster Sohn und seine Kameraden blieben verschollen. Karl Ernst galt als vermisst, bis ihn Ende 1949 das Orber Amtsgericht für tot erklärte.

Auch meine Beziehung zu Karl Ernst ist eine besondere. Meine Eltern wählten ihn zu meinem Patenonkel. Der Tag meiner Taufe wurde mit seinem Heimaturlaub abgestimmt. Doch in Bad Orb bekam er Scharlach und musste das Bett hüten. Obwohl er sich sehr krank fühlte, bestand er darauf, in die nahe Martinskirche mitzukommen und mich über das Taufbecken zu halten. Das hat ihm meine Mutter immer hoch angerechnet.

Karl Ernst muss ein wirklicher Familienliebling gewesen sein. Mit 1,85 m war er so groß wie Opa, auf Fotos gut aussehend wie alle Funkekinder und eine lebensbejahende Frohnatur. Und dann auch noch Flieger! „Flieger sind Sieger, sind allezeit bereit, Flieger sind Sieger für Deutschlands Herrlichkeit." So der Refrain eines damals populären Liedes aus dem Kriegs- und Propagandafilm DIII-88. Meine Mutter hatte es in ihrer Schallplattensammlung aus Wien. Als Junge hörte ich es mir gerne an. Die Melodie ging mir nie aus dem Kopf.

Besonders die Frauen im Hause waren von Karl Ernst angetan. Juliane erinnert sich an einen seiner Besuche in Orb. Einmal schnappte er sich die übermütige Kleine und setzte sie blitzschnell hoch oben auf den Küchenschrank. Da saß sie nun betroffen und hilflos bis er sich kurz darauf ihrer erbarmte und sie zurück auf den Boden stellte.

Sie war auch dabei, als er einmal mit seinem Flugzeug über Orb kreiste und als Gruß nach unten mit den Flügeln wackelte. Die Familie wusste von diesem Flug im voraus. Und da standen sie alle auf dem Balkon und schauten in den Himmel, erfüllt von Freude und Stolz.

Ich selbst kann mich an ihn nicht erinnern, doch er hinterließ mir ein ungewöhnliches Andenken. Am Weihnachtsabend 1948 hielt ich plötzlich etwas vorher noch nie Gesehenes in den Händen: Eine lebensgroße Katze aus weißem Kaninchenfell, mit je einem winzigen gummibereiften Metallrad unter den Pfoten. In dem sich fest anfühlenden Körper befand sich eine komplizierte Mechanik. Die zog man mit einem kleinen Vierkantschlüssel auf, legte unterm Schwanz einen Hebel um, und das Tier fing nicht nur an, zu laufen, es öffnete und schloss sein Mäulchen in regelmäßigen Abständen, miaute und bewegte seinen langen Schwanz auf und nieder. Wir Kinder waren hingerissen und erstaunt, dass es so etwas überhaupt gab. Die Eltern erklärten mir, Onkel Karl Ernst hätte mir dieses Geschenk einmal aus Paris mitgebracht, wo er zwischenzeitlich stationiert war, und nun sei ich alt genug, es richtig zu schätzen und gut zu behandeln.

Wer Dir so etwas Kostbares schenkt, dachte ich mir, der mag dich auch ganz besonders. Und so manches Mal, wenn ich mich unglücklich fühlte, dachte ich mir, dieser gute Onkel Karl Ernst würde dir sicher zuhören und dich verstehen, und vielleicht kehrt er doch eines Tages nach Hause zurück. Noch Jahre nach dem Krieg kursierten genug Geschichten über die unerwartete Heimkehr von lange vermissten Soldaten.

Nun steht schon seit vielen Jahren sein Name auf der Gedenktafel für die Gefallenen des Zweiten Weltkrieges oben neben der Orber Friedhofshalle. Eine entsprechende Tafel in der Ulrich-von-Hutten-Schule in Schlüchtern, wo er 1938 Abitur machte, enthält seinen Namen seltsamerweise nicht, wie ich 2009 bei einem Besuch mit Bedauern herausfand. Liegt es vielleicht an unserer Oma, die den Tod ihres geliebten Jüngsten nie wahrhaben wollte, nicht kundgab und niemals eine leise Hoffnung auf seine Heimkehr aufgab?

Mein Patenonkel Karl Ernst Funke (zweiter von rechts) mit seiner Besatzung vor ihrer JU88 (1944).

Karl Ernst Funke (1943).

Die Amerikaner in Bad Orb

Eines Tages schauten wir voller Überraschung aus dem Fenster. Die Amerikaner waren vom Kinzigtal her in Bad Orb eingerückt und hatten die Kleinstadt ohne den Widerstand des noch hastig einberufenen einheimischen „Volkssturms" eingenommen, einer Gruppe von zu wehrfähig erklärten ortsansässigen Männern zwischen sechzehn und sechzig Jahren. Wir verfolgten von der Post aus die Bewegungen der amerikanischen Panzer, LKWs und Jeeps zwischen dem Untertor und dem Bahnhofsvorplatz. Vor dem Bahnhof parkten Militärfahrzeuge auf der u-förmigen schmalen Straße. Am Rande der Grünanlage zum Orbbach hin wurden Zelte errichtet. Der rege Betrieb direkt vor der Post faszinierte uns Kinder. Da war richtig etwas los. Friederike behauptete, einer der Amerikaner, die sich dort aufhielten, hätte keinen Kopf mehr. Natürlich traute ich ihrer Aussage nicht. Andererseits hatte ich schon viele Schwerverwundete mit fehlendem Arm oder Bein gesehen. Die lebten auch und konnten sich bewegen. Warum nicht vielleicht auch einer ohne Kopf? Auf jeden Fall hielten wir eine Weile mit gespannter Neugier nach einem kopflosen Soldaten Ausschau, bis uns ein Erwachsener eines Besseren belehrte.

Unser Opa, der Postmeister, beschrieb die Ankunft der Amerikaner wie folgt: „Am 1. April 1945, am 1. Ostertag, treffen hier deutsche Truppen ein. In der Dämmerung Angriff der Amerikaner aus Richtung Wirtheim mit Panzern. Während der ganzen Nacht wird die Stadt mit Granaten beschossen. Etwa alle 10 Minuten ein Schuß. Die Granaten fallen meistens in die Ludwigsvorstadt. Am 2. April rücken die wenigen deutschen Truppen (nur Infanterie) um 6 Uhr in Richtung Mernes ab. Um 7.15 wird die Stadt von Amerikanern kampflos besetzt. Die Postdiensträume werden mit Ausnahme des Vorsteherzimmers beschlagnahmt und zu einem Kleider- und Wäschedepot hergerichtet. Der Postbetrieb ruht völlig. Das Ortsfernsprechnetz (Wähleramt) ist noch einige Tage in Betrieb, wird dann aber von den Amerikanern stillgelegt."[1]

---

[1] Aenne Weis (1979). Die Entwicklung des Postwesens in Bad Orb. Bad Orb: Selbstverlag, S. 96.

Ingrid, damals neun Jahre alt, erinnert sich, dass die Amerikaner in der Nacht vor ihrem Eintreffen vom Kinzigtal aus immer wieder Granaten in Richtung Orb abfeuerten, die aber überwiegend am Ortsrand einschlugen und keine großen Schäden anrichteten. Ingrid erzählt, nach dem Eintreffen der Eroberer in Orb Anfang April 1945 rollten von der Eisernen Hand her bei Tag und Nacht lange Konvois unter Begleitschutz von schweren Panzern die Frankfurter Straße entlang durch Orb und dann die Würzburger Straße hinauf. Auf der Wegscheide wurden die mehr als sechstausend zuletzt überwiegend russischen und amerikanischen Kriegsgefangenen befreit, die dort in einem so genannten Stammlager der Wehrmacht (Stalag) untergebracht waren. Auch wollten die Amerikaner der Roten Armee zuvorkommen und soviel wie möglich von Deutschland selbst besetzen. Das etwas abseits vom Kinzigtal gelegene Orb wählten sie dann früh zu einem ihrer vorläufigen Stützpunkte. Im Kurhaushotel, das auch Ausgebombten und Evakuierten aus dem Rhein-Main-Gebiet als Unterkunft diente, richteten sie ihre Kommandantur ein. Als solche nutzte es zuvor auch das Stalag, welches das Kriegsgefangenenlager auf der Wegscheide verwaltete und für die französischen Gefangenen in der alten Burg zuständig war.

Tante Aenne arbeitete bis zum Kriegsende beim Stalag im Kurhaus als Telefonistin. Wenn während ihrer Dienstzeit dort Nachrichten über drohende Fliegerangriffe eintrafen, benachrichtigte sie angeblich immer erst ihre Familie in der Post bevor sie die Meldung an das Rathaus weitergab. Auf dessen Dach befand sich nämlich die zentrale Sirene, die dann nach Eintreffen der Warnung gleich eingeschaltet wurde.

Die Sieger beschlagnahmten die Hotels, Gästepensionen, Villen und Wohnhäuser in guter Lage für sich. Die Orber Bevölkerung und die Evakuierten aus den zerbombten Städten mussten zähneknirschend noch mehr zusammenrücken und die unglücklichen ausgewiesenen Bewohner bei sich aufnehmen. Die Grünflächen zwischen dem damaligen Rathaus und dem Kurpark nutzten die Soldaten als Parkgelände für ihre Fahrzeuge. Besonders die Kettenfahrzeuge mahlten tiefe Spuren in die gepflegten Anlagen, Straßen und Wege.

Was bei Kriegsende in den Großeltern und den Frauen vorging, weiß ich nicht. Aber anders als den gefürchteten Russen, vor denen Millionen von Deutschen nach Westen flohen, ging den Amerikanern ein guter Ruf voraus. In der Regel behandelten sie die Zivilbevölkerung der eroberten Gebiete wohlwollend, und anders als die Russen, plünderten und vergewaltigten sie nicht. Es hieß, die in ihre Gefangenschaft geratenen deutschen Soldaten würden ausreichend verpflegt und menschenwürdig versorgt und nicht, wie die Russen es machten, umgebracht oder nach Osten verschleppt und bis nach Sibirien in Arbeitslager deportiert.

Selbstverständlich übernahmen die Amerikaner auch in Orb sofort die Schaltstellen der Verwaltung. Dazu gehörte das Postamt mit seiner zivilen Telefonzentrale. Dabei blieben sie aber auf die Mitarbeit der eingearbeiteten lokalen Fachkräfte angewiesen. Personen mit engen Bindungen zum Nationalsozialismus wurden von Einheimischen, die sich überzeugend als Gegner des Dritten Reiches darstellen konnten – darunter erklärte Sozialdemokraten und Kommunisten – den neuen Machthabern gemeldet und sofort ihrer Ämter enthoben.

Ingrid berichtet, eines Tages kam Aenne ganz entsetzt mit der Nachricht, auch die Dienstwohnung über der Post würde von den Amerikanern beansprucht, und die Familie müsste raus. Sie begann auch gleich mit dem Packen. Tante Else und Tante Irmel hatten zu Fuß, aber auch in der Hoffnung auf Mitfahrgelegenheiten, eine gar nicht gefahrlose Reise nach dem ca. 200 Kilometer entfernten Karlsruhe-Rüppurr angetreten, um dort in der Hegaustraße 7, dem eigentlichen Zuhause der Horwedels, einmal nach dem Rechten zu sehen. Die kleinen Mädchen Friederike und Juliane waren zu der Zeit ohne ihre Mutter und packten schon für sich selbst. Nur unsere Mutter soll die Ruhe bewahrt und sich fürs Abwarten entschieden haben. Die Hauptwohnung blieb dann auch der Familie erhalten, die Zimmer im Dachgeschoss jedoch mussten für die Einquartierung von einigen Soldaten freigegeben werden.

Die Amerikaner führten auch angekündigte Durchsuchungen und unerwartete Razzien durch. Eines Morgens sah ich mehrere Jagdgewehre aufgereiht auf dem Doppelbett der Großeltern liegen. Es hieß, Waffen jeder Art müssten abgegeben werden, und verheimlichter Waffenbesitz würde schwer bestraft. Als Jäger war auch unser Großvater betroffen. Mir tat das wirklich weh, einmal, weil mir die widerstandslose Auslieferung der Gewehre die Hilflosigkeit und Schwäche der sonst mir so überlegenen Erwachsenen verdeutlichte, andererseits, weil es mir leid tat, solche wertvollen Instrumente, mit denen man Herr über Leben und Tod sein konnte, für immer aus der Hand zu geben. Schließlich beruhte unsere Furcht und unser Respekt vor den fremden Soldaten vor allem auf deren Vermögen, mit Waffen über uns zu herrschen. Mein Vorschlag, doch zumindest ein Gewehr zu behalten und es gegen Feuchtigkeit geschützt im Garten zu vergraben, wurde als zu riskant zurückgewiesen.

Ingrids Mutter, Tante Margret, in der Quanzstraße befürchtete, als Frau eines SS-Mannes ins Visier der Amerikaner zu geraten. Sie wollte schnellstens das Hitlerbuch „Mein Kampf" – übrigens ein Hochzeitsgeschenk, das im „Dritten Reich" jedem Paar bei der zivilen Trauung überreicht wurde – und einen SS-Dolch aus dem Besitz Onkel Oskars unauffällig loswerden. „Mein Kampf" übergab sie Opa, der das einst hoch gelobte und nun verfemte Werk im Keller der Post den Flammen des Heizkessels überließ. Für das Verschwinden des Dolches sorgte ihr eigener Vater. Ingrids Großeltern mütterlicherseits waren dem Bombenhagel auf Köln entflohen, und sie hatten bei ihrer Tochter Margret Unterkunft und Schutz gefunden. Der Großvater schlich eines Abends bei Dunkelheit über den Hof und versenkte das verräterische Utensil in der Jauchegrube ihrer Vermieter Acker. Als die Grube bald darauf einmal bis auf den Grund leergeschöpft wurde, stieß Herr Acker auf den angerosteten Dolch und legte ihn seiner erschrockenen Mieterin vor die Wohnungstür. Tante Margret, deren Eltern nach Köln zurückgekehrt waren, wandte sich besorgt wieder an Opa. Der bat einen damaligen Orber Polizisten namens Harnischfeger vertrauensvoll um Rat. Er riet ihm, den Dolch doch irgendwo im Wald zu vergraben. Und so geschah es.

Mit einer Ausgabe von „Mein Kampf" – fester Einband, hellbraun marmoriert mit dem Orber Martinswappen auf der Vorderseite, dunkelblauer Lederrücken mit Golddruck, im gleichfarbenen Schuber – waren auch meine Eltern an ihrem Hochzeitstag im Orber Rathaus vom Standesbeamten beehrt worden. Die handschriftlich ergänzte Widmung lautet:

Kriegstrauung.
Dem jungvermählten Paare
Rudolf Ludwig Karl Funke
Gertrud Johanna Theresia geb. Köck
mit den besten Wünschen für
eine glückliche und gesegnete
Ehe überreicht von der Stadt
Bad Orb
am 14. September 1940
Der Bürgermeister
gez. Weiler

Dieses „Das Buch der Deutschen" überstand das Kriegsende unversehrt im Bücherschrank in der Wiener Wohnung am Bischof-Faber-Platz und gelangte mit den Möbeln der Mutter später nach Bad Orb in die Spessartstraße. Als Schüler blätterte ich darin und las neugierig einzelne Passagen. Nach Ingrids Erzählung erinnerte ich mich auch wieder daran und fand es in der obersten Reihe des Bücherregals meines Arbeitszimmers in der Bremer Beethovenstraße: Auflagejahr 1940. Zentralverlag der NSDAP. München.

Die Amerikaner befahlen auch die Herausgabe aller Radiogeräte und Fotoapparate. Sich davon zu trennen war für die Eigentümer noch schwieriger als von ohnehin entbehrlichen Waffen und Dolchen. Sie waren von Nutzen und in dieser Notzeit unersetzbar. Auch ihrer Aufspürung galten die unangekündigten Durchsuchungen.

Ständig konnte es unerwartet klingeln. Bewaffnete Soldaten forderten Einlass, ließen alle Schränke, Kommoden und Kästen öffnen, zogen sämtliche Schubladen heraus und wühlten und tasteten sich in alle möglichen Verstecke der Wohnung vor. Nach solch einer Aktion vermisste unsere Mutter ihre goldene Armbanduhr und ihren Lieblingsring mit einem großen dunkelroten Carneol. Mein Vater, schon aus dem Krieg heimgekehrt, ließ sich das Aussehen der Soldaten beschreiben und meldete den Vorfall in der amerikanischen Kommandantur. Inzwischen wurde die gestohlene Uhr in einem abgestellten leeren Steinguttopf auf dem Posthof gefunden. Von dem Ring fehlte zunächst jede Spur. Doch zu aller Erstaunen war der verantwortliche amerikanische Offizier der Beschwerde des Vaters nachgegangen, und unsere Mutter bekam ihren Ring zurück. Dieser Ring, eigentlich ein Männerring, wurde mir vererbt. Und ich trage ihn jetzt schon viele Jahre.

Trotz einer drohenden Bestrafung widerstand so mancher Orber den Verordnungen der Militärregierung und hielt die gesuchten Gegenstände gut verborgen. So verhielten sich auch meine Großeltern.

Wie sonst ist zu erklären, dass wir noch in den Fünfzigerjahren in der Hubertusstraße das kleine Radio („Deutscher Kleinempfänger") aus dem Nachlass von Karl Ernst besaßen? Als ich 1958 wegen einer kompliziert gebrochenen Kniescheibe monatelang nicht zur Schule ging und mit einem wiederholt eingegipsten Bein überwiegend im Bett lag, diente mir dieses Gerät trotz des manchmal mäßigen Empfangs neben der Buchlektüre in hohem Maße meiner Unterhaltung und Weiterbildung. Nachrichten, Reportagen, Reiseberichte, Hörspiele des Hessischen Rundfunks, Sendungen vom amerikanischen Soldatensender AFN in Frankfurt verbanden mich mit der Welt weit außerhalb unserer Kleinstadt. Nicht zuletzt ihm verdanke ich Gedanken, Wünsche und Träume, die auch später mein Leben mitbestimmten. Der Person in der Familie, die uns dieses Radio bewahrt hat, bin ich heute noch dankbar. Ingrid erzählt, Oma habe es nach Karl Ernsts Tod jahrelang auf ihrem Nachttisch stehen gehabt.

In der Post bemühten sich alle um gute Beziehungen zu den amerikanischen Soldaten in den Räumen im Dachgeschoss. Wir begegneten ihnen häufig im Treppenhaus. Sie sahen natürlich, wie schlecht es uns ging und wie armselig unser Nahrungsangebot war, verglichen mit ihrer eigenen üppigen Verpflegung. Meine Mutter bekam einmal eine Schachtel mit Geleefrüchten geschenkt, die sie mit uns teilte. Welch eine herrliche Besonderheit! Ein Geschmack aus einer ganz anderen Welt!

Auffälligen Anstrengungen, an solche nie vorher genossenen Süßigkeiten zu kommen, unterwarf sich Juliane, zurückhaltender die ältere Friederike. Juliane gab stets ihr Allerbestes, um den Soldaten zu gefallen und an deren Großzügigkeit zu appellieren. Wir

Kleinen staunten immer wieder über ihre Erfolge bei den über uns einquartierten jungen Männern. Auf meine Frage, wie sie es denn anstellte, an die süßen Schätze zu gelangen, zeigte sie mir, wie sie bei der Rückkehr der Soldaten vom Dienst ihre Nase gegen die Innenseite der verglasten Haustür drückte und leicht hin und her rieb. Wir versuchten, das nachzuahmen, leider ohne die erhoffte Wirkung. Die älteren Mädchen setzten eben einfach ihre weiblichen Verführungskünste ein, und ihre vorher so rührenden und nachher so dankbaren Blicke erweckten in den Angehimmelten Freude und ermunterten sie zur Großzügigkeit. Die Kinderfreundlichkeit nicht nur dieser Soldaten hat sich tief in meiner Erinnerung erhalten.

Tante Margret, schon rein räumlich immer ein wenig auf Distanz zu dem Leben und Treiben der Familie in der Post, gab sich patriotisch. Über die Amerikaner sagte sie: „Das sind unsere Feinde. Mit denen darf man nicht sprechen." Ihre Tochter Ingrid durfte von ihnen keinerlei Geschenke annehmen. Die Soldaten nannten die Kusine wegen ihrer rötlichen Haare Redhead. Sie erinnert sich noch heute an ihre Namen: „Norbert", „der dicke Nick", „Martin". Nick hatte eine Schwäche für die kleine Juliane und kitzelte sie gerne, wenn er sie im Treppenhaus antraf. Martin war sehr jung, noch unter zwanzig, und jüdischer Abstammung. Meine Mutter war angetan von ihm, weil wir doch auch einen eigenen Martin hatten.

Ein paar Jahre später, von Juni 1948 bis Mai 1949 blockierte die Sowjetunion die Versorgung West Berlins. Damit wollten sie den Rückzug der Westalliierten erzwingen und ihren Anspruch auf ganz Berlin durchsetzen. Wegen der gesperrten Land- und Wasserwege versorgten die Amerikaner und Briten die Westberliner Bevölkerung auf dem Luftweg. Der südliche der drei Luftkorridore verlief zwischen Frankfurt am Main und der geteilten früheren Hauptstadt. Bad Orb lag im Randbereich dieses Korridors, und wir hörten ein Jahr lang Tag und Nacht das Brummen der Versorgungsflugzeuge über uns. Natürlich konnten wir sie bei wolkenlosem Himmel auch gut sehen. Nachts blinkten ihre roten und grünen Lichter an den Flügelspitzen.

Gelegentlich erwähnten die Erwachsenen einen Flugzeugabsturz. Nicht alle dieser so genannten Rosinenbomber erreichten ihr Ziel oder kehrten heil zurück. Ich stellte mir vor, in der Au wäre so ein Flugzeug notgelandet, und ich könnte der verunglückten Besatzung aus ihrem Wrack heraushelfen. Glücklicherweise kam es in unserer Gegend niemals zu solch einer Katastrophe.

Auch noch Jahre nach dem Rückzug der Amerikaner aus unserer Kleinstadt kamen regelmäßig amerikanische Truppenkonvois aus dem Kinzigtal und rollten auf der Frankfurter und Würzburger Straße durch Bad Orb. Von den schweren Panzern und ihren martialisch wirkenden Besatzungen war ich mehr als angetan. Ich bewunderte und beneidete die Fahrer dieser laut und hart rasselnden Kettenfahrzeuge, die unter ihren Helmen aus den geöffneten Luken streng und konzentriert nach vorne schauten, und anders als die übrige Besatzung und die Soldaten auf den Ladeflächen der LKWs, keinerlei Blicke für uns kleine Jungen am Straßenrand übrig hatten. In der Hoffnung auf Kaugummi und Schokolade liefen wir laut rufend und bettelnd immer ein Stück neben der Kolonne her, häufig auch mit Erfolg. Besonders gefreut habe ich mich immer über die runden scheibenförmigen Päckchen mit gepresstem Milchkakaopulver, die uns die Soldaten zuwarfen. Man konnte den Inhalt gut trocken essen, aber auch in heißer Milch auflösen und als Kakao trinken.

Gelegentlich landeten ein, manchmal auch zwei Hubschrauber vorne im Orbtal auf einer ebenem Wiese zwischen dem Orbbach und der Villbacher Straße. Ich nehme an, sie dienten dem schnellen Transport von höheren amerikanischen Offizieren aus Gelnhausen, Hanau oder Frankfurt, die in Orb dienstlich zu tun hatten. Wenn wir uns gerade im Freien aufhielten und das heftige Geflatter der Drehflügel in der Ferne vernahmen, liefen oder radelten wir Jungen, die in der Nähe wohnten, so schnell wir konnten voller Neugier dorthin. Es waren stets kleine Hubschrauber mit Kanzeln aus Plexiglas. Die von mir bewunderten jungen Piloten standen bei unserer Ankunft lässig wartend vor ihren Fluggeräten und hielten uns auf Abstand. Ich fand es aufregend, wenn sie später die Rotorblätter wieder zum Kreisen brachten, die mit steigender Drehzahl das Gras um sich herum immer stärker nach unten pressten, ganz behutsam mit ihren kleinen Fluggeräten abhoben und in Richtung Kinzigtal davonflogen.

Leben in der Post (1945 –1946)

Unserem kleinen Martin wurde eine starke Ähnlichkeit mit dem vermissten und betrauerten Onkel Karl Ernst nachgesagt. Zuweilen betrachtete man ihn sogar etwas sentimental und wehmütig als dessen Reinkarnation. „Wie der Karl Ernst!" hieß es hin und wieder. Besonders die Frauen der Familie konnten eine besondere Zuneigung für ihn nicht verhehlen. Gitti und ich standen ihm kritischer gegenüber. Klar, er beanspruchte die Sorge der Mutter auf unsere Kosten, zumal er als Siebenmonatskind zur Welt gekommen und zunächst so klein und zerbrechlich war. Aber unsere Mutter machte uns auch schon früh für ihn mitverantwortlich und belastete uns mit ihren hohen Ansprüchen. Wenn Martin lärmte und vor sich hin brabbelte, musste man nicht um ihn besorgt sein. Vernahm man jedoch eine Weile nichts von ihm, konnten wir sicher sein, dass irgendetwas mit ihm nicht stimmte. Ziemlich sicher hatte er ein Regal oder eine Schublade ausgeräumt, etwas zerbrochen, oder vielleicht auch ein Kette zerrissen, deren Perlen Gitti und ich dann wieder zusammensuchen mussten. Dann waren wir überhaupt nicht mehr angetan von dem kleinen Brüderchen.

Martin lernte spät sprechen. Zur großen Empörung unserer Mutter veranlasste das unseren Großvater einmal zu der Bemerkung: „Der Junge wird doch nicht blöd sein." Martin war zu der Zeit das jüngste Enkelkind. Seine Entwicklung wurde stets an der seiner älteren Kusinen und Geschwister gemessen. Bei ihm verlief sie eben zunächst etwas langsamer.

Martin wollte auch lange nicht laufen lernen. Stattdessen bewegte er sich auf allen Vieren durch die große Wohnung. Er musste dafür so genannte Rutschhosen tragen, Hosen, die in Kniehöhe mit Flicken verstärkt waren. Für uns gab es damals keine neue Kleidung oder Stoff. Was man trug, musste lange halten. Irgendwann verloren meine Eltern die Geduld mit Martins Weigerung, sich aufrecht zu bewegen. Der damals etwa dreijährigen Gitti und mir wurde aufgetragen, mit ihm mehrmals täglich das Laufen zu üben. Zu zweit hakten wir uns bei ihm unter, zogen ihn hoch und schleppten ihn durch den langen Flur hin und her bis wir nicht mehr konnten oder uns die Lust verließ. Martin gab sich trotz stetiger Anfeuerung und lobender Worte keine allzu große Mühe. Doch irgendwann fand er heraus, dass das Leben als Zweibeiner Vorteile für ihn bereithielt.

Eines Nachmittags war Martin verschwunden. Wir suchten ihn im Postgebäude, rund um den Posthof, forschten nach ihm in der Nachbarschaft und den umliegenden Straßen. Er blieb unauffindbar. Ich sah meine verzweifelte Mutter im Postgarten vor einem dort eingegrabenen Jauchefass knien und mit einer Bohnenstange darin herumstochern – auf der Suche nach Martin. Erst gegen Abend tauchte er wieder auf. Wo war er gewesen? Bei Maria Rieger, einer ehemaligen langjährigen Hausangestellten der Familie. Sie wohnte in einem kleinen Fachwerkhaus am Fuße der Kirchtreppe. Martin hatte bei ihr einen Stein im Brett, und sie belohnte seine – bis weit in die Schulzeit hinein – regelmäßigen Besuche mit dick belegten Wurstbroten. Die gab es bei uns zu Hause nicht.

Vielleicht trugen diese auch mit dazu bei, dass Martin später zu einem kräftigen großen sportlichen Mann heranwuchs. Er war der schnellste Läufer in der Familie und brillierte in der Schule und im Orber Turnverein als vielseitiger Leichtathlet. – Doch zurück zum Leben in der Post.

Hier in der Großfamilie gab es für Opa und Oma sichtlich verteilte Rollen. Unser Opa führte unten im Postamt die Regie. Oben in der Familie hatte überwiegend unsere Oma das Sagen. Opa war der Bedächtige, Vorsichtige, Fürsorgliche, Ruhige. Tante Aenne erzählte mir, wenn sie als Mädchen oben in der Familie Ärger hatte, sei sie nach unten zu Opa ins Büro gegangen und hätte dort in Ruhe bei ihm sitzen dürfen, während er am Schreibtisch arbeitete.

Anders als Opa erlebte ich die viel jüngere Oma als weniger berechenbar. Sie konnte launisch sein und flüchtete sich leicht ins Kranksein, wenn ihr etwas gegen den Strich ging. Sie legte sich dann ins Bett, und wir Kinder wurden angehalten, uns möglichst auf Zehenspitzen zu bewegen, damit wir sie nicht störten und vielleicht noch weiter verärgerten. Und wir nahmen die Ermahnungen ernst und hielten uns daran.

Doch Oma besaß auch ganz andere, bewundernswerte Seiten. Sie verfügte über eine stark ausgeprägte musische und künstlerische Begabung. Opa sorgte für das Einkommen und das Beständige in der Familie, Oma für die bürgerliche und kulturelle Ausrichtung. Sie spielte Klavier, zeichnete, malte und nähte Puppen für das Kasperletheater und zum Spielen. Mit ihrer kunstvoll aufgebauten Krippe und der naturgetreu nachgebauten Landschaft aus Moos, Steinen und Zweigen machte sie uns zu Weihnachten immer wieder eine große Freude. Nicht nur der Stall mit seinen Nebengebäuden war etwas Besonderes. Es gab auch eine Feuerstelle für die Hirten – ein mit rotem Krepppapier abgedecktes Lämpchen –, und darüber hing unter drei gegeneinander gestellten Stöckchen ein kleiner Kochtopf. Auch ein See fehlte nie. Ein Spiegel imitierte die Wasserfläche. Und der Stall konnte elektrisch beleuchtet werden. Die Figuren aus Gips – heute bei uns in Bremen noch Jahr für Jahr im Einsatz – sind bunt bemalt, wenn auch teilweise schon ein wenig angestoßen. Eine Besonderheit stellt das Kamel mit dem mit einem wallendem roten Tuch bedeckten Höcker dar, das von einem schwarzen Diener der drei Könige geführt wird. Die Könige bekamen zu Weihnachten zunächst ihre Plätze weit entfernt vom Stall. Bis zum Dreikönigsfest wurden sie Tag für Tag ein Stückchen näher an ihr Ziel herangerückt.

Von Oma angeregt, baute ich später in der Spessartstraße – ich muss so etwa zehn gewesen sein – eine kleine Krippe für unsere Familie. Den Stall konstruierte ich aus Haselnussstöcken und versah ihn mit einem Strohdach. In einer Vorweihnachtszeit fand im Pfarrsälchen eine öffentliche Krippenausstellung statt. Unsere Mutter schlug mir vor, doch daran teilzunehmen. Ich war dann erstaunt, wie viele wirklich schöne und beeindruckende Krippen man dort sehen konnte. Meine gehörte zu den eher bescheidenen. Ich war zwar enttäuscht, dass ich für mein Werk keinen Preis erhielt, hatte aber Verständnis für die Entscheidung der Jury.

Ihr gestalterisches Talent entfaltete Oma auch bei den Vorbereitungen zum Osterfest. Mit verdünnter Salzsäure und einer spitzen Stahlfeder zeichnete sie liebevoll österliche Motive auf die vorher gefärbten Eier. Und ihre Hasen mit den Kiepen, in denen sie ihre Eier austrugen, sahen wirklich wie solche aus. Das war Können. Keinem von der Familie gelangen diese Darstellungen so gut wie ihr.

Als junge Frau malte sie gerne. In unserer Küche in der Bremer Beethovenstraße hängen zwei Bilder aus den Jahren 1910 und 1911 von ihr, jedes etwa dreißig mal vierzig Zentimeter groß, beides wohl Motive aus ihrer eigenen Küche, damals noch im Posthaus am Salinenplatz. Das eine der mit Wasserfarben gemalten Bilder zeigt einen toten Truthahn auf einem dunklen Holztisch, im Halbkreis umrahmt von drei Äpfeln, einem blauen Krug und einem Blumenkohlkopf. Auf dem zweiten Bild liegt ein aufgeschlitzter Karpfen auf der dunkelbraunen Tischplatte, umgeben von einem Dolch mit Hirschhorngriff, drei Zwiebeln und einem rötlichen Kochtopf. Wie auch der alte japanische Theatergong neben unserer Küchentür, ursprünglich sogar noch aus der Villa Annaruhe der Urgroßeltern Pálinkáš in Langen, halten mir diese Gegenstände die längst vergangene Zeit in der Post in guter Erinnerung.

An Nikolausabenden trat Oma als Nikolaus in Aktion. Die bischöfliche Verkleidung, inklusive einer Mitra, stellte das nahe gelegene Pfarrhaus zur Verfügung. Einmal hatte die kleine Juliane wohl so einiges auf dem Kerbholz, und der Nikolaus musste das ahnden. Gleich nach seiner Ankunft schüttete er seine Mitbringsel für die Braven aus, steckte Juliane aber in den nun leeren Sack und stellte ihn zum Mitnehmen neben der Wohnzimmertür ab. Voller Angst starrte Juliane von dort aus dem Sack und beobachtete die Verteilung der Geschenke an die Anderen, an denen der Nikolaus, das heißt unsere Oma, das Jahr über Wohlgefallen gefunden hatte. Beim Abschied zeigte der hohe Besuch doch noch unerwarteten Großmut. Nachdem Juliane in ihrer Not hoch und heilig versprochen hatte, in Zukunft braver und gehorsamer zu sein, durfte sie aus dem Sack herauskriechen und in der Post bleiben.

Juliane und Ingrid haben mir unabhängig voneinander diese Geschichte erzählt. Es muss ein wirklich eindrucksvoller Nikolausabend gewesen sein.

Gelegentlich durfte eines von uns Kindern bei den Großeltern in deren Schlafzimmer übernachten. Eines Abends war die Reihe an mir, und ich verbrachte die Nacht in ihrer Mitte auf der Ritze. Es war faszinierend, Opa und Oma in langen hellen Nachthemden zu sehen. Sie wirkten darin so freundlich und gar nicht streng und überlegen wie in der Kleidung, die sie tagsüber trugen. Am folgenden Morgen stand Oma dann als erste auf. Ich war ganz gespannt darauf, wie sie unter ihrem Nachthemd aussah. Nach einer kurzen Katzenwäsche am Waschtisch – dafür hatte sie aus einem Krug Wasser in eine Schüssel gegossen – machte sie überhaupt keine Anstalten, sich des Nachthemdes zu entledigen. Inzwischen waren aber ihre Arme aus den nun lose herunterhängenden Ärmeln verschwunden, und sie vollzog mit den Armen, Beinen, ja dem ganzen Körper mir zunächst unverständliche Bewegungen. Schließlich merkte ich, dass ihre Kleidung Stück für Stück von dem Stuhl vor dem Waschtisch unter ihrem weiten Nachthemd verschwand und von ihr dort im Verborgenen angelegt wurde. Plötzlich streifte sie das Nachthemd über den Kopf, und da stand sie nun, fix und fertig angezogen, und ich war völlig baff.

Unsere Mutter und wir Kinder bewohnten ein eigenes Zimmer im Dachgeschoss. Juliane kam gerne zum Essen nach oben, auch weil wir angeblich so schöne Teller benutzten. Beim Auslöffeln der Suppe, erzählt sie, kam eine Blume auf dem Tellerboden zum Vorschein. Und daran begeisterte sie sich.

Juliane schätzte meine Mutter auch dafür, dass sie mit Kindern gut umgehen konnte, besonders auch mit ihr. So nahm sie dem kleinen Mädchen bei einem gemeinsamen Schwimmbadbesuch die Angst vor der Rutschbahn, indem sie gemeinsam mit ihr hinunterrutschte und das dann gleich anschließend wiederholte und ihr damit den Mut gab, es künftig allein zu tun.

Manchmal saßen wir am Fenster und beobachteten das Geschehen entlang der Bahnhofstraße. Es gab wenig Autoverkehr und kaum irgendwelche lärmenden Arbeitsgeräte und Maschinen. Ab und zu hörte man in der Ferne die Dampfpfeife der Orber Kleinbahn oder das Rangieren der Lokomotive hinter dem Bahnhof. Die meisten Menschen waren zu Fuß unterwegs. Innerhalb der Stadt wurden die Güter überwiegend mit Handwagen, Kuh- und Pferdewagen transportiert. Es fehlte das Laute und Unstete, die Schnelle und Hetze des heutigen Lebens. Die Martinskirche über der Altstadt lag in Sichtweite. Die Turmuhr zeigte die Zeiten an, und alle viertel Stunde hallten ihre Schläge über die kleine Stadt. Morgens, mittags und abends läuteten die Glocken zu uns herüber und riefen zum Angelus-Gebet, dem „Engel des Herrn". Gegen Ende des Tages wurde es am Untertor und in der Bahnhofsstraße immer ruhiger und friedlicher.

An Sonn- und Feiertagen gingen viele Menschen zu Fuß zu den damals noch zahlreichen Gottesdiensten. Alle Orber, die im Haseltal oder in den Straßen oberhalb des Bahnhofs wohnten, kamen auf dem Weg in Richtung Innenstadt durch die Bahnhofstraße und konnten von uns auf ihrem Hin- und Rückweg neugierig beäugt werden. Das war unser Fernsehen.

Am Karfreitag und Karsamstag läuteten die Glocken nie. Es hieß, sie seien nach Rom geflogen. Wir Kinder mochten das gerne glauben und stellten uns vor, wie sie durch die Lüfte ins ferne Italien zum Papst schwebten. An diesen Tagen zogen Jungen mit Klappern und Ratschen durch die Stadt und riefen damit zu den Gottesdiensten. Erst am Ostermorgen waren die Glocken zurück und erklangen wie gewohnt mit aller Macht.

Blick vom Dachgeschoss der Orber Post auf den Untertorplatz und die Martinskirche (1946).

Unser Vater kehrt heim

Eines Tages, Ende Mai 1945, überbrachte Ulrich, der jüngste Sohn der Familie Freund von der Küppelsmühle, die Nachricht von der Rückkehr unseres Vaters aus dem Krieg. Für die Familie galt er wochenlang als vermisst. Seine Division auf dem Balkan war von den Amerikanern besiegt und aufgerieben worden. Zu der Zeit befand er sich nicht bei seiner Truppe. Er war zu einem Lehrgang für höhere Adjutantur in Traunstein kommandiert wurden und von Mostar in Herzegowina dorthin gereist. Infolge der sich überstürzenden Kriegsereignisse und der zügigen Einnahme Süddeutschlands durch amerikanische und auch französische Truppen fand der Lehrgang nicht mehr statt. Mein Vater konnte sich einer Gefangennahme entziehen, übernahm zwei Pferde eines aufgelösten Artillerie- und Abteilungsstabes und machte sich zusammen mit einem Oberfeldwebel aus Mainz auf den Heimweg in Richtung Spessart.

Der weite Ritt erwies sich als schwierig und gefahrvoll. Mit dem Kriegsende hatten die bisherigen Ordnungskräfte schnell an Ansehen und Einfluss verloren und die Siegermächte sich noch nicht überall etabliert. Befreite oder auch einfach fortgelaufene ehemalige Kriegsgefangene aus Polen, der Tschechoslowakei und der Sowjetunion, und auch aus Frankreich, die als Zwangsarbeiter in der Industrie, Handwerksbetrieben und in der Landwirtschaft eingesetzt waren, weil die Deutschen als Soldaten dienen mussten, bahnten sich – so wie mein Vater und sein Gefährte – auf eigene Faust einen Weg zurück in ihre Heimat. Von allen Zwängen befreit gingen sie oft skrupellos und rachsüchtig mit Deutschen um, die ihnen in den Weg kamen, besonders natürlich mit nun besiegten Soldaten. Dank eigenhändig gefälschter Entlassungspapiere eines Gefangenenlagers bei Bad Aibling überstanden die beiden Männer wiederholt amerikanische Militärkontrollen. Im Spessart trennten sie sich. Mein Vater gelangte unversehrt mit seinem Pferd nach Bad Orb. Dem Reisegefährten muss auf seinem Ritt nach Mainz etwas zugestoßen sein. Mein Vater hat nie wieder etwas von ihm gehört.

Auszüge aus einem Bericht meines Vaters über diesen Heimweg befinden sich im Anhang dieses Buches.

Mein Vater als Pferdefreund und begeisterter Reiter. Er gehörte der pferdebespannten Artillerie an (1941).

Viktor Scheiterbauer

Nach der Auflösung des Kriegsgefangenlagers auf der Wegscheide und dessen Verwaltungsapparates, fand der Österreicher Viktor Scheiterbauer vorübergehend ein Domizil in der Post. Er war ein Verehrer der nun verwitweten Tante Aenne und wurde von unserer Oma wegen seiner künstlerischen Talente geschätzt. Wie es um seine Heimatstadt Wien stand, wusste er auch von meiner Mutter, und es drängte ihn nicht, unmittelbar nach dem Kriegsende dorthin zurückzukehren. Ich habe ihn als einen dunkelhaarigen, mittelgroßen, etwas spinnert wirkenden Menschen in Erinnerung.

Eines morgens war es seine Aufgabe, die Brotscheiben auf den heißen Herdplatten in der großen Küche zu rösten. Abgelenkt oder verträumt nahm er sie nicht rechtzeitig herunter und ließ sie ziemlich verkohlen. Wie alle Lebensmittel war auch das Brot rationiert, und der Unglücksrabe sah sich einem Schwall von Beschimpfungen der hungrigen Funkes ausgesetzt. Dieses Missgeschick wurde weit verbreitet und ihm nie vergessen.

Dabei war Viktor Scheiterbauer ein ungewöhnlicher Mensch, ein Künstler, sowohl Maler als auch Poet. Aus dem Nachlass unseres Vaters besitze ich einen schmalen Gedichtband von ihm: „Glanz zwischen Disteln und Dornen“. Er wurde 1946 in Frankfurt verlegt und enthält ausgewählte Gedichte mit recht eindrucksvoll formulierten feinsinnigen Empfindungen, auch aus seiner Orber Zeit. Tante Aenne schenkte das Büchlein unserem Vater 1947 zu seinem 35. Geburtstag. Der Autor leitete später einen Verlag in Wien. Irgendwann brachen die Verbindungen zu Bad Orb ab.

Christoph Halbe

Bei einem Aufenthalt im Luftschutzkeller unter der Post machte unsere Mutter noch vor Kriegsende Bekanntschaft mit einer Dame namens Halbe aus Hamburg. Ihr 19jähriger Sohn lag kriegsverletzt in der nahen Kinderheilanstalt. Wie schon während des Ersten Weltkriegs war Orb wieder eine Lazarettstadt. Sogar die Klassenräume der Volksschule dienten gegen Kriegsende der Unterbringung verwundeter Soldaten, und Ingrid hatte Unterricht in der Alten Schule. Wegen des Raummangels wurde der in zwei Schichten, die eine am Vormittag, die andere am Nachmittag erteilt. Christoph Halbe, der Sohn eines Waffenhändlers, war als Soldat bei einem Einsatz in Norditalien auf eine Mine getreten, hatte das rechte Bein und den linken Arm und verloren und bedurfte des Trostes und der Fürsorge. Seine Mutter erzählte von ihm. Sie selbst musste nach Hamburg zurückkehren und konnte sich nicht weiter um den Schwerverwundeten kümmern. Vielleicht war meine Mutter auch gerührt, weil dieser junge Mensch Christoph hieß, so wie ich, ihr eigener Sohn. Jedenfalls versprach sie Frau Halbe, nach ihm zu sehen. Und das tat sie dann auch. Unter anderem besorgte sie ihm später passende Zivilkleidung von der Familie Feindler, deren einer Sohn gefallen war und die auf Drängen unserer Mutter einige seiner Sachen entbehren konnte. Rosel Schmalbach, die nach dem Krieg mehrere Jahre in unserem Haushalt arbeitete, erinnerte sich auch noch an Christoph. Er sei so jung, unglücklich und völlig verbittert gewesen, erzählte sie.

Christoph Halbe kehrte nach der Heilung seiner äußerlichen Wunden in seine Heimatstadt Hamburg zurück, trotzte seiner schweren Behinderung, studierte Jura, wurde Rechtsanwalt und Notar und gründete eine große Familie. Meiner Mutter brachte er für ihre damalige Hilfe immer große Dankbarkeit und hohe Achtung entgegen und besuchte sie wiederholt in Bad Orb. Seit ihrem Tod 1972 stehen Silke und ich mit ihm immer noch in einer lockeren, aber freundschaftlichen Verbindung. Im April 2008 besuchten wir ihn an seinem 83. Geburtstag in seinem Haus in Hamburg.

Die Gräfin von Mumm

Im Orb der Nachkriegszeit lebten vor der Ankunft von Flüchtlingen aus dem Osten auch Familien, die aus Frankfurt am Main dorthin evakuiert worden waren. Entweder waren sie ausgebombt und ihre Wohnungen und Häuser zerstört, oder sie hatten ihr gefährdetes Zuhause – so wie meine Mutter mit uns Kindern, Tante Else mit unseren Kusinen Friederike und Juliane und Ingrids Kölner Großeltern – vorsorglich oder aufgrund einer behördlichen Aufforderung verlassen.

Irgendwann lernte unsere Mutter auch Christine von Mumm aus Frankfurt kennen, die mit ihren beiden kleinen Töchtern in einem Nebengebäude der Kinderheilanstalt untergebracht war. Juliane erzählt, diese Dame hätte eines Tages wie verloren einen Kinderwagen, dem ein Rad fehlte, vor der Post hin- und hergeschoben, und unsere Oma hätte sie schließlich angesprochen und ins Haus gebeten. Ingrid weiß, dass sie später ihre guten Englischkenntnisse im Dienste der Amerikaner einbringen konnte und auch in der Post gedolmetscht hat. Ihr Mann saß in dieser Zeit im Gefängnis, denn in einem seiner Koffer war bei einer Kontrolle eine Pistole gefunden worden, von deren Existenz er selbst angeblich nichts wusste.

An diese, auf mich etwas quirlig wirkende Frau von Mumm, und die Besuche mit meiner Mutter bei ihr erinnere ich mich dunkel. Nach ihrer Rückkehr nach Frankfurt blieben die beiden Frauen weiterhin in Kontakt. Meine Mutter besuchte die von Mumms später auch in ihrer unzerstört gebliebenen großen Stadtwohnung in der Cretzschmarstraße 6. Sie hatte eine Schwäche für Kopenhagener Porzellan und stand bewundernd vor einer größeren Sammlung von Weihnachtstellern aus der dortigen königlichen Manufaktur. Herr von Mumm, längst aus dem Gefängnis entlassen, noch vergeblich um seine Wiederverwendung als Diplomat bemüht, nahm einen der Teller von der Wand und machte ihn meiner Mutter mit eleganter Geste zum Geschenk. Es ist der Weihnachtsteller des Jahres 1913, der schönste unserer eigenen kleinen Sammlung, wie ich meine, und nicht nur wegen seines Alters für mich der wertvollste. Er hängt heute in unserem Wohnzimmer über der Schiebetür.

In der Kinderheilanstalt

1946 verbrachten Gitti und ich mehrere Wochen in der Kinderheilanstalt, der heutigen Spessart-Klinik, die gar nicht weit von der Post entfernt lag. Ich war fünf und Gitti noch keine vier Jahre alt. Ingrid erzählt, wir seien unterernährt gewesen und aufgrund einer ärztlichen Verordnung dort untergebracht worden. Das Heimweh setzte uns beiden schwer zu. Dabei wohnte die Familie nur ein paar hundert Meter entfernt um die Ecke. Unserem Bruder Martin blieb dieses harte Schicksal erspart. Er war noch zu klein und durfte in der Post bleiben.

Gitti erinnert sich an eine scheußlich schmeckende Milchsuppe, die unser Aufpäppeln beschleunigen sollte. Dabei litt sie an einer Laktoseintoleranz und vertrug keine Milch. Das wussten wir damals natürlich noch nicht. Wir Kinder waren in Gruppen eingeteilt, für die so genannte Tanten zuständig waren, meist jüngere unverheiratete Frauen, die ihre Arbeit nicht immer mit Begeisterung verrichteten. Den Beruf der qualifizierten Kindergärtnerin gab es damals wahrscheinlich noch nicht. Wir mussten viel schlafen und wurden täglich in Gruppen spazieren geführt. Gitti erzählt, wie schrecklich es war, als wir auf einem dieser täglichen Ausgänge einmal unserer Mutter begegneten. Die Verwandten waren angewiesen, während des Kuraufenthaltes jeglichen Kontakt mit uns zu meiden. Dafür gab es sicherlich gute Gründe. Aber Gitti und ich hatten wenigstens einander. Das half uns sehr über diese schlimme Zeit hinweg.

Mädchen und Jungen waren getrennt in großen Schlafsälen untergebracht. Mein Schlaf muss unruhig gewesen sein. Jedenfalls fiel ich anfangs nachts immer aus dem Bett. Schließlich bekam ich ein Eisenbett mit einem hochklappbaren Seitenteil hingestellt. Aus dem konnte man nicht herausfallen.

Unter meinem Bett stand ein Nachttopf. Der war aber nur für einen wirklichen Notfall da und dann nur für „Klein". Für die großen Geschäfte mussten wir unbedingt den Toilettenraum aufsuchen. Der lag aber weit weg, ganz am Ende eines endlos langen Flurs. Außer einem schwachen Notlicht auf der Höhe der Toilette gab es keinerlei Beleuchtung, und die nächtlichen Wege dorthin und zurück verursachten in der unheimlichen Stille und Dunkelheit Gefühle der Angst und des Schreckens. Eines Nachts litt ich unter Durchfall. Der Weg zum Klo war mir in dieser misslichen Lage zu weit und auch noch zu gespenstig. Also entschied ich mich für den Nachttopf. Ich füllte ihn mit allem, was aus mir heraussprudelte und kletterte erleichtert in mein Eisenbett zurück.

Gleich nach dem Wecken prasselte dann ein Donnerwetter auf mich herunter. Unsere Tante hätte mich am liebsten zerrissen vor Zorn. Sie beschuldigte mich der Faulheit und Rücksichtslosigkeit, und ich kam mir vor, wie der gemeinste Verbrecher. Ich war fünf. Meine einzige Verbündete, die vierjährige Gitti, konnte mich ein wenig trösten.

Notzeit

Viele Entbehrungen der Kriegs- und Nachkriegszeit kann ich mir selbst heute kaum noch vorstellen. Alle Nahrungsmittel waren rationiert und in Geschäften nur mit den von den Behörden zugeteilten Lebensmittelmarken erhältlich. Dieses System wurde bereits zu Beginn des Krieges eingeführt, und unsere Mutter litt schon 1940 in Wien unter der knappen Zuteilung von Eiern, Butter, Fleisch und Obst. In einem ihrer Briefe von damals bedankt sie sich bei unserem Vater für einen Schinken, den er ihr aus Polen nach Wien geschickt hatte. Sie erwähnt immer wieder beglückt, wenn sie von Freunden oder Bekannten, die auf dem Land lebten oder besondere Beziehungen dorthin hatten, mit Eiern, Kartoffeln und Äpfeln beschenkt wurde.
Ich erinnere mich, dass ich einmal nach dem Mittagessen zu Hause in der Post eine Streichholzschachtel mit Schalen von Pellkartoffeln füllte und als Verpflegung mit in den Kindergarten nahm. Wegen des knappen Brotes war ja auch Viktor Scheiterbauer so beschimpft worden, als er beim Rösten ein paar Scheiben verkohlen ließ. Noch Jahre nach Kriegsende wurde von uns Kindern im Verlauf des Abendessens regelmäßig die Standardfrage gestellt: „Vati, kann ich bitte mein zweites Brot haben?"

Die Bauern mit Landwirtschaft im Vollerwerb hatten solche Sorgen nicht. Von den Höfen im Jossgrund gelangten benötigte Grundnahrungsmittel im Tausch gegen Wertgegenstände zu den im wahrsten Sinne des Wortes betuchteren Orbern. Das große Textilgeschäft Ruffer in der Hauptstraße besaß noch eine Menge an Waren aus der Vorkriegszeit. Das Geld, die Reichsmark, war wenig wert. Dafür bekam man so gut wie nichts. Aber die Ruffers hatten noch viele Stoffe im Lager, und Stoff war knapp und beste Tauschware. Bei uns galt Fleisch als seltene Kostbarkeit. Der Bedarf an Gemüse konnte auch von den Anpflanzungen im Postgarten nicht gedeckt werden. Zuerst war ich ganz entsetzt, als mich unsere Mutter zum Sammeln von Brennnesseln aufforderte. Ich wollte nicht glauben, dass man aus diesen Pflanzen, dieser laufenden Bedrohung unserer nackten Kinderbeine, einen schmackhaften Spinat kochen konnte.

Abgesehen von Stoffen, Kleidung und Schuhen fehlte es auch an den einfachsten Dingen für den alltäglichen Gebrauch. So saßen eines Nachmittags ein paar Frauen der Familie in der Küche und färbten Paketkordel schwarz und braun. Sie zerschnitten sie dann in kurze Stücke. Und schon hatte man neue Schnürsenkel, die zwar nicht lange, aber doch eine Weile hielten.

Erst jetzt, beim Nachdenken über diese Zeit, wird mir eigentlich so richtig deutlich, dass meine Eltern am Ende des Krieges plötzlich so arm wie Kirchenmäuse waren. Meine Mutter besaß in Orb nur, was wir auf der letzten Reise von Wien als Gepäck mit uns führen konnten. Das waren wohl überwiegend Kleidung und Wäsche für uns alle und kleinere Kostbarkeiten, so der Schmuck der Mutter, und einige notwendige persönliche Dinge für den alltäglichen Gebrauch. In der Post lebten wir ähnlich wie auf Besuch, als arme Verwandte, die sich als Flüchtlinge dort eingenistet hatten und sich mehr oder weniger aushalten lassen mussten. Der Besitz der Mutter in Wien, das Haus, die Wohnungseinrichtung mit allen Möbeln und dem gesamten Hausrat war fern, unerreichbar und damit nutzlos. Hier in Orb konnte sie zunächst keinen Herd, keine Möbel und keine Gegenstände und Geräte für die Haushaltsführung ihr eigen nennen. Und der Vater hatte außer seinen kleinen persönlichen Besitztümern, der Kleidung und den Büchern auch nichts. Als Student in Fulda wohnte er im Priesterseminar, dann während des Arbeitsdienstes und als Soldat in Kasernen und anderen militärischen oder vom Militär eingenommenen Unterkünften, während des Krieges an der Front auch oft in nur provisorisch aufgeschlagenen Notbehausungen, manchmal ohne einem richtigen Dach überm Kopf. Im Unterschied zur Mutter durfte er die Post aber noch als sein ursprüngliches Zuhause betrachten und als überlebender Sohn von den Seinen Hilfe und Unterstützung erwarten. Trotzdem konnte er außer vielleicht mit dem zurückgebrachten Kochgeschirr und seinem Feldbesteck absolut nichts zu einem eigenen Haushalt beisteuern. Und über Mittel, sich all das Fehlende zu beschaffen, verfügten beide Eltern nicht. Die monatliche Besoldung des Vaters hörte mit dem Ende des Krieges abrupt auf. Die Mutter hatte wegen uns Kindern ihren Beruf aufgegeben und hätte ihn in Orb auch nicht ausüben können. Die Mieten ihrer Wiener Wohnungen durften nicht über die wieder gezogene Grenze zwischen Deutschland und Österreich transferiert werden. Die Eltern hatten kein Einkommen mehr. Ich frage mich heute, von was sie eigentlich unsere gute Rosel Schmalbach bezahlten, die 1946 mit sechzehn Jahren als Haushaltshilfe in unsere Familie kam.

Auf der Suche nach eigenen Kochgefäßen lernte ich an der Seite der Mutter sämtliche Orber Schutthalden kennen. Dafür dienten die – heute fast alle zugeschütteten – kleinen Kerbtäler in dem hügeligen Gelände am Rande des Ortes. Eine städtische Müllentsorgung und konsequente Mülltrennung gab es noch nicht. Auf diesen Halden landete alles, was die Menschen wirklich nicht mehr gebrauchen oder verwerten konnten. Wir interessierten uns ausschließlich für alte Kochtöpfe und Wasserkessel, deren Böden nach langem Gebrauch auf den Kohleherden durchgebrannt waren. Wertlos geworden flogen sie dann auf die Müllkippe. Am Marktplatz gab es ein Geschäft für Eisenwaren und Spenglerarbeiten namens Schreiber. Dort wurden unsere Funde fachmännisch begutachtet und, wenn möglich, repariert, d.h. mit einem angelöteten neuen Boden versehen. Der war nicht von Dauer, hielt aber immerhin eine Zeit lang.

Wie viel anders war doch das Leben der Mutter in Wien gewesen. Sechs Jahre zuvor – ich weiß das aus Briefen und von ihrer Freundin Helene Lintner – suchte sie über Monate hinweg noch als modebewusste Großstädterin im dortigen Dorotheum einen besonderen Schreibtisch aus Nussbaumholz für unseren Vater, der zu ihren Biedermeiermöbeln passen sollte. Und dann, durch die Kriegsereignisse nach Orb verschlagen, stocherte sie in ausgelatschten Schuhen und dicken Wollstrümpfen im Dreck der Müllkippen nach angeschlagenen löchrigen Töpfen für ihre notleidende Familie herum.

Und dennoch darf man im Rückblick nicht vergessen: Es gab damals viele Menschen in Deutschland, denen der sinnlose verlorene Krieg noch viel härter zusetzte als uns. Juliane erzählte mir, nach ihrer Rückkehr von Orb nach Karlsruhe-Rüppurr wurden sie in einer Notunterkunft über ihrer von den Franzosen beschlagnahmten Wohnung untergebracht. Tante Else tröstete ihre beiden Mädchen mit den Worten: „Ihr habt es so gut. Euer Papa ist zurückgekommen. Das schaffen wir schon." So eine Einstellung hat auch bei uns vorgeherrscht. Es wurde gelitten, aber nicht gejammert.

Damals sangen wir Kinder häufig das kleine Lied: „Maikäfer flieg. Der Vater ist im Krieg. Die Mutter ist in Pommerland. Pommerland ist abgebrannt. Maikäfer flieg." Ich empfand es als traurig und gruselig, aber auch beruhigend und tröstlich, denn unser Vater war aus dem Kriege zurückgekehrt, und unsere Mutter befand sich nicht im verwüsteten von Bränden geschwärzten Pommerland, sondern unversehrt an unserer Seite. Meine Geschwister und ich waren nicht ohne Eltern, und wir wussten uns unter ihrem Schutz.

Meine Kusinen Juliane, Friederike und Ingrid (von links) am Tage von Friederikes Erstkommunion. Hinter Ingrid Tante Margret (1944).

Mein Vater ohne Beruf

Nach dem Ende des Krieges blieben wir in Bad Orb. Als ehemaliger Major der besiegten und nun aufgelösten Wehrmacht hatte mein Vater in den ersten Nachkriegsjahren einen schweren Stand. Sofort nach seiner Rückkehr sah er sich nach Arbeit um. Er war tief betroffen, wie arrogant und verächtlich er von den Nachfolgern der nationalsozialistisch orientierten Angestellten im Orber Rathaus behandelt wurde. Laut seinen Erzählungen hatten dort seit dem Einmarsch der Amerikaner von heute auf morgen vom Naziregime verfemte und verfolgte Sozialdemokraten und Kommunisten das Sagen übernommen. Jetzt durften sie sich wieder offen und freimütig und ohne Furcht zu ihrer Gesinnung bekennen und drehten den Spieß um. Mein Vater fühlte sich als vorher geachteter Soldat und Offizier von einigen von ihnen gedemütigt und erniedrigt. Von Anfang bis Ende des Krieges hatte er seinem Land pflichtbewusst und seinem Eid gemäß in Treue gedient, viele Male Leib und Leben aufs Spiel setzten müssen, und nun sollten seine Tapferkeitsauszeichnungen, die Eisernen Kreuze Zweiter und Erster Klasse, die Sturm- und Verwundetenabzeichen in den Augen der neuen Machthaber nichts mehr gelten und ohne Wert sein. Als ehemaliger Frontsoldat musste er sich sogar eine Zeit lang „Verbrechen gegen die Menschheit" vorwerfen lassen.

Plötzlich wurde er für mitschuldig an dem schrecklichen verlorenen Weltkrieg und den damit verbundenen Verbrechen erklärt, und das von seinen eigenen Landsleuten, und auch noch von Orbern, die sich letztlich der Naziherrschaft gefügt hatten und nun als die neuen Angestellten im Auftrag der amerikanischen Militärregierung handelten. Er erzählte uns später, es sei weniger die Art der ihm zugewiesenen Arbeit gewesen, die ihn verletzte, als der anmaßende Ton und eine zuweilen sogar feindselige Überheblichkeit, die man sich ihm gegenüber herausnahm.

Anders als viele andere ehemaligen Soldaten konnte er auf keinen Zivilberuf zurückgreifen. Das wertvollste Ergebnis seiner bisherigen Ausbildungsgänge war das Abitur. Das Orber Arbeitsamt wies ihm zunächst eine Stelle als Waldarbeiter zu. Ich erinnere mich, dass er täglich in den Orber Wald musste und dort „Platten hackte". Er und andere Männer lockerten mit Hacken den Boden gerodeter Flächen für eine zügige Wiederaufforstung auf.

Im Juni 1945 erhielt er ein Stelle bei der Orber Hospitalstiftung. Sein Lohn betrug zwölf Reichsmark pro Woche. Mehr als einfache Hilfsarbeiten kann er dort nicht geleistet haben.

Da man seit dem Sommer 1945 nach Lehrern suchte, rechnete er sich gute Chancen für eine Zulassung zum Lehrerstudium aus. Er bewarb sich beim Schulamt Gelnhausen und bekam zur Einführung eine unbezahlte Stelle als Schulhelfer in dem zwischen der Kreisstadt und Wirtheim gelegenen Dorf Höchst. Schon nach zweieinhalb Monaten, Mitte Januar 1946, verfügte ein Befehl der Militärregierung über seine sofortige Entlassung. Er wurde „als nicht beschäftigungswürdig für eine Tätigkeit in anderer als gewöhnlicher Arbeit befunden" und durfte nicht weiter unterrichten und nicht studieren. Wie alle ehemaligen Stabsoffiziere, Offiziere vom Major aufwärts, wurde er nach den neuen Kontrollratsbestimmungen der Kategorie der so genannten Kriegsverbrecher zugeordnet. Damit nicht genug. Die Militärregierung ließ auch seine Sparkassenkonten sperren, und er konnte kein Geld mehr abheben.

Bei der Meldung im Orber Arbeitsamt eröffnete ihm der zuständige Beamte, dass er eine ihm zugeteilte Stelle eines Hilfsarbeiters bei der Stadt anzunehmen habe. Die vorgesehene Beschäftigung beim Wegebau oder mit anderen einfachen Arbeiten lehnte er ab. Er hatte vor, einen richtigen Beruf zu erlernen und nicht nur Tagelöhner zu sein. Zudem wollte er sich nicht mit ehemaligen Nazis gleichsetzen lassen.

Auf der Suche nach Anregung für eine sinnvollere Beschäftigung trat er auch in Kontakt mit früheren Kriegskameraden. Aber denen erging es nicht viel anders als ihm. Einige saßen arbeitslos zuhause herum und wollten ihre Probleme mit Abwarten lösen, so wie ein früherer Regimentskommandeur meines Vaters, der General a.D. Raapke, in seiner damaligen Wohnung in Hamburg. Seine Frau verdiente den Lebensunterhalt für die Familie mit Putzen. Andere hatten zu ihrem Glück einen Familienbetrieb im Hintergrund und fanden dort Beschäftigung, wie sein Freund Maack in Dithmarschen bei Heide. Dessen Vater bewirtschaftete einen großen Bauernhof.

Die Berufsberatung in Frankfurt konnte ihm in seiner Lage nur den Einstieg in einen handwerklichen Beruf empfehlen, mit der Aussicht, sich später selbstständig zu machen oder aufgrund dieser Ausbildung in besseren Zeiten einmal Gewerbelehrer zu werden. So bot man ihm auch eine Ausbildung zum Maurer an. Innenstädte und Fabrikanlagen lagen in Schutt und Asche. Der Mangel an Wohnraum und der Zwang zum Wiederaufbau des zerstörten Landes verhießen einen gewaltigen Bauboom.

Gärtnerei und Blumenladen

In Anbetracht der lange nach Kriegsende schwierigen Versorgungslage und weil es in Orb keine Gärtnerei von Bedeutung gab, beschlossen unsere Eltern, eine Gärtnerei zu gründen und dazu ein Geschäft für Gemüse- und Blumenvertrieb aufzubauen. Vom Frühjahr bis zum Spätherbst 1946 ließ sich unser Vater in einem Gartenbaubetrieb in Frankfurt Oberrad, in der Gemüsegärtnerei von Jean Ludwig, wichtige Grundlagen für den Gärtnerberuf beibringen. Unter diesen Voraussetzungen konnte er von der Kirche 56 Ar Land in der Orber Au pachten und sich im Frühjahr 1947 selbstständig machen. Diese kurze Lehrzeit fiel ihm nicht leicht. Die körperliche Arbeit machte hungrig, und er bekam nicht immer satt zu essen. Er erzählte zu Hause, dass er seinen Hunger zwischendurch mit dem Verzehr von Beerenobst und Äpfeln aus der Gärtnerei stillte.

Während der kurzen Gärtnerlehre unseres Vaters fuhr unsere Mutter regelmäßig mit der Bahn nach Frankfurt und lernte dort in einem Blumengeschäft, wie man Blumen, Gestecke und Kränze bindet. In den Zeiten ihrer Abwesenheit waren wir Kinder im nahen Kindergarten und in der Post, auch in der Obhut von Rosel Schmalbach, die halbtags als Haushaltshilfe bei uns arbeitete. Nach ihrer Ausbildung mietete unsere Mutter in einem alten Orber Haus am Marktplatz zwischen den Hotels „Zum Weißen Roß“ und „Wittelsbacher Hof“ einen kleinen Ladenraum und verkaufte die Blumen und das Gemüse aus der Au. Die Eltern richteten den Laden nur provisorisch ein. Es gab auch keine richtige Kasse, nur Mutters großes schwarzes Portemonnaie.

Mit Hilfe seines älteren, inzwischen aus der amerikanischen Gefangenschaft entlassenen Bruders Oskar, umzäunte der Vater das zunächst noch nicht umgebrochene Pachtland in der Au mit Holzpfosten und Stacheldraht. In der Mitte dieses länglichen quer zum Tal verlaufenden Rechtecks errichteten sie als Wirtschaftsgebäude eine große verschließbare Holzhütte für die Gartengeräte, das Saatgut, die Düngemittel und für alles, was für solch einen Betrieb noch so benötigt wird. Auch verglaste Frühbeete wurden angelegt. Das Gießwasser lieferte der vorbeifließende Orbbach auf seinem Weg zur Aumühle.

In den Monaten bevor mein Vater vom Landratsamt Gelnhausen die Zulassung als selbstständiger Gewerbetreibender erhielt, musste er sich wiederholt der Aufforderung des Arbeitsamtes erwehren, als Hilfsarbeiter an einem Projekt der Militärregierung in Hanau zu arbeiten. Schließlich war er immer noch als Nazi eingestuft.

Meine Eltern rechneten in der damaligen Zeit der Not noch mit vielen schwierigen Nachkriegsjahren. Der von einigen amerikanischen Politikern 1944 propagierte Morgenthauplan sah vor, nach dem Krieg viele der noch unzerstörten Industrieanlagen des besiegten Deutschlands zu demontieren, um es in ein Land mit überwiegend ländlich und agrarischen Charakter umzugestalten. Der Plan wurde zwar schnell verworfen, aber erst 1948 wurde mit dem Marshallplan das Interesse der Amerikaner an einer baldigen gesamtwirtschaftlichen Erholung Westdeutschlands deutlich. Kein Wunder also, dass beide Eltern in den von ihnen neu gewählten Betätigungsfeldern zunächst eine gute Zukunft sahen.

Ihre Planung ging noch viel weiter. Ich erinnere mich an einen im Sekretär der Mutter abgelegten Bauplan eines Orber Architekten, der auf dem Gartenbaugelände ein Wohngebäude darstellte, mit Anbauten für Kleintiere, darunter zu meiner großen Verwunderung auch einen Ziegenstall.

Nun hatte die Haltung von kleinen Nutztieren in Bad Orb eine Tradition. Die Mehrheit der Bevölkerung lebte in bescheidenen, wenn nicht ärmlichen Verhältnissen. Selbst mein Großvater bewirtschaftete hinter dem Posthof nicht nur einen größeren Garten, sondern hielt zur Schonung seines Beamtengehalts und Ergänzung des Speisezettels auch Hühner und Stallhasen. Bei deren Versorgung und Schlachtung konnte er stets auf die Hilfe seiner Briefträger zählen.

Nicht nur der Postmeister sicherte sich eine Selbstversorgung. Als ich schon zur Schule ging, kursierte einmal die Nachricht, Diebe hätten im Pfarrgarten geräubert, die Kaninchen und einen Teil des Weißkohls geklaut. Dem Pfarrer hatten sie einen Zettel hinterlassen, mit den Zeilen: „Gott ist überall, nur nicht im Hasenstall." und „Wer auf Gott vertraut, der braucht kein Kraut."

Wie weit meine Eltern im Gartenbau nun wirklich eine aussichtsreiche Zukunft sahen, kann ich nachträglich nicht beurteilen. Sie handelten zunächst einmal vor allem pragmatisch, anstatt nur auf bessere Zeiten zu hoffen. Schließlich brauchten sie und ihre drei Kinder ein Einkommen und etwas zu essen. Aber auf Dauer glücklich sein konnten sie damit nicht. In seinem Beruf als Offizier hatte mein Vater Erfüllung gefunden und machte selbst später als pflichtbewusster und engagierter Lehrer nie einen Hehl daraus, dass er damit eher einem Brotberuf nachging. Und meine Mutter hielt mit ihrem Weh nach dem verlorenen freien und kulturell so viel reicheren Stadtleben in ihrem imperial geprägten heimatlichen Wien nie hinter dem Berg. Beide sehnten sich in Wirklichkeit nach befriedigenderen Tätigkeiten und Aufgaben und einem schöneren Leben.

Arbeit in der Gärtnerei

Den Transport des geernteten Gemüses und der Blumen besorgten wir Kinder mit einem großen kastenförmigen Handwagen. Nach dem Kindergarten, und im Jahr darauf nach der Schule, brachten wir dieses Gefährt von der Spessartstraße über die Würzburger Straße hinunter in die Au. Statt über den etwas kürzeren Weg durch die Stadt zogen wir es auf den Verbindungswegen von der Kurparkstraße über die Jahnstraße hinauf zur Würzburger Straße. Von unterhalb des Hauses Quisisana brauchten wir ihn nicht mehr zu ziehen. Von da an ging es leicht bergab. Unser Kastenwagen rollte mehr oder weniger von selbst. Wir saßen zu dritt darin, und der Vorderste, und das war mit meinen sechs Jahren meist ich, lenkte ihn mit der Deichsel zwischen den nach vorne gestreckten Beinen. Das war eine Strecke ohne Mühsal. Auf dem Rückweg in die Stadt und dann weiter nach Hause hielten wir immer Ausschau nach einem Kuhwagen, dem typischen Gefährt der Orber Kleinbauern. Wir schoben dann das Haltekreuz der Deichsel hinter die eiserne Kurbel am Bremsbalken des fremden Fahrzeugs und hielten es ein- oder beidhändig dagegen gepresst. So brauchten wir streckenweise selbst nicht zu ziehen und schonten unsere Kräfte. Nicht alle Bauern ließen uns gewähren. Sie benutzten Peitschen für die Kontrolle ihrer Tiere. Uns schlugen sie nie, aber drohten gelegentlich damit. Wir sahen zu, dass sie es nicht bemerkten, wenn wir uns an ihre Wagen hängten.

Besonders willkommen waren uns die beiden Pferdegespanne des Sanatoriums Küppelsmühle. Manchmal holten sie tagelang von früh bis spät Koks für die Heizanlage von einem Güterwagen am Bahnhof. Sie fuhren durch die Kurpark- und Spessartstraße an unserem Haus vorbei, viel zügiger und schneller als die sich nur gemächlich fortbewegenden Kuhwagen. Die Fuhrleute vertrauten ihren starken Zugtieren und scherten sich kaum um uns als Anhängsel. Wenn die Pferde zwischendurch einmal auf den flachen Strecken in einen leichten Galopp gebracht wurden, mussten wir auf jeden Fall hinten aufsitzen, uns am Fuhrwerk irgendwie anklammern und gleichzeitig unseren Handwagen festhalten.

Wenn das klappte, freuten wir uns riesig über unsere beschleunigte Heimkehr.

In der Au war ich verpflichtet, unserem Vater in der Gärtnerei zu helfen, auch bei der Anlage von Beeten für Blumen und Gemüse im Frühjahr. Die umgegrabene und glatt gerechte Bodenfläche wurde mit Hilfe einer Schnur zwischen zwei kleinen Pflöcken zu Beeten von einer festgelegten Länge und Breite eingeteilt, mit Pfaden zum Begehen dazwischen. Die für mich schrecklichste Arbeit war das Jäten. Zwischen den Nutzpflanzen spross ständig das Unkraut. Ich musste es samt seinen oft tiefen Wurzeln herauszupfen. Da kniete ich nun, an herrlichen Frühlings- und Sommernachmittagen meiner Freiheit beraubt, auf der lehmigen Auerde und zerbrach mir den Kopf darüber, wie ich mir durch eine Erfindung irgendwelcher Art diese nie enden wollende Arbeit erleichtern könnte. Natürlich dachte ich ständig an so etwas wie den Einsatz einer Unkrautvernichtungsmaschine. Seitdem ist mir bewusst, dass viele neue Ideen und Erfindungen aus häufig großen menschlichen Qualen und schweren Nöten hervorgehen.

Ohne den Orbbach hätten wir kein Wasser zum Gießen gehabt. Mein Vater schöpfte es mit Gießkannen aus Zinkblech heraus und schleppte es über den unbefestigten Fahrweg zu den trockenen Blumen- und Gemüsebeeten.

Es gab keinerlei elektrische Anschlüsse. Wir besaßen keine Pumpe und keine Maschine. Eine Gartenfräse lernte ich erst zwei oder drei Jahre später beim Herrn Kruse kennen, dem Gärtner des Papierfabrikanten Adt im Haberstal.

Ein gefürchteter Feind des Gärtners sind die Schnecken. Manchmal half ich meinem Vater, sie in der späten Abenddämmerung von den Schösslingen der Busch- und Stangenboden oder auf dem Weg dorthin aufzulesen. Wir zerquetschten sie dann zwischen zwei flachen Steinen. Auch die Maulwurfsgrillen machten uns zu schaffen. Als Fallen gruben wir auf den Bohnen- und Erbsenbeeten oben offene leere Büchsen ein. Auf Nahrungssuche fielen die Grillen in der Dunkelheit dort hinein und konnten die steilen Dosenwände nicht hinaufklettern.

Anders als heute standen Pestizide und auch Herbizide nur in einem bescheidenen Maße zur Verfügung, wenn überhaupt. Ich erinnere mich an ein Kartoffelfeld in der Nähe unserer Gärtnerei, auf dessen Kraut es vor Kartoffelkäfern und deren Maden nur so wimmelte. Allerdings war damals der Einsatz von E 605, einem sehr giftigen – heute verbotenen – Pflanzenschutzmittel, üblich. Mein Vater machte auch Gebrauch davon, wie sehr, kann ich nicht beurteilen. Wir Kinder wurden immer vor einer Berührung damit gewarnt.

Gemüse und Salate aus der Au lieferten wir in der Regel direkt an einige Orber Hotels. Die Verbindungen zu ihren Großküchen knüpften mein Vater als entschlossen auftretender gut aussehender Mittdreißiger, und als Major a.D. ein Garant an Verlässlichkeit, und meine Mutter als unternehmerische kontaktfreudige Frau mit einer offenen Bewunderung für gute Köche und Köchinnen. Eine der festen Kunden war Frau Renner, Inhaberin und Chefköchin des Haus Aegir in der Sauerbornstraße, dunkelhaarig, klein, dicklich, sprühend vor Temperament und Tatkraft, aber auch launisch, anspruchsvoll und für mich als kleinen etwa siebenjährigen Anlieferer unberechenbar. Was konnte ich schon dafür, wenn die mit dem Handwagen mühselig herangeschafften Kohlköpfe ihren Ansprüchen einmal nicht ganz genügten!

Das Haus Aegir in der Sauerbornstraße.

Der Blumenladen

Viel wohler als beim Vater in der Gärtnerei fühlte ich mich im Blumenlädchen der Mutter. Bei ihr war ich nicht nur als nützliche Arbeitskraft willkommen. Der Vater forderte und drängte. Sie dagegen schenkte uns Kindern mehr Vertrauen und gewährte uns mehr Freiheit, solange es nicht zum Schaden anderer, besonders der Familie, gereichte.

Dort am Orber Marktplatz war auch viel mehr los als in der abgelegenen Au. Er bildete das Herz der Altstadt. Die schmale, damals noch von jeglichem Verkehr in beide Richtungen befahrene Hauptstraße führt direkt durch ihn hindurch. Die Kirchgasse, die Enggasse und die Kanalstraße münden dort ein. Immer waren viele Menschen zu Fuß unterwegs. Vom Laden aus fiel der Blick direkt auf das Hotel Zum Weissen Ross mit dem liegendem Pferd aus Stein auf einem breiten Sims an der Fassade über dem Eingang. Es verkörperte unbändiges Temperament und blickte mit seinem hoch aufgereckten Kopf in Richtung Kirchgasse. Das „Weisse Ross“ war eines der besten Orber Hotels und auch populär wegen seiner Tanzveranstaltungen an besonderen Wochenenden und Festtagen. Haupt- und Nebeneingang lagen zum Marktplatz hin. Ich liebte es, das Kommen und Gehen von Gästen, Personal und Lieferanten zu beobachten. Zu den Inhabern, den Dickerts, pflegte die Mutter ein gutes nachbarschaftliches Verhältnis.

Das Hotel, heute ein Altenheim, wurde später aufwändig modernisiert und saniert. Ein Presslufthammer zerstückelte das schöne weiße Pferd. Im Sommer 1978 brachten Silke und ich die aus Bremen zu Tammos Taufe angereisten Johannsens dort unter. Das schräg gegenüber gelegene alte Haus mit dem Gewerberaum im Erdgeschoss, in dem die Mutter ihrer Arbeit nachgegangen war, musste irgendwann einem Parkplatz für das Hotel weichen.

Der Blumenverkauf brachte wenig ein. Einmal hatten viele Einheimische selbst Blumen in ihren Gärten, zum anderen fehlte es damals den meisten Menschen an Geld dafür. Nun kannte die Mutter einige Familien, die es gegen Ende des Krieges als Evakuierte aus dem Frankfurter Raum hierher verschlagen hatte, darunter

Kaufleute mit einem für Orber Verhältnisse gehobenen Lebensstil. Dorthin wurde ich hin und wieder mit einer kleinen Auswahl von verschieden großen Sträußen geschickt. Die trug ich in einem Korb herum und sollte sie unverbindlich für ein, zwei und drei Mark anbieten. Das tat ich dann auch, nicht immer erfolgreich.

Das Binden von Brautsträußen und Kränzen bot die bessere Einnahmequelle. Geheiratet und gestorben wurde immer, und Sträuße gehörten einfach zu einer richtigen Hochzeit und Kränze zu einer ordentlichen Beerdigung. Das war kein Luxus. Das gebot die Tradition. Die Mutter langweilte sich also selten in ihrem Laden. Sie saß oft auf einem Schemel, schnitt Tannengrün zurecht und formte es um einen Reifen aus Weidenruten mit Draht geschickt zu einem Kranz. Der wurde dann je nach Jahreszeit unterschiedlich dekoriert.

Ihre Kunden müssen mit ihrer Arbeit zufrieden gewesen sein. Denn eines Abends hielt ein Jeep der amerikanischen Besatzer mit hohen wippenden Antennen vor unserem Haus in der Spessartstraße. Zwei Soldaten verlangten ein Gespräch mit der Mutter. In Gelnhausen war ein Oberst der Armee gestorben, und sie sollte für die Trauerfeier einen großen schönen Kranz anfertigen, und zwar seltsamerweise sofort. Es wurde schon dunkel, und wegen der günstigeren Lichtverhältnisse einigte man sich darauf, dass der Kranz in einem von Amerikanern genutztem großen Haus an der Villbacher Straße gebunden werden sollte. Mich wollte meine Mutter unbedingt dabeihaben, schon kleiner mir gewohnter Handreichungen wegen. Ich war begeistert und aufgeregt. Noch nie zuvor hatte ich in einem Jeep gesessen. Und zudem stand mir der Einblick in eine mir unbekannte Welt in Aussicht! Das benötigte Material war schon vor Ort als wir dort eintrafen, und die Mutter machte sich sofort an die Arbeit.

Wie immer beeindruckte mich die amerikanische Großzügigkeit. Auffallend allein schon das hell erleuchtete Haus! Bei uns gab es nur dort Licht, wo es gerade gebraucht wurde, und der Vater ermahnte uns ständig, soviel Strom zu sparen wie möglich. Wer diese Regel nicht beherzigte, setzte sich jedes Mal dem väterlichen Zorn aus.

In den ersten Nachkriegsjahren wohnten viele amerikanische Soldatenfamilien in beschlagnahmten schönen Orber Häusern. Wir erlebten sie auch als Nachbarn in der Jahnstraße, wo wir nach dem Auszug aus dem Postamt zwischenzeitlich eine Bleibe hatten. Wir Kinder bestaunten von der Straße aus ihre schon lange vor Weihnachten aufgestellten Christbäume mit den vielen bunten elektrisch beleuchteten Glaskugeln und beneideten sie um ihren Lebensstil. Sie waren gut gekleidet, fuhren große Autos, und einige hielten sogar Rassehunde.

Ich sah auch einmal, wie Onkel Oskar auf einer damals noch unbebauten Wiese zwischen Jahnstraße und Kurparkstraße einen dieser Hunde, einen braunen Boxer, dressierte. Derartige Dienstleistungen wurden ihm von den „Amis“ mit Zigaretten und Bohnenkaffee entlohnt, den damals begehrtesten Tauschmitteln.

Während der Arbeit in der Villbacher Straße gab es für die Mutter richtigen Kaffee und nicht den üblichen Ersatz, den „Muckefuck“ aus gerösteter Gerste. Ich bekam Kakao, Schokolade und ein paar Päckchen Kaugummi. Anders als bei uns herrschte hier der Überfluss. Nichts schien rationiert zu sein. Der Abend zog sich in die Länge. Irgendwann überwältigte mich die Müdigkeit. Erst lange nach Mitternacht brachten uns die Soldaten in ihrem Jeep nach Hause.

Mindestens einmal begleitete ich meine Mutter auf einer Fahrt mit dem Postbus nach Oberndorf im Jossgrund. Dort befand sich eine Außenstelle des Orber Postamts. Die Mutter kannte die Familie, die das Brief- und Paketgeschäft im Nebenerwerb vom Wohnzimmer aus betrieb und dort auch Telefonverbindungen vermittelte. Wir wurden mit unseren Blumen aus der Au willkommen geheißen und trugen die flachen Kisten später zum Friedhof. Es war an einem Karfreitag oder Karsamstag. Die Oberndorfer, überwiegend die Frauen, bepflanzten zum Osterfest die Gräber ihrer Angehörigen mit Frühlingsblumen. Und wir warteten am Friedhofseingang mit unseren Stiefmütterchen auf Kundschaft.

Anders als in Wien und in der Post hatten wir kein Telefon, weder zu Hause, in der Gärtnerei, noch im Blumenladen. Nachrichten und Aufträge wurden durch persönliche Kontakte vermittelt. Wenn möglich, übertrugen die Erwachsenen solche Aufgaben den Kindern, ihren eigenen oder auch fremden. Als ältestem von uns Dreien fielen mir solche Aufträge am ehesten zu. So schickte mich meine Mutter vom Geschäft aus auch regelmäßig zur Volksbank. Ich lieferte dort Geld ab oder besorgte Kleingeld zum Herausgeben. Meinen Höhepunkt als Geldbote erlebte ich im Sommer 1948 nach der Währungsreform. Die alten Reichsmark wurden uns im Verhältnis zehn zu eins in Deutsche Mark umgetauscht. Für eine Reichsmark bekam man also zehn neue Pfennige. Es gefiel mir, die abgegriffenen, eingerissenen und sich filzig anfühlenden alten Geldscheine am Bankschalter abzulegen. Nur erstaunte es mich, wie wenig ich dafür zurückbekam. Und das überwiegend in kleinen blauen Scheinchen, die zehn Pfennige wert und Vorläufer der bald nachfolgenden messingfarbenen Münzen waren.

Nach der Währungsreform 1948 bekam man für eine Reichsmark zunächst einen 10-Pfennig-Schein.

Der Orber Marktplatz Anfang der Fünfzigerjahre. In dem Eckhaus ganz hinten rechts hatte meine Mutter ihren Blumenladen.

Aus der Post in die Jahnstraße

Ende Juni 1946 wurde Großvater Funke in den Ruhestand versetzt. Die Familie musste nach seiner Pensionierung die geräumige Dienstwohnung verlassen. Der nachfolgende Postverwalter Klemp zog mit Frau und Kindern dort ein und teilte sie sich auch noch mit einer anderen Familie. Die Großeltern bezogen die Räume im Dachgeschoss. Erst 1955 wechselten sie in eine größere Wohnung am Bennweg 3. Sie lag im heutigen Parkhotel Wehner. Tante Aenne, die ihren alten Eltern auch im Haushalt half, arbeitete dort jahrelang für die Inhaberin, ihre Freundin Änne Wehner, als Hausdame, bevor sie ihren dritten Ehemann Christian Wied heiratete.

Tante Else war mit Friederike und Juliane nach Rüppurr in die Hegaustraße zurückgekehrt. Nur durften sie zu ihrer großen Enttäuschung nicht wieder in ihre Parterrewohnung einziehen. Die hatte die französischen Besatzungsmacht inzwischen mit eigenen Leuten belegt, und ihnen wurden zunächst zwei kleine Dachzimmer im gleichen Haus zugewiesen. Wie fast überall im Nachkriegsdeutschland war der Wohnraum auch hier knapp geworden. Die Bomber der Engländer und Amerikaner hatten viele Städte zerstört. Zudem brauchten Millionen von Flüchtlingen aus dem Osten Unterkünfte. Auch in Orb hatten die Amerikaner ja die schönsten Häuser für sich in Beschlag genommen. Die Bewohner wurden ausgewiesen und in für eine Beschlagnahme uninteressanten Häusern und Räumen untergebracht, meist gegen den vorherigen Widerstand der dortigen Bewohner, die auf Anordnung des Wohnungsamtes zusammenrücken mussten.

Aus Platzgründen konnten wir nicht in der Post bleiben. Das Wohnungsamt wies uns zunächst eine leere Zweizimmerwohnung im dritten Stock eines Hauses in der Kanalstraße zu. Meine Eltern weigerten sich, dort einzuziehen. Das Haus hatte nur eine Toilette im Untergeschoss, und im zweiten Stock lebte mit ihren vier Kindern eine Kriegerwitwe, die in jener schweren Zeit gemeinsam mit ihrer ältesten Tochter auf ihre eigene Weise für den Familienunterhalt sorgte: Sie empfingen regelmäßig amerikanische

Soldaten gegen Vergütung ihrer Dienste. Und das zum Ärger der gesamten Nachbarschaft, auch wegen des lärmenden Nachtlebens mit ausufernden Trinkgelagen. Nach mehreren Schreiben an das Wohnungsamt, Gesprächen mit seinem Leiter und einer Vorsprache bei dem von der Militärregierung eingesetzten Bürgermeister Anton Drisch wurden wir schließlich in eine kleine Dachwohnung in der Jahnstraße 26 eingewiesen.

Das Haus gehörte dem Förster Hörder. Es war zwar beschlagnahmt worden, doch wir durften bis auf Widerruf in der Mansarde wohnen. Schon nach fünf Wochen mussten wir sie räumen und unter das Dach des Nachbarhauses Nr. 28 umziehen. Angeblich duldeten die Amerikaner im Haus Nr. 26 keine Kinder.

An diese beiden Umzüge selbst erinnere ich mich nicht. Wegen unserer bescheidenen Habe können sie nicht sehr aufwändig gewesen sein. Wir fanden auch immer ein bisschen Mobiliar vor, das wir benutzen konnten.

Aber schon vier Wochen nach dem zweiten Umzug kam vom Wohnungsamt die Aufforderung, diese Mansarde zugunsten des Hausbesitzers wieder zu räumen. Auch dieses Haus war inzwischen beschlagnahmt worden. Sein Besitzer Wald, der frühere Latein- und Griechischlehrer meines Vaters und ein paar Jahre später auch mein Lateinlehrer, durfte darin wohnen bleiben, jedoch nur ganz oben in der Mansarde. Und dort waren wir, und unsere Eltern wollten dort auch erst einmal bleiben. Der damalige Leiter des Wohnungsamtes erschien mehrmals persönlich und drohte mit einer Zwangsräumung durch die Militärpolizei. Mein Vater schrieb einen Brief an den Bürgermeister und weigerte sich auszuziehen. Er berief sich auf ein ärztliches Attest, in dem meiner Mutter ein schlechter gesundheitlicher Zustand bescheinigt wurde. Sie litt schon damals auch unter einer sehr hartnäckigen Furunkulose.

In dieser kargen Zeit kamen wir auf uns selbst gestellt irgendwie zurecht. Die wichtigsten Lebensmittel wurden nur gegen Marken zugeteilt und waren streng rationiert. Zum Abendessen gab es damals öfter gekochte Pellkartoffeln mit Margarine und Salz. Probleme bei der Energieversorgung durch das ortseigene Elektrizitätswerk in der Bahnhofstraße waren gang und gebe.

Häufig ging nach Einbruch der Dunkelheit plötzlich das Licht aus, und wir saßen alle im Dunkeln. Für diese Fälle hatte unsere Mutter immer eine Kerze und Streichhölzer an einem festen Platz in Reichweite. Auch eine Petroleumlampe gehörte damals in jeden Haushalt. Sogar bei Kerzen mussten wir sparen. Wir machten uns auch selber welche. Das Wachs von Kerzenstümpfen wurde in einem Töpfchen über dem Herdfeuer geschmolzen und in kleine Reagenzgläschen gegossen. Dabei musste der Wollfaden, der den Docht bildete, beim Einfüllen möglichst genau in der Mitte gehalten werden. Das klappte nicht immer. Dann wiederholten wir den Schmelz- und Gießvorgang.

Gelegentlich fuhr mein Vater mit dem Fahrrad nach Jakobstal. In diesem kleinen Spessartdorf lebte einer seiner alten Kriegskameraden, ein Müller, der auch noch eine kleine Landwirtschaft betrieb. Der Vater verließ die Wohnung frühmorgens und kehrte dann immer erst gegen Abend mit ein paar Pfund Mehl in seinem Rucksack zurück. Diese Art der Nahrungsbeschaffung in der Umgebung war damals üblich, und wir nannten sie „Hamstern". Da er bei seinen Besuchen in Jakobstal anscheinend gut verköstigt wurde, brachte er fast immer einen Teil seiner Wegzehrung wieder mit nach Hause. Obwohl das Brot nach einem Tag in Vaters Rucksack nicht mehr frisch war, verzehrten wir Kinder es mit Begeisterung. Wir nannten diese nicht alltägliche Nahrung „Hasenbrote".

In der Jahnstraße hatten wir Kinder einmal Kopfläuse. Die Jungen trugen das Haar damals alle sehr kurz und waren für dieses Ungeziefer nicht so anfällig. Anders die Mädchen mit ihren langen Haaren. Die kleine Gitti saß über den Küchentisch gebeugt. Unter ihr lag ein weißes Tuch ausgebreitet, und unsere Mutter kämmte ihr mit einem besonderen engzahnigen Kamm, dem so genannten Läuserechen, die Läuse und deren abgelegte Eier (Nissen) aus ihrem dunkelblonden Haar. Gespannt auf die Ausbeute starrten wir alle auf das Tuch.

Der Winter 1946/47 war kalt und schneereich. Wo wir wohnten, mündete eine schmale Verbindungsstraße von der Würzburger- in die Jahnstraße. Auf dieser sehr abschüssigen Strecke fuhren wir Kinder mit Begeisterung Schlitten. Nach einer kleinen Karambolage blutete ich aus der Nase und hatte eine Schürfwunde an der einen Hand. Eine amerikanische Nachbarin hatte den Zwischenfall beobachtet und holte mich spontan in ihr wunderbar warm geheiztes und gemütlich eingerichtetes Haus. Sie tröstete mich, wusch mir das Blut ab und versorgte die Wunde an der Hand mit einem schönen Pflaster. In ihrem Wohnzimmer stand ein großer mit elektrischen Glaskugeln geschmückter Tannenbaum. Den konnten wir auch gut von unserer Wohnung gegenüber sehen, weil er schon in der Vorweihnachtszeit bei Dunkelheit bunt in den Abend hinaus leuchtete. Sie verabschiedete mich mit einer Handvoll Bonbons. Ich hatte Einblick in eine bessere Welt erhalten und war von Dankbarkeit und Bewunderung erfüllt.

Die Alte Schule am Untertorplatz. Im Erdgeschoss befand sich der Kindergarten. Darüber lagen die Räume der Mittelschule.

Im Kindergarten

Anders als von der Post aus hatten wir von der Jahnstraße nun einen recht langen Weg in den Kindergarten. Er befand sich im Gebäude der Alten Schule am Untertor. Heute ist dort eine Grünanlage. Am schnellsten kamen wir über den Quellenring dorthin. Wir gingen stets zu dritt, Gitti, Martin und ich. Mir als Ältestem oblag die Verantwortung für die Kleineren. Eines Tages hatte ich von irgendwoher ein Stück Seil ergattert. Es brachte mich auf die Idee, als Führer meine Geschwister an mir festzubinden. Erst schlang ich mir den Anfang vom Seil um den Bauch, dann band ich es mit circa zwei Meter Abstand um Gitti, und am Ende wurde Martin festgemacht. So zogen wir in Richtung Kindergarten los. Es war ein kalter Wintermorgen ohne Schnee. Der Boden war gefroren. Ich führte meine kleinen Geschwister gegenüber dem alten Badehaus I auf der Ufermauer des Orbbaches entlang. Der war damals auf der rechten Seite noch ohne Geländer. So dicht neben dem fließenden Wasser zu laufen, faszinierte mich. Dabei bedachte ich nicht den vereisten Boden, rutschte aus, verlor das Gleichgewicht und fiel in den Bach. An mich gebunden mussten mir Gitti und Martin folgen. Dann lagen wir alle drei in dem nicht sehr tiefen, aber eiskalten Bachwasser. Eine junge Frau eilte besorgt herbei, half uns heraus und brachte uns schnurstracks nach Hause. Meine aufgeregte Mutter riss uns, bei Martin beginnend, hastig die nasse Kleidung vom Leib und steckte uns aus Angst vor einer Lungenentzündung zum schnellen Aufwärmen sofort in die Betten. Mit mir, der ich doch die Verantwortung trug, machte sie eine kleine Ausnahme. Bevor sie mich in mein Bett entließ, verhaute sie mir den bloßen Hintern. Dabei war mir nach meinem Missgeschick auch schon vor den Schlägen elend genug zumute.

An den Kindergarten in der Alten Schule hege ich zwiespältige Erinnerungen. Ich habe mich dort sehr oft gelangweilt. Die Spiele, auch das Spielen im Sandkasten in dem kleinen Hof hinter dem Gebäude, begeisterten mich nicht immer. Unsere Tanten erschienen mir wenig einfühlsam, fantasielos und häufig ruppig. Wir waren auch immer viele Kinder, und das erschwerte eine gute Betreuung. Zudem hatte ich auch den Eindruck, Kinder, die unseren Tanten vertrauter waren und deren Familien sie besser kannten, würden von ihnen bevorzugt behandelt. Vielleicht lag es auch an meiner Art, mich nicht bedingungslos anzupassen. Das Leben in der Familiengemeinschaft schätzte ich, aber einfach Teil einer willkürlich zusammengewürfelten Masse zu sein und ergeben mitzulaufen habe ich nie gemocht.

Kindergartengruppe. Mein Bruder Martin vorne (mit gekreuzten Hosenträgern) ca. 1948.

Ich weiß noch, dass wir uns auch an vielen Nachmittagen im Kindergarten aufhielten und uns während der Mittagszeit auf Feldbetten schlafen legen mussten. Rosel brachte uns das Mittagessen vorbei. Danach fuhr sie mit dem Fahrrad weiter in die Gärtnerei in der Au und versorgte unseren Vater. Einmal gab es einen Rübeneintopf. Das Besondere daran war eine darin gekochte Schweinshaxe, die uns Kindern herrlich schmeckte. Ein ungewohntes wahres Festessen, das wir ahnungsvoll mit einem Hauch von schlechtem Gewissen verzehrten. Dafür bekamen wir am Abend zuhause großen Ärger. Die Schweinshaxe war natürlich für den hart arbeitenden Vater bestimmt gewesen. Rosel hatte nicht richtig aufgepasst, und wir nahmen uns einfach, was wir kriegen konnten.

Mit dem Kindergarten verbindet sich ein anderes, gar nicht schönes Erlebnis. Wir wohnten noch in der kaum hundert Meter entfernt gelegenen Post, und ich hielt mich eines Nachmittags ganz allein in dem früheren Hof der Alten Schule auf. Dieser war zur Würzburger Straße und nach hinten zum Quellenring hin von einer hohen Mauer umgeben, zur Raiffeisenstraße aber von niedrigen Wirtschaftsgebäuden begrenzt. In einem davon, das auch einen Zugang zu dem Innenhof hatte, wurde wohl auch Kleinvieh gehalten. Jedenfalls sprangen plötzlich lebensfroh laut meckernd zwei Zicklein durch die weit geöffnete Tür in den Hof. Kurz darauf erschien ein Mann mit einem Messer. Er griff sich eines der Tiere, das sich auch seltsam vertrauensvoll von ihm holen ließ. In dem offenen Raum dicht an der Tür schnitt er ihm die Kehle durch. Er ließ das zuckende Tier ausbluten und begann es zu zerteilen. Das andere Zicklein rannte inzwischen unruhig und weiter meckernd im Hof herum. Nach einiger Zeit war der Mann mit dem ersten Tier fertig. Blutbefleckt und offensichtlich routiniert und zufrieden mit seiner Tätigkeit nahm er sich dann des zweiten an und verfuhr mit ihm auf die gleiche Weise.

Als beobachtendes Kind, ich war etwa fünf, identifizierte ich mich mit den kleinen Ziegen. Wenn ich mich richtig erinnere, erfuhr ich an diesem Nachmittag zum ersten Mal, sehr bewusst und unwiderlegbar, die schmale Linie zwischen Leben und Tod und den abrupten Übergang durch eine gewalttätige und von mir als grausam erlebte Einwirkung des Menschen.

Viel später, schon lange erwachsen, träumte ich einmal, ich sei als Soldat in Gefangenschaft geraten. Ich lag neben meinen Kameraden aufgereiht gefesselt am Erdboden, und einer der Sieger ging von Mann zu Mann und schnitt jedem die Kehle durch. Dann war er über mir, und ich wachte auf.

Als wir schon in der Spessartstraße wohnten, bat ich unsere Mutter wiederholt, mich vom Kindergarten zu befreien. Gitti und Martin waren inzwischen fünf und drei, und somit groß genug, alleine dorthin zu laufen. Ich musste versprechen, mich zu Hause, im Blumenladen und in der Gärtnerei nützlich zu machen und durfte meinen Eltern nicht auf die Nerven gehen. Natürlich versprach ich alles und wurde den Kindergarten ein halbes Jahr vor meiner Einschulung los.

Wieder ein Umzug – in die Spessartstraße 6

Mitte Januar 1946 mussten wir auf Geheiß der Militärregierung innerhalb von dreieinhalb Monaten zum dritten Mal umziehen. Wir erhielten eine größere Wohnung in einer Jugendstilvilla in der Spessartstraße 6. Sie lag mitten im Kurviertel in der Nähe des Kurhauses und dicht am Kurpark. Das Haus – Mitte der Fünfziger Jahre durch ein moderneres Gebäude, das Haus Dr. Ramek, ersetzt – stand zwischen den beiden Hotels Hohenzollern und Teutonia. Wie die Bad Orber Heimatforscherin und Betreuerin des Orber Stadtarchivs, Helga Koch, im „Heimatjahrbuch 2007 – Zwischen Vogelsberg und Spessart"[1] schreibt, waren diese Häuser zusammen mit dem Haus Philomena von den Amerikanern für einen ganz bestimmten Zweck beschlagnahmt worden. 1945 wurden dort im Auftrag der Generalstabsabteilung des anglo-amerikanischen Oberkommandos in Europa während der Sommermonate prominente deutsche Nazigegner auf zweiwöchigen Lehrgängen für den schnellen Aufbau einer neuen demokratischen politischen Ordnung geschult. Die Seminarteilnehmer sollten die in Politik und Verwaltung tätigen nationalsozialistischen Amtsträger ersetzen. Auf einer dafür erstellten so genannten „Weißen Liste" standen Namen wie Kurt Schumacher, Theodor Heuss, Konrad Adenauer, aber auch Romano Guardini und Martin Niemöller. Ob die wirklich alle in Orb waren und wie genau das uns zugewiesene Haus für diesen Zweck genutzt wurde, weiß ich nicht. Es muss bei unserem Einzug etwas heruntergewirtschaftet gewesen sein, denn in einem erhaltenen Briefdurchschlag schreibt mein Vater an das Arbeitsamt, das ihn wieder einmal zur Ableistung einer Arbeitsverpflichtung aufgefordert hatte: „Die Wohnung befindet sich in einem äußerst verwahrlosten Zustand und bedarf an allen Ecken und Enden der Ausbesserung. (Wasserleitung an mehreren Stellen aufgefroren. Dach undicht)." Keiner von uns ahnte damals, dass diese Wohnung in den nächsten acht Jahren für uns ein dauerhaftes Zuhause sein würde.

---

[1] Helga Koch. Die Weiße Liste. In „Heimatjahrbuch 2007 – Zwischen Vogelsberg und Spessart", S. 39-41.

Tante Aenne half uns beim Übersiedeln. Es war Abend, kalt und schon dunkel. Wir hatten noch kein Holz und keine Kohlen zum Heizen. Wir Kinder wussten, dass in dem Raum, der als Küche diente, auch noch ein Herd fehlte und fragten, wie denn gekocht werden könnte. Die Tante tröstete uns: „Ich halte dann eben meine Hand unter den Kochtopf, und dann wird das Essen schon warm." Natürlich glaubten wir ihr nicht, aber ihre gelassene Zuversicht tröstete und machte uns Mut.

Die neue Wohnung lag im Dachgeschoss. Wegen der schrägen Wände in allen Räumen, außer der großen Diele, und der noch fehlenden Beleuchtung wirkte sie auf mich an diesem ersten Abend unheimlich und bedrückend. Vielleicht lag das auch an der Stimmung, die nach dem Umzug in der Familie herrschte. Abhängigkeit von fremden Mächten, Mangel und Not und Abschied von einer vertrauten Umgebung in der Jahnstraße mögen da eine Rolle gespielt haben. Unsere Mutter war uns immer nah. Sie versuchte uns mit ihrem Pragmatismus auf das neue Heim einzustimmen, brachte uns zu Bett und sprach mit uns gemeinsam das Nachtgebet. Aber über eine gewisse Düsternis kam ich nicht hinweg.

Unsere Wohnung bestand aus dem Küchenraum, einem sehr großen und einem kleineren Zimmer und einer geräumigen hellen Diele mit einem langen Balkon zum Hotel Hohenzollern hin. Das große Zimmer diente in der ersten Zeit allen zum Schlafen. Die Diele wurde unser Kinderzimmer. Hier spielten und bastelten wir und machten unsere Schularbeiten.

In den ersten Jahren nach dem Einzug teilten wir uns das Schlafzimmer zu fünft. Die Eltern schliefen in den großen Jugendstilbetten der Großeltern aus der Post, Gitti und ich fast Kopf an Kopf ihnen diagonal gegenüber an der langen Innenwand, Martin an der schrägen Außenwand. Als wir älter wurden, schliefen die Eltern getrennt, die Mutter bei uns, der Vater auf einer breiten Schlafcouch im Wohnzimmer.

Ich weiß nichts über die Bewohner vor uns. Die mit dunklen bräunlichen Tapeten ausgestatteten Räume waren jahrelang nicht renoviert worden. Sie wurden irgendwann mit der fachmännischen Hilfe von Magnus Manz, den es nach dem Krieg nach

Orb verschlagen hatte und der später Tante Irmel heiratete, aufgeweicht und abgelöst und die bloßen Wände mit einer hellen Farbe gestrichen. Zum Erstaunen von uns Kindern befanden sich unter den alten Tapeten Lagen aus altem Zeitungspapier aus den zwanziger Jahren, aus einer Zeit, die für uns unvorstellbar weit in der Vergangenheit lag.

Wohnen in der Spessartstraße

Wohnraum war damals knapp in Orb. Die amerikanischen Soldatenfamilien, die Evakuierten und Ausgebombten aus dem Frankfurter Raum und die vielen Flüchtlinge mussten untergebracht werden. Das Wohnungsamt sorgte dafür, dass alle Möglichkeiten zum Wohnen optimal genutzt wurden. Die Gemeinde errichtete sogar in der Hubertusstraße und in der oberen Friedrichstalstraße kistenförmige Behelfsheime für die Zuwanderer, die im Osten ihre Heimat verloren hatten, darunter viele aus dem Sudetenland. Als Olga, die älteste Tochter der Welters, die unter uns wohnten, nach Frankfurt zog, wurde ihr freigewordenes Zimmer sofort wieder belegt. Dem Hauseigentümer Tillmann und seiner Frau diente es vorübergehend als Domizil und auch einem jungen Paar namens Dierbach, das es mit seinem kleinen Jungen bewohnte.

Über den ersten Besitzer des um die Jahrhundertwende im Jugendstil errichteten Jagdhauses haben wir nie etwas erfahren. Es gab aber noch einige andere Häuser mit ähnlichen stilistischen Merkmalen in Kurparknähe, so die Häuser „Hubertus" und „Diana" und weit draußen am Ende des Haseltals das 1907 erbaute „Jagdhaus Haselruhe". In einer Ausgabe der Zeitschrift „Wild und Hund" aus dem Jahre 1906 wird der ausgedehnte Orber Stadtwald als bestes Jagdgebiet Süddeutschlands für Rot-, Auer- und Haselwild beschrieben. Wohlhabende Kaufleute aus Frankfurt waren die Pächter dieser Jagd. Sie hatten sich zur „Orber Jagdgesellschaft" zusammengetan, hielten sich häufig in Orb auf und bauten sich diese Jagdhäuser in einer schönen Umgebung. Sie förderten auch die Entwicklung der verarmten Kleinstadt zum Heilbad, gründeten die „Bad Orb GmbH", setzten sich für den Kauf und Erhalt der letzten Saline ein und pflegten über die gemeinsamen Jagdpartien die Kontakte zu Einheimischen mit ähnlichen Interessen und lokalpolitischem Einfluss. Dazu gehörte auch unser Großvater als Postmeister. Schon vor dem Ersten Weltkrieg war er Stadtverordneter, eine Zeit lang auch stellvertretender Bürgermeister.

In unserem Haus, das wohl für eine einzige Familie oder für vorübergehende Aufenthalte konzipiert war, gab es nur eine Toilette und kein Badezimmer. Diese Gemeinschaftstoilette lag neben dem Treppenabsatz auf halber Höhe zwischen Hochparterre und Dachgeschoss. Infolge der Benutzung durch die bis zu elf Hausbewohner ergaben sich hin und wieder längere Wartezeiten. Die konnten sich noch über das übliche Maß hinaus hinziehen, wenn sich ein Benutzer den Klogang gemütlicher gestaltete, indem er dabei eine Zigarette rauchte, wie Frau Welter es regelmäßig tat. Auf dem Treppenabsatz mit einem großen Fenster zum Garten hin standen die von unserer Mutter so geschätzten und von ihr mit Liebe gehegten Kakteen. Einmal musste ich nach einer längeren Zeit des Wartens so dringend Klein, dass ich es in meiner Not, um Überschwemmungen zu vermeiden, sorgfältig auf die verschiedenen Blumentöpfe verteilte. Den Pflanzen bekam das leider gar nicht. Schon am Folgetag sah man es ihnen an. Meine Mutter konnte sich deren kränkliches Aussehen zunächst nicht erklären. Aber dann erschnupperte sie einen Verdacht, und sie stellte uns Kinder zur Rede. Was blieb mir anderes übrig, als reumütig meine Schuld einzugestehen.

Zu einer Schuld anderer Art musste sich Martin eines Tages bekennen. Dem Beispiel Frau Welters folgend rauchte auch er auf dem Klo eine Zigarette. Er war etwa zehn und vergaß, wohl zu erfüllt von seinem Tabakgenuss, zum Verwischen der Spuren das kleine Fenster zu öffnen und ordentlich zu lüften. Unser Vater griff zur Abwechslung einmal nicht zum Teppichklopfer, sondern zu einem angeblich viel wirksameren Mittel. Nach dem Motto „Feuer mit Feuer bekämpfen" musste Martin bei ihm im Wohnzimmer mehrere Zigaretten hintereinander rauchen. Mein Vater erwartete, dass es dem Kleinen nach kurzer Zeit davon speiübel wurde und es ihm von da an nie mehr nach einem Raucherlebnis gelüsten würde. Ich vergaß, wie viele kostbare Zigaretten Martin dem Vater wegrauchte. Schlecht wurde ihm davon keineswegs. Schließlich gab sich der Vater geschlagen. Er äußerte dann den Verdacht, es wohl mit einem schon ausgefuchsten Raucher zu tun zu haben. Martin spielte das Unschuldslamm, dem nur diese einmalige Verfehlung anzulasten war.

Ich rauchte meine erste Zigarette auch in etwa diesem Alter. Ein Freund und ich hatten uns von irgendwoher zwei ergattert, sehr wahrscheinlich aus einer herumliegenden Zigarettenschachtel meines Vaters. Erwartungsvoll zündeten wir sie auf dem Weg zum Badehaus III an. Den Geschmack fand ich schrecklich. Aber die Tatsache, überhaupt zu rauchen, und das auch noch so öffentlich vor den Augen einiger entrüstet dreinschauender Kurgäste, erfüllte mich mit unsäglichem Stolz. Wir fühlten uns wie echte Männer, sehr toll und sehr erwachsen.

Eines Morgens hing hoch über den Kakteen unter der Decke eine Fledermaus. Sie war wohl nach ihrem nächtlichen Ausflug durch das geöffnete Flurfenster ins Treppenhaus geraten und hatte sich zum Schlafen unter der Decke festgekrallt. Wir Kinder waren solch einem Tierchen noch nie so nahe gekommen. Fledermäuse sahen wir sonst nur bei Dunkelheit herumfliegen, entweder im Schein der Straßenlaternen oder unter einem von Sternen und dem Mond erhellten Nachthimmel. Es hieß, wenn man ein weißes Taschentuch über dem Kopf hin und her schwenkte, würde sich eine Fledermaus darauf niederlassen. Ich habe das oft versucht, ohne Erfolg. Ich hätte sie eingewickelt, in ein Einmachglas gesteckt und sie voller Jägerstolz herumgezeigt.

Meine Mutter betrachtete den fremden Besucher in unserem Haus mit Gelassenheit. Sie hielt uns an, auch in der folgenden Nacht das Treppenhausfenster geöffnet zu lassen. Am nächsten Morgen war das Tierchen verschwunden.

Der Großteil unseres gemeinsamen Familienlebens spielte sich in der Küche ab. In der Woche frühstückten wir dort und aßen zu Mittag und zu Abend, an Sonn- und Feiertagen aber immer im kombinierten Wohn- und Esszimmer. Dort hielten wir uns auch auf, wenn wir Besuch hatten oder beim Feiern besonderer Familienereignisse, wie die unserer Erstkommunion.

Der Tisch in der Küche diente meiner Mutter als Arbeitsfläche und uns allen als Esstisch. Nachmittags machten wir Kinder an ihm auch unsere Hausaufgaben. Während der gemeinsamen Mahlzeiten duften wir Kinder nur mit besonderer Erlaubnis sprechen und die Gespräche der Eltern nie unterbrechen. Nach dem Abendessen saßen wir noch eine Weile zusammen, und erst dann galt das Sprechverbot nicht mehr. Als wir noch kleiner waren, wollten wir dann alle drei gerne abwechselnd auf Mutters Schoß sitzen. Keinen von uns drängte es zu unserem Vater. Der war streng, wirkte auf uns nicht so liebevoll und saß dann ohne Kind der Mutter gegenüber am anderen Tischende. Wir fragten die Mutter auch, welchen von uns dreien sie wohl am liebsten hätte. Sie antwortete immer, sie hätte uns alle gleich lieb. Ich hatte nie den Eindruck, sie würde eines ihrer Kinder bevorzugen. Das Gleiche muss ich meinem Vater zubilligen. Doch hatte ich später den Eindruck, sein Umgang mit Gitti sei ungeschickter und weniger glücklich gewesen als der mit uns Jungen, obwohl sie überwiegend ein braves Mädchen war. Ich glaube, Gitti ließ sich auch zuviel von ihm gefallen, und sie konnte ihm nichts entgegensetzen, wenn er sich ironisch oder sarkastisch äußerte. Dafür fehlte ihr von jeher ein Sinn. Er selbst war unter zwei älteren schlagfertigen Schwestern aufgewachsen, besaß eine Schwäche für starke und überlegen auftretende Frauen, und die kleine Gitti wirkte auf ihn zu harmlos und unbedarft. Und es fehlte ihr später an weiblichem Schutz, als meine Mutter sehr krank und hilfsbedürftig wurde und nicht mehr entschieden genug als Gittis Verbündete gegen meinen Vater auftreten konnte. Martin und ich boten ihm mehr Widerstand und konnten uns mit unseren Vorstellungen besser durchsetzen. Auch wenn Martin häufig dafür den Teppichklopfer auf seinem Hintern zu spüren bekam, weil er so manche Regel nicht einhielt und wieder einmal dabei erwischt worden war. Ich selbst kann mich nur an Ohrfeigen von meinem Vater erinnern. Möglicherweise waren meine Eskapaden harmloser als die von Martin. Aber darin bin ich mir sicher: Die von Martin ließen sich leichter nachweisen.

Mein Vater belustigte uns gerne mit dem Schneiden komischer Gesichter. Er betrachtete uns mit ernster Miene, strich dann mit der geöffneten Hand von oben nach unten über sein Gesicht und gab ihm kurz versteckt blitzschnell einen völlig anderen, meist entgegengesetzten Ausdruck. Er konnte zu unserem Staunen auch seine Augenlider hochklappen. Die Wimpern standen nach oben und die rosa Rückseite der umgestülpten Lider gaben seinem Blick etwas Unheimliches, fast Teuflisches. Wir Kinder bemühten uns immer vergeblich, das nachzuahmen.

Wir hatten im oberen Stockwerk keine elektrische Klingel. Wenn abends die Haustür abgeschlossen war, konnten sich Besucher nur durch Rufe nach oben bemerkbar machen oder sie warfen ein Steinchen gegen das seitliche Küchenfenster. Schließlich bohrte der Vater ein Loch in den Fensterrahmen, zog eine langen Draht hindurch, der an der Außenseite des Hauses bis eineinhalb Meter über dem Boden herunterhing. An dem Ende in der Küche befestigte er eine Glocke. Wenn die plötzlich mit einem Ruck hochgezogen wurde und läutete, öffnete einer von uns das Fenster und schaute nach, wer da unten im Garten Einlass begehrte.

Im ganzen Haus gab es kein Badezimmer. Wir wuschen uns in der Küche. Die Eltern standen stets vor uns auf und waren fertig angezogen, wenn wir nach dem Wecken um sieben dort auftauchten. Nach dem Kämmen und Anfeuchten der Haare ließ ich mir von unserem Vater einen Wischer (Scheitel) ziehen. Es fehlte mir ein Spiegel auf Augenhöhe. Einmal in der Woche badeten wir Kinder in einer kleinen Badewanne in der Küche. Das Wasser dafür wurde in einem großen Kessel auf dem Feuerherd heiß gemacht. Wir benutzen alle drei das gleiche Badewasser. Beim Ausgießen ins Spülbecken sah es dann ziemlich grau aus.

Vom Frühjahr bis in den Herbst hinein trugen wir Jungen kurze Hosen, Gitti ein kurzes Kleidchen und Söckchen. Vom Waschen während der Woche allein ging der Dreck von den Beinen nicht ab. Nach dem Baden am Samstagnachmittag wechselten wir die Unterwäsche und wir Jungen auch die Oberhemden. Jeden Sonntagmorgen waren wir sauber und frisch angezogen.

Beim gemeinsamen Baden ging es manchmal lustig zu. Wir Jungen unterschieden uns von Gitti. Martin und ich hatten jeder ein „Zippeli“, aber Gitti als Mädchen hatte ein „Pünzchen“. Gelegentlich legten wir Jungen unseren kleinen Penis neben den Hodensack und klemmten die beiden mit den Unterschenkeln so zusammen, dass das Ergebnis einer kleinen Scheide ähnlich sah. Und dann musste das Schwesterchen unser lockeres Geprahle anhören: „Guck mal Gitti, wir haben auch ein Pünzchen!“ Als einziges Mädchen zwischen uns hätte Gitti manchmal viel lieber ein Zippeli gehabt.

Einmal erschraken wir beim Baden schrecklich. Es gab plötzlich einen gewaltigen Schlag. Die große Klappe des neuen Heißluftherds war aufgesprungen und haarscharf am Wannenrand vorbei in die Waagerechte gefallen. Was war passiert? Im Innenraum des stark angeheizten Herdes hatte unsere Mutter Gläser mit Eingemachtem zum Einwecken stehen. Und eines davon war wegen eines Überdrucks mit lautem Knall explodiert.

Mit dem Älterwerden begannen wir uns voreinander zu schämen, wenn wir nackt waren, und badeten züchtig nacheinander. Auch wurde uns die Wanne allmählich zu klein. In den Sommermonaten verbrachten wir später viel Zeit im Schwimmbad und kamen abends stets sauber nach Hause.

Als unser Vater schon unterrichtete, nahm er Gitti, Martin und mich gelegentlich nachmittags mit in einen Dusch- und Waschraum im Keller der Volksschule. Anders als wir trug der Vater während des Duschens immer seine Badehose. Zunächst machte ich mir darüber keine Gedanken. Aber nach einem Schwimmfest in Gelnhausen teilte ich zufällig eine enge Umkleidekabine mit dem drei oder vier Jahre älteren Burkhard Oly. Wie erstaunte es mich, dass seine Geschlechtsteile von einem blondgelockten Haarwuchs umrandet waren. Und ich schaute an mir herunter. Da war alles glatt und nichts. Wer von uns beiden war nun der Abartige? Ich erkundigte mich vorsichtig über diese Besonderheit und erfuhr zu meiner Beruhigung, dass allen Männern und auch den Frauen nicht nur in den Achselhöhlen, sondern auch an dieser komischen Stelle Haare wüchsen. Ein Klassenkamerad nannte das „Urwald". Von da an beobachtete ich meine eigene „komische Stelle" schärfer. Wie erleichtert war ich, als sich dort endlich die Spitzen der ersten dunklen Härchen zeigten.

Wie es diesbezüglich bei unserem sich der Zeit entsprechend prüde gebenden Vater aussah, habe ich nie erfahren. Er hielt alles fein versteckt unter seiner Badehose und gab sich keine Blöße.

In der Burgstraße in Bahnhofsnähe befand sich übrigens ein öffentliches Badehaus, denn Badezimmer waren in allen älteren Häusern eine Rarität. Dort konnte jeder gegen eine geringe Gebühr duschen oder auch ein Wannenbad nehmen. Als ich schon älter war, aber noch bevor wir Ende 1955 in unser eigenes Haus zogen, gingen meine Geschwister und ich an Samstagnachmittagen häufig dorthin. Nach der Anmeldung musste man meist länger warten, bis man dran kam. Aber ich hatte immer etwas zum Lesen dabei und empfand die Warterei in der Gesellschaft anderer Einheimischer und der etwas schwülen, aber wohligen Wärme dieses Badebetriebs, besonders in der kalten Jahreszeit, auch als entspannend und wohltuend.

Über unserer Wohnung lag ein geräumiger verwinkelter Speicher. Von der Diele führte eine Holztreppe dort hinauf. Der Zugang erfolgte durch eine schwere Falltür, die zum Öffnen hochgedrückt werden musste. Dort oben standen Kisten mit kleinen Besitztümern der Hausbesitzer Tillmann, die damals nicht in Orb wohnten. Diesen Dachboden nutzten wir als Abstellraum, zum Wäschetrocknen und zwischenzeitlich für die Haltung unserer Meerschweinchen und unseres Stallhasen. Er eignete sich auch bestens für die Einlagerung von etwa zwei Säcken Heu und den etwa fünfzig Runkelrüben als Winterfutter für die kleinen Haustiere. Zu ihm hatte außer uns nur der Schornsteinfeger Bellinger Zugang, ein immer freundlich und fröhlich auftretender Mann, wie alle Angehörige seiner Zunft damals ganz in schwarz gekleidet, mit seinem Werkzeug, der Kaminbürste und Eisenkugel auf dem Rücken, das lange Seil daran lassoähnlich um die eine Schulter geschlungen. Aus seinem immer leicht vom Ruß geschwärzten Gesicht strahlte er uns mit seinen hellen blauen Augen heiter an und war auch immer zu einem kleinen Schwätzchen mit unserer kontaktfreudigen Mutter bereit.

Wir hatten keine Zentralheizung, dafür den Feuerherd in der Küche und Kohleöfen im Wohn- und Schlafzimmer. Das Haus hatte mehrere Schornsteine, die wegen der winkelreichen Dachform recht hochgezogen und auch noch gegen Niederschläge mit kleinen Dächern versehen waren. So hatte der Schornsteinfeger über uns immer einiges zu tun. Eines Tages wies ein Passant vor dem Haus auf einen größeren Vogel in einer der beiden Öffnungen des Schornsteins zur Straßenseite hin. Es war in der warmen Jahreszeit und der Kamin unbenutzt. Der bräunliche Vogel war eine Eule, ein Steinkauz, wie wir erfuhren. Er saß dort tagsüber den ganzen Sommer hindurch, und auch noch im folgenden, und ließ sich weder von dem Geschrei der Kinder, noch von dem Straßenverkehr aus der Ruhe bringen. Die dunklere Westseite des Hauses und die hohen Fichten an der Straßenseite gegenüber schützten ihn vor grellem Licht, und dafür nahm er die gelegentliche Unruhe unter sich in Kauf.

Die Kunde vom Kauz in der im Sommer rauchfreien Kaminöffnung machte in unserem Viertel die Runde. Immer wieder standen Kinder und Kurgäste auf der Straße und guckten auf unser Haus. Zudem unterschied es sich auch noch von allen anderen Orber Häusern, weil an seiner Fassade unterhalb unseres Schlafzimmerfensters ein überlebensgroßer Hirschkopf mit einem prächtigen Geweih aus Gusseisen angebracht war. Er allein schon bot einen ungewöhnlichen Anblick.

In den hohen Fichten gegenüber landeten auch häufig Elstern auf der Suche nach Nahrung und hüpften im Gezweig herum. Rechts neben unserem Schlafzimmerfenster befand sich eine kleine Plattform unter einem Dachüberstand. Dort nisteten zu unserer Freude immer wieder Rotschwänzchen. Aber die Elstern fanden den Platz heraus und machten sich dann über die Eier oder die junge Brut her. Wir schworen den Elstern Rache. Als ich einmal vor dem damaligen Badehaus III, wo heute die Rehaklinik steht, ein Elsternnest ausfindig machte, kletterte ich den Lebensbaum hinauf und warf alle Eier aus dem Nest. Mein Vater, ein leidenschaftlicher Schütze, saß wiederholt mit einem geliehenen Kleinkalibergewehr im Anschlag mitten im Wohnzimmer und wartete auf ein Gelegenheit zum Schießen. Eines Nachmittags gelang es ihm, mit einem Schuss durch das weit geöffnete Fenster in größerer Entfernung einen dieser schwarzweißen Räuber aus dem Wipfel einer der Fichten zu holen. Wir Kinder bejubelten den Erfolg des stolzen Schützen, und ich durfte nach dringendem Bitten dann auch unter seiner Anleitung im Garten hinterm Haus das Schießen üben. Aber ich war noch leicht und schmächtig und dem Rückstoß nicht richtig gewachsen, und mein Vater war ungeduldig und hielt nicht viel von meinen Leistungen.

Dass ich Jahre später als Leutnant der Bundeswehr bei einem Wettschießen in Schwarzenborn am Knüll als Schützenkönig die Ehre meines Bataillons retten und mir mein Kommandeur – übrigens auch ein Major – dafür anerkennend auf die Schulter klopfen würde, hat er mir damals gewiss nicht zugetraut.

Blick auf die Rückseite des Hauses Spessartstraße 6.
Links das Hotel Hohenzollern (1953).

Die Welters unter uns

Unter uns wohnten die Welters mit ihren beiden erwachsenen Töchtern Olga und Gisela. Er war ein kleiner, schon älterer Herr, der häufig zu Hause weilte, aber zwischendurch über längere Zeiträume als Handelsvertreter einer Firma für medizinische Geräte herumreiste und sogar in dem uns so fernen Holland zu tun hatte. Frau Welter stammte aus Russland. Die sich uns gegenüber etwas fein und abgehoben gebende Olga schlief, wie sich Rosel erinnerte, weit in den Tag hinein und arbeitete später in einem Geschäft für Damenmoden in Frankfurt. Die jüngere bodenständiger wirkende und praktische Gisela führte der Familie den Haushalt. Bei unserem Einzug begeisterten wir uns noch an der schönen repräsentativen Eingangshalle des Hauses, von der aus die Treppe zu uns in den ersten Stock führte. Später setzten die Welters durch, dass dieser Bereich mit einer dünnen Holzwand für Gisela abgetrennt wurde, damit jede Tochter ein eigenes Zimmer hatte. Der Vordereingang blieb auf Dauer verschlossen, und alle Hausbewohner benutzten nur noch den Hintereingang.

Manchmal, wenn wir Kinder nach Hause kamen oder hinausgehen wollten, saßen oben auf der Steintreppe vor unserem Eingang die beiden Schäferhunde von Schöne Arm, und wir trauten uns nicht an ihnen vorbei. Schöne Arm war der Spitzname von Alfred Heim, einem blendend aussehenden Orber Hotelierssohn. Im Krieg hatte er als Fallschirmjäger seinen linken Arm verloren und trug den kurzen Stumpf immer in einem losen Ärmel. Schöne Arm lebte damals seine Kühnheit als notorischer und sehr erfolgreicher Schürzenjäger aus – nach dem Krieg mangelte es auch in Orb an jungen Männern und somit an Konkurrenz – und er verbrachte gelegentlich ein Stündchen bei Gisela Welter, die irgendwann später auch ein Kind von ihm bekam. Das war nicht sein einziger außerehelicher Nachwuchs. Von seiner älteren Schwester einmal über die von ihm verursachte Schwangerschaft einer anderen Freundin vorwurfsvoll benachrichtigt, soll er ihr gegenüber trocken und abwehrend geäußert haben: „Schon wieder so 'n Balg!"

Die Möbel aus Wien

In der Spessartstraße mussten wir uns ziemlich lange mit zusammengeborgtem und einigem dort vorgefundenem Mobiliar bescheiden. Als solidester Teil der Einrichtung standen im Schlafzimmer die schweren rotlackierten Jugendstilbetten der Großeltern aus der Post, weil diese für das Schlafzimmer in ihrer Dachgeschosswohnung zu groß waren und sie sich kleinere angeschafft hatten. Die anderen Einrichtungsgegenstände waren mehr oder weniger zusammengestoppelt. Da nicht mehr Wien, sondern Bad Orb von beiden Eltern als neue gemeinsame Heimat gesehen wurde und unsere Rückkehr völlig außer Frage stand, musste die gesamte Wohnungseinrichtung vom Bischof-Faber-Platz in die Spessartstraße überführt werden. Darum drehten sich immer wieder die Gespräche der Eltern. An Einzelheiten der Umstände erinnere ich mich wenig. Meine Mutter wäre gerne nach Wien gereist, um von dort aus den Transport zu organisieren und zu überwachen. Durch ihre Heirat war sie aber Deutsche geworden. Seit Kriegsende war Österreich wieder ein selbständiger Staat und die Einreise für meine Mutter aufgrund der damals geltenden alliierten Bestimmungen zunächst nicht möglich. Sie hatte ihre österreichische Staatsbürgerschaft verloren und galt als Ausländerin. Das Wiener Haus wurde inzwischen von dem Anwalt Dr. Redlich verwaltet und von einem Hauswart namens Forster betreut. Er hatte Zugang zur Wohnung unserer Eltern und wurde beauftragt, mit Hilfe der Wiener engsten Freundinnen unserer Mutter die ganze Einrichtung als Bahnfracht nach Orb zu schicken. Diese beiden, Helene Lintner und Blanka Hess, waren bevollmächtigt, während ihrer Abwesenheit ihre sämtlichen Interessen bezüglich des Hauses und auch der Wohnungseinrichtung wahrzunehmen. Die Speditionskosten sollte der Hausverwalter den eingegangenen Mieteinnahmen entnehmen.

Im Herbst 1947 klappte das Verschicken auch, und dann warteten die Eltern wochenlang auf die Ankunft eines Güterwaggons aus Wien. Immer wieder erkundigte sich mein besorgter Vater am Bahnhof nach dem Verbleib der Fracht. Und eines Tages kam endlich die Freudenbotschaft.

Die anfänglich ziemlich leere Wohnung erhielt ein gänzlich neues Gesicht. Nach dem Tod unserer Wiener Großmutter hatte meine Mutter ihre Wohnung nach ihrem eigenen Geschmack neu eingerichtet, unter anderen mit von ihr so geliebten Biedermeiermöbeln aus dem Dorotheum. Jahrelang war es für sie eine beliebte Freizeitbeschäftigung, in diesem Antiquitäten- und Auktionshaus in der Dorotheergasse ein- und auszugehen, neue Stücke zu erwerben und alte zum Verkaufen hinzugeben.

Und das, was sie so wertschätzte und worauf sie auch so stolz war, wurde nun in der Spessartstraße willkommen geheißen: Die Sitzgarnitur mir dem Esstisch, der hohe Sekretär mit der herausklappbaren Schreibfläche und der raffiniert gegliederten Innenaufteilung, die füllige Kredenz für das Geschirr, die mit Intarsien verzierte breite Kommode, das Klavier mit den beiden schwenkbaren Kerzenhaltern, der zum Bücherschrank umgewidmete Vitrinenschrank, der extra für meinen Vater ausgesuchte zu den Möbeln passende Schreibtisch aus Kirsche, die beiden Bauernschränke und die große Bauerntruhe und weitere Schränke und Möbelstücke. Das Herz unserer Mutter hing auch an diversen kleineren Gegenständen, die sie mit viel Bedacht Stück für Stück erworben hatte: eine silberne, innen vergoldete Zuckerdose nach Schönbrunner Muster, zu der sie von einem Goldschmied zwei dazu passende Tischleuchter hatte anfertigen lassen, eine aus Holz geschnitzte bemalte Madonna mit Kind sowie eine schwarz und goldlackierte klassizistische Standuhr mit einem Pendel aus Messing hege ich in besonderer Erinnerung. Sie besaß auch diverse gerahmte farbige Stiche mit Wiener Motiven, ein großes Ölportrait von sich als junge Frau im Alter von fünfundzwanzig Jahren von dem bekannten österreichischem Maler Hanns Diehl (1877-1946), der ihr laut ihren Erzählungen damals sehr zugetan war und sie mit dem kleinen Aquarell „Weißenkirchen in der Wachau“ beschenkte. Unter anderem besaß sie auch einen Setzkasten für kleine zum Teil drollige, auch kitschige Sammelsurien. Uns Kinder faszinierten zunächst besonders das mitgekommene Grammophon und die diversen Schallplatten mit populären Schlagern aus den späten dreißiger Jahren. Bevor, stets etwas kratzig, Zarah Leanders „Der Wind hat mir ein Lied erzählt“ und „Von der Pußta will ich träumen“ oder das Wiener Chanson „Gnädige Frau, wo war`n Sie gestern? Sie waren aus mit ihren Schwestern?...“, gesungen von Willi Forst, erklingen konnte, musste ich erst einmal ordentlich kurbeln. In der kleinen Sammlung befanden sich auch ein paar Soldatenlieder. „Flieger sind Sieger“ habe ich schon erwähnt. An ein Kriegslied von Hermann Löns erinnere ich mich auch noch gut: „Gib mir deine Hand, deine weiße Hand, leb wohl mein Schatz, leb wohl, denn wir fahren gegen Engeland“.

Dieses Grammophon hielt mich in Ermangelung anderer Tonträger eine Weile in seinem Bann. Die Liebe wurde in den Liedern als etwas romantisch Geheimnisvolles, der Krieg als heldisches Abenteuer kühner Männer glorifiziert. Meine Eltern ließen uns gewähren. Sie selbst zeigten kein Interesse mehr am Anhören der kleinen Platten mit jeweils nur einem Lied auf jeder Seite. Ihre Illusionen von einst schienen zerstoben und ihre Träume richteten sich an der neuen schweren Zeit aus.

Unsere Mutter freute sich viel mehr darüber, dass ihr die vertraute, von ihr so entbehrte, geliebte Schreibmaschine endlich wieder zu Diensten stand. Sie schrieb immer viel lieber mit der Maschine als mit der Hand. Während seiner Ausbildung zum Lehrer tippte sie für meinen Vater, der das Maschinenschreiben nicht so flüssig beherrschte, seine sämtlichen Prüfungsarbeiten.

Beim Auspacken des Porzellans kam auch unversehrt die Skulptur „Springende Pferde“ der Manufaktur Hutschenreuther zu Tage, ein Geschenk von Regimentskameraden meines Vaters zu seiner Hochzeit und natürlich auch der von unserer Mutter „heiß geliebte“ Boxerhund „Bob“ aus Kopenhagener Porzellan.

Bei einem von Silke angeregten Besuch des Deutschen Porzellanmuseums in Selb im Juni 2008 – wir waren in unserem Volvo auf dem Weg nach Wien – sahen wir zu meiner großen Überraschung auch identische Anfertigungen dieser beiden Skulpturen in der Ausstellung.

Nach dem Tod unseres Vaters und Annis Rückkehr in ihr eigenes Haus in der Jahnstraße teilten wir diese Gegenstände unter uns drei Geschwistern auf. Ich übernahm das Ölbild, zwei Wiener Stiche vom Stephansdom und dem Weihnachtsmarkt an der Pestsäule am Graben, den kleinen Bauernschrank, den Bücherschrank und die schöne silberne Zuckerdose mit den beiden Kerzenleuchtern. Die Bilder hängen seitdem in unserem Esszimmer in der Bremer Beethovenstraße.

Die Zuckerdose stand in der Spessartstraße im Wohnzimmer auf der Kredenz und war auch stets mit Zucker gefüllt, von dem wir Kinder entgegen dem Verbot unserer Eltern gelegentlich naschten. Damit es nicht auffiel, entnahmen wir ihr immer nur geringe Mengen. Trotzdem kam uns der Vater auf die Schliche. Als Martin wieder einmal mit Lust auf Süßes den Deckel öffnete, bemerkte er nicht die Stubenfliege, die mein Vater in der Dose eingeschlossen hatte. Schnell fiel der Verdacht auch auf ihn. Zwar schwor er zunächst Stein und Bein, er hätte die Dose nicht angerührt, aber die Fliege war draußen, und schließlich konnte er dieser Beweislast nicht mehr standhalten. Mein Vater verhaute ihn mit dem Teppichklopfer.

Bei aller Freude über die Ankunft ihrer lang ersehnten mobilen Besitztümer äußerte sich unsere Mutter sehr wütend über den Wiener Hauswart oder Hausbesorger, wie er dort hieß. Er habe die ihr so kostbare Habe nicht vollständig verladen lassen und möglicherweise einiges für sich selbst abgezweigt. So fehlte der angeblich mitverpackte Radioapparat, damals eine Kostbarkeit. An Einzelheiten erinnere ich mich nicht, nur an das Ausmaß ihrer Empörung.

„Aber man könnte doch von Glück sprechen, dass alles so gut geklappt hat und erhalten geblieben ist", antwortete ihr Grete Pless, die ihr sehr verbundene Mitarbeiterin ihres Wiener Hausverwalters in einem längeren Brief im April 1948. „Leute, die während der Kampfhandlungen und des Einmarsches nur drei Wochen von ihrer Wohnung abwesend waren, haben effektiv überhaupt nichts mehr vorgefunden. Vollständig ausgeplündert und ausgeraubt, dort wo nicht Bomben und Brand alles vernichtet hatten. Es wurde ja gewütet, wie man es sich nicht vorstellen kann. Das waren aber nicht überall die Russen, sondern in den meisten Fällen die eigenen Leute. Unsere lieben Wiener haben sich da leider nicht von der besten Seite gezeigt. Wenn es eben etwas zu rauben gibt, sind sie dabei, ganz egal unter welcher Flagge. Im Jahre 1938 haben sie es ja gelernt, und es war staatlich genehmigt."

Sie bezog sich dabei auf die Reichskristallnacht am 9. November und die Plünderungen vieler jüdischer Geschäfte und Wohnungen durch einen von der nationalsozialistischen Propaganda angestachelten Mob.

Das allergrößte Glück war, dass Mutters Wiener Haus völlig unbeschädigt alle Bombenangriffe überstand, und es hätte sogar nach dem Krieg von der sowjetischen Besatzungsmacht „als deutsches Eigentum" beschlagnahmt werden können, wie Grete Pless in einem späteren Brief ausführt.

Man konnte wirklich von Glück sprechen!

Das war bestimmt den ausgebombten Dolleschals zu verdanken, die Anfang 1945 dort eingewiesen wurden und vorübergehend eines der Zimmer bewohnten. Der eingesetzte Hausverwalter und Anwalt Dr. Redlich konnte eine Beschlagnahme der Wohnung und eine Einweisung dauerhafter Mieter bis zur Überführung der Möbel nach Orb mit der Argumentation verhindern, dass wir in Kürze nach Wien zurückkämen. Meine Mutter hatte ihren Wohnsitz in Wien nicht aufgegeben und war dort noch immer polizeilich gemeldet. In einem Schreiben an das Anforderungs- und Strafreferat des Magistrats der Stadt Wien argumentiert sie gegen eine „Enteignung", d.h. gegen eine Vergabe ihrer Wohnung an neue Mieter. Sie wusste, für ein Haus in guter Lage mit einer leeren Wohnung ließ sich ein höherer Verkaufspreis erzielen als für ein ganz vermietetes. Aber nachdem die Wohnung einmal leergeräumt war, musste sie sich den Entscheidungen des Wohnungsamtes fügen und die neuen Mieter akzeptieren.

Der Klapperstorch bleibt aus

Unsere Mutter hatte mit ihren drei Kindern noch nicht genug. Sie erzählte uns, als junge Frau habe sie sich geschworen, sie würde später einmal mindestens drei Kinder haben oder gar keins. Zu diesem Entschluss war sie nach ihren Erfahrungen als Einzelkind gekommen. Außer uns wünschte sie sich mit Anfang vierzig immer noch ein viertes Kind. Wir Geschwister wussten damals noch nicht, wie man zu einem Kind kommt. Wir glaubten aber an einen gütigen Gott und an den Klapperstorch.

In der Spessartstraße fügten wir unter der Anleitung der Mutter eine Zeit lang dem Abendgebet die Bitte an: „Lieber Gott, schenk' uns auch noch die Barbara." Da Martin als letzter von uns ein Junge war, sollte das nächste Kind unbedingt wieder ein Mädchen sein. Meine Mutter wurde noch ein viertes Mal schwanger, erlitt aber eine Fehlgeburt. Davon erfuhren wir Kinder damals nichts. Die Vorstellung, noch eine weitere Schwester zu haben, hat mich lange begeistert. Nach einem weiteren kleinen Bruder hatte ich keine Sehnsucht. Mir reichte der eine, den ich schon hatte.

Wir beteten nicht nur um ein weiteres Geschwisterchen, wir wandten uns auch wirklich an den Klapperstorch. Es hieß, wenn man einen Zuckerwürfel aufs äußere Fensterbrett legte, würde der Storch ihn holen und als Gegenleistung aus einem „Kinderteich" ein Kind herausfischen und vorbeibringen. Unsere Zuckerwürfel wurden nie abgeholt, obwohl wir in Orb damals Störche hatten. Es hieß auch, wenn man einen der Vögel sah, sollte man ihn persönlich ansprechen mit „Adebar, du guter, bring uns einen Bruder." oder „Adebar, du bester, bring uns eine Schwester." Zucker und Bitten brachten uns kein weiteres Kind. Irgendwann hörten wir mit dem dafür Beten und Wünschen auf.

Das Orber Storchenpaar nistete auf einem stillgelegten rundgemauerten Schornstein des alten Badehauses am Quellenring hoch über den Dächern der Stadt. Bis auf die Aumühle und den dahinter gelegenen Sportplatz war die Au damals noch unbebaut, und der Orbbach floss bis zu seiner Einmündung in die Kinzig bei der Eisernen Hand überwiegend durch Feuchtwiesen. Dorthin sahen wir die Störche häufig fliegen. In diesem Wiesen- und Sumpfland und auch in den Niederungen des oberen Orbtals gab es Frösche, Insekten, Mäuse, Würmer und andere von ihnen geschätzte Nahrung.

Eines Tages machte unter uns Volksschülern die Nachricht von einem schrecklichen Unglück die Runde. Zwei Jungen, sie müssen so um die zehn gewesen sein und waren älter als ich, hatten einen Zugang zu dem Schornstein mit dem Storchennest gefunden und beschlossen, auf den im Inneren angebrachten Steigeisen bis ganz oben zu dem Nest zu klettern. Sie kamen nie dorthin, denn in großer Höhe brach eines der alten und brüchigen Steigeisen ab, und der Junge, der am höchsten geklettert war, verlor den Halt und fiel in die Tiefe. Der zweite Junge war etwas zurückgeblieben und konnte sich festhalten als sein Spielgefährte ihn streifte und weiter nach unten fiel. Der abgestürzte Junge war tot, der andere kam mit dem Schrecken davon.

Dem Orber Storchenpaar widerfuhr auch ein Unglück. Ein amerikanischer Soldat schoss aus reinem Übermut mit seinem Gewehr auf einen der Vögel und traf ihn tödlich. Ingrid erinnerte mich daran. Ich selbst hatte diesen Vorfall vergessen. Der überlebende Partner verließ Orb, und das Nest auf dem Schornstein blieb von da an verwaist und zerfiel mehr und mehr.

Das Storchennest.

Mein Vater wieder auf Berufssuche

Erst bei der Durchsicht der wenigen erhaltenen Briefe und Dokumente aus der Zeit meiner Kindheit wurde mir bewusst, dass mein Vater, seine „kleine Gärtnerei", wie meine Mutter sie einmal bezeichnete, nur zwei Jahre lang, 1947 und 1948, führte und dann verkaufte. Er konnte sie nicht rentabel genug betreiben, und es eröffneten sich ihm wieder einmal neue berufliche Perspektiven.

Einem seiner Schreiben an das Finanzamt Gelnhausen entnehme ich, dass im ersten Halbjahr 1948 Einnahmen von 830 RM (Reichsmark) Ausgaben von 2.690 RM gegenüberstanden, dass alle seine Ersparnisse aufgebraucht und die Schuld einer Bankanleihe von 10.000 RM nicht getilgt war. Er konnte weder Einkommens-, noch Gewerbesteuer zahlen.

Irgendwann versuchte mein Vater auch, seinen und unseren Lebensunterhalt als Vertreter für Textilwaren zu verdienen. Einer seiner Cousins, Alfred Eberhardt, war Inhaber der Düsseldorfer Bekleidungsindustrie GmbH und der Düsseldorfer Wäschefabrik GmbH. Der erfolgreiche Unternehmer führte auch bis zu seiner Enteignung 1945 durch die Sowjets die Wäschefabrik seines Vaters in Mühlhausen/Thüringen. Er hatte über die Fließbandfertigung in der Wäscheindustrie promoviert und erfreute sich sowohl in Fachkreisen als auch in der Verwandtschaft eines hohen Ansehens. Anfang der Fünfzigerjahre besuchte er uns einmal in der Spessartstraße. Wir Kinder waren besonders angetan von seinem großen Mercedes. Mussten wir uns doch damals noch mit einem alten Fahrrad und einem Handwagen als Transportmittel bescheiden.

Vermittelt wurde meinem Vater die Stelle von Mia Weschke, seiner Lieblingskusine und Gittis Patentante. Sie arbeitete nach dem Krieg in Düsseldorf als Buchhalterin für Alfred und heiratete später ihren Cousin Carl Otto Eberhardt, den älteren Bruder und Mitarbeiter des Fabrikanten. Tante Mia, die 2011 im Alter von 95 Jahren starb und die ich 2009 schriftlich und mündlich befragte, erinnerte sich leider nicht mehr an irgendwelche Einzelheiten. Aber ich weiß noch, wie mein Vater schwer enttäuscht aus Düsseldorf zurückkehrte, weil ihm die dortigen Arbeitsbedingungen überhaupt nicht zusagten. Er mochte weder das ihm nicht vertraute, von ihm als „seicht“ eingestufte Vertretermilieu, noch eine latente Hochmütigkeit von Alfreds Familie ihm, dem abhängigen Habenichts gegenüber. Letztlich eignete er sich auch überhaupt nicht zu einem Geschäftsmann, der Waren, die ihm selbst nicht gefielen und von deren Wert er nicht überzeugt war, in höchsten Tönen anpreisen und verkaufen musste.

Mit dem Ziel seiner „Entnazifizierung“ hatte mein Vater Ende 1946 den sechs DIN A4 Seiten umfassenden „Fragebogen“ der Militärregierung ausgefüllt und eingereicht. In ihm mussten damals viele Deutsche äußerst detailliert Auskunft geben über ihre Bildungsgänge, berufliche Tätigkeiten, politische Aktivitäten, Religionszugehörigkeit, Einkommens- und Vermögensverhältnisse, und vor allem über ihre Verstrickung mit dem Nationalsozialismus.

Nach der Bewertung dieses Fragebogens und einem Verhör in der Spruchkammerbehörde in Gelnhausen wurde er im März 1947 als „nicht betroffen“ eingestuft und die bis dahin für ihn geltenden Beschäftigungsbeschränkungen wurden aufgehoben.

Der öffentliche Kläger bei der Spruchkammer war der Minister für politische Befreiung im Hessischen Staatsministerium. Sogar meine Mutter hatte einen Fragebogen ausfüllen müssen und erhielt Ende Mai 1947 die Antwort: „Aufgrund der Angaben in ihrem Meldebogen sind sie von dem Gesetz zur Befreiung von Nationalismus und Militarismus vom 5. März 1946 nicht betroffen.“

Mein Vater hatte sich inzwischen in den Gärtnerberuf eingearbeitet und wollte zuerst einmal dabei bleiben. Doch ein gutes Jahr später entschied er sich dann doch für einen Wechsel in den Lehrerberuf. Im Juli 1948 bewarb er sich beim Kultusminister in Wiesbaden um eine Wiedereinstellung als Schulhelfer. Als solcher unterrichtete er von November 1948 bis Juni 1949 an der Bad Orber Volksschule. Aufgrund des gravierenden Lehrermangels in den Nachkriegsjahren gab es damals die Möglichkeit einer stark verkürzten Ausbildung zum Volksschullehrer. So nahm er an einem der einjährigen Pädagogischen Ausbildungslehrgänge in Fulda teil, legte im Juni 1950 die Erste Prüfung ab und kehrte als Lehramtsanwärter nach Bad Orb zurück.

Das war ein so gewaltiger Einschnitt in unserem Leben, dass ich mich noch an die Höhe seines ersten Lehrergehalts erinnere. Mein Vater verfügte damals über keinerlei Vermögen. Die Mieteinnahmen des Hauses in Wien durften nicht nach Deutschland überwiesen werden. Es gab keine Stipendien, zinslose Darlehen oder finanzielle Unterstützung durch irgendwelche Ämter. Meine Eltern liehen sich das Geld für unseren Lebensunterhalt von der Bank, zahlten 11,5 % Kreditzinsen und hatten am Ende des Studiums 4.000 Mark Schulden. Und nun erhielt mein Vater fünf Jahre nach Kriegsende zum ersten Mal wieder ein regelmäßiges Einkommen. Es betrug 365 Mark im Monat.

Natürlich gab er sich zunächst einmal der Freude über einen soliden Beruf und ein endlich wieder festes Einkommen hin, aber hochzufrieden war er mit dem Unterrichten von Grund- und Hauptschülern auf Dauer auch nicht. Trotz des „Gut bestanden" seiner Ersten und auch seiner Zweiten Prüfung und seiner baldigen Verbeamtung auf Lebenszeit wünschte er sich sehnsüchtig eine Rückkehr in seinen Soldatenberuf.

Ende 1955 wurde die Bundeswehr gegründet, und das Verteidigungsministerium suchte ehemalige Unteroffiziere und Offiziere zur sogenannten Wiederverwendung. Mein Vater bewarb sich, wurde im Februar 1956 zur Annahmezentrale in Köln geladen, bestand die Eignungsprüfung und kehrte hochbegeistert über sein Abschneiden nach Bad Orb zurück. Aber der Bescheid über eine Einstellung ließ trotz mehrerer schriftlicher Anfragen auf sich warten. Das Verteidigungsministerium nahm sich Zeit, und wiederholt bat es den Erwartungsvollen in seinen Antwortschreiben um Geduld. Erst ein ganzes Jahr später bekam er eine Absage. Inzwischen hatten sich noch mehr ehemalige Offiziere um die zu Anfang noch relativ beschränkte Anzahl der Planstellen beworben. Die Einstellungskriterien wurden laufend verändert. Mein Vater, inzwischen fünfundvierzig, galt schließlich als zwei Jahre zu alt.

Er ließ nicht locker und bewarb sich anschließend auch noch um eine Lehrerstelle an einer der neu eingerichteten Fachschulen der Bundeswehr. In dem ihm zugeschickten Ablehnungsbescheid hieß es, es würden nur Bewerber mit einer Lehrbefähigung für Realschulen und Gymnasien berücksichtigt. Mein Vater mit seiner Volksschullehrerausbildung ging zu seiner maßlos großen Enttäuschung wieder leer aus. Dagegen war meine Mutter froh darüber. Sie hatte einen Schlaganfall erlitten und wollte nicht wieder umziehen oder ihren Mann nur am Wochenende bei uns haben. Und wir drei Kinder waren im pubertären Alter. Mein Vater ließ sich von uns nicht so viel gefallen wie meine Mutter. Letztlich war es wohl für uns alle besser, dass es nicht so kam, wie er es gerne gehabt hätte. Einen gewissen Trost bot ihm die spätere höhere Besoldung nach A13, die der eines Studienrats gleichkam. Er erhielt sie aufgrund seiner besonderen Qualifikation als Religionslehrer, da er im Jahre 1935 an der Philosophisch-Theologischen Hochschule in Fulda das Examen Philosophicum abgelegt hatte.

Nicht lange bevor wir Ende 1955 in unser eigenes Haus in der Hubertusstraße zogen, kamen die letzten deutschen Kriegsgefangenen aus der Sowjetunion zurück. Auf unserem Küchentisch lag die aufgeschlagene Frankfurter Allgemeine Zeitung. Meine Mutter zeigte mir ein Foto mit den Worten: „Schau Dir diesen Mann an! Wie unser Vati." Der im Durchgangslager Friedland aufgenommene Heimkehrer hatte wirklich eine verblüffende Ähnlichkeit mit unserem Vater. Nur war er sehr mager und seine Backenknochen standen spitz heraus. Sie sagte nicht viel mehr, aber ich wusste, dass sie in diesem Moment daran dachte, wie viel schwerer sie es mit ihren drei Kindern in diesen zehn Jahren nach dem Krieg gehabt hätte, wäre der Spätheimkehrer in der Zeitung wirklich unser Vater gewesen.

Meine Ängste

Wenn die Eltern abends ausgingen, durften wir bis zu ihrer Rückkehr in ihren Betten schlafen. Da lagen wir zusammengekuschelt und erzählten, was uns noch durch den Kopf ging. Neben dem einen Bett stand für den Notfall ein Nachttopf aus Porzellan. Einmal rutschte Martin nach dem Einschlafen über die Bettkante direkt auf den Nachttopf. Der zerbrach unter dem Aufprall. Zum Glück war er noch leer, und zu aller Erleichterung blieb Martin unverletzt.

Es gab eine Zeit in diesem Zimmer, da fürchtete ich mich schrecklich vor der Nacht. An manchen Abenden mussten mich die Eltern richtig zwingen, ins Bett zu gehen. Im wachem Zustand konnte ich die Ängste unter Kontrolle halten, nicht aber im Schlaf. Nachts hatte ich wiederholt den gleichen Traum. Vor der Nebentür zur Küche entfaltete sich ein riesiger dunkler Schatten, der langsam und lautlos auf mich zuschwebte. Wenn er sich bedrohlich über mich neigte und ich die Furcht nicht mehr aushalten konnte, wachte ich völlig entsetzt auf.

In einem anderen Traum, der mich damals auch wiederholt bedrückte, fiel ich in eine grundlose Tiefe. Es gab keine Aussicht auf ein Ende dieses Fallens. Erst, wenn ich in größter Not erwachte und im Bett zu mir fand, kam die Erleichterung und Befreiung von meiner grausigen Hilflosigkeit.

An einem späten Abend, ich muss so um die zehn gewesen sein und beide Eltern waren aus, rannte ich nach so einem Albtraum von Ängsten erfüllt ans Fenster und schrie meinen Schrecken mit dem Hilferuf „Mutti“ hinunter auf die Straße. Ich war dabei nicht richtig wach. Die erschrockenen Geschwister holten mich in die Wirklichkeit zurück. Das haftet in meiner Erinnerung, weil mich am nächsten Tag in der Stadt die Frau eines Kollegen meines Vaters auf meinen Schrei am Abend zuvor ansprach, und das auch noch in einem leicht belustigten Ton. Gerade als ich am geöffneten Fenster nach unserer Mutter rief, machte sie mit ihrem Mann einen Abendspaziergang durch die Spessartstraße. Ich schämte mich sehr für mein Verhalten und wich ihrer neugierigen Fragerei aus.

Andererseits konnten wir uns immer darauf verlassen, von unseren Eltern, besonders von der Mutter, beschützt und behütet zu werden. Während des einjährigen Lehrerstudiums unseres Vaters in Fulda lebten wir Kinder überwiegend in ihrer Obhut. In der Zeit seiner Abwesenheit passierten im Kurviertel eine Reihe von nächtlichen Einbrüchen und Diebstählen, und das machte uns Kindern Angst. Unsere Mutter schien unsere Furcht vor einem derartigen unwillkommenen Besuch nicht zu teilen. Bevor sie schlafen ging, holte sie das lange Brotmesser aus der Küche an ihr Bett. Wir wussten, wie sie sich bei erlebtem Unrecht erregen und zornig werden konnte und dass sie uns ohne Rücksicht auf Verluste beschützen würde.

Natürlich war es unter uns Kindern üblich, mit den eigenen Ängsten und denen anderer auch lustvoll umzugehen. Als wir noch in der Post wohnten, spielten wir häufig „Wer hat Angst vor'm schwarzen Mann? ... Niiiemand!“ Derjenige, der den schwarzen Mann darstellte, kam aus seinem Versteck heraus und rannte hinter den laut kreischenden Flüchtenden her. Aber es war ein Gemeinschaftsspiel, und wir kannten den schwarzen Mann, denn er war immer einer von uns.

Dagegen war der Gang in den dunklen Keller, um bei Kerzenlicht im Winter für den Vater Apfelwein nach oben zu holen, für lange Zeit eine wirkliche Mutprobe. Die Ängste wurden von einer Fantasie entwickelt, die gar nicht auf irgendwelchen Erfahrungen, sondern vor allem auf Märchen, die ich gehört oder gelesen hatte, basierten. In einer dieser unheimlichen Geschichten ging es um ein „blaues Licht“, das ich seitdem mit Gefahr und Verderben assoziierte. War ich mit meinem Kerzenlicht im dunklen Keller, musste ich an diese Geschichte denken, und dann gruselte es mich nicht nur, ich wurde von Furcht erfüllt. Diese Furcht behielt ich möglichst für mich. Niemand sollte mich für einen Feigling halten. Mutig zu sein und sich stets tapfer zu verhalten, gehörten selbstverständlich zum Erziehungskonzept beider Eltern.

Nicht nur Märchen, auch Bilder beflügelten in der Kindheit meine Fantasie. Wir wohnten noch in der Post, und ich konnte weder lesen, noch schreiben. Beim Blättern in einem religiösem Buch stieß ich auf ein Bild, das die Auferstehung der Toten am

Jüngsten Tag darstellte. Auf einem Friedhof drückten die Massen der Wiederauferstehenden ihre Grabplatten oder die auf sie geschaufelten Erdmassen nach oben und kletterten aus ihren Gräbern. Ich empfand das Bild keineswegs als Ausdruck einer zu erwarteten Erlösung und Befreiung, sondern nur als abartig und gruselig. Folglich blieb der Orber Friedhof für mich nach Anbruch der Dunkelheit jahrelang eine Tabuzone. In meiner Vorstellung war er bei Dunkelheit ein unheimlicher und gespenstischer Ort.

Über mögliche Ängste meiner Geschwister kann ich wenig sagen. Wir haben uns abends vor dem Einschlafen sicherlich darüber ausgetauscht, uns andererseits im gemeinsamen Nachtgebet mit unserer Mutter auch der Obhut Gottes und unseren Schutzengeln anvertraut. Martin schien diesbezüglich der Unbekümmertste von uns Dreien zu sein. Wenn das Licht gelöscht wurde, konnten wir selten gleich einschlafen und unterhielten uns zu dritt noch ein Weilchen. Von Martin war bald nichts mehr zu vernehmen. Er schlief fast immer schnell ein. Gitti und ich beneideten ihn um diese Fähigkeit. Anscheinend bedrückte und bedrängte ihn wenig, und er konnte schnell abschalten. Uns schwirrten meist noch Gedanken durch den Kopf, von denen wir uns befreien wollten.

Und trotzdem hatte Martin auch seine Probleme. Er war eine Zeit lang Bettnässer. Das beschäftigte uns alle, bereitete Unruhe in der Familie und machte Sorgen. Meine Eltern versuchten, ihn davon abzubringen, mit viel gutem Zureden, aber auch mit Schlägen. Während dieser Zeit musste er vor dem Einschlafen unserem Vater stets den Spruch aufsagen: „Das Männlein hat ein Näbelchen, das Vöglein hat ein Schnäbelchen, das Schnäbelchen macht piep, wenn's Bett nass ist, gibt's Hieb.“ Mindestens einmal stapfte auch der massige Franz Noll, Kollege und guter Freund unseres Vaters, auf seiner hölzernen Beinprothese zu vorgerückter Stunde durch unser großes Schlafzimmer an Martins Bett. Der wegen seiner Kriegsversehrtheit verhinderte Theologe verfügte angeblich über die Gabe, böse Geister beschwören und austreiben zu können. Trotz dieses machtvollen exorzistischen Einsatzes erlag der kleine Bruder auch weiterhin seiner Schwäche. Wie lange, weiß ich nicht mehr.

Vor dem Einschlafen las unsere Mutter uns viel vor, eigentlich bis zu der Zeit als Martin selbst lesen konnte. Darin waren Gitti und ich seine Vorbilder. Martin beneidete uns um die Fähigkeit, uns in für ihn noch nicht zugängliche Fantasiewelten zu begeben, indem wir einfach in ein Buch schauten und Seite nach Seite umblätterten. So richtige bebilderte Kinderbücher, wie sie später in Umlauf kamen, besaßen wir nicht. Unter den Wiener Büchern unserer Mutter befanden sich für unseren Gebrauch auch zwei ältere Märchenbücher aus ihrer eigenen Kinderzeit, die ich mir, nachdem ich meine anfängliche Aversion gegen das Lesen plötzlich überwunden hatte, immer wieder vornahm. Eines davon enthielt zudem Sagen aus Österreich, die eher eine düstere als erbauliche Stimmung hervorriefen. Solche Geschichten oder auch Märchen mit einem unguten Ausgang las ich kein zweites Mal. Ich kennzeichnete sie mit Bleistift vorne im Inhaltsverzeichnis und bevorzugte beim wiederholten Lesen immer die Erzählungen mit einem glücklichen Ende.

Irgendwann gab es dann kleinere Lesehefte mit einzelnen Tier- und auch Abenteuergeschichten. Wir Kinder liebten ganz besonders die Erzählung „Grimback der Hamster“. Unsere Mutter las sie uns in Abschnitten abends vor dem Einschlafen vor. Tagelang teilten wir das ereignisreiche Leben dieses klugen und gerissenen einzelgängerischen Feldhamsters. Als er sich dann, schon hochbetagt, eines ihm feindlich gesinnten Bauern nicht mehr erwehren konnte und seinen Tod fand, weinten wir alle bitterlich.

Unser Vater, zu der Zeit schon Lehrer, machte den Fehler, diesen Vorleseerfolg in einer Schulklasse wiederholen zu wollen. Eigentlich hätte er es besser wissen müssen. Denn die Jungen, denen er diese schöne Geschichte präsentierte, brachten – anders als die eigenen jüngeren Kinder – nicht die dafür notwendige Sentimentalität auf und fanden den Tod Grimbacks weniger tragisch als folgerichtig und sogar lustig. Sie gingen dann soweit, meinem Vater anschließend den Spitznamen „Der Hamster“ anzuhängen. Der hielt sich eine Weile, bis der Grund dafür in Vergessenheit geriet und weil weder die Physiognomie des Vaters, noch sein Verhältnis zu Eigentum niemals auch nur annähernd der eines Feldhamsters ähnlich war.

Einem glücklichem Ende war ich von jeher mehr zugetan als einem schrecklichen oder grausamen. In meiner Fantasie erhöhte ich viele Ereignisse weit über die Realität hinaus. Die schlimmen hörten dann nicht auf, in mir nachzuhallen und mich zu bedrücken. Die schönen konnten mich herrlich weit über die alltägliche Wirklichkeit erheben. Trotzdem besaß ich wiederum einen recht guten Sinn für Realität. Die praktische Art meiner Eltern, mit der sie sich den Anforderungen des Alltags stellten, und auch das Verhalten der Menschen meiner Umgebung in ihrer von schwerer und zeitaufwändiger Arbeit geprägten Kleinstadtwelt zeigten mir, worauf es letztlich wirklich ankam, und wie man das Leben angehen musste.

So war es mir immer wichtig, mich nicht von meinen Ängsten überkommen und einschränken zu lassen. Ich wollte auch nicht als Feigling gelten, nicht einmal vor mir selbst. Und wie sehr viele Ängste wirklich nur ein Produkt einer üppigen Fantasie sind, erschloss ich mir so richtig, als ich kurz nach unserem Umzug im Dezember 1955 zum allerletzten Mal zu Fuß von der Spessartstraße in die Hubertusstraße unterwegs war. Die kürzeste Strecke führte über den dunklen Friedhof. Tagsüber eine Selbstverständlichkeit, aber bei Dunkelheit hatte ich ihn aus Furcht immer gemieden. Doch diesmal unterdrückte ich entschlossen meine alten Ängste vor auferstehenden Toten und anderen Gespenstervorstellungen, kletterte über das zu dieser Stunde schon verschlossene Eingangstor am unteren Ende der Molkenbergstraße und nahm erstmalig diesen Weg im Dunkeln.

Mit der Zeit wurde mir auf späten Heimwegen der nächtliche Friedhof so vertraut, dass ich mir beim Durchqueren fast gar nichts mehr dachte. 1966, auf meiner Reise von Südafrika nach Australien, habe ich in Moçambique sogar einmal auf einem Friedhof übernachtet. Ein Einheimischer hatte mich vor Straßenräubern gewarnt. Das einzige Hotel war mir zu teuer. Beim Passieren eines an die Landstraße grenzenden Friedhofs etwas außerhalb des Ortes dachte ich an meine diesbezüglichen Ängste von früher und zugleich an die der aber- und geistergläubigen Einheimischen. Ich sagte mir, kein anderer Mensch außer dir traut sich im Dunkeln auf diesen etwas verwilderten Friedhof. Ich rollte im hinteren Teil zwischen zwei Gräbern meinen Schlafsack aus, verdrängte meine Furcht vor Schlangen, blickte in den klaren Sternenhimmel über mir und vertraute mich den guten Mächten an.

Martin, Gitti und ich (1948).

Mutters Heimweh

Mitte 1949 bekamen die Österreicherinnen, die ihre Staatsangehörigkeit in der Zeit des Anschlusses ihres Landes an Deutschland im Jahre 1938 durch die Verheiratung mit einem Reichsdeutschen verloren hatten, die Möglichkeit, diese zurückzuerlangen. Doch zuvor mussten sie mit einer Menge ausgefüllter Formulare und beglaubigter Urkundenabschriften ihren Anspruch auf eine solche Wiedereinbürgerung nachweisen. Irgendwann begleitete ich meine Mutter einmal nach Frankfurt zum dortigen Österreichischen Konsulat, wo sie zusätzlich zu ihrer deutschen die verlorene österreichische Staatsbürgerschaft beantragte. Sie schätzte mich als Reisegefährten, und ich war immer gerne mit ihr unterwegs. Ich liebte die ungewöhnlichen Einblicke, die sie mir bei ihren Unternehmungen bot. In Frankfurt sah ich überall noch die Spuren des Krieges. Das war mein erster Eindruck von dieser im Vergleich zum kleinen Orb riesigen, unruhigen und grauen Stadt voller Menschenmassen, Lastwagen, Autos und Straßenbahngeklingel. Auf dem Weg vom Bahnhof zum Konsulat kamen wir an einer Reihe von Trümmergrundstücken vorüber. Ich stellte mir vor, wie die Bomben auf die Häuser gefallen waren und sie zerstörten. Nun konnte ich noch besser verstehen, weshalb so viele Menschen vor und nach den Fliegerangriffen aus der Stadt weit weg ins ländliche Umland und natürlich auch nach Orb geflohen waren. Mein Vater erzählte uns am Abend nach unserer Rückkehr, dass Frankfurt vor dem Krieg eine besonders schöne Stadt gewesen war und wie sehr er von der früheren Altstadt angetan war.

Meine Mutter erlebte ich nach der Antragstellung im Glück. Endlich würde sie auch offiziell wieder als Österreicherin gelten. Sie musste sich wie eine verlorene Tochter vor der ersehnten Aufnahme in ihre alte Familiengemeinschaft vorgekommen sein. Doch bis dahin gingen dann beinahe noch drei Jahre ins Land. Der mir vorliegende österreichische Pass, der ihr endlich ein komplikationsloses Reisen in ihre alte Heimat ermöglichte, wurde erst im März 1953 ausgestellt. Sie besaß dann bis zum Ende ihres Lebens zwei Staatsbürgerschaften. In ihrem Herzen war und blieb sie immer Österreicherin, passte auch ihre Sprache dem Hochdeutschen nie an und bewahrte sich zeitlebens ihren angestammten Wiener Dialekt, unsere eigentliche „Muttersprache", die wir Kinder aber nie übernahmen. Wir wollten ein Hochdeutsch mit der leicht hessischen Einfärbung sprechen, wie die uns nahestehenden Erwachsenen und die Kinder um uns herum, mit denen wir in engerem Kontakt standen. Zu dem besonderen einheimischen Dialekt, dem Orberisch, in dem sich besonders die älteren Orber noch unterhielten, fanden wir keinen tieferen Zugang. Unsere Orber Verwandten und direkten Nachbarn benutzten ihn nicht. Im Schulunterricht war er verpönt, weil er angeblich das Erlernen der Rechtschreibung erschwerte. Zudem war schon damals in Orb das Hochdeutsche, auch wegen des Kurbetriebs und der vielen Zuwanderer und der Flüchtlinge aus dem Osten, vorherrschend. Sogar unsere Haushaltshilfe Rosel Schmalbach, die in der Kanalstraße aufwuchs und sich trotz ihrer süddeutschen Mutter als echte Orberin betrachtete und Orberisch sprach, redete nur Hochdeutsch mit uns.

Wenn unsere Mutter einmal sehr unglücklich war, benutzte sie ihre geliebte Heimat auch als Drohmittel. Ohne die Hilfe unseres Vaters hatte sie es mit uns nicht immer leicht. Das sehr autoritäre Auftreten des Vaters lag ihr nicht. Sie bevorzugte einen eher kameradschaftlichen Umgang mit uns. Und wir nutzten das bei verschiedenen Gelegenheiten zu unserem Vorteil aus. Wenn wir drei Kinder ihr wieder einmal so richtig Ärger bereitet und sie vielleicht an den Rand der Verzweiflung gebracht hatten, setzte sie ihr stärkstes Sanktionsmittel ein: Sie würde uns verlassen und allein nach Wien zurückkehren. Während wir uns nach einer gewaltigen Strafpredigt zunächst kleinlaut und hilflos zurückhielten, bereitete sie sich im Schlafzimmer auf ihre Abreise vor. Sie erschien dann bald im Mantel und mit einem Koffer in der Diele und machte Anstalten, die Wohnungstür zu öffnen. Die Vorstellung, nun ohne sie auskommen zu müssen, hatte uns schon in den zehn Minuten vorher reumütig und mürbe gemacht, aber der Anblick der reisefertigen Mutter zwang uns im wahrsten Sinne des Wortes in die Knie. Wir weinten und jammerten, schworen sofortige Besserung und versprachen, fortan immer gute Kinder zu sein.

Gitti erinnert sich noch gut an einen dieser Auftritte. Während wir um Erbarmen flehten, hätte ich mit einer Bemerkung plötzlich auf den Saum ihrer Kittelschürze hingewiesen, der unter dem Mantel zu sehen war. Wir wussten sofort, dass sie sich nur zum Schein reisefertig gemacht hatte, und sie musste es in diesem Fall auch zugeben. Aber auf Dauer unglaubhaft gemacht hatte sie sich damit nicht.

Seit unserem Umzug nach Bad Orb litt unsere Mutter häufig unter Heimweh. Fast sieben Jahre lang gab es für sie keine Möglichkeit, nach Wien zu fahren, und in dieser Zeit war dieses Heimweh auch besonders heftig. Ihr früher unabhängiges, abwechslungsreicheres und kulturell interessanteres Leben in ihrer Heimatstadt und Umgebung kontrastierte mit dem einfachen, oft mühseligen Dasein im Orb der Nachkriegszeit. Sie vermisste auch ihre Freundinnen und vertraute Bekannte, mit denen sie bis kurz vor ihrem Tod 1972 rege korrespondierte. Briefe und Karten aus Wien beantwortete sie immer innerhalb weniger Tage. Dieses Heimweh verringerte sich dann aber nach ihrem ersten Wienbesuch.

Nach ihrer Rückkehr räumte sie uns gegenüber ein, sie hätte vieles größer und schöner in der Erinnerung gehabt als es in Wirklichkeit sei. Ihr wurde bei diesem Besuch auch klarer, dass sie sich letztlich, besonders durch uns Kinder und natürlich auch durch ihren Mann, viel stärker an Orb gebunden fühlte als sie es sich vorher eingestehen wollte. Wir Kinder waren ihr Fleisch und Blut und ihr ein und alles. In Wien hatte sie zwar ihre engen Freundinnen Helene Lintner und Blanka Hess und alte Freunde und gute Bekannte, aber außer ihrer Kusine Margarete Schrems (Tante Greti), deren Mann Joseph (Onkel Sepp) und deren einziger Tochter Ilse keinerlei Verwandte.

Ihre starke Verbundenheit mit ihrem Herkunftsland prägte auch mehr oder weniger stark das besondere Heimatgefühl von uns Kindern, meines wahrscheinlich am stärksten, weil ich bis heute einige verschwommene Eindrücke aus der Wiener Zeit in der Erinnerung habe. Als Kind wollte ich mich lange nicht als richtiger Orber verstehen. Selbst später noch als Jugendlicher konnte ich Bad Orb als meine eigentliche Heimat infrage stellen, obwohl die väterliche Familie seit 1905 dort ansässig war und mein Vater und alle seine Geschwister dort geboren und großgeworden sind. Die Vorstellung, immer auch noch, wenigstens ein bisschen, nach Wien zu gehören, orientierte sich natürlich zunächst einmal an dem mütterlichen Vorbild. Vielleicht spielte daneben aber auch das Bedürfnis eine Rolle, sich von anderen Kindern zu unterscheiden und nicht auch nur als gewöhnlicher Orber Junge zu gelten. Das muss auch anderen Kindern so gegangen sein. Mein langjähriger Schulkamerad Wolfgang Larbig, dessen Vater als Chefarzt und Chirurg das Orber Krankenhaus leitete, hatte eine Berlinerin als Mutter, eine gutaussehende, stets elegant gekleidete Frau, die übrigens die schönsten Kindergeburtstage ausrichtete, die ich in Orb erlebte. Wolfgang betonte häufig eine eigene enge Bindung an Berlin und wirkte dadurch sogar auf mich etwas abgehoben. Und seine Eltern nannten in Erinnerung an die Herkunft Frau Larbigs ihr neuerbautes Haus in der Kurparkstraße Haus Dahlem, so wie unsere Mutter darauf bestand, dass in die eiserne Gartenpforte vor unserem Haus in der Hubertusstraße als Erinnerung der Name des Wiener Stadtteils Gersthof, in dem sie gelebt hatte, hineingeschmiedet wurde.

Wie erwähnt, wollten wir andererseits die Sprache der Mutter nicht übernehmen, um uns nicht von den anderen Kindern zu sehr abzugrenzen. Die gehegten Besonderheiten durften zu unserem eigenen Schutz nur einen nicht weiter auffälligen Hintergrund bilden. Denn ihr ganz eigenartiger Reiz bot Mitschülern auch Angriffsflächen. Eine Klassenkameradin, Fanny Flick, wurde als Tochter deutscher Eltern in Shanghai geboren, weil ihr Vater 1941 dort als Journalist arbeitete. Der Geburtsort stand im Klassenbuch. Wir staunten immer, wenn er genannt wurde. Da konnte man sich wirklich gewöhnlich vorkommen, wenn man „nur“ in Bad Orb das Licht der Welt erblickt hatte. Selbst ich hätte Wien für Shanghai hingegeben. Andererseits hatten wir auch einen Jungen in dieser Mittelschulklasse, der Fanny mit dieser aparten Besonderheit wiederholt ärgern wollte, indem er mit beiden Zeigefingern seine Augenwinkel zu Schlitzaugen auseinander zog und so über ihre Geburt in China spottete.

Einige Klassenkameraden in der Volksschule, deren Eltern keine alteingesessenen Orber waren, kamen mir häufig interessanter und anregender vor als die Jungen rein einheimischer Herkunft. Bei ihnen war es wahrscheinlicher, dass ihre Vorstellungswelt über die Grenzen des Kleinstadtlebens hinausreichte. Solche Jungen zeigten auch im Umgang mit ihren Schulkameraden häufig mehr Offenheit und mehr Toleranz gegenüber Fremdem und Neuem.

Bei meiner Mutter lernte ich zuerst verstehen, welche große Rolle das Heimweh im Leben eines Menschen spielen kann und dass es unter Umständen sogar zu einer lebenslänglichen inneren emotionalen Zerrissenheit führt. Ich wurde auch gewahr, dass Heimat für jeden Menschen etwas Anderes bedeutet und dass man jedem Menschen seine eigene Heimat unbedingt zugestehen sollte, gleichgültig, wo dieses Gelobte Land wirklich liegt, wie es aussieht und welchen Wert man ihm als Außenstehender beimisst. Zudem merkte ich auch über den Einfluss meiner Mutter auf meine Gefühlswelt, dass der Mensch nicht nur einer einzigen Heimat verhaftet sein muss, dass es auch noch eine weitere für ihn geben kann und dass er, abhängig von seiner Lebenslage, sich einmal mehr der einen, dann wiederum der anderen stärker zugehörig fühlt. So betrachtete ich von klein auf Bad Orb nie als den Nabel der Welt, und Ausflüge in die Ferne waren mir schon als Kind immer willkommen.

Dabei war meine Mutter im Vergleich zu den Flüchtlingen in Orb noch in einer vorteilhaften Lage. Sieben Jahre nach Kriegsende wurde ihr die Wiener Heimat wenigstens wieder zugänglich. Die Ostpreußen, Schlesier, Sudetendeutschen und die Flüchtlinge aus Pommern, Böhmen und Mähren und von wo sie es sonst noch von jenseits des späteren Eisernen Vorhangs nach Westdeutschland schafften, hatten sowohl ihre Heimat als auch ihren Besitz trotz Lastenausgleichszahlungen für immer verloren.

Wie sehr bei diesen Sehnsüchten nach der früheren Heimat auch Sentimentalität und vielleicht auch tradierte völkische Ideologien mitbestimmend waren, zeigte sich in der Entrüstung unserer Mutter über eine Bemerkung ihres österreichischen Landsmannes Dr. Ramek. Auch er war durch den Krieg nach Orb gekommen, hatte eine einheimische Hotelierstochter geheiratet und betrieb am Quellenring eine Praxis als Badearzt. In einem

Gespräch reagierte er auf die patriotische Gesinnung unserer Mutter mit dem Spruch „Ubi bene ibi patria“ (Wo es mir gut geht, dort ist mein Vaterland) und bekannte sich somit deutlich zu Bad Orb als seiner neuen Heimat. Folglich wurde er uns Kindern für eine Weile als auf seinen Vorteil bedachter Vaterlandsverächter hingestellt. Aber auch meine Mutter war Ende 1944 auf der Suche nach einem sicheren und besseren Leben mit uns Kindern nach Orb gekommen und am Ende für immer dort geblieben.

Kontakte zu Österreich

Die Beziehungen meiner Mutter zu Wien wurden später besonders von Gitti und dann auch von mir weiter gepflegt. Für Martin, dem Bodenständigsten von uns, bedeuteten sie wenig. Er verstand sich vor allem als Orber und hat bis heute auch nie woanders gelebt. Gitti durfte schon als Siebzehnjährige allein zu den Schrems nach Wien reisen und wurde dort sehr vertraut mit Tante Greti, Onkel Sepp und ihrer Tochter Ilse. Tante Greti war vor ihrer Heirat Fürsorgerin gewesen. Onkel Sepp hatte sich als Diplomingenieur auf Wildwasserverbauung spezialisiert, trug den Titel Hofrat und besaß die Ehrenbürgerschaft mehrerer Alpengemeinden, in denen dank seiner erfolgreichen Arbeit das Frühjahrshochwasser keine Schäden mehr anrichten konnte.

Gitti besuchte auch in Niederösterreich die anderen Kusinen unserer Mutter, Gretis Schwestern Fritzi und Netti Köck in Wiesenfeld, einem Ortsteil von Sankt Veit an der Gölsen, und freundete sich mit ihnen an. Tante Fritzi, eine resolut, manchmal herrisch auftretende erfolgreiche Geschäftsfrau, führte bis zu ihrem Rentenalter ein großes eigenes Kaufhaus in St. Veit. Die jüngere Netti lebte von ihrem Erbe und bewirtschaftete als begeisterte Bäuerin einen kleinen Hof. Wie ihre Schwester Fritzi blieb sie zeitlebens unverheiratet.

Das Sägewerk, das unser Wiener Großvater nicht übernehmen wollte, befand sich immer noch im Besitz der Familie und wurde nach dem Tod des Cousins unserer Mutter, Franz Köck, von dessen ältestem Sohn Franz betrieben.

Tante Greti besuchte uns mehrmals in Bad Orb, besonders später, als es unserer Mutter nach einem Schlaganfall nicht mehr gut ging. Wenn sie nur wenige Tage blieb, begründete sie ihren kurzen Aufenthalt stets mit dem Spruch „Der Besuch und der Fisch sind nur drei Tage frisch." Wir mochten ihre fröhliche humorvolle Art. Sie besorgte auch vor jedem Mittagessen einen süßen Nachtisch vom Bäcker. Für uns Kinder war das eine ungewöhnliche Besonderheit.

Ich lernte Wien und das Haus der Familie Schrems in der Melchertgasse 20 erst 1964 während einer Urlaubsreise durch

Österreich mit meinem Motorroller Bella Zündapp kennen und war begeistert. Tante Greti und Onkel Sepp wohnten in Hietzing, nicht sehr weit vom Schloss Schönbrunn entfernt. Ich besuchte auch die Freundinnen unserer Mutter, Tante Heli und Tante Blanka und ebenso andere alte Freunde, so die Lehrhofers.

Blanka Hess war für mich die Faszinierendste der Freundinnen. Die Tochter eines Generals trat als junge Frau in den Polizeidienst ein und stand bei ihrer Pensionierung in einem Rang, der im Bundesheer dem eines Obersten entsprach, der höchste Dienstgrad, der damals in Österreich von einer Polizistin erreicht wurde. In den späten dreißiger Jahren ereignete sich in Berlin innerhalb kurzer Zeit eine Serie von Morden an jüngeren Frauen, die nachts allein in einem sonst leeren Abteil der S- und U-Bahnen unterwegs waren. Die Polizei kam dem Täter nicht auf die Spur und beschloss, eine Kollegin aus den eigenen Reihen ohne Begleitung nachts durch Berlin fahren zu lassen, in der Hoffnung, der gesuchte Mörder würde sie sich zum Opfer wählen und dann von ihr in Schach gehalten oder sogar überwältigt werden. Bei der Wahl einer attraktiven, erfahrenen und mutigen Beamtin für diesen riskanten Auftrag entschied man sich für die Wienerin Blanka Hess. Sie wurde nach Berlin geholt und fuhr dort Nacht für Nacht wochenlang als Lockvogel kreuz und quer mit der S- und U-Bahn durch die Stadt in Erwartung des unbekannten Mörders. Meine Mutter erzählte, ihre Kleidung sei so geschneidert gewesen, dass sie im Notfall aus einer besonders weiten Rocktasche mit ihrer dort verborgenen Dienstwaffe durch den Stoff auf einen Angreifer hätte schießen können. Aber alle Nachtfahrten endeten ohne Erfolg für die Polizei, aber glücklich für Blanka Hess.

In den folgenden Jahren bis zu Tante Gretis Tod 1986 war ich häufig in Wien, allein, mehrmals mit Silke und Tammo, einmal auch mit unserem Vater. Auch Gittis Sohn Sebastian Eissing begleitete uns 1983 als Zwölfjähriger auf einer solchen Reise.

Im Sommer 1979 fuhren Silke und ich mit Tante Greti von Wien aus nach Sankt Veit und besuchten Tante Fritzi. Franz Köck, der junge Inhaber des inzwischen schon kränkelnden Sägewerks, zeigte uns den alten Besitz. Der kleine Tammo kroch neugierig unter den großen Esstisch in Fritzis großer Wohndiele herum, und die alte

Hausherrin erinnerte sich, dass das vor ihm schon viele Kinder der Köcksippe getan hatten und zeigte sich trotz ihrer herben Art gerührt darüber. Als ich Tammo zwischendurch einmal in die Luft warf und wieder auffing, meinte sie, diese unbekümmerte Art des Umgangs mit dem Kleinen hätte ich von meiner Mutter. Die hätte das mit mir auch gemacht. Zu Silkes und meinem Erstaunen ließen es sich Tante Greti und Tante Fritzi nicht nehmen, zusammen im eiskalten Wasser des aufgestauten Mühlbaches zu schwimmen. Beide, schon Ende siebzig, zogen darin munter plappernd in schwesterlicher Eintracht ihre Kreise und erinnerten an zwei zufrieden schnatternde Enten. Schon als Kinder seien sie in diesem Teich geschwommen, erklärten sie später.

Jeder Wienaufenthalt ruft in mir starke Erinnerungen an unsere Mutter wach und an ihre immerwährende Verbundenheit mit ihrer österreichischen Vergangenheit.

Tante Gretis und Onkel Sepps Tochter Ilse Klinger, eine Diplomdolmetscherin und Übersetzerin, ist heute unsere letzte österreichische Verwandte, mit der wir in Kontakt stehen. Sie wohnt wieder in ihrem Elternhaus in der Melchartgasse 20 und ist uns und bei unseren seltenen Besuchen in Wien immer eine besorgte und gute Gastgeberin. Ihre Eltern liegen auf dem Hietzinger Friedhof begraben.

Furunkulose und Schulspeisung

Solange ich unsere Mutter kannte, stand es mit ihrer Gesundheit nicht bestens. Aus Feldpostbriefen an unseren Vater geht hervor, dass sie schon vor meiner Geburt wegen einer Blasenentzündung bei Omas Ärztin Dr. von Sachs in Behandlung war und deshalb nach einem Urlaub in Orb nicht pünktlich zum Dienst nach Wien zurückkehren konnte, weil sie wochenlang krankgeschrieben war. Trotzdem wirkte sie auf mich nie kränklich, bis sie kurz vor unserem Einzug in das eigene Haus Ende 1955 mit siebenundvierzig Jahren von einem Schlaganfall getroffen wurde, von dem sie sich nie mehr richtig erholte.

Aber am Anfang meiner Schulzeit, während ihrer Zeit als Geschäftsfrau in ihrem Blumenladen am Marktplatz, litt sie an einer schlimmen Furunkulose. Wir Kinder hatten manchmal auch Furunkel. Die wurden im fortgeschrittenen Reifestadium ausgedrückt, und bildeten sich dann zurück. Die Eiterbeulen im Bereich von Mutters Fußknöcheln jedoch wollten nicht heilen. Ein längerer Krankenhausaufenthalt Ende 1947 führte zunächst zu keinem Erfolg. Der dortige Chefarzt Dr. Larbig transplantierte sogar Hautlappen von der Innenseite ihrer Oberschenkel auf die großen Wunden an den Knöcheln mit der Hoffnung, sie damit zu schließen. Keines der zur Verfügung stehenden Medikamente brachte Hilfe. Eines Tages hörte ein schon älterer Orber von ihrer hartnäckigen Erkrankung. Er riet meiner Mutter, nach einem alten Hausrezept zu verfahren, nämlich regelmäßig Hefe zu essen und Apfelwein zu trinken. Sie folgte seinem Rat, und innerhalb kürzester Zeit verschwanden die Entzündungen, und die Wunden verheilten. Sie war ein Opfer unserer damaligen ungenügenden und ungesunden Ernährung. Es mangelte uns an Vitaminen, in ihrem Fall am Vitamin B1.

Zum Inhalt unserer Schulranzen gehörten neben Lappen und Schwamm für die Schiefertafel auch ein nierenförmiges Essgeschirr mit einem Klappgriff, so wie es die Soldaten der Wehrmacht benutzt hatten. Damit holten wir uns in der großen Pause in dem alten Burghof unterhalb der Schule die Schulspeisung. Sie wurde auf Anweisung der Amerikaner kostenlos verteilt.

Häufig gab es Erbsensuppe, die ich nicht besonders mochte, ein andermal eine besser schmeckende Kakaosuppe mit gehackten Nüssen darin. Das Essen wurde von Orber Frauen vorbereitet und aus zwei großen Kesseln geschöpft. Wir warteten in Reihen, bis wir dran kamen. Eine der Helferinnen hatte die Angewohnheit, sich unser noch leeres Gefäß so zu greifen, dass beim Halten ihr Daumen hineinhing. Es machte ihr nichts aus, wenn seine Spitze beim Einfüllen in dem ansteigenden Suppenpegel verschwand. Der triefende Daumen wanderte von Blechgeschirr zu Blechgeschirr, und ich war immer froh, wenn sie keinen Dienst hatte.

Das Krankenhaus – heute das Orber Rathaus – lag in nur kurzer Entfernung von der Burg an der Frankfurter Straße. Wenn es die Zeit bis zur nächsten Schulstunde noch erlaubte, schaute ich in der Hofpause bei unserer Mutter herein und überließ ihr einen Teil der Schulspeisung. Sie freute sich immer, wenn sie so versorgt wurde. Sie hatte einen guten Appetit, und manchmal dachte ich, sie wäre hungriger als ich.

Der Wanderzirkus

Einmal im Jahr kam ein Wanderzirkus nach Orb, und zwar mit der Bahn. Ich weiß nicht mehr, ob es immer nur der Zirkus Brumbach war oder auch ein anderer. Die Wohnwagen und die Wagen mit den Tieren, Geräten und den Materialien für den Zeltaufbau wurden aufwändig vom Güterbahnhof mit Traktoren durch die Stadt, die Kurpark- und Spessartstraße zum Zirkusgelände überführt, dorthin, wo heute auf der linken Seite des Orbbachs die Tennisplätze und der Kleingolfplatz liegen. Die großen Tiere, wie Elefanten und Pferde, reisten in geschlossenen Güterwaggons und mussten den Weg vom Bahnhof in Begleitung ihrer Betreuer auf ihren eigenen vier Beinen zurücklegen. Wir Kinder wurden von den Zirkusleuten als Helfer beim Aufbau der Zelteinrichtung geschätzt. So trugen wir zu zweit oder zu mehreren die Bretter und schmalen Bohlen für die Sitzgalerie rund um die Manege herbei. Bewerber für solche Hilfsarbeiten gab es genug. Denn als Lohn winkte eine Freikarte, manchmal, wenn ein Überangebot an willigen Helfern herrschte, auch nur eine halbe.

Einmal kündigte der Zirkus Brumbach auf großen Plakaten einen „Sprung in den Löwenkäfig“ an. Ich schwelgte schon vorher in tiefen Gedanken darüber, wie so etwas ablaufen könnte. Zu Beginn der Nummer kletterte der Springer über eine Strickleiter auf ein kleines Podest in bestimmt sechs Meter Höhe über der mit Sägemehl bestreuten Manege. Aus dem hohen Raubtierkäfig ragte eine Art Rutsche bis zum Gitterrand schräg in seine Richtung. Nach einem aufregenden Trommelwirbel machte der Artist einen Kopfsprung auf die Rutsche zu und erreichte nach einer eleganten Rolle darauf mit den Füssen zuerst den Boden inmitten der Raubkatzen auf ihren Podesten. Die Löwen, von ihrem Dompteur beherrscht, ließen sich nur wenig aus der Ruhe bringen.

Ich bewunderte diesen mutigen Mann. Mit meinen Erfahrungen im benachbarten Orber Schwimmbad wusste ich sehr wohl, wie einem Springer auf einem Fünfmeterturm zumute sein kann. Und das auch noch ohne Löwen, die unten auf einen warten.

In seiner Zeit als Gärtner handelte unser Vater mit dem Zirkusdirektor vor der Weiterreise einen Preis für den angefallenen Mist der Großtiere aus. Er bezahlte dafür mit Salat und Gemüse. Dieser Elefanten- und Pferdemist sollte den kargen Boden in der Au mit Nährstoffen anreichern und die Ernte verbessern.

Die verschüttete Milch

Frische Milch gab es lange auf Marken beim Milch-Edel, einem kleinen Laden neben der Metzgerei Fries in der Bahnhofstraße. Dort stand ich mit unserer Dreiliterkanne häufig in der Schlange der Wartenden. Auf dem Heimweg durch die Hauptstraße stieß ich einmal auf einen kleinen Trupp älterer Jungen aus der Altstadt, die ihren Spaß daran hatten, fremde Kinder zu belästigen und auch in Handgreiflichkeiten zu verwickeln. Ihretwegen änderte ich zuweilen sogar meinen Schulweg, wenn ich nicht in einer schützenden Gruppe unterwegs war. In diesem Fall taten sie zumindest so, als wollten sie mir die Milch abnehmen, und bei der Rangelei entglitt mir die Kanne, fiel zu Boden, und ein Teil der Milch lief aus. Die Jungen hatten ihren Spaß gehabt und zogen weiter. Die verlorene Milch war unersetzlich. Mit bedrückenden Gedanken über die Folgen zu Hause setzte ich meinen Weg fort. Im Kurpark kam mir die Idee, die Kanne mit der restlichen Milch mit Wasser aus dem Orbbach aufzufüllen. Es erschien mir sauber genug. Das tat ich dann auch an einer günstigen Stelle.

Meine Mutter hatte sich Sorgen gemacht und freute sich nach dem Öffnen der Wohnungstür fast überschwänglich über meine Rückkehr. Sie lobte mich, nahm mir die Kanne aus der Hand und begann die Milch in ein anderes Gefäß zu gießen. Dann wurde sie plötzlich misstrauisch und fragte mich, was ich mit der Milch angestellt hätte. Ich gab mich unwissend und unschuldig und behauptete, ich hätte sie so bekommen. Sie kostete von der Milch und zwang mich schließlich zu einem Geständnis. Darauf verwandelte sie sich binnen Sekunden von einer fürsorglichen freundlichen Frau in einen Feuer speienden Drachen und stürzte sich wie in blinder Wut auf mich. In meiner Not zog ich mich blitzschnell in den freien Winkel neben der Küchentür zurück und machte mich so klein und rund wie es nur ging. Da sie mich mit den Händen nicht packen konnte, trat sie mehrmals auf mich ein. Ich flehte um Erbarmen, und schließlich klang ihre Erregung ab. Anschließend erklärte sie mir, mit der fehlenden Milch hätten wir uns schon irgendwie beholfen, und den unglückliche Zwi-

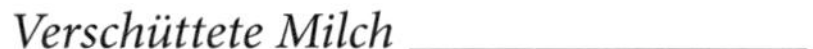

schenfall in der Stadt könnte sie mir schlecht anlasten, aber dass ich ihr gegenüber unehrlich war und sie erst einmal belog, das sei mein eigentliches Vergehen gewesen, und nur das hätte sie so in Rage gebracht.

Ofenheizung und Winterfreuden

Wir heizten in der Spessartstraße mit Kohle und Holz. Die Eierkohlen und die Briketts wurden von der Kohlenhandlung Noll in der Pfarrgasse in Einzentnersäcken angeliefert, von Trägern auf gebeugten Rücken in den Keller getragen und unter der Kellertreppe ausgeschüttet. Je nach Bedarf holten mein Vater, und später, als wir älter und stärker waren, auch wir, sie in speziellen länglichen Kohleeimern vom Keller nach oben in den ersten Stock. Zum Entzünden der Herd- und Ofenfeuer benutzte man zusammengeknülltes Zeitungspapier und kleingehacktes Holz, das wir Spreißel nannten. Wenn die daraufgelegten dickeren Holzscheite angebrannt waren und das Holzfeuer so richtig loderte, schütteten oder schaufelten wir aus den Kohlebehältern Eierkohlen darauf. Die kamen dann allmählich ins Glühen, spendeten eine intensivere Wärme und verbrannten langsamer als Holz. Briketts brauchten Stunden bis sie verglüht waren und dienten der Feuererhaltung, wenn sich zwischendurch in den Räumen niemand aufhielt, oder wenn man noch bis in die Nacht hinein eine gewisse Wärme brauchte.

Die Holzbeschaffung war umständlich und aufwändig. Unser Vater kaufte jedes Jahr von der Stadt mehrere Festmeter Holz. Das lag geschlagen, auf einen Meter Länge zersägt, als langer Holzstoß an einer genau bezeichneten Stelle im Orber Wald. Ein vom Vater beauftragter Fuhrmann brachte es mit seinem Pferdefuhrwerk zu uns und stapelte es auf dem breiten Bürgersteig vor dem Gartenzaun. Der Vater meines Mitschülers Heinz Reinhard aus der Kanalstraße besaß eine mobile Sägemaschine, die wir Simsim nannten. Dieses Gefährt hatte etwa die Grundfläche eines Kleinwagens und wurde von seinem Betreiber im Schritttempo an seine Einsatzorte geführt. Mit seiner Ankunft begann auch für uns die eigentliche Arbeit. Die Rundhölzer zerschnitt Herr Reinhard zu Stücken von fünfundzwanzig Zentimeter Länge. Mein Vater, später auch wir Jungen, übernahmen sie und warfen sie über den Jägerzaun in den Garten. Auf dem Weg zwischen Hauswand und den Gemüse- und Blumenbeeten stand dann ein Hackklotz, und ein Lohnarbeiter spaltete nun ein bis zwei Tage lang das gesamte kleingesägte Holz mit einer langstieligen Axt. Wir Kinder trugen das gehackte Holz zu zweit in einem runden Drahtkorb in die von unserem Vater errichtete Holzhütte weiter hinten im Garten. Dort konnte es trocken lagern. In der Heizperiode wurde regelmäßig auch ein Vorrat im Keller gehalten und ständig ergänzt. Dort reicherte sich das trockene Holz nicht mit Feuchtigkeit an, wie draußen in der offenen Hütte.

Schließlich schafften wir Kinder bei Bedarf das Holz auch noch aus dem Keller über die Treppen nach oben. Zu meinen häuslichen Pflichten gehörte auch das Zerhacken der Holzscheite zu den Spreißeln, die wir für das Feueranmachen brauchten. Eine Narbe in der Maus meiner linken Hand erinnert mich noch heute an einen schlecht geführten Beilhieb während dieser Arbeit.

Zum Feueranmachen eigneten sich auch durchgetrocknete harzige Tannenzapfen. Wir Kinder sammelten sie im Orbtal, im Wald oberhalb des Wiesenwegs zwischen dem Wildpark und der Küppelsmühle. Wir füllten damit unseren kleinen Kastenwagen und transportierten sie darin nach Hause.

Silke wünschte sich jahrelang für unser Haus in der Bremer Beethovenstraße einen Dänischen Kaminofen. Im Rückblick auf die aufwändige Ofenheizerei in meiner Kindheit weigerte ich mich lange, ihr den Wunsch zu erfüllen. Schließlich gab ich klein bei und freue mich heute, so wie sie, an dem lodernden Feuer und der angenehmen Wärme unseres vorne verglasten Ofens. Inzwischen bekommt man das fertig gespaltene Holz bis vor das Haus geliefert. Trotzdem macht das Heizen mit allem Drum und Dran immer noch eine Menge Arbeit und kostet soviel Zeit wie die Betreuung eines kleinen Haustieres.

Unser Küchenherd war das Jahr hindurch in Betrieb. Auf ihm wurde Wasser erhitzt, gekocht, Gemüse und Obst eingemacht, Brot geröstet, in einem großen Kessel das Bade- und Waschwasser heißgemacht und in ihm Kuchen und vor Weihnachten Plätzchen gebacken. Meine Mutter schwärmte gelegentlich von ihrem praktischen Gasherd in Wien. In Orb wurde kein Gas benutzt. Elektroherd, Waschmaschine, Wäschetrockner, Spülmaschine, Kühlschrank, derartige Haushaltshilfen gab es für uns noch nicht.

Ein Tauchsieder war unser elektrischer Wassererhitzer. Manchmal, wenn wir Kinder nach dem Wecken morgens in die Küche zum Waschen kamen, kniete unsere Mutter vor dem Küchenherd und entfachte das Herdfeuer. Damit und mit der Vorbereitung des Frühstücks begann ihr Arbeitstag.

Zwei weitere Öfen standen im Wohn- und im Schlafzimmer. Das Wohnzimmer wurde ab Mittag beheizt, unser Schlafzimmer nur an sehr kalten Tagen, damit es nicht zu kühl und feucht blieb und die Temperaturen zumindest überschlagen waren.

Ich erinnere mich gern an die Eisblumen an dem Fenster zur Spessartstraße hin. Es war ungewöhnlich hoch angebracht. Wir erreichten es über die darunter gebaute hölzerne Plattform mit einer Balustrade an den Seiten und vorne. An der Stelle mit den Stufen nach oben befand sich ein freier Durchgang. Wenn wir an kalten Wintertagen nach dem Aufstehen wissen wollten, ob es in der Nacht vielleicht geschneit hatte, nahmen wir ein Geldstück in den Mund, wärmten es kurz an und drückten es dann gegen die vereiste Scheibe. Durch das freigeschmolzene Loch konnten wir gut nach draußen gucken. Oder wir nahmen zum Auftauen auch gleich die warme Zunge. Nur war die Öffnung dann nicht so schön rund. Gegen die Kälte im Schlafzimmer müssen wir alle ziemlich unempfindlich gewesen sein. In kalten Nächten legte mein Vater auch spät am Abend noch ein dick in Zeitungspapier eingewickeltes Brikett auf die noch glühenden Eierkohlen. Manchmal waren dann auch noch am Morgen Glutreste im Ofen.

In der großen Diele stand überhaupt kein Ofen. Sie blieb stets unbeheizt. Auch das hat uns Kindern wenig ausgemacht, obwohl wir uns dort auch im Winter regelmäßig aufhielten.

Mir bleibt der Eindruck, wir hatten in unserer Zeit in der Spessartstraße, auch in den Jahren davor und danach, kältere und schneereichere Winter als heute, von dem erstaunlichen Winter 2009/10 und den extremen Schneefällen und der großen Kälte im Dezember 2010 einmal abgesehen. Ganz in unserer Nähe gab es auch Rodelmöglichkeiten. Das noch wenig bebaute abfallende Gelände zwischen der Jahnstraße und dem hinteren Kurpark bot die eine, das steile Straßenstück der Rotahornallee zwischen der Villbacher Straße und der Kurparkstraße eine andere noch viel schönere Möglichkeit, Schlitten zu fahren. An der abschüssigen Straße trafen sich nach der Arbeit auch ältere Jugendliche und sogar Erwachsene zum Rodeln. So forderte eines Abends auch ein fröhlicher Trupp guter Bekannter unseren Vater auf, sie mit unserem Holzschlitten dorthin zu begleiten. Und wir Kinder mussten leider ins Bett! Wegen des geringen Straßenverkehrs wurde auch auf dieser Nebenstraße der Schnee nicht gleich weggeräumt oder Basaltsplit gestreut. Die Autos mieden sie dann, und viele Orber in der Nachbarschaft hatten tagelang ihre Freude.

Etwas längere Schlittenabfahrten boten nicht allzu weit weg die Hänge des „Letzerndäälches“ nahe dem Haberstal oberhalb des Philosophenwegs. Hierher zog es uns an vielen Nachmittagen, und hier verbrachten wir viele der uns verbleibenden hellen Stunden zwischen dem Mittagessen und dem Dunkelwerden. Im oberen Bereich wurde auf dem Bocksberg sogar Ski gefahren. Die steile etwa 30 Meter breite Lichtung diente im Sommer als Heuwiese. Die Skibegeisterten konnten den Hang etwa 120 Meter herunterfahren, die schmale Talsohle durchqueren und am kürzeren gegenübergelegenen Hang zum Stehen kommen. Unser Vater und andere Orber Männer, darunter der Ingenieur Walter Dieringer, der Hotelier Willi Teilmann und der Schneidermeister Poldi Möckel, nur ganz selten auch Frauen, waren dort häufig anzutreffen. Nach den Abfahrten mussten alle wieder mit ihren angeschnallten Skiern im Zickzack oder im Grätschschritt nach oben und verschnauften dann kürzer oder länger unterhalb des Weges bis zur nächsten Abfahrt. Während der Pausen wurde viel erzählt und getratscht und auch immer wieder die Vorteile eines einfachen Schlepplifts erwogen, wie es sie im Vogelsberg und in der Rhön an einigen Stellen wohl schon gab.

Schön war es, wenn ich mit oft durchfeuchteten Schuhen und Strickhandschuhen durchfroren nach Hause kam und mich anschließend im Wohnzimmer neben dem warmen Ofen einer spannenden Lektüre widmen konnte. Zu der Zeit gab es eine Serie von Büchern, in denen Tiere des Waldes sehr vermenschlichte Rollen spielten, in die ich mich als junger Leser bestens hineinversetzen konnte. Im nur eine Viertelstunde Fußweg entfernten Letzerntälchen stießen wir an den verschneiten Hängen immer wieder auf Spuren von Hasen, Füchsen und Rehen, und wir wussten, dass es in dieser Gegend auch Hirsche und Wildschweine gab. Einige Jugendbücher, wie die von Erich Kloss aus dem Franz Schneider Verlag, schilderten ein sehr idealisiertes Leben in und um ein Försterhaus. Und ein Junge in meinem damaligen Alter durfte dort immer wieder seine Ferien verbringen. Die glückliche Försterfamilie wohnte mitten im Wald, führte ein ereignisreiches und erfülltes Leben, in dem natürlich die Haus- und Wildtiere ständig Anlass zu besonderen aufregenden Erlebnissen gaben. Von der Hauptaufgabe eines Försters, der Holzwirtschaft und der Büroarbeit, war wenig die Rede. Damals wäre ich auch gerne Förster geworden. Aber die Forsthäuser lagen in der Regel weit weg vom nächsten Schwimmbad, und Förster mussten aufs Schwimmen und die damit verbundenen schönen Erlebnisse verzichten. Und letztere schätzte ich damals mehr als das Leben im abgelegenen tiefen Forst.

Im Orbtal hinter dem Talheim an dem Fahrweg zur Wegscheide lag so ein Forsthaus. Mit der zunehmenden Motorisierung wurde es aufgegeben. Dann fuhren die Förster und ihre Dackel mit dem Auto zu ihrem Dienst in den Wald und mussten nicht mehr in der Nähe ihres Einsatzgebietes wohnen. Doch in dieser Zeit wollte ich schon Tierarzt werden.

Gartenarbeit und Vorratswirtschaft

Das Gartenland hinter und neben dem Haus in der Spessartstraße teilten wir uns mit den Welters, ebenso die Erträge der Apfelbäume auf dem Grundstück. Wir bewirtschafteten die Fläche neben dem Haus, die Welters den hinteren Teil des Gartens zur Horststraße hin. Seltsamerweise war dieser mit einem stabilen Holzzaun zwischen mehreren steinernen Gartenpfosten von der Rasenfläche hinter dem Hause abgetrennt, als bildete er ein Grundstück für sich. Die Welters, die noch vor uns eingezogen waren, nutzten den kleinen Geräteschuppen an der Grenze zum Hotel Hohenzollern, wir die von meinem Vater gezimmerte Holzhütte nahe der Grenze zur Pension Teutonia. Damals kauften wir keinerlei Gemüse und Obst. Meine Eltern bauten alles selbst an, außer den Kartoffeln für den Winter. Von diesen wurden im Herbst bis zu zehn Zentner von einem Bauern angeliefert und in einem Holzpferch im Keller eingelagert. Sie mussten bis in den Sommer hinein reichen, wurden mit der Zeit immer schrumpeliger und bildeten in der Dunkelheit weiße Triebe aus. Wie beglückt waren wir dann über die ersten glatten und festen Frühkartoffeln aus dem Garten!

Heute erstaunt es mich, was meine Eltern damals so alles anbauten. Die gängigen Küchenkräuter wie Schnittlauch und Petersilie sowieso. Aber die große Arbeit bereitete die Pflege der anderen Pflanzen: Stangen- und Buschbohnen, Erbsen, Tomaten, Wirsing, Sellerie, Rotkohl, Weißkohl, Blumenkohl, Rosenkohl, Zwiebeln, Lauch, rote Rüben, Karotten, Kohlrabi, Gurken, Radieschen, Erdbeeren, sogar Kürbisse, die besonders gut am Rande von Komposthaufen und bei viel Sonne gediehen. Dazu kamen Kopfsalat, Feld- und Endiviensalat. Einen Teil der Gemüse- und Salatpflanzen holten wir im Frühjahr aus einer Gärtnerei, einen Teil zog mein Vater aus Samen in besonderen Mistbeeten mit Glasabdeckungen heran.

Die Eltern hatten mit dem Garten viel Arbeit. Wir Kinder mussten immer Hilfsdienste leisten, übrigens für uns ein Grund, uns nachmittags möglichst unerreichbar und weit weg von zu

Hause mit anderen Kindern zum Spielen zu verabreden. Blieben wir zu Hause, fiel unserer Mutter immer eine Arbeit für uns ein. So mussten wir, wie zuvor schon in unserer Gärtnerei in der Au, bei der Anlage von Beeten und beim Pikieren der kleinen Pflanzen helfen, viel Unkraut jäten und an heißen Tagen gießen. Das Wasser holten wir aus einer Regentonne neben einem der Fallrohre hinter dem Haus. Um die große Gießkanne aus Zinkblech zu füllen, tauchte ich sie tief ins Wasser und zog sie mit beiden Händen am Bügel zu mir nach oben. Einmal packte ich sie unüberlegt an der aufgesteckten Brause. Diese löste sich plötzlich von dem schweren Gewicht der vollen Kanne und knallte mir ins Gesicht, und ein Drittel von meinem linken Schneidezahn brach ab. Glück im Unglück: Diesen lädierten Zahn, und nicht den unbeschädigten daneben, schlug ich mir später auf der Rutschbahn im Schwimmbad aus.

Den Hauptteil der Gartenarbeit verrichtete mein Vater. Als ehemaliger Gärtner kannte er sich darin auch bestens aus. Meine Mutter half ihm dabei, obwohl sie in Wien niemals derartige Arbeiten verrichtet hatte. Sie war als Großstädterin aufgewachsen und verstand sich auch immer als solche, aber sie schätzte auch ein naturnahes Leben und betont in frühen Briefen an meinen Vater wiederholt voller Stolz die bäuerliche Herkunft ihrer Eltern. Sie liebäugelte sogar mit der Vorstellung, nach einem für Deutschland guten Kriegsausgang mit meinem Vater nach Afrika „in die Kolonien“ zu gehen und dort eine Farm zu bewirtschaften. Inwieweit sie dieses Bewusstsein für die zuweilen doch mühselige Gartenarbeit motivierte, weiß ich nicht. Aber so richtig vorstellen kann ich es mir kaum.

Ich selbst hatte mir zur Spessartstraße hin drei eigene kleine Beete angelegt und ihre Ränder mit Dornsteinen aus dem Orber Gradierwerk eingesäumt. Dort wuchsen meine Blumen. Einige säten sich ohne mein Zutun immer wieder aus, wie die Vergissmeinnicht. Andere säte ich selbst in einer der flachen Holzkästen aus der ehemaligen Gärtnerei und pikierte die kleinen Pflanzen, so wie ich es bei meinem Vater gelernt hatte. Ich hatte immer Stiefmütterchen, Nelken, Bartnelken, Tagetes, Löwenmäulchen und auch viele Ringelblumen und im Spätsommer auch Astern.

Den Dünger holte ich mir von den Straßen. Von irgendwoher besaß ich einen kleinen niedrigen Wagen, eigentlich nur eine Plattform aus Holz mit vier Rädchen und einer Deichsel. Mit dem und einer kleinen Schaufel zog ich herum und sammelte die von den Zugtieren hinterlassenen Pferdeäpfel und Kuhplatscher ein.

Mein ganzer Stolz war ein kleiner Pfirsichbaum. Ich hatte ihn aus einem Kern gezogen und als Schössling ausgepflanzt. Er wuchs und gedieh prächtig, blühte schließlich zu unserer Freude und trug die ersten Früchte. Dann wurde das Haus verkauft. Der neue Eigentümer benötigte den Grund an der Hausseite für einen Anbau. Mitten im Sommer musste ich das Bäumchen in den Garteneil zur Horststraße hin versetzen. Trotz eines großen Wurzelballens und einer ständigen Bewässerung welkten seine Blätter, die grünen Früchte fielen ab, und es ging ein.

Wir bewirtschafteten zu der Zeit noch ein zweites, gepachtetes Gartengrundstück im unteren Haberstal, dort, wo sich das enge Tal zum Orbtal hin öffnet. Die Fläche fiel nach Süden leicht ab und mündete in einer Senke, in der sich das Wasser einer kleinen Quelle sammelte und zum Gießen zur Verfügung stand. Wir Kinder mussten die Eltern des öfteren dorthin begleiten und ihnen bei der Gartenarbeit helfen. Wir nahmen auch unsere Meerschweinchen und den Hasen mit und ließen sie dort frei laufen.

Die Ernte brachten wir mit unserem Handwagen in die Spessartstraße. Dort wurde sie im Keller gelagert und so bald wie möglich zubereitet und eingemacht. Die eingeschränkten finanziellen Mittel erforderten eine Bevorratung mit den eigenen Gartenprodukten bis zur nächsten Ernte im folgenden Jahr. Wir hatten keinen Kühl- und Gefrierschrank. Das Einmachen war immer aufwändig. Gemüse und Obst wurde gereinigt und zerkleinert. So musste das Rotkraut kleingehobelt werden, bevor es in die Einweckgläser kam. Für das Zerschnippeln der Buschbohnen gab es eine kleine Maschine mit einer Handkurbel, eines der wenigen arbeitssparenden Küchengeräte, vom Fleischwolf abgesehen. Die Erbsen und Stangenbohnen wurden per Hand aus ihren länglichen Hülsen gedrückt, getrocknet oder eingeweckt.

Im Keller standen auf den von unserem Vater zusammengezimmerten Holzregalen viele Gläser mit eingemachtem Gemüse,

Apfelmus, Rhabarber, auch länglich zerteilte Birnen, Kirschen, Mirabellen, die bei Bedarf als Kompott aufgetischt wurden. Das Einkochen beanspruchte Geduld und Zeit. Es geschah auf unserem Küchenherd in einem großen Kessel. Meine Mutter stellte die gefüllten Gläser, deren Deckel mit zwei Stahlklammern auf den Einweckring gepresst wurden, ins Wasser und brachte es zum Sieden. Nach dem Erwerb eines Heißluftherdes brauchte sie die Gläser nur noch in den mit einer großen Klappe verschließbaren Ofenraum zu stellen. Darin wurde es heiß wie in einem Backofen, und er diente auch als solcher.

Als Brotaufstrich zum Frühstück aßen wir auf der Margarine nur Marmelade und Gelee aus eigener Fertigung. Wir hatten keine Saftpresse und meine Mutter drückte den Saft durch ein Tuch aus den Früchten und kochte ihn dann unter Beigabe der nötigen Zutaten auf. Dann füllte sie ihn verdickt in kleine Gläser. Sie wurden sofort mit feuchtem Cellophanpapier, einer durchsichtigen Folie, abgedeckt und mit einer dünnen Schnur oder schmalen Gummiringen luftdicht verschlossen und mit beschriebenen Etiketten versehen. Das Cellophan trocknete und überspannte die Gläser stramm und luftdicht.

Gurken wurden in besonderen Tontöpfen eingelegt. Das Weißkraut kam kleingehobelt mit viel Salz in einen runden Holzbottich. Die oberste Lage dichtete mein Vater mit einem weißen Tuch und zwei halbrunden Holzscheiben mit Gewichten darauf ab, um die Sauerstoffzufuhr zu unterbinden und den Gärprozess zu ermöglichen. Einige Wochen lang nahm er regelmäßig das Tuch hoch und kratzte den weißen Gärschaum ab. Das fertige Sauerkraut aßen wir roh oder gekocht. Manchmal machte unsere Mutter daraus auch eine schrecklich schmeckende Krautsuppe. Die mochte ich noch weniger als die Erbsen-, Bohnen- oder Linsensuppen, die sie samstags immer kochte. Obwohl sie sich bestimmt redlich mühte, ließen ihre Kochkünste eben zu wünschen übrig.

Es war also kein Wunder, dass sie, wenn die Sprache auf eine spätere beruflichen Tätigkeit von uns Kindern kam, wiederholt sagte: „Ich wünsche mir, einer von euch wird einmal ein guter Koch." Das war der einzige konkrete Berufswunsch, den sie jemals offen an uns richtete. Ansonsten konnten wir, wenn es nach ihr ging, anscheinend werden, was wir wollten. Sie verhielt sich diesbezüglich zurückhaltender und klüger als unser Vater. Schließlich war ihr als junges Mädchen von den besorgten Eltern der ungeliebte Beruf einer Versicherungsbeamtin aufgedrückt worden.

Im Winter kosteten die Eier mehr als im Sommer. Um Haushaltskosten zu sparen, legte unsere Mutter für diese Zeit die vor allem zum Kuchenbacken benötigten Eier in zwei großen Glasbehältern, gefüllt mit einer Lösung aus Natronwasserglas, ein. Sie verhinderte, dass die Eier schlecht wurden. Als wir im Dezember 1955 aus der Spessartstraße in unser Haus zogen, ließ ich beim Verladen unserer Habe auf den Umzugs-LKW eines dieser Gläser fallen. Ein Teil unseres Wintervorrats an Eiern lag zwischen den Glasscherben zerbrochen neben dem Führerhaus. Das hob nicht gerade meine Umzugsstimmung.

Zu den Früchten aus dem Garten, wie Johannisbeeren, Stachelbeeren und Erdbeeren sammelten wir auch am Ortsrand oberhalb des Philosophenweges Himbeeren und Brombeeren. Mit ihnen wurden Tortenböden belegt. Man konnte sie auch frisch als Nachtisch essen oder sie zu Marmelade verarbeiten. Während unserer sonntäglichen Wanderungen im Frühling zupfte unsere Mutter auf den Waldwegen die jungen grünen Spitzen der austreibenden Fichten ab und verarbeitete sie später zu einem aromatischen wohlschmeckenden Gelee.

Zudem war es auch bei uns üblich, „in die Pilze zu gehen". Das taten damals viele andere Orber ebenso, und wir suchten oft lange, weil es die Pilze nicht im Überfluss gab. Dabei war nicht jeder Fund genießbar. Pfifferlinge und Steinpilze und die roten schönen Fliegenpilze waren uns natürlich bekannt und leicht einzuordnen, aber bei anderen Funden beratschlagten unsere Eltern sich oft und vergewisserten sich im Zweifelsfall zu Hause vor dem Säubern und Zerteilen mit Hilfe eines Bestimmungsbuches, ob ein ihnen unbekannter Pilz giftig war oder nicht. Die anschließend daraus gekochte Pilzsuppe schmeckte herrlich. Einige Pilze wurden auch kleingeschnitten auf Backblechen im Ofen getrocknet und so für später konserviert.

Äpfel und Birnen konnte man auch unverarbeitet im Keller einlagern. Die Äpfel hielten sich bis nach Weihnachten. Anschließend wurden sie immer weicher und schrumpeliger. Für die Zeit danach zerschnitt unsere Mutter Äpfel in Scheiben. Vorher stach sie die Gehäuse aus. Die durchlöcherten frischen Scheiben trocknete sie wie die Pilze auf einem Backblech im Herd, zog sie auf eine lange Schnur und hängte sie auf dem Speicher zum weiteren Durchtrocknen auf.

Die damals zahlreichen Apfelbäume und auch andere Obstbäume in den Gärten, an Straßenrändern und auf kleinen und großflächigen Grundstücken im Umkreis der Stadt wurden von ihren Eigentümern mit fachmännischer Sorgfalt gehegt und gepflegt. Importiertes Obst, wie z.B. Apfelsinen gab es kaum, und wenn, dann war es sehr teuer. Ein ganz großer Teil der geernteten Äpfel wurde zu Apfelwein verarbeitet, einem damals in Orb äußerst beliebten alkoholischen Getränk. Auch in unserem Keller standen, anstelle der heutigen Bier- und Weinvorräte in vielen Haushalten, zwei Apfelweinfässer. Von Dezember bis in das Frühjahr hinein tranken unsere Eltern statt des dünnen schwarzen Tees Apfelwein zum Abendessen. Den musste eines von uns Kindern vorher in einem Krug aus dem Keller holen. Wir Kleinen wurden vor seinem Genuss gewarnt. Unsere reiseerfahrene Mutter erzählte uns wiederholt von den vielen Kindern auf österreichischen Bauernhöfen, die durch die Unsitte des frühen Trinkens in ihrer geistigen Entwicklung zurückblieben und sogar verblödeten. Wir glaubten ihr. Außerdem schmeckte mir dieses herbe Getränk überhaupt nicht.

Die Herstellung unseres Apfelweins war aufwändig. Zunächst brachten wir die leeren Holzfässer mit dem Handwagen zum Küfer Wolf in die untere Hauptstraße. Er war taubstumm und bekannt unter dem Namen Bollerotto. Sein Sohn spielte gut Akkordeon und machte an den Wochenenden zusammen mit unserem Onkel Oskar am Schlagzeug und einem Pianisten Tanzmusik in verschiedenen Orber Gaststätten und Hotels. Der Küfer schlug die Eisenreifen von den Fässern, nahm sie auseinander, reinigte sie, tauschte, wenn nötig, beschädigte Teile aus und machte die Fässer wieder dicht und fertig zum Gebrauch.

Die für den Apfelwein benötigten Äpfel ersteigerte unser Vater von der Stadt. Diese besaß in Orb und Umgebung Grundstücke mit Obstbäumen. Zu einer vorher angekündigten Zeit wurde das

Obst Baum um Baum an die Interessenten mit dem höchsten Gebot verkauft. Solange wir in der Spessartstraße wohnten, erwarben wir die Äpfel von Bäumen unterhalb des Philosophenwegs. Sofort nach dem Ersteigern pflückten wir sie gemeinsam und füllten damit die mitgebrachten Jutesäcke. Ein bestellter Fuhrmann brachte sie in die Haselstraße zur Kelterei Prehler. Auf dem Weg dorthin holte er unsere Fässer vom Küfer.

Beim Keltern wurden die Äpfel in einen mit Wasser gefüllten großen Bottich geschüttet. Ein Schöpfwerk holte sie gereinigt heraus und transportierte sie in die Presse. Der Vater und wir Kinder trugen den entstandenen Saft in den mitgebrachten Eimern und Milchkannen zur Straße, wo das Pferdefuhrwerk stand. Oben auf dem Wagen füllte einer durch einen Trichter die beiden Fässer und unsere große Korbflasche. Alles ging immer sehr schnell. Kaum waren die letzten Äpfel der einen Partei aus dem Bottich geschöpft, kam schon die nächste dran.

Wir ließen auch Äpfel in der Kelterei zurück. Dafür bekamen wir einige Wochen später eine bestimmte Anzahl von Flaschen mit haltbar gemachtem Apfelsaft. Als Bezahlung erhielt der Äppelwoi Prähler, wie er in Orb hieß, einen Teil der gelieferten Äpfel für den Eigenbedarf.

Der frische Most schmeckte herrlich. Wir Kinder konnten nicht genug davon trinken. Aber schon am vierten Tag prickelte er leicht auf der Zunge. Die Gärung hatte begonnen, und der Most verlor mit jedem weiteren Tag an Süße und ging auch bald zu Ende. Unser Vater hatte in den folgenden Wochen täglich damit zu tun, den Gärungsprozess in den beiden Fässern zu kontrollieren und zu steuern. Irgendwann quollen dann nicht mehr Unmengen von Schaum aus den Spundlöchern. Durch die aufgesetzten Gärröhrchen, die eine Sauerstoffzufuhr von außen verhinderten, stiegen nur noch Gase nach oben und brachten das Wasser darin zum Blubbern. Und eines Abends brauchte unser Vater zum Abendessen keinen dünnen schwarzen Tee mehr zu trinken. Das machte ihm gute Laune.

Nach dem Bezug unseres eigenen Hauses in der Hubertusstraße ließ unser Vater in dem großen Garten auf den breiten Rasenstreifen um die Gemüsebeete herum Stachel- und Johannisbeerbüsche und etwa zwanzig Obstbäume pflanzen. Wir ahnten damals im Jahre 1956 noch nicht, dass mit der fortschreitenden Mechanisierung und Rationalisierung des Obst- und Gemüseanbaus und der rasanten Entwicklung des Verkehrswesens der Eigenanbau in Zukunft nicht mehr rentabel sein würde.

Bahnhofstraße. Frühe Fünfzigerjahre.

Weitere Arbeiten im Haushalt

Das Kochen war nie eine Stärke unserer Mutter, aber backen konnte sie gut. Bis zur Anschaffung eines modernen Heißluftherds mussten wir allerdings, wie manche anderen Orber Familien auch, die Blechkuchen zum Bäcker bringen. Unser alter Küchenherd war einfach zu klein. Anders als die Elektroherde hatten die mit Holz und Kohle befeuerten Küchenherde keine Temperaturregler. Gefühl und Erfahrung spielten eine große Rolle. Mit einer Stricknadel aus Metall stieß unsere Mutter von Zeit zu Zeit während des Backvorgangs in die Kuchen. Blieb daran etwas Teig hängen, war er noch nicht durch. Auch einen Teil der Plätzchen, das sogenannte Spritzgebackene, trugen wir in die untere Hauptstraße in die winzige Bäckerei Kröger. Wenn sich in der Vorweihnachtszeit nach Sonnenuntergang ein Abendrot am westlichen Himmel zeigte, hieß es bei uns zu Hause: „Das Christkind backt Plätzchen."

Das Einkaufen erforderte viel Zeit und Geduld. Wie heute nur noch bei viel Andrang beim Metzger und in Käseläden standen wir in den Lebensmittelgeschäften häufig lange an, bis wir endlich bedient wurden. Waren wie Zucker, Salz, Mehl, Grieß, Graupen, Haferflocken und getrocknete Erbsen befanden sich unverpackt in großen Schubladen oder in offenen Säcken hinter dem Verkaufstisch. Sie wurden mit kleinen Schaufeln in Papiertüten gefüllt und bis aufs Gramm genau abgewogen. Zwischendurch kam es auch noch zu kurzen Schwätzchen zwischen den Verkäufern und den Kunden. Es gab keine Selbstbedienung und automatische Ladenkassen. Als Rechnung erhielt man einen handbeschriebenen kleinen Zettel. Darauf standen nur die Preise, nie die Art der gekauften Ware. Bezahlt wurde über den Verkaufstisch. Der Metzger Dickert am Solplatz notierte den Preis des abgewogenen Fleisches oder der Wurst auf den Rand der Zeitung, mit der seine Frau Auguste schließlich alles einwickelte. In einigen Geschäften war es auch nicht unüblich, etwas anschreiben zu lassen und später zu bezahlen.

Die großen wichtigen Läden und alle Lebensmittelgeschäfte wie Tams und Garfs, Schade-Füllgrabe, Wolf, der Konsum am Solplatz und Weisbecker lagen nahe beieinander in der Innenstadt, überwiegend in der engen Hauptstraße. Nur wenige Orber besaßen ein Auto. Die Einkäufe wurden zu Fuß erledigt und nach Hause getragen. Die kurzen Wege und die zentrale Lage waren eine zeitsparende und praktische Notwendigkeit.

Meine Mutter verbrachte mit dem Einkaufen jede Woche viele Stunden. Sie holte auch immer nur so viel, wie sie tragen konnte. Es gab keine Einkaufswagen zum Ziehen. Manchmal stellte sie ihre volle Einkaufstasche aus schwarzem Leder in der Alte Stadt-Apotheke ab und ließ sie später von einem von uns mit dem Rad nach Hause holen. Weil wir keinen Kühlschrank hatten, konnten wir uns nicht mit leicht verderblichen Waren im Voraus eindecken. Besonders im Sommer war die Milch oft schon nach einem Tag sauer und taugte nur noch als Dickmilch. Fleisch musste in der warmen Jahreszeit sofort zubereitet werden, und Wurst wurde an den beiden Schlachttagen in der Woche, Montag und Donnerstag, immer frisch gekauft. Dagegen konnte unserem Vater der drei Pfund schwere längliche Brotleib vom Bäcker Lindemeier nie alt genug sein. Frisches Brot ließ sich nicht so leicht in dünne Scheiben schneiden. Und weil es auch so herrlich schmeckte, wollten wir Kinder dann immer mehr davon essen als uns zustand.

Aufwändig war auch das Beschaffen unserer Kleidung. Auf dem Bild von mir aus dem Jahr 1949 auf dem Hof der Orber Volksschule trage ich die damals üblichen kurzen Hosen aus einem leichten Stoff, einen Blouson und Kniestrümpfe. In den Jahren nach dem Krieg wurde viel gestrickt und geschneidert. Stricken konnten fast alle Frauen, gut schneidern nur wenige. Ingrid erzählt, ihre Mutter, unsere Tante Margret, sei sehr geschickt darin gewesen und hätte damals mit Schneiderarbeiten zum Familieneinkommen beigetragen. Ich weiß nicht, ob sie auch für uns genäht hat.

Den Blouson, von uns Windbluse genannt, den ich als Achtjähriger trug, fertigte eine Schneiderin aus der Heppengasse an. Damals war es üblich, dass die Schneiderin bei größeren Aufträgen, die auch ein wiederholtes Anprobieren erforderten, an einem oder auch mehreren Tagen ins Haus kam und dort auch mit unserer Familie am Mittagessen teilnahm. Der Stoff meiner Windbluse stammte von einem ausgemusterten militärischem Kleidungsstück. Auf dem Familienbild am Tage von Martins Erstkommunion trage ich lange Hosen aus dem grauen Tuch einer Ausgehuniform meines Vaters aus seiner Soldatenzeit, und das acht Jahre nach dem Krieg! Kleidung wurde, wenn ein Kind herausgewachsen war, von den kleineren Geschwistern aufgetragen und nur in Ausnahmefällen weggegeben. Schadhafte Stellen besserte man aus. Noch gut erhaltener Stoff wurde zu anderen Kleidungstücken umgearbeitet. Auch abgetragene, zu klein gewordene oder kaputte Wollsachen, wie Socken, Pullover und Strickjacken trennte unsere Mutter auf und strickte etwas Neues daraus. Schuhe konnte man nicht selbst machen, trug sie länger als heute und brachte sie dafür häufig zu einem der damals zahlreichen Orber Schuster zum Besohlen.

Wir Jungen trugen im Sommer alle kurze Tuchhosen. Sie zerrissen leicht und hielten nicht lange. Irgendwann wurden Lederhosen mit Hirschhornknöpfen und breiten Hosenträgern aus Leder populär und erschwinglich. Diese Hosen waren praktisch. Sie gingen nicht kaputt, hielten ewig, und man brauchte sie nicht zu waschen. Je glatter und speckiger sie waren, desto wohler fühlten wir uns darin. Bei der Anschaffung waren sie immer recht weit, damit wir nicht zu schnell aus ihnen herauswuchsen. Die Länge der kurzen Hosenbeine ließ sich über die Breite der Umschläge etwas regulieren. Ich freute mich immer, wenn ich nach der kalten Jahreszeit endlich wieder kurze Hosen tragen konnte. Nie vergesse ich dieses herrliche Gefühl, wenn ich im Frühjahr zum ersten Mal in kurzen Hosen ins Freie kam. Ich konnte darin viel unbeschwerter laufen und herumrennen als in den langen Tuchhosen.

Als ich klein war, wurde weniger gewaschen als heute. Wir Kinder wechselten die Unterwäsche nur einmal in der Woche. In der Post gab es im Keller eine eigene Waschküche mit einer Feuerstelle unter dem großen kupfernen Waschkessel. In der Spessartstraße fand der wöchentliche Waschtag an einem Morgen in der Küche statt. Am Abend vorher weichte unsere Mutter die Schmutzwäsche in einem Kessel ein. Am Tag darauf wurde sie im Waschwasser auf dem Herd erhitzt. Die Buntwäsche nicht so sehr wie die Weißwäsche. Nach dem Durchwalken wrang Rosel, unsere Haushaltshilfe, die Wäsche aus, spülte das Seifenwasser aus ihr heraus, wrang sie wieder aus und brachte sie in einem Korb zum Aufhängen in den Garten oder auch auf den großen Spitzboden. Aus dem Garten wurde sie abends reingeholt und vor Dieben in Sicherheit gebracht. Anders als im Sommer trocknete sie im Winter auf dem Spitzboden nur langsam. Manchmal hing sie dort auch tagelang gefroren auf der Leine. Meine Mutter gab sich trotz ihres festen Gottesglaubens gerne auch ein wenig abergläubisch. So durfte in der Neujahrsnacht keine Wäsche aufgehängt bleiben. Es hieß, sonst gäbe es im neuen Jahr einen Toten in der Familie.

Damit die weiße Tisch- und Bettwäsche sich mit der Zeit nicht gräulich verfärbte, wurde sie bei gutem Wetter zum Bleichen auf der Wiese im Garten ausgebreitet und musste danach vor dem Trocknen wegen der daraufgefallenen Blätter und kleinen Insekten noch einmal ausgewaschen werden. Später gab meine Mutter die Bettwäsche in eine Wäscherei.

Die Hauptstraße mit Blick Richtung Marktplatz. Festzug zum Anlass des 50-jährigen Bestehens der Martin-Luther-Kirche (1953).

Rosel Schmalbach

Nach unserer Ankunft in der Post im November 1945 und der Rückkehr Hellas nach Wien suchte meine Mutter jemanden, der ihr halbtags im Haushalt und mit uns Kindern helfen konnte. Pfarrer Linz vermittelte uns Rosel Schmalbach, ein sechzehnjähriges Mädchen aus der Kanalstraße. Sie half uns mehrere Jahre, machte sämtliche Umzüge mit und verließ uns erst zu Anfang der 50er Jahre, schweren Herzens, wie ich mich gut erinnere. Meine Eltern konnten sie nur vormittags beschäftigen, sie aber brauchte eine Vollzeitstelle, weil sie mit dem Wenigen, das sie bei uns verdiente, einfach nicht auskam.

Rosels Vater war Orber und bis zum Krieg Waldarbeiter. Er wurde zum Dienst in den großen Munitionsfabriken im heutigen Stadtallendorf verpflichtet. Unter der Leitung einheimischer Vorarbeiter stellten viele Tausend Straf- und Kriegsgefangene, Zwangsarbeiter und KZ-Häftlinge Bomben, Granaten, Minen und Torpedos her. Beim Einfüllen der Sprengstoffe kamen sie ständig mit hochgiftigen Substanzen in Berührung. Rosels Vater wurde davon krank. Schließlich musste ihm ein Arm amputiert werden. Er starb noch vor Ende des Krieges. Rosels Mutter stammte vom Bodensee. Sie hatte in der Aumühle eine Anstellung als Dienstmädchen gefunden und kam so nach Orb.

Die kinderliebe Rosel wollte nach Abschluss der Volksschule Kinderpflegerin werden. Ich weiß nicht, warum das nicht klappte. Ihre beiden älteren Geschwister hatten handwerkliche Berufe erlernt. Ich nehme an, ihre verwitwete Mutter brauchte die Hilfe ihrer jüngsten Tochter im Haushalt und einer kleinen Landwirtschaft. Viele junge Mädchen erlernten damals keinen Beruf, arbeiteten als angelernte Kräfte in fremden Haushalten, Pensionen, Hotels und anderen Einrichtungen des Kurbetriebs und fanden häufig auch früh einen Mann und bekamen Kinder.

Die Schmalbachs bewohnten ein winziges uraltes Fachwerkhaus mit niedrigen Decken, kleinen Fenstern und einer steilen Holztreppe zum Obergeschoss. Besonders in der warmen Jahreszeit litten sie stets unter einer Fliegenplage. An einem über dem

Esstisch aufgehängten streifenförmigen honiggelben Fliegenfänger, mit der grünen Papphülle am unteren Ende, zappelten stets Dutzende dieser lästiger Plagegeister. Im Erdgeschoss befand sich nämlich der Ziegenstall, und in der Nachbarschaft gab es auch Kleinvieh und sogar Kühe. Die machten Mist, der bis zum Abtransport auf die Felder in Haufen neben den Häusern lag.

Wir Kinder waren bei den Schmalbachs öfter zu Besuch. Die kleine Gitti stand Rosel und ihrer Familie besonders nahe und verbrachte viel Zeit in der Kanalstraße. Rosel erzähle mir, dass auch unsere Mutter, mit der sie sich sehr gut verstand, gelegentlich bei ihnen vorbeischaute und auf Frau Schmalbachs Frage, was sie ihr denn anbieten könnte, um eine Tasse warme Ziegenmilch und ein Stück Brot bat. Das war in der Zeit des Mangels und der Not. Einmal, es war im Winter nach meiner Einschulung, konnte Rosel zwei Tage lang nicht in die Spessartstraße kommen, weil ihre Schuhe beim Schuster zur Reparatur waren. Meine Mutter lag mit Furunkulose im Krankenhaus und erfuhr es von uns Kindern. Sie lieh Rosel ein Paar ihrer eigenen Schuhe.

Auf unsere Mutter hielt Rosel große Stücke, unter anderem, weil ihr jeglicher Standesdünkel fehlte. Im nachhinein hat sie ihr auch hoch angerechnet, dass sie schon damals auf Beitragszahlungen in die Rentenversicherung bestand und sich um Rosels spätere Altersversorgung kümmerte.

Rosel mochte uns sehr und war herzensgut zu uns. Auf der Rückseite eines Fotos von uns Dreien aus der damaligen Zeit, das sie mir 2008 zurückschenkte, las ich von ihr in ihrer steilen Schrift sorgfältig und schön geschrieben: Meine Kinder Christoph, Brigitte und Martin.

Gitti erinnerte mich auch daran, dass sie, wenn unsere Eltern nicht zu Hause waren, manchmal bei uns in der Spessartstraße übernachtet hat, damit wir uns nicht zu fürchten brauchten.

Rosel war immer sehr religiös und, zumindest in unserer Zeit, auch sehr prüde. Die lustigen Badespäße in der kleinen mobilen Badewanne in unserer Küche verfolgte sie mit kritischen Blicken. In ihrer Vorstellung war dieses gemischte Baden von uns Kleinen schon etwas anrüchig und irgendwann setzte sie sich dafür ein, dass wir Jungen und Gitti einander nicht mehr so schamlos zeigten.

Rosel hat nie geheiratet und eigene Kinder bekommen. Sicher, sie war nach dem vorherrschenden Schönheitsideal keine hübsche Frau, und die vom Krieg dezimierten Orber Männer hatten genug Auswahl unter den Mädchen, die von außerhalb in den Kurbetrieb gefunden hatten und vielleicht auch anpassungswilliger und weniger anspruchsvoll waren. Sie war aber auch gegenüber Männern sehr vorsichtig und kritisch. Sie hielt mit ihren Meinungen nicht hinterm Berg und vertrat schlagfertig ihre festen Ansichten. Vielleicht hat sie einfach auch schlechte Erfahrungen mit Männern gemacht oder die große Liebe nicht gefunden. Die schenkte sie dann zeitlebens ihrem Herrgott.

Auch nachdem Rosel uns verlassen hatte – sie arbeitete dann viele Jahre als angelernte Arbeiterin bei der Süddeutsche Feinmechanik GmbH und später bei der Orber Kurverwaltung – hielt sie besonders in unserer Kinderzeit immer noch engen Kontakt zu unserer Familie. So freuten wir uns mächtig, wenn sie uns auch noch nach dem Umzug in die Hubertusstraße regelmäßig zu Weihnachten besuchte und wir Kinder abseits der Erwachsenen im Esszimmer mit ihr Brettspiele wie „Mensch ärgere dich nicht“ oder „Fang den Hut“ spielen konnten. Auch bei besonderen Familienfesten war sie fast immer dabei.

Nach dem Abitur verließ ich Orb, und wir sahen uns nur noch selten. Gerührt hat es mich immer, wenn ich ihr bei gelegentlichen kurzen Besuchen in der Stadt oder einmal auch auf dem Friedhof begegnete und sie bei der Verabschiedung einen Geldschein aus ihrem Portemonnaie nahm und ihn meinem Sohn Tammo mit den Worten „Für Dich, mein Schatz.“ in die Hand drückte. Ich werde sie immer als guten und lieben Menschen in Erinnerung behalten.

Rosel Schmalbach mit meiner Schwester Gitti vor ihrem Elternhaus in der Kanalstraße (1951).

Die Kruses im Haberstal

Schon in der ersten Klasse lernte ich Klaus Peter und Jürgen Kruse kennen. Klaus Peter war der ältere der beiden Brüder. Er hatte in den Wirren der Nachkriegsjahre ein Schuljahr versäumt. So wurden beide gemeinsam in Bad Orb eingeschult. Ihr Vater arbeitete für die Familie Adt, die in Wächtersbach eine Papierfabrik besaß und im Haberstal eine prächtige Villa auf einem riesigen Grundstück bewohnte. Die Adts hatten als einzige Orber sogar einen eigenen Tennisplatz. Für die Bewirtschaftung ihres Anwesens nahmen sie die Dienste von mehreren Angestellten in Anspruch. So beschäftigten sie Hausmädchen, einen Hausmeister, mitverantwortlich für die Pflege einer weiträumigen Parkanlage, und einen Gärtner, Herrn Kruse, den Vater meiner beiden Schulfreunde. Was die Familie nach Orb verschlagen hatte, weiß ich nicht. Herr Kruse stammte aus Norddeutschland. Ich erlebte ihn als einen praktisch veranlagten Menschen, der aus meiner Sicht kompetent die ihm anvertrauten Gartenflächen bewirtschaftete. In der Anfangszeit meiner Freundschaft mit den Kruses betrieb mein Vater noch die eigene Gärtnerei in der Au, und ich wusste aus eigener Erfahrung, was ein Gärtner leisten musste und welche Probleme ihn tagtäglich beschäftigten.

Vielleicht auch, weil ich der Sohn eines Berufskollegen war, zeigte Herr Kruse ein gewisses Interesse an mir. In Gesprächen verglich er seine Situation mit der meines Vaters und befragte mich über Einzelheiten von dessen Arbeit. Dass mein Vater ein paar Jahre später der Klassenlehrer von seinen Söhnen und auch mir sein würde, ahnte damals noch keiner von uns.

Wie ich in der Au, so mussten auch Klaus Peter und Jürgen in der Gärtnerei mitarbeiten. Es gab fast immer etwas zu tun. Zum Spielen blieb nicht viel Zeit. Da mich die eigenen Eltern auch häufig beschäftigt hielten, tauchte ich bei den Kruses zunächst vorzugsweise in der arbeitsfreien Zeit auf, wie zum Beispiel an Sonntagnachmittagen. Ich erinnere mich aber, dass ich manchmal auch in der Woche den Jungen bei kleineren Arbeiten half, wie zum Beispiel beim Umsetzen von Komposthaufen. Das gefallene

Laub aus dem Park der Adts wurde im Herbst auf das Gärtnereigelände geholt, und um das Verrotten zu beschleunigen, wurden die Haufen in den folgenden Jahren zweimal umgesetzt.

Die Kruses hielten auch Hühner und Gänse, ich nehme an, im Auftrag ihres Arbeitgebers. Eines Tages sollte ein schon älteres Huhn geschlachtet werden. Im Hühnerauslauf herrschte großes Gegacker. Aufgeregt liefen die Vögel hin und her. Schließlich gelang es Herrn Kruse, die ausgesuchte Henne zu packen. Auf einem Hackklotz schlug er ihr mit einem Beil den Kopf ab. Herr Kruse hatte aber die Lebenskräfte des Tieres unterschätzt. Er lockerte seinen Griff zu früh und schon flatterte das nun kopflose Tier ein Stück in die Luft und stürzte dann zu meinem Schrecken ganz in unserer Nähe zu Boden. Ich dachte, es sei noch lebendig, weil es auch ohne Kopf noch fliegen konnte und dann zuckend vor mir lag. Herr Kruse war nicht so überrascht. Er meinte, nur die Nerven des Vogels hätten ihn noch für einen Augenblick zu solch einer Bewegung veranlasst, aber er sei schon vor seinem letzten Flug mausetot gewesen.

Mit den Gänsen wurden wir Jungen häufig über die Haberstalstraße auf die Wiesen unterhalb des Küppelsbaches geschickt. Dort suchten sie sich im feuchten Gras ihr eigenes Futter, und das machte ihre Haltung billiger. Wir mussten sie hüten, eine schöne leichte Arbeit. Das Gelände war übersichtlich, und wir konnten unbekümmert am nahen Wasser spielen. Im Bereich des Baches „sengelten“ wir auch gerne, das heißt, wir zündeten im Frühjahr stellenweise das im Vorjahr hochgeschossene und inzwischen vertrocknete Gras an. Eigentlich durften wir das nicht und passten höllisch auf, dass unsere Feuer stets eingegrenzt blieben.

Bei den Kruses erlebte ich auch später den Einzug der modernen Technik in die Gartenwirtschaft. Wie mein Vater verfügte Herr Kruse zunächst über keinerlei Maschinen. Alle Arbeiten wurden mit einfachsten Geräten und Werkzeugen per Hand verrichtet. Eines Tages schaffte sein Arbeitgeber Adt eine zweirädrige Motorfräse mit mehreren Zusatzgeräten an. Mit ihr konnte nun mit viel geringerem Zeitaufwand maschinell gepflügt, geeggt und gesät werden. Zusätzlich – und das war für uns Kinder eine wahre Sensation – benutzte man sie als Traktor und zog mit ihr einen

Wagen mit zwei Rädern. Bei der Jungfernfahrt die Haberstalstraße hinauf und hinunter saß Herr Kruse wie ein Kutscher vorne auf dem Anhänger und hielt den breiten Lenker. Wir Jungen hinter ihm schwelgten in Begeisterung. Wir empfanden es als Wunder, von dieser kleinen Maschine so einfach gezogen zu werden. Und Herr Kruse schwärmte von der kommenden Erleichterung seiner Gartenarbeit.

Einmal gefiel mir Herr Kruses Verhalten mir gegenüber überhaupt nicht. Es war in einem prächtigen Maikäferjahr. Wir Jungen sammelten diese klobigen braunen Käfer um die Wette. Es hieß, an der Eisernen Hand in einem Buchenwald neben der Kleinbahnstrecke gäbe es besonders viele. Mit einigen anderen Jungen radelte ich die etwa vier Kilometer dorthin. Wir schüttelten die jungen Bäume und traten mit der Unterseite unserer Schuhe gegen die Stämme. Die Käfer auf den Blättern über uns konnten den Erschütterungen nicht widerstehen und fielen zu Boden. Bald hatte ich über hundert in meinem Schuhkarton und die anderen Jungen mindestens ebenso viele. Noch nie vorher und auch nie wieder danach war ich stolzer Besitzer von so vielen Maikäfern gewesen. Hoch zufrieden mit der Ausbeute kehrten wir nach Orb zurück.

Der Karton hatte kleine Löcher im Deckel damit die Käfer Luft bekamen. Frische Buchenblätter als Futter erhielten sie auch. Trotzdem ließ meine anfängliche Freude an dem Besitz schnell nach. Die Tierchen waren eingesperrt, krabbelten übereinander und untereinander herum und gaben auch einen unangenehmen süßlichen Geruch von sich. Irgendwann wollte ich das Gewimmel in der Schachtel nicht mehr haben. Freilassen konnte ich die Käfer nicht. Letztlich galten sie doch als Schädlinge. Also wohin mit ihnen? Jemand machte den Vorschlag, sie an die Hühner zu verfüttern. Dann seien sie doch zu etwas nutze. Die Kruses hatten Hühner. Also nahm ich sie zu ihnen mit. Herr Kruse zeigte sich begeistert, die Hühner erst recht, und sie verputzten die vielen Käfer in Windeseile. Ich erwartete mindestens ein Ei für mich als Belohnung. Aber statt dessen hörte ich nur ein paar Worte der Anerkennung.

Gefährten auf dem Schulweg

Mit Klaus Peter und Jürgen Kruse teilte ich während der Zeit in der Volksschule den täglichen Schulweg. Jeden Morgen zogen die beiden zusammen mit anderen Jungen aus dem Haberstal an unserem Haus vorbei. Meist wartete ich auf die Gruppe und schloss mich ihr an. Im Rückblick erstaunt es mich, wie viele Kinder sich in den Nachkriegsjahren diesen Schulweg teilten: Die Kruses, mehrere Jungen einer Flüchtlinsfamilie aus der Nachbarschaft der Kruses, der etwas ältere Erich Schreiber. Sein Vater war gefallen und der Großvater noch Hausmeister bei den Adts. Noch oberhalb der Villa Haberstal wohnten die aus Frankfurt evakuierten Rieds mit ihren drei Jungen in einer barackenähnlichen Unterkunft, und Horst Schwägerl, der eine Klasse unter mir war, kam aus dem Hotel Teutonia nebenan. Sein älterer Bruder Hans besuchte schon die Mittelschule in der Martin-Luther-Straße. Er hatte keinen Weggefährten und ging stets für sich.

In der Sauerbornstraße gesellten sich dann auch noch Günter Collmann, sein älterer Bruder Horst und Rüdi Hammer zu der Gruppe, zu der auch noch Hennes Clavonn stieß, der oben im Gerichtsgebäude, dem heutigen Polizeihaus wohnte und dessen Familie es auch vorübergehend nach Orb verschlagen hatte. Ich glaube, sein Vater war Musiker und spielte im Kurorchester. Der einzige gebürtige Orber in unserer Mitte war Erich Schreiber.

Mit Günter Collman, Sohn eines Weinkaufmanns aus Ahrweiler und besonders mit Rüdi Hammer, dessen Vater in Frankfurt mit Textilien handelte, verbrachte ich als Grundschüler viel freie Zeit. Die Collmanns gehörten zu den ganz wenigen Familien in Orb, die, anders als wir, in den Sommerferien für mehrere Wochen in den Urlaub fuhren. Von einem Aufenthalt auf Norderney brachte mir Günter einmal eine Zigarrenkiste voller Sand, bunten Muschelschalen und einen getrockneten Seestern mit. Von wenigen Geschenken in meiner Kindheit war ich so angetan wie von diesem Mitbringsel von der fernen Nordseeküste.

Anders als bei den Collmanns stand für Rüdis Schulkameraden die elterliche Wohnung nur bei seinen Geburtstagsfeiern offen. Dafür sorgte die strenge und recht beleibte Köchin der Familie. Sie mochte keine kleinen frechen, unordentlichen und lärmenden Jungen, die ihr nur noch mehr Arbeit machten.

Im Sommer kam Rüdi oft mit ins Schwimmbad. Wir zogen auch im Haberstal herum. Dort wohnten schon weit weg vom eigentlichen Ortsende die Rieths. Wolfgang, der Älteste, ging in unsere Parallelklasse. Der Waldrand begann gleich hinter ihrer Wohnbaracke. Wir bauten uns Burgen und Verstecke und spielten Räuber und Gendarm.

Rüdi gehörte dem Jahrgang 1940 an, war also ein Jahr älter als ich. Er gab sich gerne überlegen und welterfahren und versuchte sich mit seiner ganz offensichtlichen Begabung zum Geschäftsmann schon an kleineren Transaktionen. Eines Tages verkaufte er meinem Bruder Martin einen Stapel von ihm gelesener Comics, darunter Micky-Maus-Hefte, Geschichten von Tarzan, Prinz Eisenherz, Zorro dem „Geisterreiter" und, wenn ich mich recht erinnere, auch solche des Westernhelden Tom Mix. Der geforderte Preis war horrend. Martin besaß sowieso kein Geld, verpflichtete sich aber unbekümmert mit seiner Unterschrift auf einem von Rüdi aufgesetzten Schuldschein zu einer späteren Zahlung und brachte die Hefte nach Hause. Ich hatte von der Abmachung erfahren, und meine Mutter war entsetzt. Sie ließ Rüdi zu uns kommen, erklärte ihm, dass er mit elf oder zwölf noch nicht geschäftsfähig sei, und der Schuldschein sei damit null und nichtig. Rüdi brauste zunächst auf, erkundigte sich gemäß der Anweisung meiner Mutter bei seinen Eltern über die Rechtslage und musste klein beigeben und die Heftchen zurücknehmen.

Günter Collmann kehrte noch vor Ende der Grundschulzeit mit seiner Familie nach Ahrweiler zurück. Zehn Jahre hörte ich nichts mehr von ihm, bis ich im Spätsommer 1962 auf einer Reise nach Finnland im Hafen von Stockholm mit einem jungen Mann aus Ahrweiler ins Gespräch kam. Er kannte die Familie Collmann and erzählte mir, Günter sei ein paar Jahre zuvor bei einem Autounfall tödlich verunglückt. Die Nachricht erschütterte mich, weil ich ihn noch in so naher und guter Erinnerung hatte.

Fast vierzig Jahre später, im November 2001, trafen sich, wie alle fünf Jahre, die ehemaligen Grundschüler des Jahrgangs 1941 in einem Orber Restaurant. Unter den alten Schulkameraden erblickte ich auch ein mir völlig unbekanntes Gesicht. Heinrich Schneeweis, einer der Organisatoren, stellte den Unbekannten mit dem Namen Günter Collmann vor. Ich wollte meinen Ohren und Augen nicht trauen. Zunächst erschien mir der grauhaarige Herr mit den weichen Gesichtszügen wie ein falscher Wiedergänger. Schließlich war der frühere Schulfreund für mich seit neununddreißig Jahren tot.

Natürlich sprach ich ihn wegen des Unfalls an. Aber nicht er, sondern sein älterer Bruder sei damals ums Leben gekommen, erklärte er mir. Ihm selbst ginge es gut. Der Weinhandel des Vaters hatte ihn nicht gereizt. Er war Psychologe geworden. Vergeblich und auch etwas enttäuscht forschte ich in seinem Gesicht nach Spuren von dem hübschen Jungen mit dem blonden Lockenkopf von damals. Aber auch ich hatte mein Kindergesicht verloren, und er betrachtete mich zunächst genau so ungläubig wie ich ihn.

Der Kurpark

Der Orber Kurpark beeindruckte mich schon von klein auf. Ich mochte die damals äußerst liebevoll und sorgfältig gehegten Anlagen mit den vielen Blumenbeeten in dem Bereich zwischen dem Gradierwerk und der früheren Trink- und Wandelhalle. Die Blumen lieferte im Frühjahr die Kurparkgärtnerei. Eine Gruppe von Kurparkarbeitern sorgte das ganze Jahr über für die fachgerechte Pflege des um die Jahrhundertwende angelegten Parks. Wir Kinder sahen die Männer nicht so gerne. Sie schienen andauernd präsent zu sein und achteten streng auf die Einhaltung der Parkordnung. In unserem Fall hieß das vor allem, dass wir die vorgegebenen Gehwege, deren Ränder immer wieder mit ausgeschnittenen Rasenstücken sauber abgrenzt wurden, einhalten und keineswegs verlassen durften.

Unser Weg zum Kindergarten in der Alten Schule am Untertor, später zur Volksschule oberhalb der Martinskirche, dann zur Mittelschule, ebenfalls im Gebäude der Alten Schule am Untertor, zum Sonntagsgottesdienst in der Martinskirche und zu Besorgungen in die Stadt führte stets durch den Kurpark. Zwischen 1947 und 1955 durchquerten wir ihn häufig mehrmals am Tag. Nur wenn wir mit dem Fahrrad unterwegs waren oder wenn das Kurorchester spielte und der Parkbesuch deswegen Eintritt kostete, gingen oder fuhren wir durch die Kurparkstraße.

Die für mich schönste Strecke war die – von uns so genannte – Platanenallee unterhalb der auch von Platanenbäumen beschatteten Kurhausterrasse. Im weichen Holz eines dieser damals etwa fünfzig Jahre alten Bäume hatte sich ein Buntspechtpärchen eine Nisthöhle angelegt und nutzte sie jahrelang im Frühsommer für die Aufzucht seiner Jungen. Spechte hörte man oft beim Hämmern in der Ferne. Wir sahen sie aber selten. Und somit war der häufige Anblick der an- und abfliegenden schönen schwarzweißen Vögel mit dem roten Hinterkopf auch für uns etwas Besonderes.

Im Herbst, noch bevor die Kurparkarbeiter mit ihren großen Holzrechen das gefallene Laub zum Abfahren am Wegrand aufhäuften, schlurften wir durch die dicke Lage der großen ledrigen gelbbraunen Blätter, weil sie dann so wunderbar raschelten. Und wenn kein Arbeiter in Sichtweite war, schoben wir die Füße auch einmal tief in die schon zusammengerechten großen Laubhaufen, durchpflügten sie mit Genuss und zogen sie auseinander. Der Schulweg führte auch am Gradierwerk entlang, dem monumentalen Überbleibsel aus einer Zeit, als man in Orb noch aus der Sole Salz gewann. Auf dem Heimweg, wenn wir mehr Zeit hatten, schlenderten oder rannten wir manchmal auf den Bohlenwegen durch diese über 150 Meter lange Saline hindurch. Wie die Kurgäste schätzten wir an heißen Tagen die wohltuend kühlende salzhaltige Luft. Es faszinierte mich aber auch die Düsternis zwischen den hohen Reisigmauern und die Geräusche des Wassers, das durch das Reisig nach unten tropfte und sachte in die hölzernen Auffangbecken plätscherte.

Tante Änne erzählte mir einmal, als Vierzehnjährige wäre sie zum Spielen mit anderen Kindern und ihrem jüngsten Bruder, dem Onkel Karl Ernst, im Gradierwerk gewesen und der Kleine sei durch ihre Unachtsamkeit eine der hohen und stets feuchten Treppen zum Park hin kopfüber hinuntergestürzt. Sie hätte sich kaum getraut, ihn aufzuheben und später mit schlechtem Gewissen lange befürchtet, seine Kopfverletzung würde sein geistige Entwicklung beeinträchtigen. Aber dann ist ihren Ängsten zum Trotz ein Prachtkerl aus ihm geworden.

Ängsten ganz anderer Art waren eines Tages wir drei Geschwister ausgesetzt. Mein Auftrag lautete, Gitti und Martin in den Kindergarten zu bringen. Aus dem Kurparkweiher hatte man das Wasser abgelassen. Es hatte sich wieder einmal zu viel Schlamm darin angesammelt, und der wurde von den Arbeitern in Schubkarren geschaufelt und auf einem extra dafür errichteten Steg für den weiteren Abtransport ans Ufer gefahren. An diesem Steg kamen wir zu dritt vorbei. Die Arbeiter waren zu der Zeit wohl mit anderen Aufgaben beschäftigt. Jedenfalls sahen wir von ihnen keine Spur. Es war für mich so verführerisch, auf diesem Steg ein Stück weit auf den sonst unzugänglichen Weiher zu laufen. Doch das reichte mir noch nicht. Weil mir der Schlamm recht fest und begehbar erschien, wollte ich vor den Geschwistern mit meiner Kühnheit prahlen und betrat die graubraune nach Moder riechende Masse. Beim ersten Schritt sackte ich mit dem Fuß schon etwas ein. Beim nächsten mit dem zweiten Fuß noch mehr. Ich wollte zurück, merkte aber, dass ich durch meine Beinbewegungen immer tiefer in den Schlamm geriet und schließlich bis zu den Knien darin steckte. Ich war völlig hilflos und auch die Geschwister am Ufer voller Schrecken. Martin rannte sofort zurück in die nahe Spessartstraße. Dort stieß er als erstes auf Gisela Welter. Die hastete mit noch umgebundener Küchenschürze durch den nahen Kurparkeingang zum Weiherufer und kam als rettender Engel über den Steg zu mir gelaufen. Sie konnte meine Arme fassen, zerrte und zog mich aus dem Schlamm heraus.

Aber es waren später weniger mein unbesonnenes Verhalten und die besonderen Umstände meiner Befreiung durch Gisela Welter, die unserer Familie unvergessen blieben und sie im nachhinein auch amüsierte. Es war Martins verzweifelter Hilferuf bei seiner Ankunft in der Spessartstraße: „Christoph versinkt im Kurparkweiher, und er hat das Brot in der Tasche!" Denn dieser zweite Halbsatz diente dann immer der Unterstellung, es sei Martin zunächst weniger um die Rettung des Bruders gegangen, sondern vor allem um die Sicherstellung der Verpflegung.

Der Kurparkweiher liegt im oberen Bereich der Parkanlage, keine hundert Meter von der Spessartstraße entfernt. Eine seiner Attraktionen für Kinder und Kurgäste waren immer die dort lebenden zahlreichen Stockenten. Eine kleine Insel bot ihnen auch stets ein sicheres Rückzugsgebiet, besonders im Frühjahr während der Brutzeit. Es bereitete uns immer Freude, die stolzen Entenmütter mit ihren Jungen zu betrachten und sie mit Brotresten zu füttern. Das aufgeregte Geschnatter der Enten drang häufig bis zu uns nach Hause durch, und diese Vogellaute sind mir noch heute so vertraut wie das Quaken der Frösche, das im Sommer aus der Richtung des nahen Schwimmbads in der Spessartstraße zu hören war.

Wenn der Weiher wieder einmal entschlammt wurde, war anschließend die Entenpopulation deutlich geringer als vorher. Ich fragte mich lange, wohin die fehlenden Vögel verschwanden. Damals wohnte im Dachgeschoss des Kurhauses die Familie Hembach. Ihr Sohn Hansi war etwas jünger als ich, und wir spielten gelegentlich miteinander. Mit Hansi hatte ich auch Zugang zu den weniger repräsentativen Teilen des weitläufigen Gebäudes, wo wir natürlich nichts verloren hatten und uns auch nur heimlich aufhielten. Eines Nachmittags bemerkten wir bei unseren Erkundungen, dass sich von der Terrasse her die Tür zu einem der Keller öffnen ließ. Der schummrige Raum war ziemlich leer. Aber in seiner Mitte stand ein dicker Hackklotz. Wir wunderten uns darüber, denn nirgendwo gab es Spuren von Brennholz. Dann erblickten wir auf dem Betonboden um den Klotz herum mindestens zwanzig abgeschlagene Entenköpfe. Einige blickten uns mit offenen starren Vogelblicken an, als seien sie noch lebendig. Der Anblick war uns unheimlich, und wir rannten schnell zurück ins Freie. Noch heute, wenn ich bei Verkaufsangeboten von Geflügel das Wort Flugente lese, denke ich gelegentlich an den Entenschlachtplatz im Orber Kurhauskeller.

In meiner Kindheit gab es im Kurpark wegen der höheren Anzahl von Kurgästen in der Badestadt mehr Besucher als heute. Besonders an sommerlichen Sonntagen tummelten sich viele Menschen im Park, saßen auf Bänken am Rande der Wege und genossen das Grün der gepflegten Anlagen, die bunte Blumenpracht und die saubere Luft. Mit Bedacht hielt die Stadtverwaltung Industriebetriebe aus der Kleinstadt heraus. Orb sollte ausschließlich Badestadt und Kurort bleiben, eine heilere Gegenwelt zu den luftverschmutzten Großstädten und Industriegebieten bilden, aus denen viele der Gäste angereist kamen.

Am Rande der Kurhausterrasse spielte in einem nach vorne offenen Musikpavillon das Kurorchester populäre Melodien. Für die auswärtigen Zuhörer war das die einzige Möglichkeit, überhaupt Musik zu hören. In den bescheiden eingerichteten Fremdenzimmern und auch in den besser ausgestatteten Zimmern der Kurheime und Hotels gab es noch keine Radiogeräte. Etwas von dieser vergangenen besonderen Kuratmosphäre findet man heute noch in Franzensbad und auf einer höheren Stufe in Marienbad im heutigen Tschechien.

An einem Sommerabend trat in diesem Pavillon auch einmal der Kinderchor der Mittelschule unter der Leitung von Otto Schwägerl auf. Obwohl ich nie viel von meiner musikalischen Begabung hielt, bestand „Otto Lammbamm“ hartnäckig auch auf meiner Teilnahme am gemeinsamen Singen. In Gelnhausen nahmen wir sogar einmal an einem Wettbewerb mit anderen Schulchören teil. Noch immer habe ich unser vielleicht schmissigstes Lied im Ohr: „Es hatte ein Bauer ein schönes Weib, die blieb so gerne zu Haus ...“. Während wir aus vollen Kinderkehlen die Geschichte der untreuen Bäuerin herausschmetterten, die mit dem Knecht ins Heu geht und schließlich dabei vom Ehemann erwischt wird, stellten drei von uns, als die beteiligten Personen verkleidet, zum Amüsement des Publikums die Geschichte als kleines Lustspiel gestenreich auf der Bühne dar.

An jenem Abend in Orb sangen wir aber auch das mehrstrophige Orber Lied: „Orb liegt zwar nicht am grünen Rhein, sein Bächlein ist sehr winzig. An seinem Ufer wächst kein Wein, doch fließt es hin zur Kinzig ...“. Es war von dem bis dahin einzigen Komponisten, den unsere Kleinstadt hervorgebracht hat, dem Apothekersohn Friedrich Siebert, Jahre zuvor vertont worden. Und der war an diesem Abend einer der Ehrengäste und durfte, nachdem wir das Liedchen schon unter Otto Schwägerls Leitung so schön vorgetragen hatten, es uns anschließend unter seiner Regie noch einmal singen lassen.

Eine besondere Attraktion bildete auch die Kurparkbeleuchtung, die im Sommer regelmäßig an einigen Samstagabenden stattfand. Die Hauptwege wurden mit verschiedenfarbigen brennenden Lichtern gesäumt, und in einigen der hohen Bäume hingen bunte Lampions. Den Höhepunkt bildete dann ein Feuerwerk auf der Wiese zwischen der Kurhausterrasse und dem Orbbach. Uns Kindern aus der direkten Nachbarschaft, die tagtäglich im Kurpark unterwegs waren, blieb es immer uneinsichtig, dass auch wir als „Nachbarn“ für solche besonderen Veranstaltungen fünfzig Pfennige Eintritt bezahlen sollten. Andererseits wollten wir uns nicht ausschließen lassen und dabei sein. Für fünfzig Pfennige musste ich auf dem Tennisplatz eine Stunde lang Bälle auflesen. Ich erinnere mich nicht, jemals den Eintritt bezahlt zu haben. Aber es war nicht immer einfach, über den Zaun hineinzukommen. Diese Idee hatten auch andere Kinder und Jugendliche, die das Eintrittsgeld sparen wollten, und so ließ die Kurverwaltung die einzelnen Zaunabschnitte von ihren Leuten immer gut bewachen.

Kurparkansichten vor 1950.

„Platanenallee" und Kurhaus.

Leseerlebnisse

Die im Rathaus eingerichtete kleine Volksbücherei wurde nach dem Einmarsch der Amerikaner geschlossen. Die von den Nationalsozialisten geschätzten und bevorzugten Autoren sollten der Orber Bevölkerung nicht mehr zugänglich sein. Dafür richtete die Besatzungsmacht im Haus am Gradierwerk eine neue Bibliothek ein, die später erweitert und in das obere Stockwerk des damaligen Spritzenhauses der Freiwilligen Feuerwehr neben dem alten Rathaus verlegt wurde. In dieser Nachkriegsbücherei stieß ich auf viele deutsche Übersetzungen englischsprachiger, vor allem amerikanischer Autoren, aber auch auf neue deutsche Jugendbücher aus der Nachkriegszeit. Mich begeisterten immer Bücher, deren Handlung in Nordamerika spielte. Ähnlich der Reihe der deutschen Försterhausbücher gab es eine Buchserie über das Leben einer amerikanischen Siedlerfamilie, die sich in den Wäldern Neuenglands mühevoll ein neues Zuhause geschaffen hatte und sich den üblichen Schwierigkeiten dieses Pionierlebens, wie schneereiche Winter, mangelhafte Versorgung, wilde Tiere, Begegnung mit Indianern, stellen und mit ihnen zurechtkommen mussten.

Ich sah damals, schon ein bisschen älter, im „Olympia Theater", unserem einzigen Kino in der Ludwig-Schmank-Straße, den mitreißenden Film „Die Wildnis ruft" und las später auch das Buch, das als Vorlage diente: „Frühling des Lebens" von M.K. Rawlings. Auch hier ging es um eine abenteuerliche Farmerexistenz in der Einsamkeit der Wälder, aber ganz ohne die von jüngeren Lesern erwarteten Klischees. Film und Buch gingen mir unter die Haut und bleiben unvergessen.

Neben meiner Bewunderung für die siegreichen amerikanischen Soldaten und ihrem Lebensstil kam nun durch die Lektüre dieser Bücher eine Faszination von dem Pioniergeist der frühen europäischen Einwanderer auf. Dieser prägte nicht nur mein damaliges Amerikabild entscheidend, er stimulierte auch eine Lust und Bereitschaft in mir, eines Tages in Nordamerika mein Glück zu suchen.

Aber nicht nur meine Leseerlebnisse beflügelten derartige Vorstellungen. Die Not der Nachkriegsjahre brachte viele Menschen dazu, ihr Heil in der Auswanderung in eine bessere Welt zu suchen. Von ihnen zog es die meisten in die USA, aber auch Kanada, Brasilien, Australien und sogar Südafrika waren verheißungsvolle Ziele. Es gab auch mehrere junge Orber Frauen, die amerikanische Soldaten heirateten und mit ihnen, voller Hoffnung auf ein besseres Leben in die USA gingen, das „Land der unbegrenzten Möglichkeiten", wie es damals noch hieß.

Von der Wirklichkeit des Auswandererlebens hatte ich damals wenig Ahnung. Ich erinnere mich aber, dass der Orber Schneidermeister Poldi Möckel nicht lange nach seiner hoffnungsvollen Auswanderung nach Kanada tief enttäuscht zurückkehrte. Das gab mir schon zu denken.

Die Lektüre von Mark Twains Tom Sawyer und Huckelberry Finn dagegen hatte zwar auch ihren Reiz, doch niemals wollte ich eigentlich wirklich dorthin an den Mississippi, wo diese Jungen zu Hause waren. Es genügte mir völlig, mich in ihrer Welt nur fiktiv aufzuhalten.

Eine eigentümliche Faszination übte damals auch schon Afrika auf mich aus. Ich weiß nicht mehr, wann das begann. Jedoch erinnere ich mich an einen alten Atlas von den Orber Großeltern, vielleicht aus der Zeit nach der Jahrhundertwende, in dem die Räume im Inneren des Kontinents von zahlreichen weißen Flecken durchsetzt waren. So kennzeichneten die Kartographen die damals noch unerforschten Gebiete. Anders als die anderen besiedelten Kontinente war das Afrika südlich der Sahara in meiner Vorstellung in weiten Räumen noch wild und ursprünglich geblieben. Die Menschen trugen keine oder nur wenig Kleidung. Dort herrschten tödliche Krankheiten wie Malaria, Gelbfieber und die Schlafkrankheit. Gefährliche Raubkatzen lauerten den schwarzen Menschen und weißen Forschern auf, und ganze Horden kleiner und großer Affen schwangen sich laut kreischend in einem endlosen, hoch aufgeschossenen und kaum durchdringbaren tropischen Regenwald von einem Baumriesen zum nächsten. Aber wie ich aus den bunten Comics wusste, hatte immerhin der englische Adelsspross Tarzan dieses gefährliche Leben dort fest im Griff. Und wer den Comics nicht ganz glaubte, wurde im „Olympia Theater" von dem prachtvoll gebauten Athleten Johnny Weismüller in der Rolle des Tarzan eines Besseren belehrt.

Die Schwarzen mussten sich nicht nur der Gnadenlosigkeit einer feindseligen Umwelt stellen, es fehlte ihnen auch die schützende Hand eines guten Gottes. Sie waren Heiden und mussten unbedingt bekehrt werden. Das erfuhr ich aus den von unserer Kirche herausgegebenen Missionszeitschriften, die uns auch zu Spenden für die Arbeit der in Afrika tätigen Missionare aufforderten und uns die dort tätigen geistlichen Männer und Frauen als Vorbilder darstellten. In unserem Olympia Theater beeindruckte mich damals auch der französischen Spielfilm „Es ist Mitternacht, Dr. Schweitzer“ über das Leben und Wirken dieses ungewöhnlichen Theologen und Arztes in Lambarene in Gabun.

Tante Mia schenkte uns so um 1952 herum das Jugendbuch „Die Kinderfarm“ von Ernst Ludwig Cramer. Die Cramers besaßen in Südwestafrika, dem heutigen Namibia, eine größere Farm, die sie mit Hilfe schwarzer Einheimischer bewirtschafteten. Der Autor beschreibt unterhaltsam und spannend, wie er den Betrieb aufbaute, führte, unter welchen Umständen seine fünf Kinder dort aufwuchsen und welche Ereignisse in den normalen Alltag Abwechslung brachten. Auch dieses Buch hat mich zutiefst beeindruckt. Ich glaube, es war im Rückblick das einzige mir zugängliche Buch über Afrika, das eine Realität abbildete und nicht stark romantisch eingefärbt war. Aber das war nicht unbedingt das Afrika, das mich anlockte und zu sich zog.

Ein erweitertes Bild von Afrika verdankte ich den Sanella-Bildern der Margarine Union Hamburg. In den frühen Fünfzigerjahren gab sie länderkundliche Sammelalben heraus. Eines davon hatte Afrika zum Thema: „Jürgen Hansen erlebt den Schwarzen Erdteil“. Sanella war unser Brotaufstrich. Den Margarinepackungen lagen die Bilder bei. Hatte man ein Bild doppelt, konnte man mit einem anderen Sammler tauschen. Tante Aenne schenkte mir dann das Album zum Geburtstag.

In diesem Reisebericht verpasst ein sechzehnjähriger Hamburger Schiffsjunge in Nordafrika sein Frachtschiff und kann sich schließlich einer längeren Expedition anschließen, die Monate dauert und ihn durch den ganzen Kontinent führt. Bilder und Text stellen Afrika schon aus einem touristischem Blickwinkel dar, natürlich abenteuerlich mit ungewöhnlichen Begegnungen mit wilden Tieren und den so unterschiedlichen Lebensformen einzelner Völker.

Als Elfjähriger fühlte ich mich damals sehr angeregt, Jürgen Hansen nachzueifern, und als ich nach meiner Soldatenzeit endlich über genug Zeit und Geld verfügte und meine lang ersehnte Weltreise antrat, zog es mich mehr oder weniger auf seinen Spuren zunächst den Nil aufwärts und durch den ganzen afrikanischen Kontinent bis tief nach Süden zum Kap der guten Hoffnung.

Und auch Amerika erreichte ich drei Jahre später. Aber selbst damals befand ich mich noch im Bann alter Vorstellungen, die fünfzehn Jahre zuvor meine Jugendlektüre geschaffen hatte. Zum Beispiel wollte ich, von Jack Londons Goldsuchergeschichten angeregt, unbedingt nach Alaska. Dort verdiente ich auf der Insel Kodiak als Arbeiter in einem Fischereibetrieb gutes Geld. Und in Erinnerung an ein Buch mit dem Titel „Der wilde Hund von Edmonton" fuhr ich im Jahr darauf mit dem Greyhound Bus in die Hauptstadt der kanadischen Provinz Alberta. Natürlich nicht nur, um dieses Edmonton zu sehen. Ich befand mich wieder auf der Suche nach Arbeit. Aber der Name der Stadt wirkte zunächst noch immer wie ein Sog auf mich, und da ich schon einmal in Calgary war, dachte ich: Jetzt bist du diesem Ort schon so nah. Warum nicht auch noch dorthin fahren? Vielleicht hast Du Glück, so wie in Alaska. Leider hatte ich keins und fuhr, ohne Arbeit gefunden zu haben, wieder nach Süden.

Unsere Mutter war immer schon eine begeisterte Leserin und Freundin gehobener Unterhaltungsliteratur gewesen. Ohne Geschwister und in der Gemeinschaft alter Eltern wich sie, wie sie erzählte, als Kind gerne in fiktive Welten aus und entzog sich so zeitweilig der langweiligeren Wirklichkeit des Lebens in ihrer großstädtischen Kleinfamilie. Ich kann nicht nachvollziehen, wie geistig anregend ihr Elternhaus war. Vater und Mutter entstammten Bauernfamilien und hatten keinerlei akademischen Hintergrund. Auch meine Mutter besaß keine höhere Schulbildung und konnte sie auch nachträglich als Frau, die allein auf sich gestellt für ihren Lebensunterhalt arbeiten musste, nicht mehr erwerben. Sie war aber immer wissbegierig und offen für Ungewöhnliches und Fremdes. Sie verdankte ihre Bildung überwiegend ihrer Bücherlektüre, ihren zahlreichen Reisen und den engen Kontakten zu geistig interessierten und teilweise auch akademisch gebildeten Freundinnen und Freunden. Den theologisch und philosophischen Diskussionen unseres Vaters mit seinem Freund Franz Noll konnte und wollte sie nicht folgen. Sie war wissenschaftlich ungebildet und urteilte im Zweifelsfall nach Herz und Gefühl und ihrem gesunden Menschenverstand.

In der Anfangszeit in der Spessartstraße besorgte sie sich die ersten Nachkriegsbücher aus dem Rowohlt Verlag, die aus Kostengründen ungebunden waren und dickeren Zeitungen glichen. Es waren die Vorläufer der preiswerten Taschenbücher von modernen Romanautoren mit einem dünnen Pappeinband, Leinenrücken und lustigen Reklameseiten dazwischen. Mit der Zeit legte sie sich davon zusammen mit den Taschenbüchern aus dem Fischer Verlag eine schöne Sammlung zu.

Einmal, ich war dreizehn oder vierzehn, gab sie mir die Kurzgeschichte „Das rote Pony“ von John Steinbeck zum Lesen. Ich tat ihr den Gefallen, konnte der Erzählung aber wenig abgewinnen. Sie war sichtlich enttäuscht über meine ablehnende Kritik. Erst Jahre später als Student der Anglistik konnte ich ihre Enttäuschung verstehen und war angetan von ihren literarischen Ansprüchen.

Als unverheiratete junge Frau schrieb meine Mutter auch eigene Gedichte. Mit fünf davon bewarb sie sich um den „Lyrikpreis der Dame 1940“. Die Modezeitschrift DIE DAME, die in Wien herauskam, setzte jedes Jahr einen entsprechenden Preis aus. Ich weiß nicht, wie meine Mutter dabei abgeschnitten hat.

Einige ihrer Gedichte blieben zusammen mit ihren Briefen an meinen Vater erhalten. Für den heutigen literarischen Geschmack sind sie eigentümlich gefühlvoll und wehmütig. Sie offenbaren viele ihrer damaligen Gefühle, beziehen sich auf tief empfundene Natur- und Reiseerlebnisse und haben auch enge Bezüge zu ihrer tiefen katholischen Gläubigkeit.

Sie verfasste für uns in der Spessartstraße einmal eine Weihnachtsgeschichte und las sie an Heiligabend vor. Ihren Briefen entnehme ich, dass sie als junge Frau Romane von Adalbert Stifter, Theodor Fontane und Erzählungen von Theodor Storm sehr schätzte. Adalbert Stifter, so schrieb sie 1940, zähle zu ihren liebsten Freunden. Goethes „Wahlverwandtschaften“ beeindruckten sie zutiefst, wie ich einem anderen ihrer Briefe an meinen Vater entnahm.

Meine Mutter und auch mein Vater haben durch ihr Vorbild als regelmäßige Leser und ihr Verständnis für meine literarische Interessen sehr anregend auf mich gewirkt. Lesen gehörte bei uns zu den Selbstverständlichkeiten. Lesen vertrieb die Langeweile, brachte uns Unterhaltung, befriedigte unsere Neugier, lieferte auch Gesprächsstoff. Bücher erschlossen mir unbekannte Welten und offenbarten mir Gedanken und Gefühle von Menschen außerhalb meiner erlebten Wirklichkeit.

Zu den damals populären Comics fand ich nicht den gleichen Zugang. Am liebsten las ich noch die Micky-Maus- und Donald-Duck-Hefte. Die Bildgeschichten über den Westernhelden Tom Prox, den Urwaldmenschen Tarzan, den tapferen Prinz Eisenherz und andere Heldengestalten schaute ich mir an, wenn sie mir zur Verfügung standen, aber diese Welten waren mir, wohl gerade wegen der vielen Bilder, zu sehr vorgegeben und einengend. Sie erschienen mir auch künstlich und ließen meiner eigenen Fantasie zu wenig Spielraum.

Unsere Nachbarn

Das Hotel Hohenzollern neben uns gehörte der Familie Graulich. Wie bereits erwähnt, wurde es am Ende des Krieges von den Amerikanern beschlagnahmt und als Schulungsstätte für demokratisch gesinnte spätere Amtsträger genutzt. Als wir Anfang 1947 in die Spessartstraße zogen, konnten die Eigentümer schon wieder frei über ihr Haus verfügen. Die Großeltern Graulich wohnten im daneben gelegenen Haus Roseneck zum Kurhaus hin. Nach unserem Einzug war der Großvater noch der Chefkoch. Sein Temperament war gefürchtet. Im Jähzorn soll er einmal in der Küche eine Bratpfanne nach einem ungeschickten Angestellten geworfen haben. So hieß es jedenfalls. Wenn wir Kinder in der Einfahrt des Hotels spielten, die sich parallel zu unserem Zaun an der ganzen Gebäudeseite entlangzog, und er aus der im Souterrain gelegenen Küche auftauchte, zogen wir uns sofort zurück.

Mit unserem Großvater und meiner Mutter verstand er sich ausgesprochen gut. Von Ingrid erfuhr ich, dass kurz nach Kriegsende in Orb eine Viehzählung durchgeführt wurde. Die Stadtverwaltung oder die bestimmenden Amerikaner wollten sich einen Überblick zur Versorgungslage der Kleinstadt verschaffen. Zu dem Vieh gehörte auch das Federvieh. Die Graulichs hielten hinter dem Hotel eine stattliche Anzahl von Hühnern. Die gelegten Eier kamen auch den Besatzern und später wieder den Hotelgästen zugute. Zum Hühnervolk gehörte ein schöner bunter Rodeländer Hahn. Aus irgendwelchen Gründen fürchtete Herr Graulich, der Hahn könnte ihm bei einer Kontrolle weggenommen werden. So bat er unseren Großvater, den hochgeschätzten Vogel für eine Weile bei dessen Hühnern hinter der Post unterzubringen. Dort befand er sich in Sicherheit und blieb den Graulichs erhalten.

Gitti erinnerte mich daran, dass Herr Graulich unsere in der Kochkunst nicht besonders bewanderte Mutter damals mit Kochrezepten versorgte und dass sie seine Hilfe sehr schätzte und ihn bewunderte. Mehrmals ging sie in ihrer Not zu ihm hinüber, wenn sie wieder einmal ein Einweckglas nicht aufbekam, weil der Zipfel der Gummidichtung beim zu heftigen Ziehen abgerissen war.

Verantwortlich für den Hotelbetrieb waren damals schon Herr Graulichs Sohn Karl Heinz und dessen attraktive und mütterliche Frau Herta. Durch ihre Kinder Ute und Kurt, die etwas jünger waren als wir, hatten wir gewisse Einblicke in den Hotelbetrieb und auch in das Familienleben dieser Nachbarn. Von unserem Balkon aus konnten wir durch die riesigen Glasfenster auch jederzeit in nur wenigen Metern Entfernung die Hausgäste bei ihren Mahlzeiten beobachten.

Karl Heinz Graulich verstand sich als Hotelier der alten Schule. Immer im eleganten Anzug gekleidet hielt er sich überwiegend im Eingangsbereich des Hotels auf, sprach gern und ausgiebig mit den Gästen und wünschte ihnen „Viel Sonne!“ und anderes Schöne, bevor sie sich zum nahen Kurpark aufmachten oder ausfuhren. Uns Kindern gegenüber – auch seinen eigenen – zeigte er sich häufig verständnislos und übermäßig streng. Gitti erinnert sich, wie er uns einmal mit leeren Konservenbüchsen bewarf und uns so aus der Hoteleinfahrt verjagte. Wir Kinder waren laut, und für seine Gäste brauchte er Ruhe. Immer wieder lag er uns mit der Aufforderung in den Ohren, wir sollten mit dem Rollschuhlaufen erst nach der Zeit der Mittagsruhe beginnen.

Welche weiteren Tätigkeiten er neben den zeitaufwändigen Gesprächen mit seinen Hotelgästen in diesem gut geführten Familienbetrieb noch ausübte, blieb zunächst nicht nur uns Nachbarskindern, sondern auch seinem kleinen Sohn Kurti verborgen. In der Schule, wie es früher üblich war, für die Eintragungen ins Klassenbuch nach der Tätigkeit des Vaters befragt, gab der damals Sechs- oder Siebenjährige dessen Beruf nicht mit „Hotelier“, sondern mit „Papi“ an. Das erfuhr unser Vater von einem Kollegen, und wir amüsierten uns sehr über diese drollige Antwort.

Karl Heinz Graulich konnte sich immer auf seine tüchtige Frau Herta aus Bingen verlassen. Sie kümmerte sich um die Buchführung, organisierte mit Können und Schwung die Betriebsabläufe und packte auch selbst mit an, wenn das Personal es nicht allein schaffte und kriegte zwischendurch sogar noch ein weiteres Kind, die kleine Renate.

Soweit ich mich erinnere, stellte Bingen im Leben der Graulichs, besonders der Kinder, so eine Art Gegenwelt zu Orb dar.

Zumindest Ute verbrachte mehrmals ihre Ferien bei den Eltern von Herta Graulich und Gitti durfte einige Male mitfahren und erinnert sich noch heute gerne an die „Binger Oma".

Gitti war häufig mit der ein Jahr jüngeren Ute zusammen. Bei schönem Wetter spielten die beiden Mädchen mit ihren Puppen auf einer der beiden Parkbänke zwischen dem Haus Roseneck und dem Kurpark, dort, wo seit 1958 die Konzerthalle steht. Gelegentlich waren auch unsere Meerschweinchen und der Stallhase, den uns die Graulichs überlassen hatten, dabei.

Vor Weihnachten halfen die beiden Mädchen der immer freundlich, aber bestimmt auftretenden alten Frau Graulich im Haus Roseneck bei den Weihnachtsvorbereitungen. Unter anderem verrührten sie Mehl mit Wasser und bestrichen damit Tannenzweige, die dann auf den ersten Blick aussahen, als seien sie mit Schnee bedeckt.

Eine der angestammten Angestellten, „die alte Anna", eine scharfzüngige unverheiratete Frau aus der Heppengasse, hatte schon den alten Graulichs als Faktotum in Haus und Garten treue Dienste geleistet und gehörte zum Hotel wie dessen gehobene Einrichtung. Wir schätzten auch den kinderfreundlichen und hilfsbereiten Benno. Als Hausbursche holte er mit dem Auto die Gäste vom Bahnhof ab, brachte sie bei der Abreise wieder dorthin, trug und verlud die Koffer und erledigte alle Besorgungen und Arbeiten, die anderen im Hause zu schwer oder unangenehm waren.

Während der Wintermonate blieb das Hotel geschlossen. Nur in dieser Zeit gönnten sich die Graulichs ein wirkliches Familienleben. In der Kursaison lebten sie ähnlich ihren Angestellten eng und räumlich stark eingeschränkt oben im Dachgeschoss. Im Winter breiteten sie sich unten im Hochparterre aus und genossen in den elegant gestalteten großen Zimmern mit den hohen Decken die Behaglichkeit, die sonst nur ihren Gästen vorbehalten war.

Hier konnte sich der Hausherr auch einem besonderen Hobby widmen. Vor Weihnachten baute er für sich und Kurt eine ungewöhnlich große elektrische Eisenbahnanlage auf, natürlich mit mehreren Zügen, die durch eine von ihm fantasievoll gestaltete Landschaft mit Unter- und Überführungen und einem in Spiralen konstruiertem Tunnel unter einem Berg fuhren. Und Ute besaß einen prächtigen

Kaufmannsladen. Von dem war selbst ich als älterer Junge angetan und beteiligte mich gelegentlich am Einkaufen und Verkaufen.

Wir Funkes nebenan mussten uns immer mit viel bescheideneren Spielsachen begnügen. Im Winter hätte ich es oft gerne wie die Graulichs gehabt, aber eben nur im Winter.

Das 2011 abgerissene Hotel Hohenzollern in der Spessartstraße. Wir wohnten in dem Haus mit dem Türmchen links daneben (um 1950).

Auf der anderen Seite unseres Hauses lag die Pension Teutonia. Toni Dickert, der Inhaber, war zunächst noch unverheiratet und nahm irgendwann eine seiner Mitarbeiterinnen zur Frau. Bei ihm wohnten seine beiden jüngeren Brüder. Ottmar, der jüngste, war deppert, wie meine Mutter es ausdrückte. Er konnte nur allereinfachste Hilfsarbeiten verrichten. Rosel Schmalbach erzählte, dass es früher in Orb mehrere Familien mit geistig Behinderten gab. Ich erinnere mich an einen anderen namens August, der am Orber Untertor regelmäßig die Straßen kehrte. Ein weiterer, den ich nur als Johann kannte, verdiente sich als Waldarbeiter sein Einkommen. Diese einfachen körperlichen Arbeiten setzten keinerlei Lese- und Schreibkenntnisse voraus, waren notwendig und sinnvoll und ermöglichten es manchen Behinderten, für ihren Lebensunterhalt zu arbeiten.

Ottmar konnte auch nicht richtig sprechen. Oft stand er schlampig angezogen und etwas verwahrlost an der Gartengrenze und starrte zu uns herüber. Für mich verkörperte er etwas Unheimliches, und ich war froh über den Zaun zwischen uns. Meine Mutter ermahnte uns Kinder immer, gut und freundlich zu ihm zu sein. Wir gingen vorsichtig mit ihm um, denn manchmal kam er entgegen der Anweisungen seines Bruders Toni auch nach vorne auf die Straße, und wir wollten ihm keinen Anlass geben, sich an uns zu rächen. Immerhin war er ein erwachsener Mann Mitte zwanzig.

Die Dickerts hielten auch einen großen zotteligen schwarzen Hund von der Art, wie sie dem Schäfer beim Hüten seiner Schafherde halfen. Manchmal lief er frei am Zaun entlang und bellte wie drohend zu uns herüber. Ich passte immer höllisch auf, dass unsere frei laufenden Meerschweinchen nicht durch den Drahtzaun kamen und dem Hund in die Fänge gerieten.

Weil die Brüder Dickert keine Kinder hatten, fehlten uns die Kontaktpersonen, und wir hatten wenig mit ihnen zu tun. Allerdings war ihnen vom Wohnungsamt die Familie Schwägerl mit ihren Söhnen Hans und Horst als Mieter zugeteilt worden. Hans, der ältere, besonnen und umsichtig, war uns um Jahre voraus und hatte keine gleichaltrigen Spielkameraden in der Nachbarschaft. So beschäftigte er sich regelmäßig unter den Fichten auf der gegenüberliegenden Straßenseite ganz allein mit seinem Fußball. Horst war ein Jahr jünger als ich, und wir spielten häufig zusammen, meist auf der Straße, weil seine Familie im Teutonia unterm Dach sehr beengt wohnte. Seinen Vater, den temperamentvollen Musiklehrer Otto Schwägerl, nannten wir Schüler immer nur Otto Lammbamm, weil er uns beim Singen stets mit einem klangvollen „Lammbamm“ auf den richtige Anfangston einstimmte. Seit 1950 war mein Vater sein Kollege an der Volksschule. Gelegentlich dirigierte er auch das Orber Kurorchester, war engagierter Leiter des großen Kinderchors der Mittelschule und für eine kurze Zeit auch mein Geigenlehrer.

Weiter entfernte Nachbarn waren die Nenningers. Sie bewirtschafteten neben dem Teutonia die Pension Philomena. Der alte Herr Nenninger, ein immer zuvorkommend und freundlich, fast aristokratisch auftretender kleiner Mann, kochte selbst für seine Gäste. Ich holte einige Male unser Mittagessen aus seiner Küche, wenn unsere Mutter in Wien war und sie diese Art der Verköstigung mit ihm so abgesprochen hatte. Auch in dieser Familie gab es keine Kinder in unserem Alter, und unsere nachbarschaftlichen Beziehungen zu ihr blieben oberflächlich.

Die Familie Rameck zog erst ein Jahr vor unserem Umzug in die Hubertusstraße neben uns ein. Über diesen Zeitabschnitt werde ich später erzählen.

Die Pensionen Teutonia und Philomena in der Spessartstraße (um 1950).

Spiele

Als wir in der Spessartstraße wohnten, verbrachten wir nach der Schule die meiste Zeit im Freien. Wir lebten in beengten Wohnverhältnissen. Schon allein der Drang nach Bewegung trieb uns nach draußen. Aber auch oft die Befürchtung, unsere Eltern würden uns mit kleinen Hilfsarbeiten in Haus und Garten oder aufwändigen Besorgungen beauftragen. Nach dem Mittagessen hörten wir auch irgendwann die Rufe und das Geschrei der anderen Kinder unten auf der Straße. Da mussten wir einfach dabei sein.

Die Spessartstraße lag in einer Park- und Wiesenlandschaft. Außer dem Hotel Hohenzollern mit dem Haus Roseneck zum Kurhaus hin, den Pensionen Teutonia und Philomena gab es keine anderen Gebäude in unserer näheren Nachbarschaft. Die Konzerthalle wurde, wie schon erwähnt, erst später gebaut. Das Gelände auf der anderen Seite der Horststraße wurde noch als Gartenland genutzt.

Vor unserem Haus standen auf der gegenüberliegenden Straßenseite hohe alte Fichten. Mit etwas Geschick konnten wir Jungen uns an den untersten Ästen hochhangeln und dann die Bäume hinaufklettern bis durch das enge Gewirr der dünneren Äste im oberen Bereich kein Durchkommen mehr war. Zwischen Spessartstraße und Kurparkstraße erstreckt sich auch heute noch ein weites Wiesengelände mit dem Orbbach in der Mitte, der zum Kurpark fließt. In dem Bach ließen wir gerne Büchsen schwimmen. Am besten eigneten sich die halbhohen breiten amerikanischen Kaffeedosen. Wir setzten sie an der Rotahornallee ins Wasser und verfolgten am Bachufer entlang ihren Lauf bis in den Kurpark hinein. Vor dem Weiher befand sich ein kleines Wehr. Ein Teil des gestauten Wassers floss in den Weiher. Hier endete immer die Reise unserer Kaffeedosen, und wir fischten sie rechtzeitig heraus. Bevor die Büchsen den Kurpark erreichten, mussten sie unter einer Straßenbrücke hindurchschwimmen und entschwanden für einige Zeit unseren Blicken. Wir rannten dann ganz schnell über die schmale Spessartstraße in den Kurpark hinein und warteten gespannt darauf, welche der Büchsen als erste auftauchte, denn das war die des Siegers.

Eines Nachmittags konnte der kleine Martin in seiner Ungeduld das Ergebnis nicht abwarten, bremste seinen Lauf nicht rechtzeitig ab und stürzte wie ein springender Frosch kopfüber in das gestaute Wasser. Wir Jungen zogen ihn heraus, und ich brachte ihn patschnass nach Hause. Statt mich als Lebensretter zu schätzen, fauchte mich meine Mutter an, ich hätte nicht richtig auf Martin aufgepasst. Er hätte doch auch ertrinken können.

Als Ältestem wurde mir von klein auf eine Mitverantwortung für den jüngeren Bruder übertragen. Hatte er sich etwas zuschulden kommen lassen oder war ihm etwas zugestoßen, wurde schnell nachgeforscht, ob und wie ich das hätte verhindern können. Oft, wenn ich mich mit anderen Jungen verabredet hatte, ließ mich unsere Mutter nur gehen, wenn ich auch Martin mitnahm. Ich reagierte dann häufig enttäuscht und wütend auf diese Zumutung. Schließlich war er drei Jahre jünger als meine Spielkameraden, erschien uns noch klein, dumm und zu langsam und begriffsstutzig für vieles, was wir so unternahmen. Ständig musste ich dann auf ihn Rücksicht nehmen. Dem widersprach er auch noch und wollte sich als Belastung überhaupt nicht wahrhaben. Mein Einwand, ich selbst hätte auch ohne einen großen Bruder auskommen müssen und sei in seinem Alter schon meine eigenen Wege gegangen, wurde zurückgewiesen. Auch der Hinweis, dass unsere Schwester Gitti ihre eigenen Kontakte suchte und pflegte, zählte nicht. Sie war schließlich ein Mädchen und mochte und brauchte auch mit den Jungen nicht so viel zu tun zu haben. Meist stießen meine Argumente gegen Martins Beteiligung an meinen Unternehmungen bei den Eltern auf taube Ohren. Dann hieß es: „Entweder du nimmst Martin mit, oder du bleibst hier."

Das Rollschuhlaufen habe ich schon erwähnt. Anders als wir Kinder war Karl Heinz Graulich vom Hotel Hohenzollern nicht davon angetan. Zumindest nicht am frühen Nachmittag, wenn wir als Gruppe vom Badehaus III kommend vor seinem Hotel auf den kleinen Metallrädchen lärmend in Richtung Kurparkeingang vorbeistoben und dann aus der Kurparkstraße zurückkamen. Das störe die Mittagsruhe seiner Gäste, herrschte er uns immer wieder an.

Wir spielten auch Hüpfsches oder Hinkepinke, wie man es in Bremen nennt. Mit Schulkreide zeichneten wir Kästchen mit

Zahlen auf den Asphalt und hüpften nach den festgelegten Regeln von Quadrat zu Quadrat. Die Mädchen mochten es lieber als wir Jungen, aber man konnte es gut zusammen spielen, und auch der Altersunterschied war da nicht so von Bedeutung.

Am Quellenring gab es einen kleine Werkstatt, in der ein Drechsler an einer Drehbank Holzfiguren formte. In seinem Schaufenster lag einmal ein bunt lackierter Kreisel oder Dober, wie wir in Orb sagten. Der hatte es uns angetan, und unsere Mutter kaufte ihn für uns. Wir wickelten die Schnur einer selbstgefertigten kleinen Peitsche um ihn herum, brachten ihn durch ein schnelles Wegschnicken zum Drehen und peitschten ihn dann immer wieder an, damit er nicht zu langsam kreiselte und umkippte. Es war über mehrere Jahre eines unserer Saisonspiele. Irgendwann im Frühjahr fing ein Kind damit an, und nach zwei, drei Wochen spielten wir wieder etwas anderes.

Da gab es auch eine Phase, in der fast jeder von uns Jungen ein Tuchsäckchen mit Murmeln bei sich trug. Die billigen waren aus Ton, die teuren und schönen aus Glas mit bunten eingeschmolzenen Mustern. Unter den Fichten vorm Haus gruben wir ein kleines Loch in den weichen Boden, legten eine Strecke zum Kullern fest und versuchten die Klicker, wie wir sagten, in das Loch rollen zu lassen. Je nach Geschick und Glück konnten die Spieler Murmeln dazugewinnen oder verlieren.

Irgendwann spielten wir auch leidenschaftlich gern Diabolo. Ein Körper aus Holz oder Kunststoff in Sanduhrform wurde durch eine an zwei kurzen Stöcken befestigte Schnur in Drehung gesetzt, in die Höhe geschleudert und mit der Schnur immer wieder aufgefangen.

Seilspringen war sehr populär, besonders bei den Mädchen, die wir kleinen Jungen oft verächtlich mit „die Weiber“ titulierten. Zwei Kinder hielten die Enden eines langen Seils und schwangen es herum. Wenn es lang war, konnten mehrere von uns zusammen hüpfen.

Angeregt durch Indianergeschichten fertigten wir Jungen uns aus Haselnusstecken so genannte Flitzebogen und Pfeile an, mit denen wir herumschossen und selten richtig trafen. Die Erwachsenen warnten uns immer wieder vor möglichen Augenverletzungen. So setzten wir bei Cowboy-und-Indianer-Spielen Pfropfen aus Holunderbuschzweigen auf das vordere Ende der Pfeile. Verglichen mit unseren bewunderten Vorbildern, den Bogenschützen im Indianerland, waren wir aber nur elende Stümper. Trotzdem fühlten wir uns mit dieser Bewaffnung als etwas ganz Besonderes, bildeten uns ein, auch auf Erwachsene gefährlich zu wirken und strotzten manchmal vor martialischem Stolz.

Einmal lieh mir ein Schulkamerad für mehre Tage ein Luftgewehr. Aus einem Buch wusste ich von einem Jungen, der damit Kaninchen schoss und sein Taschengeld mit dem Verkauf der Felle verdiente. Wildkaninchen gab es in unserer Gegend leider keine. Aber eines Morgens stand ich als erster auf und ging damit auf Vogeljagd ins nahe Nervenwäldchen. Ich schoss auf Elstern und Krähen. Aber ich traf nichts. Die Vögel waren zu weit weg. Auch war der Luftdruck dieses alten Gewehrs viel zu schwach. Manchmal schaffte es das kleine Bleigeschoss nicht einmal durch das Rohr und blieb darin stecken. Das beeinträchtigte aber meine Vorstellung, ein großer Jäger zu sein, in keinster Weise.

Das noch unbebaute und landwirtschaftlich genutzte Wiesengelände zwischen dem früheren Badehaus III und der Lindenallee bot sich auch zum Drachensteigen an. Viele Stunden lang baute ich an einem Drachen aus dünnen Holzlatten und rotem Papier. Doch er war trotz wiederholter Veränderungen viel zu schwer, besaß kein gutes Gleichgewicht und hielt sich zu meiner großen Enttäuschung immer nur kurz in der Luft. Die reißfeste über hundert Meter lange Schnur aus Fallschirmseide konnte ich niemals auch nur halb abrollen.

Die Eltern meines Schulkameraden Lothar Weiler hatten einen Bekannten, der neuartiges Spielzeug erfand und entwickelte. Er überließ uns eines Tages eine seiner Erfindungen, ein kleines Gerät mir einem Durchmesser von etwa zwölf Zentimetern aus roter Plastik. Es hatte die Form einer Fliegenden Untertasse. Wir sollten es ausprobieren und anderen Kindern vorführen. Es enthielt einen kleinen Fallschirm. Vor dem Wurf in die Luft drückte man die beiden halbkreisförmigen Deckel zu, die die Oberseite bildeten. Beim Flug in die Höhe hielten Saugnäpfe aus Gummi sie einige Sekunden lang in dieser Position. Dann wurden die Deckel von Federn geöffnet, und das Ding schwebte an einem kleinen Fallschirm zurück zur Erde.

Ich weiß nicht, ob dieses Spielzeug zur Serienreife gelangte. Ich sah niemals andere Kinder damit spielen. Aber der Erfinder gefiel mir, besonders seine bedächtige Art, mit der Umsetzung von ungewöhnlichen Ideen Geld verdienen zu wollen.

Wenn wir an warmen, trockenen Spätnachmittagen bis zum Abendessen auf der Straße und auf der großen Wiese zwischen Spessartstraße und Orbbach spielten, hatten wir fast immer unsere Meerschweinchen und unseren Hasen dabei. Sie konnten sich auf der großen Fläche ziemlich frei bewegen, liefen uns nie davon und hatten so stets Teil an unserer eigenen Freiheit. Meist ließen wir sie nach der Schule aber hinter und neben dem Haus im Garten frei herumlaufen. Wir nannten das „weiden lassen", weil sie die Gelegenheit nutzten, sich ausgiebig mit Kräutern ihres eigenen Geschmacks zu versorgen.

Damals fanden auch im Kurviertel hin und wieder Radrennen statt. Die Rennstrecke führte vor unserem Haus vorbei, und wenn wir gerade wieder einmal einen Holzstoß auf dem Bürgersteig vor dem Gartenzaun liegen hatten, bot sich dieser als eine ideale Aussichtsplattform an.

In Ermangelung einer Aschenbahn in Orb dienten die Spessartstraße, Kurparkstraße und Rotahornallee auch wiederholt als Laufstrecke zum Erwerb des Sportabzeichens. Unser Vater, der als langjähriges aktives Mitglied des Orber Turnvereins auch selbst die Abnahmeberechtigung besaß, legte großen Wert darauf, das Sportabzeichen Jahr für Jahr zu wiederholen. Als Zeichen seiner Sportlichkeit trug er die silberne, später die goldene Anstecknadel mit der Zahl der Wiederholungen am Revers seiner Anzugjacke, kam aber nach manchen Leistungsprüfungen eher bedrückt als in Siegerlaune nach Hause, weil seine Zeiten aufgrund seines Alters von Jahr zu Jahr schlechter wurden. Ich wollte mir später eine derartige Dokumentation eines körperlichen Niedergangs nicht antun und machte als Erwachsener das Deutsche Sportabzeichen mit seinen für mich als Leichtathlet bescheidenen Ansprüchen nur ein einziges Mal, vielleicht auch nur, weil es bei der Bundeswehr eine kleine Ordensspange dafür gab, eine der ganz wenigen, mit der damals deutsche Soldaten ihre Uniform verzieren konnten.

Holzarbeiten und Radfahren

Eine Zeit lang arbeitete ich gerne mit Holz. Es begann mit Laubsägearbeiten. Die Laubsäge und der Drillbohrer waren ein Weihnachtsgeschenk. Ich baute Käfige für meine Spielzeugtiere aus unbemaltem Zinn. Als Stangen dienten die Reste des Drahtes, den meine Mutter früher zum Feststecken von Blumen auf Kränzen verwendete. Das Holz besorgte ich mir in der damals großen Schreinerei Wolf in der oberen Hauptstraße. Oft musste ich in der Werkstatt lange warten bis sich einer der Gesellen Zeit nahm und mir das gewünschte „Abfallholz" gegen einen kleinen Geldbetrag gab. Das Warten machte mir nichts aus. Ich liebte den vorherrschenden Geruch, eine Mischung von Holz und Leim. Ich mochte die Schreiner und bewunderte sie beim Sägen, Hobeln, Schleifen und Leimen. Jahrelang wollte ich einmal arbeiten wie sie und auch Schreiner werden.

Da die mir überlassenen Bretter für meine Laubsäge zu stark waren und zu viele der dünnen Sägeblättchen daran kaputt gingen brauchte ich eine richtige Säge. In dem Eisenwarengeschäft Mack & Söhne am Solplatz, an der Ecke der Gasse zum Obertor, lag im Schaufenster ein Fuchsschwanz. Der hatte es mir angetan. Ich weiß nicht mehr, wie häufig ich vor dem Laden stand und von seinem Erwerb träumte. Eines Tages war alles nötige Geld beisammen, und der Inhaber holte den Fuchsschwanz für mich aus dem Fenster. Es war meine erste größere Anschaffung. Er tat mir lange treue Dienste und erleichterte mir den Bau unserer kleinen Krippe und den der Futterhäuschen für unsere Vögel und die unserer Großeltern.

Mein Vater brauchte unbedingt ein Fahrrad. Er verlor sonst zuviel Zeit für den ca. vier Kilometer langen Weg zwischen unserer Wohnung und der Gärtnerei. Er hörte sich um und erwarb schließlich ein altes von dem früheren Postbeamten Röder in der Villbacher Straße im Tausch gegen einen Lodenmantel. Manchmal nahm er mich auf diesem Rad mit in die Stadt oder sogar in die Au, wenn ich dort mitarbeiten musste. Ich saß hinter ihm auf dem Gepäckträger. So fuhren wir mitten durch den Ort. Die enge Orber Hauptstraße war damals noch für jeden Verkehr offen. Es gab dort sogar noch ein Tankstelle mit einer Autoreparaturwerkstatt. Und kein Polizist scherte sich um kleine Jungen auf Gepäckträgern oder vorne auf der Stange hinter dem Lenker. Zwischen der Alte Stadt-Apotheke und dem Solplatz verläuft die Straße leicht abschüssig. Auf diesem Streckenabschnitt hatte ich als Mitfahrer immer ein wenig Angst. Ich fühlte mich hinter dem Rücken des Vaters nicht ganz sicher. Dabei ging nie etwas schief.

Irgendwann wollte ich das Fahrrad auch selbst fahren. Mein Vater war dagegen. Meine Beine waren zu kurz, die Fahrradstange zu hoch. Ich versuchte es trotzdem. Dazu musste ich meinen Unterkörper von der linken Seite nach rechts unter die Stange schieben. Nur so konnte ich mit den Füßen die Pedalen bewegen. Dabei hielt ich das Rad stets in einer leichten Schrägstellung. Ich übte zwischen dem Hohenzollern und dem Kurparkeingang neben dem Bach. Dort fiel die Straße etwas ab. Das Rad ins Rollen zu bringen und mich darauf zu halten ging noch, aber das Treten der Pedalen verlangte viel Übung. Eines Nachmittags war es soweit. Ich konnte fahren, wenigstens einigermaßen. Von weitem sah ich unsere Mutter mit ihrer Einkaufstasche durch den Kurpark kommen. Voller Stolz wollte ich ihr vorführen, was ich konnte, und direkt vor ihren Augen in den Kurpark hineinfahren. Doch ich verhielt mich zu aufgeregt und hastig, vertat mich beim Bremsen, verfehlte das schmale Eingangstor und prallte gegen den linken Seitenpfeiler. Die erschrockene Mutter eilte mir besorgt zu Hilfe. Viel war mir nicht passiert. Das stabile Rad hielt den Aufprall aus. Aber mein ganzer Stolz war verflogen, und ich schämte mich. Statt der erhofften Bewunderung erhielt ich nur Mitleid und tröstende Worte.

Meine Mutter konnte nicht Radfahren. Sie wollte oder sollte es aber lernen. Eine Zeit lang verließ sie mit meinem Vater nach Einbruch der Dunkelheit das Haus und übte das Fahren unter seiner Anleitung in der parallel zur Spessartstraße gelegenen, zu dieser Zeit stets menschenleeren Horststraße. Trotz ihrer Größe hatte auch sie mit dem hohen Rahmenrohr des Herrenrades ihre Probleme und konnte beim Fahren das Gleichgewicht nicht halten. Vielleicht behinderte sie auch ihre Kleidung. Auf ihren guten

Ruf bedachte Frauen trugen zu dieser Zeit noch keine Hosen. Jedenfalls kehrte das Elternpaar nach diesen abendlichen Versuchsfahrten stets schlechtgelaunt zurück: die Mutter enttäuscht, der Vater verärgert. Anders als sein eigener Vater besaß er keine Engelsgeduld. Die Fahrstunden wurden schließlich eingestellt. Die Mutter lernte das Radfahren nie.

Mein Vater hütete das Fahrrad wie seinen Augapfel. Ich durfte es nur selten benutzen. Wenn, dann musste ich es stets vorher putzen. Gelegentlich nahm ich es mir aber heimlich. Gerne hätte ich ein eigenes Rad besessen. Es dauerte ein paar Jahre bis es endlich soweit war. Doch dazu später mehr.

Horst Kleinhenz

Die Familie von Horst Kleinhenz wohnte zwischen der Frankfurter Straße und der Füllweinstraße. Vater Kleinhenz war gelernter Hausdiener, arbeitete damals aber im Orber Kurpark. Seine schwärmerisch wirkende religiöse Frau aus Alsberg besaß, deutlicher als ihr stets zurückhaltend wirkender Mann, viel Sinn für Bildung, betätigte sich sogar als Heimatdichterin und förderte die Kontakte ihres einzigen Kindes zu mir, dem Lehrersohn. Mit Horst, der später bei der Firma Strassing Bauschlosser wurde und jahrelang als Stadtrat der SPD in der Lokalpolitik tätig war, verbrachte ich in der ersten Klasse der Mittelschule viel Zeit. Ich glaube, auch der gemeinsame Geigenunterricht bei Otto Schwägerl in einem Raum der Alten Schule führte uns näher zusammen. Einmal pro Woche fanden wir uns mit unseren Instrumenten dort ein, mit nur flüchtig gemachten Hausaufgaben, also fast immer schlecht vorbereitet. Unsere erwartungsvollen Mütter hätten so gerne schön musizierende Söhne gehabt. Meine eigene hegte offen den Wunsch, in der Familie gemeinsam zu musizieren. Mein Vater konnte recht gut auf der Gitarre spielen. Sie selbst nahm eifrig Klavierstunden bei Frau Gervinus, einer Pastorenwitwe, die es nach Orb verschlagen hatte und die in der Villa Haberstal wohnte. Doch anders als ich übte sie häufig, meist am Abend. Wir Kinder lagen dann schon im Bett. Mir fehlte es an Lust dazu. So etwa nach einem Jahr durfte ich mit dem Instrumentalunterricht aufhören, weil ich zu wenig gelernt hatte und mehr schlecht als recht ein paar Lieder spielen konnte.

Horsts immer gütiger und bei meinen Besuchen auch stets um mein leibliches Wohl besorgter Großvater Gaul hatte eine Schusterwerkstatt im Souterrain des Hauses zur Frankfurter Straße hin. Die Familie betrieb auch, gleich vielen anderen Orbern, im Nebenerwerb etwas Landwirtschaft. Dazu gehörten Hühner, Schweine, Ziegen und Kühe. Eine Kuh bekam während meiner Freundschaft mit Horst ein Kälbchen. Da sich die Geburt hinauszögerte und dann unter schwierigen Umständen mitten in einer Nacht erfolgte, erhielt ich eine gute Vorstellung davon, wie problembehaftet und zeitaufwändig diese Tierhaltung für die Bauern sein kann.

Eines Nachmittags erhielten wir vom Großvater den ungewöhnlichen und aufregenden Auftrag, die Ziege zum Bock zu bringen. Abwechselnd führten Horst und ich das ständig laut meckernde Tier an einem kurzen Seil durch die Frankfurter Straße, am Untertor vorbei, ein Stück die Würzburger Straße hinauf in die Altenbergstraße. Die unruhige Geiß wedelte ständig mit ihrem kurzen Schwänzchen, und Horst erklärte mir, das sei ein Anzeichen, dass sie zum Bock müsse. An der Ecke Altenbergstraße/An der Heppenmauer unterhielt die Stadt den Bockstall, einen Stall mit mehreren Ziegenböcken, die den vielen Orber Ziegen regelmäßig zu Nachwuchs verhalfen. Ziegenböcke haben einen strengen Geruch. Sie fressen viel, geben keine Milch und sind außer zur Arterhaltung zu wenig nutze. Ihre Haltung rentierte sich für die einzelnen Bauern nicht, und sie wurden bereits als Jungtiere geschlachtet. Deshalb diese öffentliche Einrichtung, zu der Horst und ich mit der Ziege zogen. Natürlich waren wir gespannt darauf, was da so passieren würde, wenn die Ziege beim Bock war. Und als Beauftragte des Eigentümers und brave Überbringer seines Tieres versprachen wir uns auch ein Anrecht auf die Anwesenheit bei diesem Zusammentreffen mit dem vitalen großen Unbekannten. Gleich bei der Ankunft zerstoben alle unsere Erwartungen und Hoffnungen. Ein Mann übernahm die Ziege, sagte uns, wir sollten uns für eine Weile verdrücken und verschwand mit ihr in dem Gebäude. Wir gaben nicht auf und versuchten, durch die hoch angebrachten kleinen Stallfenster ins Innere zu schauen, aber der Mann bemerkte uns, kam kurz heraus und jagte uns wütend den steilen Abhang hinter dem Haus hinauf. Nun saßen wir sinnend dort oben, trauten uns nicht ungerufen herunter und ärgerten uns über die Erwachsenen, die zwar unsere Zubringerdienste schätzten, uns dann aber von dem ausschlossen, was uns am meisten interessierte. Und wir stellten uns voller Neid den Mann dort unten vor, lässig und ungestört all das beobachtend, was sich vor seinen Augen zwischen Geiß und Bock gerade so abspielte, uns Jungen aber leider vorenthalten blieb.

Bei Horst Wopienka in der Hochstraße

Die Wopienkas bewirtschafteten den drittgrößten Bauernhof von Orb. Dieser lag im oberen Bereich der Hochstraße, und das Gartengrundstück des Anwesens grenzt bis heute an die Martin-Luther-Straße und die frühere Mittelschule, dem heutigen Martin-Luther-Haus. Noch zu Anfang der Fünfziger Jahre wurde der Hof als traditioneller Vollerwerbsbetrieb geführt. Ich glaube, es fehlte kaum eine Tierart, die heute Kindern in bunten Bilderbüchern die frühere bäuerliche Lebensweise interessant erscheinen lässt. Es gab das übliche Federvieh, wie Hühner, Enten und Gänse. Dazu Schweine, Ziegen, Schafe, bis zu vierzehn Milchkühe und deren Nachwuchs und die beiden schweren Zugpferde, den Wallach Hans und die Stute Liese, die Vorläufer des erst nach meiner Zeit angeschafften Traktors.

Ich besuchte mit Horst Wopienka die gleiche Klasse in der Volksschule. Zunächst hatten wir nichts miteinander zu tun und gemeinsam. Er gehörte zu der Gruppe von Jungen, die von einer handwerklichen und bäuerlichen Lebensform ihrer Elternhäuser stark geprägt waren und in der Regel auch grob und auf ihre körperliche Stärke setzend miteinander und den anderen Kindern umgingen. Sie mussten zu Hause kräftig mit anpacken und scherten sich wenig um besondere Geistesgaben und ungewöhnliche Schulleistungen. Was sie respektierten, war der starke Arm und die feste Hand, die sie von zu Hause her gewohnt waren. Ich schätzte an Horst seine Gutmütigkeit und seinen ausgeprägten Sinn für alles Praktische. Von meiner sentimentalen Beziehung zu Tieren hielt er nicht viel und machte sich manchmal darüber lustig. Ich fand ihn und die Welt, in der er lebte, faszinierend und interessant.

Herr Wopienka, ein gelernter Schlosser, war ein Landsmann meiner Mutter. Als Folge des Anschlusses Österreichs an das Deutsche Reich und der auch durch den Krieg verursachten innerdeutschen Bevölkerungsbewegungen, lernte er Horsts Mutter, eine Orber Bauerntochter, kennen und war an ihrer Seite zu einem erfolgreichen Landwirt geworden. Meine Mutter, mit einem stets wachen Blick für Landsleute in unserer Kleinstadt, hatte von ihm erfahren und Kontakt aufgenommen. Das führte dazu, dass wir unsere Milch nicht mehr im Milchgeschäft neben der Metzgerei Fries in der Bahnhofstraße kauften, sondern – sicher auch etwas günstiger – bei den Wopienkas. Und das Milchholen gehörte auch zu meinen Pflichten.

Wir besaßen keinen Kühlschrank, und besonders bei warmen Temperaturen wurde die Milch schnell sauer und taugte dann nur zu Dickmilch. Ich fuhr eine Zeitlang fast täglich mit der Dreiliterkanne am Fahrradlenker zu den Wopienkas.

Dank dieser Aufgabe kamen Horst und ich uns näher, und ihm verdanke ich viele tiefe Einblicke in das Orber bäuerliche Leben der damaligen Zeit.

Die vielen Kühe im Stall wurden alle noch mit der Hand gemolken, und das morgens und abends. Meist saßen Horsts Eltern auf den Melkschemeln. Horst konnte auch schon melken. Er schaffte es sogar, einer bettelnden Katze einen Milchstrahl vom Euter einer Kuh geschickt in ihr geöffnetes Maul zu lenken. Aber seine Hände waren noch nicht stark. Auch fehlte es ihm an Ausdauer. Die Erwachsenen arbeiteten routinierter und schneller. Trotzdem wurden auch ihm gelegentlich abends ein paar Kühe zugeteilt. Er versuchte, auch mir das Melken beizubringen. Aus den Ziegeneutern bekam ich schließlich etwas heraus, aber bei den Kühen schlugen meine Versuche fehl. Zum Üben hatte ich auch nicht viel Gelegenheit. Horsts Eltern wollten, dass gearbeitet und keine Zeit verschwendet wurde.

Die Wopienkas arbeiteten von früh bis spät, wegen der Versorgung der Tiere auch an Sonn- und Feiertagen. Horsts Mutter trug, außer beim Kirchgang sonntags früh, immer nur ihre dunkle Arbeitskleidung. Das Wohnzimmer zur Hochstraße hin blieb überwiegend ungenutzt und im Winter unter der Woche unbeheizt. Zum Essen kam man in der Küche zusammen. Hier hatte Horsts Großmutter das Sagen. Sie verrichtete wegen ihres Alters nur noch leichtere Arbeiten. Dazu gehörte auch das Kochen für die Familie, aber auch das Weichkochen der Kartoffeln für die Schweine in einem Kessel auf dem großen Feuerherd. Ich erinnere mich an eine gemeinsame Mahlzeit mit der Familie. Zum Nachtisch gab es Grießpudding. Anders als ich es gewohnt war, wurde er nicht in einzelne Schälchen verteilt. Wir aßen ihn gemeinsam aus einer großen Schüssel. Jeder arbeitete sich von seiner Seite zur Mitte hin vor. Ich war damals diesbezüglich etwas etepetete und versuchte zunächst, mich von meinen beiden Essnachbarn durch schmale Puddingmäuerchen abzugrenzen, weil ich mich vor deren Löffeln ekelte. Die hatten Hunger und räumten die Barrieren rücksichtslos ab. So blieb mir auf dem Weg zu Mitte nur wenig Pudding zum Verzehr übrig. Als ich Jahre später auf dem Weg nach Südafrika in Uganda bei einer afrikanischen Familie zu Gast war und wir den Maisbrei mit der Hand aus einem gemeinsamen Topf holten und in ein weiteres gemeinsames Gefäß mit einer Fischsoße tunkten bevor wir ihn verzehrten, erinnerte ich mich an diese früheren heimatlichen bäuerlichen Essgewohnheiten und stellte mich, auch weil ich meine Gastgeber nicht kränken wollte, schließlich ohne Einschränkung dieser ungewohnten Herausforderung.

Auf dem Hof wurde sparsam gewirtschaftet. Gelegentlich machte mir die Oma in der Küche ein Butterbrot, wie sie sagte. Die Butter nahm sie mit dem Messer aus der leicht geöffneten Tischschublade auf ihrer Seite. Einmal bemerkte ich an einem hochstehenden Zipfel eines Einwickelpapiers, dass sie mir in Wirklichkeit nur Margarine aufs Brot schmierte. Das empfand ich von ihr als kleinlich, weil ich Horst oft beim Buttern half, eine langweilige Arbeit, bei der wir endlos lange die Handkurbel der Butterungsmaschine drehen mussten. Die Butter wurde verkauft und mehrte das Familieneinkommen.

Wenn es meine Zeit erlaubte, fuhr ich früh zu den Wopienkas und half auf dem Hof und in den Ställen beim Füttern der Tiere. Als Helfer war ich immer willkommen. Einmal führte ich nach dem Ausspannen den Wallach Hans in seinen Stall. Aber anstatt seinen gewohnten Platz einzunehmen, drängte er mich gegen die schon angebundene Liese und machte sich an ihrer Seite über deren Haferration her. Ich traute mich nicht, das große Pferd wegzudrücken und musste einen Erwachsenen holen. Als sich der schließlich die Zeit für mein Anliegen nahm, war Lieses Hafer aufgefressen und Hans stand brav an seinem Platz und fraß dort ungestört seinen eigenen. Mir wurde hier klar, dass sich selbst die bravsten und willigsten Tiere so egoistisch und eigennützig wie wir Menschen verhalten, wenn man ihnen die Gelegenheit gibt und sie gewähren lässt.

Natürlich gab es auch einen Hofhund. Astor, ein magerer Schäferhund, war an seine Hütte auf dem Hof zwischen dem riesigen Misthaufen vor dem Kuhstall und dem Pferdestall unter der hohen Scheune angekettet und bellte bei jeder Gelegenheit. Ins Haus kam er nie. An einem Sonntagnachmittag nahmen Horst und ich ihn zu einem kleinen Ausflug in den nahen Wald am Wintersberg mit. Hans und Liese durften den Ruhetag oberhalb des Hofes auf einer Koppel verbringen. Als wir an den Pferden vorbeizuckelten, kam Horst auf die Idee, Astor auf die Pferde zu hetzen. Er stachelte den Hund an, und der gehorchte ihm nur zu willig und stürzte sich auf die friedlich weidenden Tiere. Sie erschraken und galoppierten über die Wiese. Astor hatte es besonders auf Hans abgesehen und schnappte hechelnd und bellend nach dessen Hinterbeinen. Da verlangsamte Hans plötzlich sein Tempo und schlug mit den Hinterhufen nach hinten so gezielt aus, dass er den Hund voll am Kopf traf. Astors lautes Gebell erstarb auf der Stelle. Reglos lag er wie ein leerer grauer Sack im Gras. Wir waren zutiefst erschrocken. Horst schaute mich entgeistert an. Der tote Hofhund würde auf sein Konto gehen, und sein rabiater Vater würde ihn dafür bestrafen. Wir starrten auf die Wiese. Da fing Astor an zu zucken, hob den Kopf, quälte sich schließlich auf die Beine, schüttelte sich und schlich sich in leicht geduckter Haltung zu uns zurück. Wir waren außer Gefahr. Horst zeigte schon wieder sein breites leicht sarkastisches Lächeln. Das war ein Abenteuer nach seinem Sinne. Ich bewunderte das Pferd. Wie elegant und wirkungsvoll hatte es sich doch des von mir gefürchteten aggressiven Köters entledigt! Trotzdem tat mir der Hund leid. Endlich war er einmal los von der Kette und konnte sich seinem Drang nach Bewegung mit voller Lust hingeben, und dann widerfuhr ihm auch noch so etwas.

Wenn ich mich, außer nur zum Milchholen, zu den Wopienkas auf den Weg machte, bestand meine Mutter darauf, dass ich alte Sachen trug. Mit denen durfte ich nicht in unsere Wohnung, weil ihnen ein penetranter Stallgeruch anhing. Dieser Geruch haftete auch an den Kleidern der Wopienkas. Sogar in dem über dem Kuhstall gelegenen Wohnbereich war er mehr oder weniger verbreitet. Er ging von den Leibern der großen Tiere aus, den Pferden, Kühen und Schweinen, nicht allein von deren Urin und Mist. Wenn Horst und ich uns während des Striegelns der Pferde einmal gegenseitig auf einen Pferderücken halfen und kurze Zeit darauf herumrutschten, übertrug sich der Geruch des Tieres sofort auf meine kurze Hose, und wenn ich sie nicht wechselte, zog die Mutter nach meiner Heimkehr sofort ihre Nase kraus, schimpfte mit mir und schickte mich nach unten zum Umziehen.

Mit Horst kletterte ich nicht nur auf die Rücken von Hans und Liese. Der Freund versuchte mich auch für das Reiten auf den Rindern zu begeistern. Diese halbwüchsigen Kühe und Bullen konnten sich frei in einem eigenen Stall auf einer dicken Lage aus Stroh und Mist bewegen. Sie betrachteten uns als lästige Eindringlinge und Störenfriede und wichen uns immer aus, wenn wir uns auf sie zu bewegten und sie zu reiten versuchten. Selten gelang es, uns für einige Zeit auf einem der Rücken zu halten. Blieb einer einmal etwas länger oben, fühlte er sich großartig.

Die Schafe des Hofes betreute vom späten Frühjahr bis in den Herbst hinein ein Schäfer. In seiner großen Herde befanden sich fast alle Orber Schafe. Im Laufe der Monate zog er mit ihnen, unterstützt von seinen Hunden, nach Absprachen mit den einzelnen Grundstückseignern, die den Schafsmist als Dung schätzten, in der Gegend um Orb herum. Sein mobiles Zuhause, der Schäferkarren, stand immer an dem Gatter, in dem die Herde die Nacht verbrachte und das alle paar Tage versetzt wurde, sodass die Herde möglichst kurze Wanderwege hatte. Als Kind wunderte ich mich, dass manche der großen Schafe zwischen den Vorder- und Hinterbeinen eine Schürze aus Sackleinen trugen. Ich erfuhr, dass das Böcke waren, denen so ein folgenreiches Bespringen der weiblichen Schafe verwehrt wurde.

Im Winter hielten die Bauern die Schafe in ihren Ställen. Bei den Wopienkas waren das mindestens ein halbes Dutzend. Und den widerspenstigen starken Bock versuchten wir auf Horsts Vorschlag hin zu reiten. Ich hatte seiner dünnen Beine wegen zunächst Bedenken, aber Horst beruhigte mich und machte es mir vor. Wir lagen mehr auf dem Bock als wir saßen und konnten uns, anders als bei den Rindern, an seiner dicken Wolle festkrallen. Jeden gewonnenen Meter bejubelten wir, und wenn wir herunterfielen, hatten die Zuschauer ihren Spaß, denn manchmal waren auch noch Jungen aus der Nachbarschaft dabei. Die schwächeren weiblichen Schafe aber ließen wir damit in Ruhe.

Horst zeigte mir auch, wie man Schafe für den Fall des Scherens auf den Rücken zwingt. Er näherte sich einem Tier von der Seite, griff unter dem Bauch hindurch mit der einen Hand das hintere Vorderbein, mit der anderen das hintere Hinterbein und zog beide Beine mit einem Ruck an sich heran. Das überraschte Schaf verlor sein Gleichgewicht, fiel auf die Seite und konnte auf den Rücken gedreht werden. Unter Horsts Anleitung übte ich, bis ich es konnte. Erst als ich auch den Bock auf diese Weise bezwungen hatte, war er mit mir zufrieden und ich auf mich stolz. Ich hatte nie geglaubt, ein so starkes Tier einfach umwerfen und so meine Überlegenheit beweisen zu können.

Ich glaube, die Eltern Wopienka und die Großeltern Nagel waren immer etwas misstrauisch, wenn wir Jungen uns ohne einen besonderen Auftrag in den Ställen, den Schuppen und auf dem Heuboden herumtrieben. Am liebsten waren wir ihnen als nützliche Helfer bei ihrer Arbeit. Dafür erfuhr auch ich Anerkennung und Respekt. Abends halfen wir bei der Versorgung der Tiere. Der große Kuhstall mit Abteilungen für die Ziegen und die Kälber erinnert mich im Rückblick an eine tiefe, nie richtig hell ausgeleuchtete Höhle mit schummrigen Winkeln, erfüllt von der Wärme der großen Tierleiber und deren eigenartig süßlichen Ausdünstungen. Sie verbanden sich mit den Gerüchen von Mist, Urin und der lauwarmen Milch in den Eimern und Kannen. Als etwa Elfjährige konnten wir nur leichte Handlangerdienste verrichten. Wir gabelten Heu oder Grünfutter auf die Schubkarre, schnitzelten für die Kühe und Rinder Runkelrüben mit einer Maschine klein und vermischten sie mit gehäckseltem Stroh. Wir halfen bei der Vorbereitung und Verteilung des Schweinefutters, das außer den auf dem Küchenherd gekochten Kartoffeln auch aus gequetschtem Hafer bestand, und wir brachten den Tieren auch Wasser zum Saufen.

Einmal rügte mich Horsts alter Großvater, weil ich in der Scheune achtlos auf dem schon heruntergeworfenen Heu für die Kühe stand. Ich wollte doch auch nicht, dass jemand auf meinem Essen herumtrampelte, erklärte er mir. Ich musste ihm Recht geben und merkte, dass der alte Bauer auch gegenüber seinem Nutzvieh eine Art Fürsorgepflicht empfand, selbst wenn er andererseits ohne viele Skrupel und ganz ohne Betäubung die kleinen Eber kastrierte, den weiblichen Lämmern die Schwänze verkürzte, die Zugpferde zuweilen bis aufs Äußerste belastete und irgendwann sein Vieh schlachten ließ oder es sogar mit eigener Hand tat.

Horst und ich halfen auch beim Heuen. Wir konnten mit den großen Holzrechen das geschnittene Gras wenden, damit es schneller trocknete. Später wurde es zu Haufen zusammengerecht und mit Heugabeln auf den großen Leiterwagen gehievt. Für diese schwere Arbeit waren wir zu klein und schwach. Jedoch konnten wir das Heu oben auf dem Wagen entgegennehmen und es verteilen. Am Schönsten war die Heimfahrt. Ich durfte auf dem hoch beladenen Wagen sitzen. Vom hinteren Orbtal kommend fuhren wir die Würzburger Straße hinunter und dann die steile Hochstraße hinauf. Mit einem krallenförmigen Greifer an einem Flaschenzug wurde das Heu vom Wagen bis unter den Dachvorsprung der Scheune gehoben. Ein Helfer rollte anschließend den Greifer auf einer waagerecht angebrachten Schiene in das Innere der Scheune bis an die Stelle, wo das Heu gelagert werden sollte. Den leeren Greifer schickte man dann wieder nach unten für die nächste Ladung.

An diesem Greifer hängend rollten wir in unserer Freizeit gerne in der Scheune hin und her und ließen uns immer wieder in das weiche Heu darunter fallen. Je tiefer der Fall, um so größer unser Spaß. Nur trafen wir manchmal auf eine Stelle mit Katzendreck, und wer damit beschmiert war, der stank schrecklich. Die Katzen mochten den Heuboden auch. Dort gab es Mäuse und gute Verstecke, besonders auch für die neugeborenen Jungen. Die Bauern sahen es den Tieren an, wenn sie geworfen hatten, hielten Ausschau nach dem lästigen Nachwuchs und ersäuften ihn, sobald sie ihn gefunden hatten.

Zu dem Bauernhof gehörte auch eine Scheune, die schräg zwischen Hochstraße und der etwas tiefer gelegenen parallelen Altenbergstraße stand und über jeweils eine Zufahrt erreicht werden konnte. Hier wurde die Getreideernte eingefahren und gelagert. Die kleinen Bauern ließen ihr Korn gleich nach dem Abernten in der Hasel in einer öffentlichen Anlage dreschen. Die Wopienkas warteten damit bis zum Winter, wenn es draußen nur noch wenig zu tun gab und erledigten das in dieser Scheune, wenn ich mich richtig erinnere, sogar mit einer eigenen Maschine. Die Körner rieselten in bereitgehaltene Jutesäcke. Das Stroh, das vor allem als Stallstreu Verwendung fand, aber auch zerkleinert als Tierfutter diente, wurde auf dem großen Dachboden gelagert. Diese Arbeit verlief zügig an mehreren aufeinanderfolgenden Tagen. Dann war die ganze Familie gefordert. Der Betrieb konnte sich keinen festangestellten Knecht leisten, aber bei viel Arbeit halfen bestimmte Männer aus, die selbst eine kleine Landwirtschaft betrieben oder zumindest etwas davon verstanden. Sie trugen auch zur Unterhaltung bei und verbesserten die Stimmung während der Arbeit und in den Pausen.

Eine unserer Lieblingsbeschäftigungen war das Hüten der Kühe. An trockenen Nachmittagen im Sommer wurden sie alle aus dem düsteren Stall herausgelassen, und unter Horsts Führung trotteten sie in langer Reihe die Altenbergstraße hinauf. Irgendwo am Hang zum Haseltal besaßen die Wopienkas eine größere Wiese. Dort ließen wir das Vieh weiden. Das bereitete wenig Arbeit. Wir mussten nur aufpassen, dass die Tiere auf der Suche nach gutem Futter auf dem nicht eingezäunten Grundstück blieben und sich nicht in der Nachbarschaft gütlich taten. Horst sah das aber nicht so eng. Nur durften wir die Kühe nicht aus den Augen verlieren. In der Zwischenzeit konnten wir spielen und auf den Bäumen herumklettern. Wie ich meinen Bruder Martin, musste Horst seinen viel jüngeren Bruder Kurt mitnehmen und beaufsichtigen. Wir empfanden diese Kleinen oft als lästig. Auch dieses Leid verband mich zuweilen mit Horst. Beim Spielen von Räuber und Gendarm waren die jüngeren Brüder uns „Großen“ immer unterlegen, weil sie sich als Räuber zu leicht fangen ließen und als Gendarmen an die älteren Räuber nicht herankamen.

Horst schenkte mir eines Tages auch ein Meerschweinchen. Doch davon werde ich später ausführlicher erzählen.

Mit Lothar Weiler unterwegs

Lothar Weiler, von vielen auch Lockes genannt, war ein Jahr älter als ich und hatte mir an Lebenserfahrung weit mehr als nur einiges voraus. Sein Vater hatte während der Zeit des Nationalsozialismus von 1933 bis zum Einmarsch der Amerikaner das Amt des Bürgermeisters unserer Kleinstadt inne. Unter seiner Regie entstand in den 30er Jahren auch das schöne Orber Schwimmbad, wie Lothar häufig betonte. Herr Weiler war Kaufmann, aber womit er handelte, weiß ich nicht mehr. Schlecht ging es ihnen jedenfalls nicht, denn Anfang der 50er Jahre bauten sie in der Birkenallee, einem neu erschlossenen Baugebiet am Rande des Kurviertels, ein schönes Haus für die Familie und für Kurgäste, die damals in vielen Privathäusern eine Unterkunft fanden und für die Orber eine zusätzliche Einkommensquelle bedeuteten. Anders als die zuweilen ernst und schwermütig wirkenden Wopienkas zeigten sich die Weilers überwiegend fröhlich und unbeschwert und auch eine humorvolle Lässigkeit im Umgang miteinander. Von Lothars vier Geschwistern gefiel mir die älteste Schwester Gudrun am besten, eine hübsche große Blonde Anfang zwanzig, eine ungezwungen, lebensbejahend und natürlich wirkende Frau, die mir, wohl geübt im Umgang mit den Jüngeren der Familie, stets freundlich und wohlwollend begegnete. Lothar war der Jüngste und zu seinem Leid zunächst auch noch klein für sein Alter. Meine Eltern betrachteten meinen Umgang mit ihm anfänglich mit einem gewissen Misstrauen. Doch daraus machte ich mir nichts. Mich faszinierte seine zumindest zwischen uns herrschende unverblümte Offenheit und Direktheit, auch eine Schamlosigkeit, sich in ungewöhnliche Situationen zu begeben und etwas zu riskieren und sich dann noch mit beißendem Humor damit auseinanderzusetzen.

So im Rückblick fällt mir auf, dass es ihn als jungen Mann, genauso wie meinen früheren Spielgefährten Klaus Peter Kruse und auch mich, später in die Welt hinaustrieb. Klaus Peter wurde Seemann, und Lothar fuhr eine Zeit lang als Schiffskoch zur See bevor er sich zum Masseur ausbilden ließ und als solcher in Bad

Orb jahrelang erfolgreich arbeitete. Vielleicht war es ein Sinn für das Abenteuerliche, der uns verband.

Eine Erfahrung mit Lothar lehrte mich, den Unwert und Nachteil von großspuriger Geschwätzigkeit zu erfahren. Meine Eltern, unzufrieden mit unserer Wohnsituation als Mieter in der Spessartstraße, sahen sich schon lange, bevor sie später selbst bauten, nach einem eigenen Haus um. In der Lindenallee wurde eines zum Verkauf angeboten. Zuhause redeten die Eltern ständig darüber. Es ging um das Für und Wider, den geforderten Preis, die Möglichkeiten der Nutzung für den Kurgastbetrieb, die Finanzierung. Darüber und über noch mehr wurde in langen Gesprächen während und nach unseren gemeinsamen Mahlzeiten immer wieder geredet. Und ich hatte nichts Besseres zu tun als Lothar brühwarm von den Überlegungen der Eltern zu berichten, bis ich eines Tages mitbekam, dass Lothar seinen Eltern alles weitererzählt hatte und dass auch diese den Kauf dieses Hauses in Erwägung zogen. Plötzlich schämte ich mich abgrundtief vor mir selbst. Es gab niemanden, dem ich mich anvertrauen konnte. Mein Gerede war ja auch im christlichen Sinn keine Sünde. Keiner hatte es mir ausdrücklich untersagt. Trotzdem empfand ich es als großes Vergehen gegen die Interessen meiner Familie und bedauerte mein Verhalten zutiefst. Am Ende entschieden sich meine Eltern und auch die Weilers gegen den Erwerb dieses Hauses. Trotzdem fühlte ich mich noch lange als Verräter und schwor mir damals, in Zukunft jegliche mir anvertrauten Geheimnisse und auch Peinlichkeiten anderer nicht mehr auszuplaudern, sondern sie, sollte es kosten, was es wolle, einfach für mich zu bewahren oder sie bestenfalls so zu erzählen, dass sie betroffenen Personen niemals zugeordnet werden konnten. Ich glaube, daran habe ich mich bis heute gehalten.

Auf der Suche nach Abwechslung und aufregenden Erlebnissen machten Lothar und ich auch hin und wieder Klingelstreiche. Dafür eignete sich die Kurparkstraße besonders. Nach vollbrachter Tat rannten wir über die Straße, kletterten in Windeseile über den hohen Kurparkzaun auf der gegenüberliegenden Seite und warteten hinter den Büschen verborgen auf eine Reaktion. Manchmal tat sich natürlich gar nichts. Aber wie freuten wir uns, wenn sich eine Haustür öffnete und sich uns ein ratloses oder auch verärgertes Gesicht zeigte. Spannend wurde es auch, wenn eine Person bis zum Bürgersteig hinaustrat und auf der Suche nach einem Bösewicht die Kurparkstraße hinauf- und hinunterspähte. Dabei saßen wir nur ein paar Meter von ihr entfernt in unserem Versteck hinter dem Zaun.

In Lothars weiterer Nachbarschaft wohnte im zweiten Stock eines Hauses in der Lindenallee eine Frau Heim. Wir kannten die recht beleibte Dame vom Sehen. Meist führte sie dann auch ihren Kurzhaardackel mit sich, der, wie sein Frauchen, prächtig genährt war und immer nur sehr verhalten mitlaufen konnte. Aufgrund ihrer Fülle und vielleicht auch wegen einer schlechten Gesundheit vermied Frau Heim allzu häufiges Treppensteigen. Lothar hatte beobachtet, dass der Briefträger ihre Post nie in den Briefkasten steckte, sondern immer in ein Körbchen legte, das vormittags neben dem Weg zur Haustür im Gras stand und von Frau Heim an einer langen Schnur dann nach oben geholt wurde. Diese Gewohnheit wollten wir uns zunutze machen. Lothar besorgte von Zuhause einen leeren Briefumschlag, und ich sammelte von der Straße ein paar frische Pferdeäpfel auf. Wie so häufig ging der Briefträger an diesem Tag achtlos an dem Haus vorüber, und so beschickten wir das Körbchen mit unseren eigenen Gaben. Auf die noch warmen Pferdeäpfel platzierten wir den Briefumschlag und zogen dann, wie wir es bei dem Mann von der Post gesehen hatten, dreimal kurz an der Schnur, die oben irgend ein Signal auslöste. Jedenfalls hatten wir gerade unseren versteckten Beobachtungsposten erreicht, als Frau Heim schon das Fenster öffnete, nach unten blickte und „ihre Post“ sah. Gespannt beobachteten wir, wie sie vorsichtig das Körbchen nach oben zog und es zunächst auf der Fensterbank abstellte. Dann hatte sie den leeren Umschlag in der Hand, starrte verärgert auf die Bescherung darunter, schimpfte etwas aus dem Fenster heraus und kippte den ungewünschten Inhalt mit Schwung in den Vorgarten. Wir hockten erregt und von einer diebischen Freude erfüllt hinter einigen Büschen auf der begrünten Verkehrsinsel vor dem Haus und weideten uns an diesem gelungenen Streich.

Für Tauben hegte ich schon früh eine Bewunderung. Ähnlich den Katzen leben Brieftauben in der Obhut der Menschen und sind trotzdem ziemlich frei. Im ersten Spielfilm über Anne Frank in den Fünfziger Jahren schaut das jüdische Mädchen, das mit ihrer Familie in einer Dachwohnung in Amsterdam im Versteck lebt, durch eine Luke in den Himmel und sieht einen Schwarm Tauben ungehindert und unbeschwert über die Dächer der Stadt hinwegsegeln. Voller Sehnsucht nach einem ähnlichem Leben verfolgt sie gebannt den eleganten und lautlosen Flug der graublauen Vögel.

Lothar hielt neben dem Haus der Eltern in einer Gartenhütte ein paar Tauben. Er kannte einige Orber, die Brieftauben züchteten. Die suchte er gelegentlich auf, und ich begleitete ihn. Auf verschiedenen Dachböden mit dort eingerichteten Taubenschlägen fachsimpelte er mit den Erwachsenen über eine artgerechte Haltung, die richtige Ernährung und vor allem über züchterische Besonderheiten. Für mich war das ein Einblick in eine fremde Welt. Taube war nicht gleich Taube, und feinste, für den Laien zunächst kaum erkennbare Merkmale, bedeuteten oft einen riesigen Unterschied. Auch vom Züchter gewünschte Paarungen der Vögel konnten es in sich haben, erforderten Geduld und beharrliches, manchmal trickreiches Vorgehen.

Eines Tages machten wir mit unserer Mittelschulklasse einen Tagesausflug nach Mainfranken. Während der Rückfahrt von Rotenburg ob der Tauber legten wir auch in Würzburg eine Besichtigungspause ein. Auf einem großen Platz in der Stadt leuchteten Lothars Augen auf, denn eine große Taubenschar tummelte sich um uns herum. Wir begannen, Reste unseres Reiseproviants an sie zu verfüttern. Da äußerte Lothar die Idee, einen der Vögel zu fangen. Einige von uns Jungen lockten die Tauben mit Brotresten an sich heran. Er belauerte sie von der Seite und warf dann blitzschnell seine Jacke auf eine besonders forsche und unachtsame. Und die trug er dann mit Siegerpose in der Jacke versteckt zum wartenden Bus. Die Sensation ging zunächst von Mund zu Mund, aber mit der Auflage, unserer Lehrerin nichts davon zu sagen. Lothar zog sich mit seinem Beutegut ganz nach hinten auf die Sitzbank zurück. Auf der Rückfahrt durch den Spessart herrschte dort dann eine ständige Unruhe, hauptsächlich bedingt durch die in die Jacke gewickelte Taube auf Lothars Schoß. Schließlich, wir waren schon im Jossgrund, kam die Lehrerin zur Kontrolle nach hinten, und Lothar musste Farbe bekennen. Aber der Lehrerin blieb nicht viel übrig, außer ihm sein Verhalten vorzuwerfen und zu schimpfen. Man konnte die entführte Taube doch nicht fern ihrer Heimat aus dem Bus tragen und einfach wegfliegen lassen. Jedenfalls kam sie mit nach Orb, und Lothar brachte sie in seinem Schuppen unter. Am nächsten Tag zeigte er sie einem Fachmann. Der besah sie sich und erklärte zu Lothars großer Enttäuschung, er hätte keinen guten Fang gemacht, denn es sei keine reinrassige Brieftaube, sondern nur ein „Ratz", also das, was man bei Hunden mit Promenadenmischung bezeichnet.

Der Orbbach führte, zumindest bis zum Salinenplatz, ziemlich klares Wasser, und er war voller Forellen. Vor seiner systematischen Begradigung und Einfassung zwischen der hinteren Kurparkstraße und der Spessartstraße und weiter bachaufwärts kannten wir in einem stets feuchten Randbereich sogar eine Stelle, an der auch Feuersalamander lebten. Kurz nach unserem Einzug in die Spessartstraße beobachteten ich einmal einen Trupp amerikanischer Soldaten beim Fischefangen. Sie schütteten an der Spessartstraße unbekümmert Unmengen von Chlor in den Küppelsbach, sammelten kurz vor seiner Mündung in den Orbbach an der Rotahornallee die betäubten Forellen ein und brieten sie dann an Stecken über einem offenen Feuer. Einerseits imponierte uns Kindern ihre lässige und praktische Art der Nahrungsbeschaffung, andererseits boten die Fische, die mit den Bäuchen nach oben den Bach hinuntertrieben einen grausigen Anblick.

Das Fischen im Kurviertel war nicht erlaubt. Ich kann mich nicht an einen einzigen Angler erinnern. Wir kannten aber Jungen, die Forellen mit der Hand fangen konnten. Lothar war einer von ihnen, und er tat es mit viel Geschick. An manchen Stellen hatte das Bachwasser die Uferböschung unterspült und kleine Höhlen ausgebildet. Dort hielten sich die Fische gerne auf, wenn sie nicht im Bach unterwegs waren. Es hieß, man müsse ganz ohne Hast die Hand in diese Höhlen schieben, die ahnungslosen Forellen mit den Fingerspitzen ganz leicht an ihrer Unterseite kitzeln und dann einfach schnell zupacken. Ich habe das mehrmals ohne Erfolg versucht. Zum Ausprobieren gab es wenig Gelegenheit. Es war uns auch von den Eltern verboten, und im Kurpark hielten sich zur Pflege der Anlagen ständig Arbeiter auf, die uns misstrauisch beobachteten, wenn wir uns dort herumtrieben.

An einem trüben Nachmittag im Herbst war der Kurpark ziemlich leer und Lothar bestand darauf, Martin und mir seine Fängerqualitäten zu beweisen. Im Bereich der heutigen Lesehalle holte er in kurzer Zeit drei oder vier Forellen aus kleinen Höhlen am Fuß der Uferböschung. Er schlug ihre Köpfe hart auf einen Stein, und da lagen sie dann im Gras und rührten sich nicht mehr. Nach dieser Demonstration seines Könnens zeigte er keinerlei Interesse an seiner Beute, und so brachten Martin und ich sie zu uns nach Hause. Unsere Mutter war gerade nicht anwesend, und wir versteckten die Fische in der Diele unter einem der Bauernschränke. Nach der Rückkehr der Mutter drucksten wir eine Weile herum bis wir mit unserem Fehlverhalten herausrückten. Schließlich musste mit den Fischen unter dem Bauernschrank etwas geschehen. Sie redete zu uns zunächst wie mit verbrecherischen Wilddieben, die man auf frischer Tat ertappt hat. Laut ihrer Aussage hätte sie uns am liebsten mit den toten Forellen zur Kurverwaltung geschickt. Aber nachdem wir versprochen hatten, sie nie wieder in eine solche Verlegenheit zu bringen, nahm sie die Fische aus, stellte die Pfanne auf den Herd und briet sie für uns in ausgelassener Margarine.

Es war Lothar, der mich darüber aufklärte, wie die Zeugung von Kindern erfolgte. Natürlich wusste ich damals schon lange, wie die Tiere zu ihrem Nachwuchs kamen. Doch überfiel es mich als arger Schock, dass dieser Geschlechtsverkehr von den Menschen, angeblich die Krone der Schöpfung und nach Gottes eigenem Ebenbild geschaffen, in der gleichen Weise betrieben wurde. Und sie sollten auch noch große Lust dabei empfinden und es nicht nur aus reiner Verantwortung für die Erhaltung ihrer Art tun.

Schon in noch jüngeren Jahren verspürte ich immer wieder so ein Sehnen in mir, dessen Ziel ich mir gar nicht erklären konnte. Es war eine Art Hunger – aber auf was eigentlich? Auf jeden Fall auf etwas Süßes, aber keinesfalls auf irgendeine Speise oder ein besonderes Getränk. Auch der Genuss von Schokolade hätte diese Sehnsucht nicht stillen können. Ich merkte schon, dass diese Gefühle auch mit meinem eigenen Geschlecht zusammenhingen, aber sehr katholisch und gläubig erzogen und den Forderungen unserer Kirche verpflichtet, mich nicht einmal in Gedanken mit Unkeuschem zu beschäftigen, hatte ich mich auf solche Gefühle des Sehnens nie eingelassen und sie stets von mir gewiesen. Und jetzt erzählte mir Lothar im Straßenjargon, dass es um uns herum – angefangen bei den eigenen Eltern – Männer und Frauen ständig miteinander trieben. Und das mit Freude und Begeisterung. Dabei gingen sie sogar die Risiken ungewollter Schwangerschaften ein, kamen unverhofft zu Kindern und mussten früh heiraten, nur aus dem Drang heraus, mit dem Partner so intim zusammenzusein. Ich war erschüttert und konnte es zunächst nicht fassen. Meine treuherzige Sichtweise der Welt der Erwachsenen war dahin.

Ich erfuhr auch von Jungen, die spätabendliche Pirschgänge in das so genannte Nervenwäldchen oberhalb des Kurhauses unternahmen. Dort standen einige Bänke für erschöpfte Kurgäste zum Rasten und Verweilen. Nach Anbruch der Dunkelheit fanden sich hier häufig Pärchen zum zärtlichen Beisammensein ein. Anders als heute war es unverheirateten Paaren nicht gestattet, sich gegenseitig in ihren Unterkünften zu besuchen und dort miteinander zu schlafen. So wichen die jungen Leute in Wald und Flur und in das Nervenwäldchen aus, und dort schafften es angeblich einige von abenteuerlicher Neugier geplagte kleine Beobachter immer wieder einmal, im Gebüsch verborgen, Zeugen dieser Freuden zu werden.

Dies aber war eine Welt, die mich nicht reizte und auf die ich mich nicht einlassen wollte. Ich mochte noch viele Jahre danach keine Witze anhören, die Sexualität zum Thema hatten. Wenn sie von anderen Jungen erzählt wurden und ins Derbe abglitten, ging ich zur Seite und hörte weg.

Geld verdienen

Bald nach der Währungsreform kamen alle möglichen Waren auf den Markt. Wie über Nacht fingen plötzlich einige Kinder an, Rollschuh zu laufen, und das ausgerechnet in unserer Spessartstraße. Die Straßen von der Küppelsmühle bis hinunter zum Rathaus besaßen eine gute glatte Teerdecke, und man konnte die ca. zwei Kilometer in einem Zug durchlaufen. Und ich wollte gerne dabei sein und mitmachen. Aber die Hudora Rollschuhe kosteten fast dreißig Mark. Und soviel Geld konnte ich nicht aufbringen. Glücklicherweise ging ich in dieser Zeit zur Erstkommunion, und das Geld, das mir zu diesem Anlass Verwandte und Freunde der Familie schenkten, entsprach etwa der Hälfte der Anschaffungskosten. Die andere Hälfte hatte ich angespart. Die Rollschuhe mit den Metallrädern wurden mit einem Schlüssel verlängert und verkürzt. Sie passten unter jeden Schuh und konnten nicht nur von mir, sondern auch von den Geschwistern jahrelang genutzt werden.

Wir bekamen als Kinder kein Taschengeld, zumindest nicht regelmäßig, und wenn, dann nur geringe Beträge, die gerade einmal für Süßigkeiten oder einen Kinobesuch reichten. Solange meine Mutter den Blumenladen führte und ich kleine Aufträge für sie erledigte, fiel hin und wieder ein Trinkgeld für mich ab, später wurden wir für besondere Arbeiten in Haus und Garten mit kleinen Beträgen entlohnt. Zum Sparen blieb davon gar nichts oder nur wenig übrig. So sah ich mich eigentlich von klein auf immer nach irgendwelchen Arbeiten außer Haus um, die mir Geld brachten. Ich erinnere mich, dass ich für die alte Frau Graulich auf dem Rasen zwischen dem Hotel Hohenzollern und ihrem Privathaus Roseneck den Löwenzahn herausstach. Dem Apotheker Hans Siebert verkaufte ich einmal für fünf Mark einen Igel, nachdem er sich über eine Mäuseplage um sein Holzhäuschen „Heimatblick“ an der oberen Molkenbergstraße beklagt hatte. Wir Kinder sammelten auch über Jahre hinweg Altmetall, das von Schrotthändlern auch in kleinsten Mengen angenommen und nach Gewicht bezahlt wurde. Wir fanden es zunächst auf den Müllkippen, später eigentlich überall, wo auch immer wir herumstöberten.

Was nicht niet- und nagelfest angebracht war, eigneten wir uns an und machten es zu Geld. Auf lose Messing- und Kupferteile, eine besonders kostbare Ware, stießen wir leider nur selten. Nach dem Auszug aus der Spessartstraße montierte ich sogar noch den Wasserhahn in der Küche ab. Leider brachte ich mich dabei in eine mir sehr peinliche Situation, weil nach getaner Arbeit mit einer Rohrzange das plötzliche Erscheinen des Hausbesitzers Dr. Ramek mir meine hohen Triumphgefühle vertrieb. Er reagierte nicht gerade begeistert, nahm dann aber diese Demontage letztlich großmütig hin. Mit unserem Auszug war für ihn der Umbau des Hauses möglich geworden, und dieser Wasserhahn wurde nicht mehr gebraucht.

In diesem Zusammenhang sind mir auch die hohen Kastanienbäume an der Orber Kurparkstraße in guter Erinnerung. Für einige Jahre boten sie mir im Herbst eine willkommene Einnahmequelle. Der Förster Hörder in der Kirchgasse zahlte fünf Mark für einen Zentner Kastanien. Er brauchte sie für die Wildfütterung. Morgens lagen sie neben ihren zerplatzten stacheligen grünen Hüllen auf der Straße und den beiden Gehsteigen. Ich stand früh auf, lief die paar hundert Meter von unserer Wohnung in der Spessartstraße in die Kurparkstraße, immer in Sorge, andere Sammler seien mir schon zuvorgekommen. Meist war ich der erste und sammelte die Kastanien in einem mitgeführten Korb. Leider fielen in Nächten ohne Sturm und Regen nur wenige herunter, und die Ausbeute war dann entsprechend gering. Anschließend suchte ich noch im Kurpark weiter. Unterhalb des Wehres, das den Weiher auch heute noch staut, standen noch mehr ertragreiche Bäume. Zum Frühstück war ich wieder zu Hause. Anschließend machte ich mich auf den Weg zur Schule. Im Spätherbst fuhr ich die Ernte mit unserem Handwagen in die Kirchgasse zum Verkauf. Einmal lieferte ich sogar mehr als einen Zentner ab.

Der Förster konnte auch Eicheln gebrauchen. Ich fing mit dem Sammeln an. Meine aufwändige Suche führte mich bis hinauf in den Wald bei Friesenheiligen. Anders als Kastanien sind Eicheln klein und leicht. Nach weiten Wegen und einer geringen Ausbeute kam ich zu dem Schluss: Diese Arbeit brachte zu wenig ein und lohnte sich nicht.

In den Zeiten des Mangels in und nach dem Krieg gingen viele Orber, überwiegend Frauen mit ihren Kindern, in die Heidelbeeren. Diese Waldfrüchte wurden für die obstfreie Zeit im Winter und Frühling in Gläsern, sogar in Flaschen mit einer Gummikappe als Verschluss, eingeweckt oder zu Marmelade verarbeitet. Sie dienten auch als Tortenbelag und der Anreicherung von Pfannkuchen. Wir Kinder mochten sie am liebsten frisch gepflückt in Milch und mit Zucker bestreut.

Des Geldes wegen zog es auch uns Geschwister in den Sommerferien auf der Suche nach Heidelbeeren in den Wald. Wir verkauften unsere Ernte in dem etwas nachlässig geführten kleinen Obst- und Gemüseladen Spahn neben dem früheren Haushalts- und Porzellangeschäft Trautmann in der Hauptstraße. Kurgäste und Einheimische versorgten sich hier mit frischem Obst. Unserer Mutter war das gar nicht recht. Sie hätte unsere Beeren gern für die Familie gehabt. Da die Spahns, je nach Marktlage, mehr oder weniger für das Pfund bezahlten, einigten wir uns mit der Mutter auf einen mittleren Preis, den sie uns von Anfang bis zum Ende der Saison garantierte, und verkauften die Beeren an sie, wenn sie es so wollte.

Das Beerensammeln machte keine Freude. Unsere Kusine Ingrid erzählt, sie hätte es sogar gehasst, immer wieder mit Mutter und Tante in den Wald zu müssen. Mich selbst tröstete stets die Aussicht auf das verdiente Geld. Doch zunächst mussten wir den langen Weg zu den Hängen im oberen Haberstal und später von der Hubertusstraße aus in das Gebiet zwischen Friesenheiligen und Hartmannsheiligen gehen. Oft war es heiß. Mücken, Fliegen und Bremsen umschwirrten und piesackten uns. Der verdünnte Essig, mit dem wir uns die nackten Beine, die Arme und den Hals einrieben, hielt nicht alle Plagegeister fern. Tief nach vorne gebeugt, immer im Wettbewerb mit den anderen Pflückern um die besten Stellen, bewegten wir uns suchend von Busch zu Busch. Dem Beispiel der Erwachsenen folgend benutzten auch wir die kastenförmigen Heidelbeerkämme. Sie vereinfachten das Ernten und ersparten uns viel Zeit. Die mitabgerissenen kleinen Blätter bliesen wir aus den Kämmen heraus, bevor wir die Beeren in einen kleinen Sammelbehälter vor unserem Bauch, und wenn der voll war, in eine mitgebrachte Milchkanne oder einen kleinen Eimer schütteten.

Morgens zogen wir schon früh in den Wald und irgendwann nach Mittag, wenn Hitze und Müdigkeit uns zusetzten, wieder nach Hause. Der schönste Teil war immer der Heimweg. Die mühevolle ungeliebte Arbeit war getan. Der Weg führte stets bergab, und wir freuten uns auf die zu erwartenden Einkünfte und auf unsere Freiheit im Schwimmbad. Um uns die Zeit zu vertreiben, und weil wir froh waren, plapperten wir dann unbekümmert drauflos und sangen oder summten zwischendurch auch Lieder, die wir aus der Schule kannten.

Eva Richards und Familienprobleme

Unser Vater, gegenüber temperamentvollen und selbstbewusst auftretenden Frauen kein Mann von Traurigkeit, lernte während seines Lehrerstudiums in Fulda auch Eva Richards kennen. Sie war die Tochter eines Arztes aus Hünfeld und MTA in einem Fuldaer Krankenhaus. Irgendwann weilte sie während der Ferien auch einige Tage zu Besuch bei uns in der Spessartstraße. Sie war groß und stattlich, und Frau Schreiber vom Schuhgeschäft am Marktplatz wollte gar nicht glauben, dass ihre Schuhe, die ich zwecks einer kleinen Reparatur dorthin gebracht hatte, einer Dame und nicht einem Herrn gehörten. Tante Eva, wie wir sie nennen sollten, entpuppte sich als liebenswerter Gast, und wir Kinder, und natürlich besonders unser Vater, mochten sie gerne. Jedoch sorgte ihre Anwesenheit in doppeltem Maße für große Aufregung.

Meine Mutter sah in ihr eine Rivalin. An einem Morgen war mein Vater mit Eva zu einem Spaziergang aufgebrochen. Er wollte ihr unsere schöne Umgebung zeigen. Meine Mutter konnte wegen ihrer Hausarbeit natürlich nicht mitkommen. Gegen Mittag aber wurde die Mutter immer unruhiger und bat mich, sie in das nahe Haberstal zu begleiten. An eine Begründung dafür erinnere ich mich nicht mehr. In der Villa Haberstal wohnte Frau Gervinus, eine Flüchtlingsfrau und Pastorenwitwe, bei der sie Klavierstunden nahm und mit der sie sich recht gut verstand. Möglicherweise wollte sie mit ihr etwas besprechen.

Irgendwie erregt kam sie an der Villa Haberstal dann auf die Idee, mit mir noch ein paar hundert Meter weiter die Haberstalstraße hinauf zu laufen. Suchend schweiften ihre Blicke über die schmalen Wiesenhänge zum Waldrand. Dort vermutete sie irgendwo ihren Mann mit unserer so freundlichen Besucherin. Und plötzlich machte sie einer angestauten Verzweiflung Luft und rief gleich einem verlassenen Kind fordernd und klagend immer wieder: „Rudiii, Rudiiiii!" Außer uns war weit und breit keine Mensch zu sehen. Ich fand ihr Verhalten schrecklich peinlich und sinnlos. Es tat ihr im Nachhinein auch leid, und sie fand Worte der Entschuldigung. Ich merkte, dass meine Anwesenheit sie beruhigte, ihr einen kleinen Trost bedeutete und sie sich mit mir an ihrer Seite nicht völlig verlassen vorkam. Trotz meiner inneren Distanz zu dem schrecklichen Gerufe konnte ich mich ihrer Verzweiflung nicht ganz entziehen.

Mein Bruder Martin machte sich den Besuch in anderer Weise zunutze. Er fand heraus, wo Tante Eva ihre Barschaft aufbewahrte und nahm einen Zwanzigmarkschein aus ihrer Tasche. Zunächst herrschte große Aufregung über den Verlust des Geldes. Ganz klar, dass auch Gitti und ich von den Eltern des Diebstahls verdächtigt wurden. Doch zu unserer großen Erleichterung erschien schon bald die Inhaberin des Kiosks am unteren Kurparkeingang mit Martin an der einen und dem Geldschein in der anderen Hand. Das viele Geld im Besitz des Kleinen, der bei ihr Bonbons kaufen wollte, hatte sofort ihr Misstrauen erweckt. Wir Kinder hatten doch damals kaum mehr als zehn Pfennige zum Ausgeben. Zum Vergleich: Die Kaltmiete für unsere Dreizimmerwohnung betrug 46 Mark. Martin konnte noch nicht lesen und schreiben und kannte den hohen Wert des Scheines nicht. Er wusste nur, dass man für Papiergeld mehr Süßigkeiten bekam als für Münzen. Aber er wusste auch, dass wir nicht klauen durften.

Die Erinnerung an die Vorfälle während dieses Besuchs prägten sich auch deshalb so stark ein, weil sie mir bei meinem Vater sowie bei meinem Bruder Schwächen offenbarten, die in den folgenden Jahren noch häufiger zu Tage traten. Sie setzten unser Familienleben großen Spannungen aus und strapazierten den Familienzusammenhalt manchmal auf kaum erträgliche Weise. Vater und Bruder handelten bestimmt nicht aus einer Bösartigkeit heraus. Jeder unterlag aus irgendwelchen Gründen seinen Zwängen. Ich verurteilte auch weniger ihre Handlungsweisen per se, als den Egoismus und die Rücksichtslosigkeit, mit der sie damit unsere kleine Familiengemeinschaft belasteten. Mein Vater war immer ganz fertig, wenn er Martin, der ihm und seinem Bruder Karl Ernst doch so ähnlich sah, wieder einmal mit dem Teppichklopfer bearbeitet hatte. Er müsse sich dazu immer sehr überwinden, sagte er. Heute frage ich mich, ob das bei ihm nicht auch ein Akt der Selbstgeißelung war.

Meine Mutter muss am stärksten gelitten haben. Auch Gitti war arg betroffen. Ich denke heute, dass ich noch am besten darüber hinwegkam. Irgendwie schaffte ich es, mich von den familiären Problemen nicht zu sehr einnehmen zu lassen und begann schon früh, mir einen eigenen Weg zu suchen. Vielleicht kam mir dabei das gelegentliche Fehlverhalten meines Vaters sogar zugute. Für mich untergrub er damit auch seine väterliche Autorität, und das gab mir einen Grund, ihm nicht immer gehorchen zu müssen. Doch trotz alldem hatte ich immer viel Bewunderung und Zuneigung für ihn übrig, und richtig wehe tun wollte ich ihm nie.

Ihre gestörten Beziehungen machten die Eltern unter sich aus. Vor uns Kindern redeten sie nicht darüber. Auch versuchte keiner von ihnen, uns jemals auf seine Seite zu ziehen und gegen den Partner auszuspielen. Ich hatte immer den Eindruck, sie hielten trotz ihrer Probleme miteinander gut zusammen. Dabei spielte aber unsere Mutter den nachgiebigeren Part. Sie sagte mir Jahre später, sie hätte es sich zum Prinzip gemacht, niemals am Abend unversöhnt neben meinem Vater einzuschlafen.

Und doch erlebte ich eines Abends, wie sie im Nachthemd aufgebracht in unser Schlafzimmer kam. Wir Kinder waren schon älter. Inzwischen – wohl wegen uns – schliefen die Eltern getrennt, der Vater auf der Schlafcouch im Wohnzimmer, die Mutter bei uns im großen Schlafzimmer. Unglücklich und traurig saß sie im Schein der Nachttischlampe eine Weile auf ihrer Bettkante. Ich fühlte, dem musste ein heftiger Streit vorausgegangen sein, und ich litt in diesem Moment so stark an ihrem Unglücklichsein, dass ich mir schwor, niemals in meinem Leben zu heiraten und mich nie auf ein solches Abhängigkeitsverhältnis einzulassen. Damals war ich etwa dreizehn. Aus meiner damaligen Erfahrung war der Stand der Ehe gar nichts Erstrebenswertes.

Mein Vater arbeitete schon als Lehrer. Im Sommer 1951 lud ihn Eva Richards für ein Wochenende auf dem Kreuzberg in der Rhön ein. Meine Mutter argumentierte dagegen. Schließlich willigte sie unter der Bedingung ein, dass ich meinen Vater begleitete. Dabei blieb unausgesprochen, dass ich zu ihrer Beruhigung die Rolle als „Anstandswauwau“ ausüben sollte. Samstagvormittag machte mein Vater im Wächtersbacher Schwimmbad noch den

Grundschein der DLRG und wurde, als er von einem anderen Prüfling, seinem Kollegen Ristl, der ihn als Retter an Land holen sollte, in seinen vollgesogenen Klamotten beinahe ertränkt. Jedenfalls schrie er wirklich verzweifelt um Hilfe, obwohl ihm doch gerade geholfen wurde.

Anschließend fuhren wir mit den Rädern nach Jossa. Ich war ungefähr zehn, und die Strecke durch den Jossgrund nicht einfach für mich. Zwischendurch hielt sich mein Vater an meiner Seite, drückte seine rechte Hand gegen meinen Rücken und schob mich. Das half mir Kräfte sparen. In Jossa ließen wir die Räder zurück und fuhren mit der Bahn nach Wildflecken. Von dort wanderten wir hinauf zum Kreuzberg. Ich kannte ihn schon von einem Schulausflug her, aber an diesem Wochenende war es warm und sonnig. Ich war den dicht bewaldeten Spessart gewohnt, nicht aber solche Höhenwiesen und weite Blicke über die Bergkuppen und Täler. Und die Schafe hatten seltsamerweise alle schwarze Gesichter. In einem Zwinger sah ich zum ersten Mal auch Bernhardinerhunde. Sie erschienen mir riesig, und ich bewunderte ihre Fähigkeit, Menschen, die unter Lawinen gerieten, aufzuspüren und ihre Rettung zu ermöglichen. In der Klosterschenke bediente uns ein kettenrauchender Mönch. Die Zigarette im Mundwinkel und die Bierhumpen in seinen Händen passten gar nicht zu meiner Vorstellung von einem frommen „Gottesmann“. Mein Vater und Tante Eva kannten ihn von früheren Ausflügen und lachten über meine Ansicht. Wir übernachteten im Berghotel des Klosters. Hotels kannte ich von Orb her viele, aber geschlafen hatte ich zuvor in noch keinem. Nach dem Frühstück und dem Gottesdienst in der Kapelle wanderten wir wieder nach Wildflecken hinunter. Tante Eva begleitete uns auf einem Großteil der Strecke. Als Wegzehrung teilten wir uns eine Tafel Schokolade. Ich war so hungrig. Am liebsten hätte ich die ganze Tafel alleine gegessen. In Wildflecken, einem traditionsreichen Truppenübungsplatz, hatten die amerikanischen Besatzungstruppen ein riesiges Heerlager errichtet. Nicht weit entfernt verlief die stark bewachte Grenze der Sowjetischen Besatzungszone. Mit der Bahn fuhren wir zurück nach Jossa. Dort stiegen wir wieder auf unsere Räder. Bis nach Orb waren es noch über 25 km. Mein Vater schob mich zwischendurch immer wieder, damit wir schneller vorwärts kamen. Burgjoß erreichten wir erst im Dunkeln. Auf dem Weg zur Wegscheide mussten wir auf den steileren Abschnitten absteigen und schieben. Plötzlich erhob sich eine dunkle Gestalt aus dem Straßengraben. Doch mein Schrecken legte sich schnell. Es war ein amerikanischer Soldat, der hier Posten schieben musste und uns um Feuer für eine Zigarette bat. Ich war unendlich erleichtert, als wir schließlich die Höhe vor der Wegscheide erreichten. Von hier aus konnten wir auf den letzten Kilometern die Räder ohne zu treten fast bis zur Spessartstraße laufen lassen. Ich fiel todmüde ins Bett. Das war ein Wochenende nach meinem Geschmack. Eifersucht meiner Mutter hin, Eifersucht her. Eva Richards, die später einen Arzt heiratete, der auch die Praxis ihres Vater in Hünfeld übernahm, blieb mir in bester Erinnerung.

Andere Besucher in der Spessartstraße

Mein Vater pflegte eine freundschaftliche Verbindung zu seinem Kollegen Franz Noll, dem beinamputierten ehemaligen Theologen. Aufgrund seiner Kriegverletzung eignete er sich nicht mehr zum Priesteramt und wurde Lehrer. Er stammte von einem Bauernhof in Hausen bei Salmünster, war damals noch unverheiratet und bewohnte ein möbliertes Zimmer in der vorderen Eduard-Gräf-Straße. Aufgrund des gemeinsamen Theologiestudiums verfügten sie beide über gute philosophische Kenntnisse und diskutierten bei ihren gegenseitigen Besuchen viel und zuweilen heftig miteinander. Franz Noll faszinierte uns Kinder als Geschichtenerzähler. Nicht nur seine gespenstische Begegnung mit einem versprengten schwedischen Reiter im nebelverhangenen Kinzigtal brachte uns Zuhörer zum Gruseln, auch seine forsche Behauptung, auf dem elterlichen Hof in Hausen hätten sich Kaninchen mit Ratten gepaart und grausig aussehende Junge geworfen. Vielleicht beabsichtigte er mit dieser Erzählung, uns Kinder zu sich nach Hausen zu locken, wo er gerne das Wochenende verbrachte. Es war ihm ja bekannt, dass wir die Wanderlust unserer Eltern nicht teilten. An einem Sonntag begleiteten wir unsere Eltern über den Salmünsterer Berg in den Nachbarort zu dem Hof, den inzwischen sein Bruder bewirtschaftete. Neugierig begaben wir uns auch gleich nach unserer Ankunft zum Hasenstall. Ein Kaninchen hatte wirklich Junge geworfen, aber sie waren noch klein und nackt und in dem mit ausgerupften Haaren gepolsterten Nest kaum zu sehen. Ob es sich wirklich um Missgeburten handelte, konnten wir gar nicht erkennen. Trotzdem denke ich gerne an diesen Ausflug zurück.

Wie Franz Noll wohnte auch die Berliner Sängerin und Schauspielerin Ruth Grenzebach, eine gutaussehende, etwas mollige und temperamentvolle Blondine, mit ihrem kleinen Sohn in der Eduard-Gräf-Straße. Welche Umstände diese Kriegerwitwe nach Orb geführt hatten, weiß ich nicht mehr, aber der Bruder ihres gefallenen Mannes war Lehrer an der Volksschule. Nicht nur Franz Noll, auch unser Vater verehrte „Ruthchen", und beide waren oft zu Gast in ihrer geschmackvoll eingerichteten, gemütlichen Dachgeschosswohnung und unterhielten sich über Gott und die Welt. Götz, der einzige Sohn, etwa drei Jahre älter als ich, war ihr ein und alles. Neben ihm hatte kein Mann eine Chance.

Götz verunglückte Jahre später, kurz nach dem ersten juristischen Staatsexamen, mit seinem Motorroller im Jossgrund tödlich. In einer Kurve wich er einem entgegenkommenden LKW aus, geriet auf den unbefestigten Seitenstreifen, verlor die Kontrolle über sein Fahrzeug und schlug mit der Stirn gegen die Oberkante eines neben der Straße abgestellten Teerfasses. Seine Mutter konnte den Tod ihres Sohnes bis zu ihrem Lebensende nicht verschmerzen. Sie lebte von da an ganz zurückgezogen und pflegte nur noch mit wenigen Menschen Kontakt.

Was in dieser Frau steckte, erlebte ich einmal an einem Klaviernachmittag bei Frau Gervinus, die wie meine Klassenlehrerin in der Mittelschule, Frau Dr. Schnauder, in der Villa Haberstal untergebracht war. Frau Gervinus, eine Pastorenwitwe, bei der sowohl meine Mutter als auch Gitti Klavierunterricht hatten, ließ an einem Sonntagnachmittag ihre Schüler und Schülerinnen vor deren Familienangehörigen und anderen geladenen Gästen ihr Können zeigen. Sie hatte Ruth Grenzebach als Vokalistin gewonnen und begleitete sie auf dem Klavier. Frau Grenzebach sang das Schubertlied „In einem Bächlein helle, / Da schoss in froher Eil / Die launige Forelle / vorüber wie ein Pfeil.“, und zwar so machtvoll und inbrünstig, dass wir Kinder in den hinteren Stuhlreihen ihr Auftreten als völlig übertrieben empfanden und unsere Gefühle nur in einem zwanghaft unterdrückten Gelächter abreagieren konnten. Die Erwachsenen drehten sich um und straften uns mit bitterbösen Blicken. Die Sängerin neben dem Klavier wirkte wie in Trance und ließ sich durch unsere Unruhe nicht beeinträchtigen. Erst der laute Beifall am Ende des Liedes brachte uns die Erlösung. Wir waren einfach noch zu jung und unerfahren für solch eine künstlerische Darstellung.

Nach seinem Lehrerstudium in Fulda pflegte mein Vater gute Kontakte zu einigen seiner alten Kommilitonen. Gelegentlich besuchten sie uns in der Spessartstraße, meist an Sonntagnachmittagen, weil damals noch samstags unterrichtet wurde. Einer davon war Hans Thys, ein kleiner, untersetzter, dunkelhaariger, beredter Mann, von dem es hieß, er sei gleich bei seinem ersten Einsatz als Jagdflieger gegen die Bomber der Alliierten über Wien von der eigenen Flak abgeschossen worden. Er hatte eigentlich gar nichts mit meiner Vorstellung von einem Kampfpiloten gemein, und der versehentliche Abschuss schien irgendwie zu ihm zu passen. Überhaupt wirkte er wie ein Pechvogel auf uns. Bei einem Besuch kam er ohne seine Frau. Sie hatten kurz zuvor Streit gehabt, und er berichtete, dass sie im Zorn seine Schreibmaschine aus dem Fenster hinunter auf die Straße geworfen hatte. Später hat sie ihn auch noch verlassen.

Gerhardt Schnura, ein anderer früherer Kommilitone, wohnte und unterrichtete in Lanzingen im Biebergrund. Das Dorf lag nicht weit von Orb, und er kam mit seinem Moped. Während oben in der Wohnung bei Kaffee und Kuchen angeregt diskutiert wurde, versuchten Horst Kleinhenz und ich, dieses verführerische kleine Gefährt, das auch schon einige Orber Arbeiter benutzten, um schneller als mit dem Fahrrad an ihren Arbeitsplatz zu gelangen, auf der Spessartstraße in Gang zu setzen. Wir wussten nur nicht wie. Auf dem Hof der Volksschule hatten wir häufig erlebt, wie ältere Schüler mit Hilfe eines Nagels, den sie ins Zündschloss steckten, das abgestellte Motorrad des Lehrers Walter zum Anspringen brachten. Horst und ich mühten uns mächtig. Abwechselnd saßen wir auf und schoben uns gegenseitig. Alles vergeblich. Schließlich rollten wir das Moped enttäuscht hinter das Haus zurück.

Zum engsten Freund aus diesem Kreis wurde Norbert Maiwald aus Würzburg. Wie Franz Noll hatte er katholischer Priester werden wollen, verlor aber im Krieg ein Auge und sah nicht mehr gut. Die Kirche konnte es sich damals noch leisten, körperbehinderten Theologiestudenten die höheren Weihen zu verweigern. So entschied sich Norbert Maiwald für den Lehrerberuf. Er wurde auch Martins Firmpate. Irgendwann fand er eine patente Frau, die für ihn das Auto chauffierte und aus dem etwas ungelenk wirkenden frommen Junggesellen einen mehrfachen Familienvater und später auch noch einen FKK-Anhänger machte. Als mein Vater nach dem Tod unserer Mutter im Sommer 1973 seine Kollegin Anni Ihl heiratete, war er sein Trauzeuge.

Gut erinnere ich mich auch an einen Besuch von Fanny Faber und ihrem Mann. Mit dieser Wiener Freundin unternahm meine Mutter als junge Frau an Wochenenden häufig längere Bergwanderungen. Sie war eine Tochter des Universitätsprofessors und Heimatdichters Hans Sperl, den meine Mutter aufgrund ihrer engen Bindung zu seiner Familie zu ihrer Freude duzen durfte und ihn liebevoll „Vater Sperl" nannte. Bis nach dem Beginn des Zweiten Weltkrieges arbeitete die promovierte Juristin in der gleichen Abteilung der Bundeskrankenkasse wie meine Mutter. Von Lodz im besetzten Polen aus, wo sie ab 1940 für die DAF (Deutsche Arbeitsfront) arbeitete, bedachte sie meine Mutter im schlecht versorgten Wien gelegentlich mit Lebensmittelpaketen, einmal sogar mit einer Sendung von dreißig Eiern. Ich glaube aber, sie ist mir nur deshalb so gut in Erinnerung geblieben, weil ihr Mann ein Bruder des Abenteurers und Reiseschriftstellers Kurt Faber (*1883) war. Der verließ vor dem Abitur die Schule, reiste als 18-Jähriger nach Amerika und heuerte in San Francisco auf einem Walfänger an. Das Schiff fror unerwartet im Nordpolarmeer ein. Die vertraglich gebundene Mannschaft wurde gezwungen, unter allen Umständen an Bord zu bleiben. Kurt Faber reagierte aufsässig, und schließlich gelang ihm die Flucht über das Eis zum Festland. Nach mehreren tausend Kilometern Fußmarsch vom Norden Kanadas nach Süden erreichte er Edmonton.

Über Fanny Faber gelangten einige seiner Bücher in den Bücherschrank unserer Eltern. Angeregt von dem Besuch und den Erzählungen las ich später „Unter Eskimos und Walfischfängern" und „Dem Glücke nach durch Südamerika". Bis zu seinem frühen Tod im Jahre 1929 am Großen Sklavensee in Nordkanada führten die Wege des Ruhelosen auch nach Indien, Sibirien, China, Japan, Australien und Afrika. Der zeitweilige Eisenbahntramp holte sogar sein Abitur nach und promovierte in Politikwissenschaften. Er war ein ungewöhnlich wagemutiger Pionier des Rucksackreisens in einer Zeit, in der man von Deutschland aus in der Regel nur als Auswanderer, Seemann, Forscher, Missionar, Kaufmann, vielleicht noch als Diplomat in ferne Länder gelangte. Kurt Fabers keineswegs romantisch verklärte Reiseerzählungen zeigten mir früh, dass es auch andere Lebenswege gab, nicht nur die gemeinhin üblichen.

Als Balljunge auf dem Tennisplatz

Irgendwann konnte ich Vaters Fahrrad richtig fahren. Die hohe Stange passte zwischen meine Beine und ich brauchte mich nicht mehr unter ihr hindurchzukrümmen. Wenn ich nicht treten musste, schaffte ich es sogar mit dem Hintern auf den Sattel. Doch das Rad gehörte nicht mir. Vor jeder Fahrt musste ich eine Erlaubnis einholen, es häufig vorher putzen. Die Abhängigkeit und die Bittstellerrolle behagten mir nicht. Ein neues Fahrrad kostete viel Geld, weit über einhundert Mark, mehr als ein Viertel des monatlichen Familieneinkommens. Es galt als selbstverständlich, dass, wenn ich eines haben wollte, es mir mit eigenen Mitteln kaufen musste. Aber woher das Geld nehmen?

Allmählich wurde der Wunsch nach einem eigenen Fahrrad übermächtig. An einem Nachmittag im Frühjahr 1953 führte mich mein Weg am Orber Tennisplatz vorbei. Ich fasste mir endlich ein Herz und fragte nach einer Arbeit als Balljunge. Der Platzwart war Philip Schüßler. Er beschäftigte schon drei ältere Jungen zum Auflesen der Bälle. Nach einigem Überlegen gestand er mir die Rolle eines Ersatzmanns zu. Mein innerer Jubel kannte keine Grenzen. Bald darauf kam mein erster Einsatz. Der Lohn betrug 50 Pfennige für eine Stunde. Die Arbeit war nicht leicht. Nur wenige Tennisspieler hoben damals die verschlagenen Bälle selbst auf. Sie verhielten sich so wie heute nur noch Spieler bei großen Turnieren und ließen sich von uns Balljungen die Bälle zuwerfen oder in die freie Hand geben. Heute fällt das unter Kinderarbeit und ist gesetzlich verboten. Für die Spieler damals hatte das auch noch den Vorteil, dass sie selbst keine Zeit zum Einsammeln der Bälle verbrauchten und mit kürzeren Unterbrechungen spielen konnten. Auch kümmerten sie sich kaum um Bälle, die auf dem Nachbarplatz landeten oder über den Zaun flogen. Das gehörte zu den Aufgaben des Balljungen.

Anfangs kam ich nur selten zum Einsatz. Doch schon bald galt ich als sehr zuverlässig, weil ich außerhalb der Schulzeit eigentlich immer anwesend war und keine Gelegenheit zum Geldverdienen ausließ. Philip trug alle Anmeldungen in eine Kladde ein. So wussten wir meist im voraus, wer auf welchem der beiden Plätze spielte und ob einer oder zwei Balljungen benötigt wurden. Wenn dann einer fehlte, gab es Ärger. Ich aber fehlte nie und war stets bereit, für jemanden einzuspringen. Zu der Zeit erwies sich das Wohnen in der Spessartstraße als großer Heimvorteil, denn die Tennisplätze lagen nur wenige hundert Meter von unserem Haus entfernt.

Meine Eltern, Gitti, Martin und ich mit meinem Meerschweinchen Susi am Weißen Sonntag 1953.

An Wochentagen konnte man schon ab sieben Uhr morgens spielen. Den anderen Balljungen war das zu früh. So hatte ich häufig schon vor der Schule meine ersten fünfzig Pfennige verdient. Diese frühen Spieler waren fast ausschließlich Orber Geschäftsleute. Sie spielten nur eine dreiviertel Stunde, weil sie – anders als heute – schon um acht Uhr ihre Läden öffneten. Mir wiederum blieb dann genug Zeit für den Weg zur Mittelschule.

Leider regnete es auch manchmal in der Frühe. Dann saß ich mit Philip in dem ausgemusterten amerikanischen Armeezelt am Rande der Platzanlage, das vor dem Bau der festen Unterkunft jahrelang als eine Art Clubhaus diente, und machte die Schularbeiten, für die ich am Vortag keine Zeit gefunden hatte. So minderte das schlechte Wetter zwar mein Einkommen, kam aber wenigstens meiner Bildung zugute. Zum Kummer meines besorgten Vaters litten meine schulischen Leistungen unter meiner ständigen Bereitschaft, mein Sparguthaben zu erhöhen. Nach der Schule und dem Mittagessen machte ich mich gleich wieder zum Tennisplatz auf. Die Plätze mussten mit Wasser besprüht und die Linien der beiden Spielfelder mit Kreidestaub nachgezogen werden. Philip beschäftigte uns so weit wie möglich mit derartigen Hilfsarbeiten. Zudem überbrachten wir für ihn Nachrichten, erledigten in der spielfreien Zeit in seinem Auftrag kleine Besorgungen und holten auch ab und zu kalte Getränke aus dem gegenüber gelegenen Hotel Madstein, wenn an sehr heißen Tagen die Flaschenvorräte im Zelt ausgegangen waren.

Eines Tages befahl mir mein Vater aufgrund schlechter Schulleistungen voller Zorn, ich müsste zunächst meine Hausaufgaben machen und dürfte erst gegen vier die Wohnung verlassen. Ich empfand seine Forderung als Schikane, weil er mich durch diesen Hausarrest von meinem wichtigsten Ziel, dem Geldverdienen, abhielt. Ich verbrachte die vorgeschriebene Zeit motzend auf unserem Balkon, verweigerte mich völlig seinen Ansprüchen und tat gar nichts. Anschließend lief ich wie gewohnt zu meinem Arbeitsplatz hinüber. Mein Vater ließ dieses Verhalten irgendwie durchgehen, und ich empfand es ihm gegenüber als Sieg. Wie bereits erwähnt, bekamen wir Kinder kein Taschengeld, und ich bemerkte schon den Respekt der Eltern für meine

Anstrengungen, mir mein Fahrrad zu verdienen und auch ihre Hilflosigkeit, weil sie mich nicht durch eigene finanzielle Beiträge unterstützen konnten. Zudem sorgten sich auch beide Eltern um meine Gesundheit und mahnten mich immer wieder, meinen Einsatz für mein großes Ziel nicht zu übertreiben. Schließlich arbeitete ich in den Sommerferien und besonders an Sonntagen oft mehr als acht Stunden. Mochten die Geschwister, die Freunde aus dem Schwimmclub und die Schulkameraden sich im nahen Schwimmbad ihres Lebens freuen, für mich hatte in jenem Sommer das Geldverdienen Priorität.

Einmal erklärte mir auch mein Schulfreund Klaus Neumann, er würde nie so weit gehen und für andere Leute die Bälle aufheben. Für ihn war das eine erniedrigende Arbeit. Aber Badearzt, so wie sein Vater, wollte er auch nicht werden. Der musste angeblich tagtäglich unansehnliche nackige Patienten befühlen und betatschen. Die Kritik von Klaus an meiner Arbeit schien mir doch etwas abgehoben von meiner Erfahrung der Wirklichkeit. Ich scherte mich um sie so wenig, wie um die Einwände meiner Eltern. Für mich war mein Weg der richtige.

Philip Schüßler, mein Arbeitgeber, betrieb die beiden Tennisplätze als Angestellter der Kurverwaltung vom Frühjahr bis in den Herbst hinein. In dieser Zeit genoss er die Rolle eines scheinbar selbstständigen Unternehmers. Außerhalb der Saison musste er einfache Arbeiten für die Kurverwaltung verrichten. Einen Ausbildungsberuf hat er meines Wissens nie erlernt. Bei unserer ersten Begegnung fiel mir auf, das ihm an der rechten Hand Zeigefinger und Daumen einschließlich der Maus fehlten. Auch einige Finger seiner linken Hand waren verkürzt und vernarbt. Trotz dieser Behinderung spielte er mit rechts, und zwar gut. Er war ein ausgezeichneter Tennisspieler, arbeitete aber vor allem als Trainer.

Philip bestach auch immer wieder als grandioser Geschichtenerzähler. Natürlich spielte er in seinen ausschweifenden und detaillierten Berichten stets eine Hauptrolle als Kriegsheld und erfolgreicher nationaler Leichtathlet. Als vielseitig interessierter junger Orber mit vielen Kontakten zu Gleichaltrigen und Älteren hatte er sich früh viel Wissen und Informationen angeeignet, die ihn auch für gebildetere Tennisspieler, die als Kurgäste oder

Urlauber in den umliegenden Hotels wohnten, zum unterhaltsamen und interessanten Gesprächspartner machten. Besonders die Frauen unterlagen schnell seinem einfühlsamen Charme und seinem an Schamlosigkeit grenzenden Selbstbewusstsein. Als Balljunge erlebte ich viele Male, wie solche Annäherungen zwischen ihm und jungen Frauen, denen er die Anfänge des Tennisspiels beibrachte, verliefen. In der ersten Trainerstunde siezte er die Schülerin noch durchgehend. In der zweiten Stunde floss gelegentlich schon ein Du in die Anweisungen mit ein. Am Ende der dritten Stunde war er mit Frauen, die ihm gefielen, grundsätzlich per Du. Wenn es ihm die Umstände gestatteten, baute Philip die Beziehungen so intensiv wie möglich aus. Kleine abendliche Ausflüge in den Orber Wald blieben dabei nicht ausgeschlossen. August Döppenschmitt, ein gutaussehender bewunderter lokaler Fußballspieler und zu der Zeit zweiter Schwimmmeister im benachbarten Freibad, schaute während seiner Arbeitspausen gelegentlich bei Philip vorbei. Da redete man halblaut über die Erfolge nächtlicher Eskapaden und zeigte sich verstohlen auch einmal angeblich besonders wirkungsvolle Kondome. In den Regenpausen suchten natürlich alle in dem amerikanischen Armeezelt Unterschlupf, aber uns kleine Balljungen nahmen die dort anwesenden Erwachsenen kaum wahr oder gingen davon aus, dass wir wenig von dem verstanden, worüber sie miteinander redeten. Philip setzte zudem bei uns auch eine unbedingte Loyalität ihm gegenüber voraus. Wir waren von seiner Sympathie abhängig und leicht ersetzbar und wussten, was wir ihm schuldeten.

Philip erstaunte mich immer wieder. Bei einem allzu kühnen Einsatz beim Doppel knickte er unglücklich um und musste wegen eines komplizierten Bänderrisses einige Tage im Orber Krankenhaus verbringen. Bei einem Besuch entnahm ich einer Tafel mit den Patientendaten über dem Kopfende seines Bettes erstaunt, dass er erst vierundzwanzig Jahre alt war. Bei Kriegsende konnte er also höchstens sechzehn gewesen sein. Nach dem Anhören all seiner kriegerischen Heldentaten und athletischen Höchstleistungen, mit denen er immer wieder die Bewunderung seiner Zuhörer erweckte, hatte ich ihn wirklich für viel älter gehalten. Ich fand dann auch heraus, dass er seine Finger nicht – wie er gern ausführlichst erklärte – bei einem Kampfeinsatz im Krieg verloren hatte, sondern als unbesonnener älterer Bub beim sorglosen Herumspielen mit amerikanischer Munition auf dem Gelände vor dem unteren Kurparkeingang. Dort bemächtigte er sich einer Handgranate, und unerfahren im Umgang mit solch einer tödlichen Waffe brachte er sie versehentlich in nächster Nähe zur Explosion.

Wir wussten, dass er verheiratet und Vater dreier Kinder war. Aber plötzlich sah ich ihn viel jugendlicher und unreifer und in einem anderen Licht und glaubte nicht mehr alles, was er so erzählte. Seine Frau lernte ich per Zufall kennen, weil ich von Philip einmal mit einer Nachricht für sie in seine Wohnung in der Gutenbergstraße geschickt wurde. Sie war ein paar Jahre älter als er und schien mir weitaus reifer und gefestigter zu sein als ihr eloquenter gelegentlicher Hallodri von Mann. Ich fragte mich nach der Begegnung mit ihr, warum ein Mensch, der mit solch einer vernünftig wirkenden und gutaussehenden Frau verheiratet war, andauernd das Abenteuer mit anderen Frauen suchte. Meine Sicht der Dinge war zu dieser Zeit noch einfach und eingeschränkt. Ich dachte mir jedenfalls, sie passten gar nicht zueinander. Vielleicht mussten sie wegen einer ungewollten Schwangerschaft heiraten, wie es damals in Orb häufig vorkam.

Philip war auch stolzer Besitzer eines schweren Motorrads, einer 500er BMW. Nur ganz wenige Orber konnten damals eine solche Maschine ihr eigen nennen, und Philip ließ uns immer wissen, wenn er damit allein oder in einer Fahrergemeinschaft mit gleichgesinnten jungen Männern wieder einmal besonders schnell unterwegs gewesen war. Ich denke, er erhielt damals von seiner Mutter eine finanzielle Unterstützung, denn seine Stellung bei der Kurverwaltung wurde nicht gut bezahlt. In der Spielsaison hatte er allerdings die Möglichkeit, sich mit Trainerstunden, der Bespannung von Schlägern und dem Verkauf von Getränken noch ein zusätzliches Einkommen zu sichern.

Wie sehr er von der Gunst der Kurverwaltung abhing, machte mir folgender Vorfall deutlich. Der Hotelier und Besitzer vom Café Sprudel, Willi Teilmann, der gelegentlich zum Jähzorn neigte, vermisste nach einem Spiel einen seiner Tennisbälle. Erst nach längerem Suchen fand ich ihn schließlich im hohen Unkraut vor dem Drahtzaun innerhalb des Platzes. Teilmann war in Eile und erklärte erregt, Philip wäre ein miserabler Platzwart, er ließe die im anvertraute Anlage verwahrlosen, und eine Beschwerde bei der Kurverwaltung würde folgen. Der sich sonst stets lässig gebende und wortgewandte Philip schwieg betroffen. In der wegen der Sommerhitze spielfreien Mittagszeit wies er uns an, ihm beim Entfernen des von der umliegenden Wiese hereingewachsenen Krauts zu helfen. Heinz Metzler, der andere Balljunge, und ich murrten natürlich wegen dieser Zumutung, ließen uns aber darauf ein, nachdem Philip uns noch einmal „unsere" Situation erklärt und jedem von uns eine Cola versprochen hatte. Er selbst machte nur kurze Zeit mit, weil er unbedingt im Schatten noch die kaputten Saiten eines Schlägers auswechseln musste. Heinz und ich rissen inzwischen die hohen Grasbüschel und den Löwenzahn heraus, brachten sie in Eimern außer Sichtweite und strichen die Löcher mit rotem Sand zu. Nach getaner Arbeit tranken wir genussvoll unsere schwer verdiente Cola. Gleichzeitig vergatterte uns Philip, einem zu erwartenden Kontrollbesucher von der Kurverwaltung bei Nachfragen unbedingt zu versichern, die frisch entkrauteten Platzränder hätten auch schon am Morgen so ausgesehen.

Tatsächlich erschien noch am Spätnachmittag ein streng blickender Mann aus der Verwaltung im Anzug mit Krawatte und inspizierte die beanstandeten Stellen. Philip gab zu, hier und dort hätte ein wenig Grün gestanden, aber „der Willi" neige nun einmal zu Übertreibungen, und seine Balljungen könnten das bestätigen. Wir nickten verhalten und sahen, dass den Kontrolleur schon einige Zweifel plagten. Aber er sagte nicht viel und verschwand so plötzlich wie er aufgetaucht war. Philip triumphierte und schimpfte auf Willi Teilmann, als ob der sich das alles ausgedacht hätte. Er wollte seine Meinung auch noch von uns bestätigt haben. Wir reagierten mit einem gequälten Grinsen, und er ließ das als Zeichen der Loyalität gelten. Am meisten jedoch verblüffte mich bei diesem Vorfall der durchschlagende Erfolg seines so dreisten Verhaltens. Ob die Geschichte für ihn noch ein Nachspiel hatte, weiß ich nicht.

Während meiner Zeit auf dem Tennisplatz lernte ich eine Menge Menschen kennen. Als Kind maß ich sie vor allem an ihrem Verhalten mir gegenüber. Ich unterschied zwischen den Großzügigen und den Knauserigen, den Freundlichen und Unverschämten. Als Erwachsene, für die ich arbeiten musste, waren sie mir immer überlegen. Ich brauchte ihr Geld und musste mich für sie bemühen und aufmerksam und schnell sein. Sie konnten meine Dienste sogar ablehnen und einen anderen Balljungen nehmen. Das jedoch erlebte ich so gut wie nie. Da waren aber Spieler, die mich aus Sympathie oder wegen einer freundschaftlichen Beziehung zu meiner Familie bevorzugten, wenn sie eine Wahl hatten. Andererseits gab es auch einige wirklich unangenehme Menschen, wie einen erfolgreichen Geschäftsmann, der häufig am Sonntagmorgen Doppel spielte. Manchmal beschimpfte er mich frech und arrogant, wenn ich ihm zu langsam war und drohte mir einmal sogar, ich müsse einen seiner verloren gegangenen Bälle bezahlen. Wie ein Anfänger hatte er ihn haushoch und weit über den Zaun geschlagen, und ich konnte ihn trotz langer Suche in dem hohen Gras nicht finden. Gerne dagegen erinnere ich mich an Frau Biskamp, eine mit meinen Eltern befreundete Apothekerin aus der Alte Stadt-Apotheke. Sie meinte, die vereinbarten fünfzig Pfennig Stundenlohn seien zu gering und gab immer noch etwas dazu. Ungern arbeitete ich wiederum für eine stets beredt und flott auftretende Sekretärin bei der Straßenbaufirma Strassing. Wenn sie einmal aus Zeitnot die gebuchte Spielzeit nicht voll nutzen konnte und früher Schluss machte, bekam ich auch weniger Geld. Nach einem Spiel bot sie mir eine für sie geöffnete Flasche Cola an, die sie dann doch nicht mehr trinken konnte. Mich plagte zwar der Durst, trotzdem lehnte ich dankend ab, weil ich aufgrund meiner Erfahrungen mit ihr befürchtete, sie würde mir die Kosten für das Getränk vom Lohn abziehen.

Einen Tennisclub gab es Anfang der Fünfziger Jahre in Orb noch nicht. Der wurde erst später gegründet. Anders als heute galt Tennis als Sport einer gehobenen Schicht. Trainerstunden, angemessene Bekleidung, die Anschaffung von Schlägern und Bällen, die Gebühren für die Platzmiete setzten ein entsprechendes Einkommen voraus. Als oft erwähntes Vorbild der guten Spieler galt damals Freiherr Gottfried von Cramm, einmal Wimbledonsieger im Mixed und von 1932 bis 1948 mehrmals Deutscher Meister im Einzel.

Wie Philip Schüßler, der aus einfachen Orber Verhältnissen stammte, in der Nachkriegszeit zum Tennis fand, und das trotz der Behinderung wegen seiner fehlenden Finger, weiß ich nicht mehr. Von meinen Orber Schulkameraden und deren Eltern spielte damals jedenfalls keiner Tennis, selbst solche nicht, deren Familieneinkommen es leicht ermöglicht hätten. Wenn sie sportlich waren, wie auch Klaus Neumann, spielten sie begeistert Fußball. Zum Tennis fanden einige von ihnen erst später. Gelegentlich versuchten es in meiner Zeit als Balljunge nur wenige ältere Jugendliche, wie der Leichtathlet und spätere Gymnasiallehrer Hans Schwägerl, der älteste Sohn unseres zeitweiligen Nachbarn und Musiklehrers, oder Ralf Geidel, der sich, wie schon sein Vater, nach dem Studium in Orb als Rechtsanwalt niederließ und auch die bildschöne Renate Siebert aus der Martin-Luther-Straße, bei der selbst der erfolgsgewohnte Philip nicht den Hauch einer Chance hatte.

Tennis war auch nur ein Sommersport. Es gab noch keine Hallen. Selbst bei den gelegentlichen Turnieren spielte man weit unter dem heute üblichen Niveau. Ich glaube, die Freude an der körperlichen Betätigung unter freiem Himmel, das Bewusstsein, einen exklusiven Sport zu treiben und die Geselligkeit besaßen damals einen höheren Stellenwert, als die heute so hoch bewerteten und ehrgeizig erstrebten sportlichen Leistungen.

Andererseits waren einem geselligen Miteinander auf einer Fläche mit damals nur zwei Sandplätzen und dem Armeezelt enge Grenzen gesetzt. Das Zeltinnere glich einer halbdunklen Höhle. Das bescheidene Mobiliar bestand aus ein paar Gartenstühlen, einer Liege und einem Tisch. In einer Ecke lag ungeordnet eine Sammlung älterer Groschenhefte mit Geschichten über die Abenteuer berühmter Westernhelden, wie Jerry Cotton, Tom Prox, Billy Jenkins und anderen. Zerlesene Wochenzeitschriften, darunter die Frankfurter und Neue Illustrierte ergänzten diese bescheidene Unterhaltungsbibliothek. Sie fand wenig Anklang, muss aber Philips damaligen literarischen Interessen entsprochen haben. Natürlich bot das Zelt auch Raum zum Umkleiden. Ein größerer Spiegel hing der besseren Lichtverhältnisse wegen meist im Freien. Er ging einmal durch den Einschlag eines zu hoch gelenkten Schmetterballs spektakulär zu Bruch. Dieser Ball war vorher haarscharf am Kopf von Philips kleinem Sohn vorbeigeflogen, den seine Mutter kurz zuvor zur Beaufsichtigung vorbeigebracht hatte. Er saß als desinteressierter Zuschauer der väterlichen Tenniskünste klein und plärrend auf einem der herausgestellten Stühle.

Der Spielbetrieb profitierte von der günstigen Lage der Plätze mitten im Kurviertel, von der Nähe zum Kurhaus und den anderen größeren Hotels und Pensionen in der Nachbarschaft. Der Ferntourismus war noch nicht in Mode. Nach Italien und Spanien zu reisen war schon verlockend, aber zeitaufwändig und beschwerlich. Wie das Hotel Hohenzollern in unserer Nachbarschaft beherbergte auch das Hotel Madstein nicht nur typische Kurgäste mit Gesundheitsproblemen, sondern auch Urlauber, die sich in Orb wohl fühlten und sich hier alleine oder mit ihrer Familie erholen wollten. Schwimmen und Tennisspielen boten für einige eine willkommene Abwechslung. Die attraktiven Töchter der geschäftstüchtigen Inhaberin des Madstein, Frau Stroh und Frau Ramek, beide so Mitte dreißig, sorgten während der Hochsaison nicht nur bis tief in die Nacht hinein mit ihrer weiblichen Präsenz in der Hotelbar für einen guten Umsatz, sie führten uns als Tennispartnerinnen des einen oder anderen Hotelgastes oder aufgrund ihrer Empfehlungen manchen Kunden zu. Diese Spieler verhielten sich, im Vergleich zu den Orbern, uns Balljungen gegenüber auch großzügiger und gaben höhere Trinkgelder.

An einem Sonntag tauchte frühmorgens plötzlich eine ganz andere Art von Kundschaft auf. Es handelte sich um eine Gruppe jüngerer Männer, die nach gemeinsam durchzechter Nacht vor dem Rückzug in ihre Betten auch noch unbedingt dem Tennisspiel frönen wollten. Zu meinem Erstaunen befand sich unter ihnen Schöne Arm, der einarmige ehemalige Fallschirmjäger, den ich von seinen Nachmittagsbesuchen bei Gisela Welter bei uns in der Spessartstraße kannte. Den einheimischen Philip bezeichneten sie als einen der ihren. Er konnte sich den angetrunkenen Trupp deshalb nicht vom Hals halten und lieh ihnen die geforderten Schläger und Bälle. Damit alberten sie etwa eine halbe Stunde lang auf einem der noch nicht belegten Plätze herum. Schöne Arm machte zu meinem Erstaunen nicht einmal die schlechteste Figur. Bei seinem Aufschlag hielt er zunächst Ball und Schläger zusammen in einer Hand, warf den Ball geschickt in die Höhe, umgriff dann den Schläger fester und schlug den fallenden Ball auf die Gegenseite. Der fröhlich lärmende Trupp verließ uns bald wieder. Ich weiß nicht, ob der erleichterte Philip von ihnen eine Bezahlung verlangte. Meine Mühen für sie entlohnten sie jedenfalls bestens.

Mein Einsatz auf dem Tennisplatz rentierte sich besonders an warmen sommerlichen Sonn- und Feiertagen ohne Regen. An solchen Tagen las ich manchmal trotz des frühen Kirchgangs am Vormittag mehr als acht Stunden Bälle auf. Natürlich befand ich mich nicht ständig in Bewegung. Einen Teil der Zeit verbrachte ich stehend an einem der Netzpfosten und verfolgte das Spiel. Doch auch das Stehen war ermüdend. Zu dessen Erleichterung stand ich häufig abwechselnd auf dem linken und rechten Bein. Das andere Bein hielt ich wie ein Storch hochgezogen, mit dem Fuß gegen das Knie des Standbeins gestützt. Sich hinhocken und immer wieder aufspringen war nicht üblich. Ich empfand die Arbeit häufig als Qual. Andererseits näherte ich mich beständig meinem Ziel, dem eigenem Fahrrad. Ein Katalog mit Rädern der Fahrradfabrik Stricker in Bielefeld befand sich schon in meinem Besitz. Ich wusste, was ich wollte.

An einem dieser Sonntage brachte ich am Abend 8,45 Mark (4,30 EUR) nach Hause, meine höchste Tageseinnahme als Balljunge überhaupt. Ich hatte bis in die Dämmerung hinein gearbeitet. Aber den derart hohen Betrag verdankte ich der Großzügigkeit einiger Spieler, besonders der eines Belgiers aus dem Madstein. Fröhlich und verschwitzt drückte er mir zu den geforderten fünfzig Pfennigen noch zusätzliches Kleingeld im Werte von fast zwei Mark in die Hand.

Mein erstes Fahrrad

Anfang August 1953 war mein Sparguthaben dann auf über 150 Mark (76 EUR) angewachsen. Fahrradläden in Orb gab es nicht. Ich kannte nur einen kleinen Reparaturladen in der Kanalstraße mit einem brummigen älteren Mechaniker. Aus dem Katalog der Fahrradfabrik Stricker in Bielefeld hatte ich mir ein Tourenrad ausgesucht. Solide und einfach, ohne Gangschaltung und irgendwelche auffälligen Extras. Radlicht und Strebenschloss gab es nur gegen Aufpreis. Zudem verfügte ich trotz meines „Reichtums" doch über ein beschränktes Budget. So verlegte ich auch den Kauf eines begehrten Tachometers auf später. Mein Vater wollte mir nichts dazugeben. Er verlangte von mir im Sommer darauf sogar für eine gemeinsame – auch noch von ihm angeregte – Reise zum Katholikentag nach Fulda den halben Fahrpreis für meine Fahrkarte. In seinen Augen besaß ich genug Geld. Ich war wütend und protestierte, fügte mich aber seiner Forderung. Andererseits erlebte ich an seiner Seite einen eindrucksvollen und unvergesslichen Sonntag, an dem auch der damals so populäre holländische „Speckpater" Werenfried van Straaten vor vielen tausend Kirchentagbesuchern in einer mitreißenden Predigt im Freien zur Hilfe für notleidende Mitmenschen aufforderte.

Das aus dem Katalog bestellte Rad wurde als Bahnfracht geliefert. Mit klopfendem Herzen nahm ich es am Gepäckschalter des Orber Bahnhofs in Empfang. Viel sehen konnte ich zunächst davon nicht. Es war mit Karton verpackt, der Lenker längsgestellt, nur die Räder unten frei. Ich schob dieses Gebilde etwas mühselig, aber erfüllt von einer großen Freude, den Quellenring entlang, dann durch den Kurpark bis zu uns in die Spessartstraße. Bei der Farbenwahl hatte ich mich seltsamerweise für dunkelbraun entschieden, und alles entsprach ganz meinen Vorstellungen. Die Familie zeigte Verständnis für meine Begeisterung, wenn auch nicht für den großen Überschwang meiner Gefühle. Meine erste Fahrt durch das Kurviertel war ein wundervolles Ereignis in meinem Leben. Nie wieder hat mich der Erwerb eines Fahrzeugs, sämtliche Autos mit eingeschlossen, so glücklich gemacht wie damals die Anschaffung meines ersten Fahrrads mit dem silbernen Strickerpferd vor der Lenkstange auf dem vorderen Schutzblech.

Im Rückblick waren nicht nur der Besitz des Rades an sich und die damit gewonnene Mobilität für mich so bewegend. Es war auch ein kleiner Schritt der Befreiung aus der Abhängigkeit von meinem Vater, um dessen Fahrrad ich nun nicht mehr zu bitten und betteln brauchte. Zudem hatte ich mir selbst bewiesen, dass man ein hochgestecktes Ziel entgegen dem besserwisserischen Gerede Anderer wohl erreichen kann, wenn es aus der eigenen Sicht realistisch erscheint und man den nötigen Einsatz dafür nicht scheut. So fühlte ich mich selbstbestätigt und stark.

Für eine Weile waren mein Rad und ich unzertrennlich. Ich fuhr viel damit herum, auch zusammen mit anderen Jungen, die ebenfalls eines hatten. Damals stand die Konzerthalle noch nicht. Zwischen der Spessartstraße und dem Kurhaus erstreckte sich ein welliges, leicht abfallendes Wiesengelände mit einem Weg vom Kurparkeingang hinauf zum Nervenwäldchen. Hier spielten wir und benutzten die Räder für reizvolle und riskantere Fahrmanöver, ähnlich den heutigen Mountainbikefahrern, nur weitaus bescheidener und weniger tollkühn. Eine Zeit lang klemmten wir auch Bierdeckel mit Wäscheklammern an eine der Hinterradstreben. Sie ragten in die Speichen hinein und knatterten so schön beim Fahren. So fühlten wir uns wie auf einem motorisierten Zweirad, und das trotz der von uns selbst gelieferten Antriebskraft, über die unsere jungen Körper im Überfluss verfügten. Dabei kam es auch aus Übermut und Unachtsamkeit zu manchem schweren Sturz. Einmal lieferten sich in der Kurparkstraße ein paar von uns ein Wettrennen in Richtung Stadt. Ich schaute dabei etwas zu lange nach links hinten und beachtete dabei nicht den Bordstein rechts vorne, geriet mit dem Vorderrad im spitzen Winkel dagegen, flog vom Rad hinunter auf den Gehsteig. Im Sommer hatte ich auch wegen der kurzen Hosen meist Schorf an den ungeschützten Knien. Doch keine dieser ständigen kleinen Verletzungen erforderte eine ärztliche Behandlung. Die Schürfwunden wurden ausgewaschen. Dann kamen Jod und vielleicht auch ein Pflaster drauf.

Mit dem Rad lernte ich auch die nähere Umgebung Orbs besser kennen, so das Sinntal, den Jossgrund, ein Stück vom Kinzigtal und das Biebertal.

Gern erinnere ich mich auch an eine Tagestour mit meinen Schulkameraden Klaus Neumann und Helmut Reuter. An einem Ferientag radelten wir in den Spessart hinein zum Wiesbüttsee, einem kleinen Waldsee bei Wiesen, brachten trotz des feuchten Wetters schließlich doch noch ein Feuer zustande und hielten dann an Stöcken die mitgebrachten Würstchen in die Flammen. Ich fühlte mich dabei so unabhängig und frei. Mein Vater war als Jugendlicher mit seinem Freund Heiner Reuter, einem Onkel Helmuts, wochenlang mit dem Rad und wenig Geld in Süddeutschland unterwegs gewesen. Nach so etwas stand auch mir der Sinn. Ich war mir damals schon völlig sicher: Mit einem eigenen Fahrrad konnte ich mir die Ferne erschließen. In der Schule sangen wir damals häufig: „Aus grauer Städte Mauern zieh'n wir in Wald und Feld. Wer bleibt, der mag versauern, wir fahren in die Welt ..." Im Vergleich zu dem mir flüchtig bekannten Frankfurt waren die Mauern Orbs kaum bedrückend und nicht in gleichem Maße zum Davonziehen. Es waren zunächst wohl mehr die alltäglichen Zwänge zu Hause und in der Schule und später auch die Kleinstadtenge, die eine Wanderlust erweckten und Fernweh stimulierten. Aber erst in dem Sommer bevor ich sechzehn wurde, unternahm ich meine erste große Radtour durch den Spessart zum Main und weiter durch Odenwald und Schwarzwald zum Bodensee.

E. & P. STRICKER · FAHRRADFABRIK · BRACKWEDE / BIELEFELD

Herrn
Christoph F u n k e

(16) Bad O r b
Kr. Gelnhausen
Spessartstr. 6

BANKEN: RHEINISCH-WESTFÄLISCHE BANK IN BIELEFELD · SPARKASSE ZU BRACKWEDE
POSTSCHECKKONTO: HANNOVER 49537
TELEGR.-ADR.: FAHRRADSTRICKER BRACKWEDE
FERNSPRECHER: BIELEFELD 1054 UND 1630

RECHNUNG u. BESITZAUSWEIS

Unser Zeichen: Hu. (21a) BRACKWEDE 6.8.1953

Ihr Auftrag vom: 1.8.1953 Kom.: 914 Wir sandten Ihnen auf Ihre Rechnung und Gefahr

Versandtag: 6.8.1953 durch: Frachtg.-unfrei nach Station: Bad O r b

Zeichen und Nr.	GEGENSTAND	Preis je Einheit DM	Betrag DM	Empfänger-vermerke
E. & P. St. 28788 In allen Schriftstücken angeben	Herren-Fahrrad Marke: "Stricker" Modell: G 5o Rahmen-Nr.: 6o8 612 Höhe: 55 Blankteile: verchromt Sattel: Leder Hinterradnabe: Torpedo Farbe: braun Bereifung: 28 x 1.75	DM	129,75	
	Aufpreis für:			
	1 Strebenschloss Nr.98	"	1,95	
	1 Fahrradstütze Nr.11oa	"	2,2o	
	--			
	1 Radlicht Nr.5o	"	16,9o	
	1 Rückspiegel Nr.129	"	2,4o	
		DM	153,2o	
		========	========	
Diese Rechnung gilt gleichzeitig als Besitzausweis. In allen Zuschriften an uns die oben angegebene Nummer vermerken, sonst Rückfragen erforderlich.	Betrag dankend erhalten.			

Bis zu unserer vollständigen Befriedigung bleibt uns als Lieferantin das vorbehaltlose Eigentumsrecht an der Ware, sowie an dem Erlös aus derselben. Erfüllungsort für Lieferung und Zahlung ist Brackwede. Gerichtsstand ist für beide Teile Bielefeld. Reklamationen können nur innerhalb 8 Tagen nach Empfang der Ware berücksichtigt werden.

Im Orber Schwimmbad

Das Orber Schwimmbad spielte in unserem Familienleben in der warmen Jahreszeit immer eine große Rolle. Wir Kinder erreichten es von der Spessartstraße aus in nur fünf Minuten. Im Rückblick erscheint es mir manchmal, als hätten meine Geschwister und ich den schönsten Teil unserer Kindheit dort verbracht. Noch heute gehen Gitti und Martin dort im Sommer häufig schwimmen, so wie ich es auch in Bremen im Horner Bad und Unisee und im Winter im Unibad tue. Es drängt uns nach dieser körperlichen Betätigung im Wasser, vielleicht auch zu dieser besonderen Atmosphäre der Freibäder, und wir fühlen uns dort einfach wohl. Manchmal denke ich, das hängt mit der glücklichen Zeit zusammen, die wir im Schwimmbad als Kinder erlebten. Vielleicht suchen wir insgeheim daran anzuknüpfen, so wie man Orte, an die man sich gerne erinnert, lieber aufsucht als solche, an denen man wenig Gutes erlebt hat.

Schwimmen zu lernen, fiel mir nicht gerade leicht. „Das Wasser trägt Dich schon", versicherte mir mein ungeduldiger Vater immer wieder. Ich hing in einem fest aufgeblasenen, von ihm aufrecht gehaltenen mehrmals geflickten Autoschlauch. Er drückte ihn mit beiden Händen immer wieder tief ins Wasser, sodass die Haftung zu Brust oder Bauch verloren ging, und ich nichts Festes mehr unter mir spürte. Meine zappeligen Schwimmbewegungen gaben mir keinerlei Auftrieb. Ich hatte Angst. Der Vater forderte mehr Mut von mir und größeres Vertrauen zu ihm. Verächtlich schimpfte er über meine kläglich wirkenden Versuche. Ich bewunderte meinen Vater und bemühte mich um seine Zuneigung und Gunst und war unglücklich über mein Versagen. Der Ehrgeiz, ihm zu gefallen, aber eigentlich noch mehr die sicheren selbstverständlichen Bewegungen der Schwimmer „im Tiefen", wie wir sagten, gaben mir den Ansporn, weiter zu üben. Irgendwann erlebte ich dieses befreiende Gefühl, dass das Wasser mich wirklich trug und ich gar nicht untergehen konnte. Ich war die ruppige väterliche Hilfe endlich los und labte mich an den Worten seiner zurückhaltenden Anerkennung.

In jenem Sommer 1949 machte ich schließlich auch noch meinen „Freischwimmer". Dafür mussten wir damals zwanzig Minuten ohne Unterbrechung schwimmen und vom Dreimeter springen. Alternativ war ein Kopfsprung aus 1,50 m Höhe möglich. Im Jahr darauf, genau ein Monat vor meinem neunten Geburtstag, bekam ich auch mein „Fahrtenschwimmer-Zeugnis". Fünfundvierzig Minuten Schwimmen, davon dreißig Minuten Brustschwimmen, ein Kopfsprung vom Dreimeterbrett oder ein Fußsprung vom Fünfer waren dafür erforderlich. Ich wählte den Fußsprung. Mit dem Kopf voraus vom Dreier traute ich mich noch nicht. Es war schon später August gegen Saisonende. Das kalte Wasser machte mir schwer zu schaffen, und so nach fünfunddreißig Minuten kämpfte ich gegen das Aufgeben und klammerte mich kurz an dem am Grund befestigten Balken fest, der damals das Ende der 50-m-Bahn markierte. Karl Weisbecker, der Schwimmeister, sah zu mir herüber. Ich ließ sofort los, wusste aber, ich hatte die Regeln gebrochen. Dennoch ließ er mich weiterschwimmen. Er sagte auch nichts, nachdem er mich nach der vollendeten Zeit herausgewunken hatte und ich klein, dünn, vor Kälte zitternd und mit den Zähnen klappernd an seiner Seite stand. Das rechne ich ihm noch heute hoch an.

Das Orber „Quellen-Schwimmbad" war damals ganz anders gegliedert als heute. Es bestand aus einem einzigen ca. 150 Meter langen und bis zu 50 Meter breiten Becken, dessen Tiefe von vorne nach hinten stetig abnahm, bis hin zu zwei sehr flachen Bereichen am Ende für die Allerkleinsten. Eine etwa in der Mitte des Beckens einbetonierte Reling trennte den Nichtschwimmerbereich mit der Rutschbahn und den Schwimmerbereich voneinander. Ganz vorne am Eingangsbereich lag ein Podium aus Holzplanken mit sechs Startblöcken, einem Eineinhalbmeterbrett und einem schönen Sprungturm aus Holzbalken mit einem Dreimeterbrett und einer Fünfmeterplattform. Parallel zum Podium stand in genau 50 Meter Entfernung mitten im Wasser eine Holzkonstruktion, die einen dicken Balken mit Sprungbrettchen und einen schmalen Bohlenpfad dahinter trug. Bei Wettkämpfen gelangten die Schwimmer der Kurzstrecke darauf zu ihren Startplätzen und warteten dort auf das Kommando des Starters. Nur bei Schwimmfesten verband eine provisorische Schwimmbrücke diesen Balken mit dem befestigten Ufer zum Orbbach hin. Auf ihr gelangten die Wettkämpfer schneller an den Start.

Springen vom Dreier und Fünfer erforderte am Anfang schon Mut, besonders die Kopfsprünge. Einer, der ohne lange zu fackeln damals ganz unbekümmert vom Fünfer sprang, war unser Bruder Martin. Er war erst sechs und konnte sich höchstens drei Minuten im Wasser halten ohne unterzugehen. Trotzdem wollte er es den älteren Kindern gleichtun und vom Turm springen. Karl Weisbecker gestand ihm das schließlich zu. Nur mussten er und unser Vater dabei sein, weil Martin ja ohne Freischwimmer an sich noch nicht ins Tiefe durfte. Es war jedes Mal eine kleine Sensation, wenn Martin über die beiden Leitern auf den Holzturm kletterte, scheinbar ohne Angst dort oben stand, zügig in die Tiefe sprang und dann noch rührend unbeholfen mit kurzen hastigen Arm- und Beinbewegungen zur Eisenleiter am sicheren Podium paddelte. Die Zuschauer waren begeistert. Unserem Vater schwoll die Brust vor Stolz über seinen kleinen Draufgänger. Das war eine Leistung nach seinem Sinn. Aber obwohl er uns stets zum Mutigsein aufforderte, habe ich ihn selbst in all den Schwimmbadjahren kein einziges Mal vom Turm springen gesehen. Das mochte aber auch mit seiner Kopfverletzung im Krieg zusammenhängen, denn auf einem Foto sieht man ihn als jungen Mann sprungbereit dort oben stehen.

Jahre später, wir Brüder waren schon über zwanzig, forderte ich Martin einmal zu einem gemeinsamen Kopfsprung vom Fünfer auf. Ich dachte, mit einer solchen gemeinsamen Aktion könnten wir unsere Zusammengehörigkeit betonen und auch vor dem Orber Schwimmbadpublikum eine gute Figur machen. Aber Martin wollte nicht. Er behauptete, er hätte Angst. Ich erinnerte ihn daran, dass er doch schon als Sechsjähriger von dort heruntergesprungen sei. Er antwortete: „Damals habe ich mir nichts dabei gedacht." Ich war enttäuscht und sprang allein.

Rosel Schmalbach erzählte mir ein anderes Beispiel von Martins damaliger Unbekümmertheit. Er war etwa vier. Wir wohnten schon in der Spessartstraße. Da sah ihn meine Mutter von der Diele aus mit nach außen baumelnden Beinen auf dem hölzernen

Balkongeländer sitzen. Unter ihm die Tiefe. Meine Mutter konnte vor Schreck nicht handeln. Sie holte Rosel aus der Küche und bat sie um Hilfe. Rosel schlich sich lautlos von hinten an Martin heran, umschlang ihn mit beiden Armen und riss ihn vom Geländer. Martin erklärte, er hätte sich nichts dabei gedacht.

Nach dem Erwerb des Fahrtenschwimmers setzte ich mir den Eintritt in den 1948 gegründeten Schwimmclub 48 zum Ziel. Wir Jüngeren beobachteten schon seit langem mit großem Interesse das abendliche Training der sportlichen Schwimmer. Es wurde vom Podium aus von Karl Weisbecker, dem Clubgründer, mit Sorgfalt und Bedacht geleitet. Dazu gehörte auch immer eine Trainingseinheit Springen. Mir fiel auf, dass alle Teilnehmer vom Dreier einen Kopfsprung machten konnten. Gewagtere Sprünge waren freiwillig und wurden nicht gefordert. Und so nahm ich mir vor, dem Club beizutreten, sobald ich den „Köpper vom Dreier“ konnte. Nach der Überwindung mancher Ängste schaffte ich das auch irgendwann und wurde Mitglied. Gitti und Martin folgten später. Einigen von den Eltern aufbewahrten Ehrenurkunden aus dieser Zeit entnehme ich, dass ich dann im Sommer 1951 für unseren Schwimmverein an Wettkämpfen in Gelnhausen und Büdingen teilnahm. Laut einer erhaltenen Urkunde schwamm ich in Büdingen die fünfzig Meter Brust, Knaben Klasse A, in 53,6 Sekunden und „errang den 6. Preis“, wie es darin so schön heißt.

Unser Schwimmclub hatte nicht viele Mitglieder. Die meisten waren bei meinem Eintritt schon älter, lebten in ihrer uns Jüngeren nicht wirklich zugänglichen eigenen Welt und nahmen das Schwimmen auch nicht immer so ernst wie wir Neulinge. Einige verbrachten auch nur die Wochenenden und die Sommerferien in Orb, weil sie das Gymnasium in Fulda besuchten und dort im Internat wohnten. Näher standen uns aber Gerd Wieczorkowski und Burkhard Oly, begeisterte und zuverlässige gute Schwimmer und auch freundlich und großmütig gegenüber uns viel jüngeren. Burkhard, der spätere Bildhauer und Goldschmied, war unser unangefochtener Schwimmstar. Er überragte alle mit seiner Schnelligkeit und auch Ausdauer. An einem Nachmittag schwamm er, nachdem er sich gegen die Kälte dick eingecremt hatte, von uns allen bewundert, ohne Unterbrechung volle drei Stunden im Tiefen herum und erwarb sich damit das begehrte goldene Totenkopfabzeichen, das dann für immer und ewig seine Badehose zieren durfte. Gerd kümmerte sich zunehmend um die Ausbildung der Rettungsschwimmer, zu denen ich später auch einige Zeit gehörte. Bis zu seinem Tod im Sommer 2010 war er Erster Vorsitzender der Orber DLRG Ortsgruppe. Noch im Jahr davor hatte er mich bei einem meiner seltenen Besuche im Schwimmbad als alten Weggefährten begrüßt.

Von meinem Jahrgang war ich zunächst das einzige Clubmitglied. Außer dem etwas älteren Rüdi Hammer wollte sich keiner meiner Schulkameraden auf den Schwimmsport einlassen. Ihre Interessen galten eher dem Fußball. Dagegen hatten Gitti und Martin als etwa altersgleiche Partner die Geschwister Ingrid und Gerd Ahrens. Die Wettkampfveranstaltungen nannten wir noch Schwimmfeste. Sie fanden in Kleinstädten der Umgebung statt: in Wächtersbach, Gelnhausen, Büdingen, Steinau, Schlüchtern und natürlich auch bei uns in Orb. Den Transport unserer Gruppe übernahm meist der Inhaber des Elektrogeschäfts Radio Dehmer in der Hauptstraße mit einem blauen Kleinbus, seinem Firmenwagen. Der sportbegeisterte Albert Dehmer sorgte auch bei den Orber Schwimmfesten und anderen lokalen Sportveranstaltungen mit seiner Elektrotechnik und flotten Sprüchen für Musik und publikumswirksame Lautsprecherdurchsagen.

Für mich waren diese Ausflüge stets aufregend und abwechslungsreich. Ich kam aus meiner gewohnten in eine fremde Umgebung mit anderen Räumlichkeiten und unbekannten Gesichtern. Zudem empfand ich die Atmosphäre der Wettkämpfe immer als spannend und dramatisch. Schon vor dem Einschlafen am Vorabend fühlte ich mich bei den Gedanken an den folgenden Tag einer Aufregung ausgesetzt, die erst nach dem Startschuss und dem Sprung vom Startblock abrupt endete. Danach strebte ich entfesselt von einer inneren Gespanntheit und widersprüchlichen Gefühlen mit höchstem Körpereinsatz dem vorgegebenen Ziel entgegen. Endlich im Wasser zu sein und nach vorne zu preschen, empfand ich jedes Mal als schiere Befreiung.

Ich galt als guter Brustschwimmer, obwohl ich gemessen an den Ansprüchen von heute bestimmt nicht so herausragend war.

Aber den erhaltenen Urkunden entnehme ich, dass ich damals über fünfzig Meter und später über hundert Meter in meiner Leistungsklasse auch mehrmals einen ersten Platz belegte.

Schwimmen war auch nur ein Sommersport. Das Schwimmbad öffnete Mitte Mai und schloss Ende August. Das nächste Hallenbad lag für uns so gut wie unerreichbar in Frankfurt. Und dennoch hoben meine Leistungen mein Selbstbewusstsein. Mochten die Erwachsenen an mir herumkritisieren, die eine oder andere Schulnote nicht stimmen, ich kannte meinen Wert in einem Bereich, der mir viel bedeutete. Daraus bezog ich Stärke und Zuversicht.

Wie ein paar Jahre später bei den Orber Leichtathleten waren wir Schwimmer eine kleine, überschaubare Gruppe. Wer ungewöhnliche Leistungen erbrachte, wurde zwar bewundert und besonders geschätzt, verbal hervorgehoben, aber nicht besonders gefördert. Das Dabeisein und Mitmachen in einem kameradschaftlichen Kreis besaß einen hohen Stellenwert. Selbst mit geringeren Leistungen fand man Anerkennung und war – auch wegen unserer geringen Zahl – damit besonders in den Mannschaftswettbewerben und Staffeln immer willkommen. Besser, wir stellten eine schwächere Mannschaft auf als gar keine.

Von ganz wenigen Ausnahmen abgesehen waren und blieben auch bekannte und populäre Spitzensportler in der damaligen Zeit Amateure. Die Trainer arbeiteten in den Kleinstadtvereinen unentgeltlich, und das oft nach einem schweren und langen Berufsalltag. Der Sport war noch nicht dem Kommerz ausgeliefert und verpflichtet. Wir verfügten beim Training über keinerlei industriell gefertigten Geräte. Beim Üben des Beinschlags ruhten unsere Arme auf einfachen kurzgeschnittenen Brettern aus rohem, ungehobeltem Holz. Besondere Sportkleidung spielte keine Rolle. Die Dreiecksbadehosen, die unsere Vereinszugehörigkeit anzeigten, nähte der dem Schwimmclub nahestehende Schneider Toni Angelstein aus einem gemeinsam bestellten grünen Baumwollstoff. Trainingsanzüge besaßen wir keine. Das empfanden wir nie als Mangel. Wenn uns kalt war, zogen wir uns ein Hemd oder einen Pullover über.

Zu Schwimmfesten gehörte auch immer das Kunstspringen. Ein herausragender und ständiger Teilnehmer war Ferdi Schmitt, der Vorsitzende der Gelnhäuser Schwimmabteilung. Seine Sprünge waren von einer theatralischen Eleganz. Zudem trat er stets in einem altmodisch wirkenden Trägerbadeanzug an und wirkte dadurch noch exaltierter. Albert Dehmer, der Elektromeister, vertrat als Kunstspringer unseren Club. Er war stämmig und dicklich und konnte die Sprünge des drahtigen Ferdi Schmitt nie übertrumpfen.

Zur Unterhaltung zeigten einige Springer auch ihre humorvolle Seite und belustigten das Publikum mit allerlei Quatsch. Man spielte Ängste vor, stritt sich zum Schein oben in luftiger Höhe auf dem Holzturm und versuchte sich gegenseitig nach unten ins Wasser zu werfen. Manchmal erschien so ein Spaßmacher auch in einer ungewöhnlichen lächerlich wirkenden Bekleidung. Eine mir unvergesslich erfolgreiche Lachnummer bei einem Orber Schwimmfest war „Der sterbende Hund“. Ein Springer nahm einen Mund voll Wasser mit auf den Dreier, schleppte sich dann, einen alten oder kranken Hund spielend, auf allen Vieren mühselig nach vorne auf das Dreimeterbrett. Zittrig und wackelig balancierte er noch ein Weilchen darauf herum. Als letzten Kraftakt hob er schließlich mühevoll ein Hinterbein. Mit dem Ausblasen des Wassers erweckte er den Anschein, nach unten zu urinieren. Dann überließ er sich erschöpft der Schwerkraft und stürzte vor den begeisterten Zuschauern jämmerlich jaulend in die Tiefe.

Im Schwimmbad erlebten wir viele Sommer lang eine unbekümmerte Zeit. In den Ferien verließen Gitti, Martin und ich häufig schon nach dem Frühstück um neun Uhr morgens das Haus und zogen zu dritt dorthin. Zum Mittagessen gingen wir stets nach Hause. Den Nachmittag verbrachten wir wieder im Bad. Gegen 16 Uhr lief abwechselnd einer von uns in die Spessartstraße und holte einen kleinen Stapel Schmalzbrote, die unsere Mutter geschmiert hatte. Der häufige Aufenthalt im Wasser und das viele Herumtollen machte uns hungrig. Unseren Durst stillten wir mit Leitungswasser, manchmal mit Brausepulver aus dem Kiosk veredelt.

Gelegentlich kam auch unsere Mutter vorbei und brachte die ersehnte Verpflegung. Sie blieb dann länger bei uns und ging auch selbst ins Wasser. Anfangs traute sie sich nicht ins Tiefe, weil sie nicht richtig schwimmen konnte. Als Großstädterin hatte sie das in Wien nicht gelernt. Langsam brachte sie es sich aber bei, und eines Tages erklärte sie uns voller Stolz, dass sie eine ganz lange Zeit ohne Grundberührung geblieben sei und sich nun zu uns Schwimmern zählte.

Solange wir noch jünger waren, teilten wir uns häufig mit anderen Kindern einen gemeinsamen Rastplatz. Neben einer Decke oder den Holzpritschen lagen unsere Kleidungsstücke und die Handtücher und was wir sonst noch dabei hatten. Das war unser Stützpunkt. Hier saßen wir, unterhielten uns, wärmten uns auf, vertrieben uns die Zeit mit einem dem UNO und Mau Mau ähnlichem Kartenspiel. Die Karten schnitten wir aus weggeworfenen Zigarettenschachteln zurecht. Populäre Marken hießen Eckstein, Juno, Golddollar und Overstolz. Eine Astorschachtel landete schon seltener in einem der Papierkörbe. Wir waren viel mit den etwa gleichaltrigen Kindern der Familie Ahrens aus der Villbacher Straße zusammen. Sie wohnten gleich oberhalb des Schwimmbades, und Frau Ahrens durfte sogar mit besonderer Erlaubnis des Schwimmeisters den Nebeneingang zum Bad, eine Holztür unterhalb ihres Gartens, benutzen. Sie und meine Mutter verstanden sich gut. Die beiden Frauen saßen häufig zusammen, umgeben von ihren Kindern, und strickten an Socken und Handschuhen und Pullovern. Dabei verwendeten sie auch Wolle von aufgetrennten älteren Kleidungsstücken.

Gitti erinnert sich, dass meine Mutter ihr einmal sogar einen Badeanzug strickte. Der sog sich beim Schwimmen allerdings mit Wasser voll und hing zu Gittis großer Enttäuschung schwer an ihr herab. Bei ihrem anschließendem Landgang war er nicht mehr als eine sackartige tiefhängende Badehose. Es ist möglich, dass das Gittis erster Badeanzug war. Die kleinen Mädchen trugen damals im Schwimmbad Hosen wie die Jungen. Erst wenn sich die ersten fraulichen Formen andeuteten, wurde deren Verhüllung ein Muss.

Gerne erinnere ich mich an die zahlreichen Verfolgungsjagden über Land und im Wasser. Der zuletzt Abgeklatschte wurde der Jäger. Die anderen Mitspieler waren die Gejagten. Wer schnell laufen, schwimmen, springen und gut tauchen konnte, war immer im Vorteil. Den meisten Spaß machte das im Bereich des Podiums und des Sprungturms. Einmal auf dem Turm, musste man, egal wo man war, nach unten ins Wasser springen. Sonst saß man in der Falle. Es sei denn, wir kletterten durch das Gebälk hinunter. Das war jedoch schwierig und riskant. Das Podium bot die Möglichkeit, darunter zu tauchen und sich versteckt zu halten, weil der Abstand zwischen der Wasserfläche und der Unterseite der Planken ein vorsichtiges Auftauchen zuließ. Fremde Badegäste wunderten sich manchmal, wo ein Schwimmer nach einem Sprung ins Wasser blieb, weil er nirgends wieder zum Vorschein kam. Sie ahnten nicht, dass er sich möglicherweise direkt unter ihren Füssen befand, ganz vorsichtig atmete und sich absolut ruhig verhielt.

Hinter dem Nichtschwimmerbereich konnten wir bei wenig Betrieb ungestört Ball spielen. Einen Tischtennisraum, in dem sich an Sonntagnachmittagen junge Erwachsene, Mann gegen Mann, wahre Schlachten lieferten, gab es auch.

Es kam immer wieder vor, dass sich das Wetter während unseres Aufenthalts verschlechterte und es anfing zu regnen. Wir zogen uns dann ziemlich schnell unter den breiten überdachten Gang vor den Umkleidekabinen zurück. Auf einer mit nach oben getragenen Pritsche, und, wenn wir froren, auch mit einer Decke über den Schultern, ließ es sich dort gut aushalten, und ich empfand unser enges Zusammensitzen manchmal als richtig gemütlich. Dauerte der Regen an, gingen wir eben vorzeitig nach Hause. Diese Rückkehr zögerten wir zuweilen gerne hinaus, entweder weil wir uns zuhause langweilten oder weil wir dort irgendwelchen Aufgaben nachkommen mussten, mit denen uns die Eltern gerne bedachten.

Der häufige Aufenthalt im Freien bekam uns Kindern gut. Nach der Schwimmbadsaison im Herbst waren wir Jungen von oben bis unten braungebrannt. Nur dort, wo die grünen Dreiecksbadehosen unsere Haut abdeckten, blieben wir weiß. Darüber konnte sich unsere Mutter immer amüsieren.

Wir hatten ganz selten eine fiebrige Erkältung und fehlten auch so gut wie nie in der Schule. Wir galten als abgehärtet und kerngesund. Allerdings hatte ich in der wärmeren Jahreszeit immer aufgeschürfte oder sogar blutverkrustete Knie. Das kam von den Stürzen mit dem Fahrrad oder beim Rollschuhlaufen. Vom Frühling bis in den Herbst hinein trugen wir immer nur kurze Hosen. Aber ich erinnere mich daran, dass Gitti und Martin einmal Mumps hatten und mit ihren geschwollenen Backen drollig ausschauten.

An schönen Sonntagen mussten wir nach Kirchgang und Frühstück häufig mit unseren Eltern wandern gehen. Sie liebten diese gemeinsamen Wege durch die Orber Wälder mit uns Kindern an der Seite oder auch bisweilen nur in ihrem Schlepptau. Für sie bedeuteten sie wohltuende Entspannung nach einer schweren Arbeitswoche. Sie botanisierten auch mit Leidenschaft und führten stets das Büchlein „Was blüht denn da?“ mit sich. Wir Kinder empfanden diese stundenlangen Wanderungen grundsätzlich als üble Plage und jammerten schon bei ihrer Ankündigung. Viel lieber wären wir ins Schwimmbad gegangen. Einmal besuchten wir in Lanzingen im Biebertal Gerhard Schnura, den Studienfreund unseres Vaters aus dem Lehrerseminar. Unsere Einwände, den langen Weg durch den Wald über den Bieberer Berg zu laufen, wurden mit dem Hinweis abgefedert, es gäbe bei ihm ganz in der Nähe auch eine gute Schwimmgelegenheit. Diese entpuppte sich dann als winziger schlammiger Teich oberhalb eines kleinen Wehrs. Welch eine Enttäuschung! Auch von anderen Schwimmern keine Spur. Trotz der rührenden Gastfreundschaft der kinderlosen Schnuras fühlten wir uns wie in der Verbannung. Die Krönung solcher häufig über zwanzig Kilometer langen Wandertage war in der Regel ihr Ende und ein anschließender Kurzbesuch im Orber Schwimmbad.

Wenn wir ziemlich durchgefroren aus dem Wasser kamen, legten wir uns gerne auf die von der Sonne aufgeheizten Steinplatten der drei befestigten Fußwege, die vom Becken bis hinauf zu dem hölzernen langgezogenen Schwimmbadgebäude führten. Hier lag ich auch an einem Nachmittag neben Horst Röder, einem lustigen Klassenkameraden mit dem Spitznamen Zietze Mau. Er erzählte wieder einmal eine seiner wilden fantastischen Geschichten. Natürlich kamen sie unseren damaligen vorpubertären Gefühlen entgegen. Keiner glaubte ihm, aber jeder hörte ihm gespannt zu. So berichtete er ausführlich von einem Metzger, der sich immer wieder kleine Jungen griff, ihnen mit dem Messer die Penisse absäbelte, sie in seinem Fleischerladen an Haken hing und den Kunden als Würstchen verkaufte. Er gab das, trotz meiner eingeworfenen kritischen Bemerkungen, so gefühlvoll und lebensnah zum besten, dass wir es vorübergehend einfach glauben mussten und auch wollten, weil es uns dabei so schön gruselte. Klar, dass ich dann bei einem nächsten Einkauf in der Metzgerei Dickert am Solplatz, Zietze Maus Geschichte im Hinterkopf, meine Blicke forschend über die waagerechten silbrig glänzenden Stahlstangen mit den daran aufgehängten Würsten gleiten ließ.

Zur Unterhaltung der Schwimmer dienten auch zwei glatt gehobelte, dicke lange Baumstämme. Manchmal dümpelten sie wenig beachtet und unbefestigt im Tiefen herum. An besucherreichen Sonntagen jedoch boten sie vielen Badegästen ein herrliches Vergnügen. Unter fröhlichem Rufen und lustigem Geschrei suchten sie sich rittlings einen Platz auf einem der Balken. Je mehr Schwimmer sich daran beteiligten, umso schöner wurde der Spaß. Denn eine größere Menge von Personen konnte der Balken nicht mehr tragen. Unter ihrer Last senkte er sich tiefer und tiefer. Bevor die Köpfe unter Wasser gerieten stellen sich die meisten von uns mit den Füssen auf den Balken. Der wurde dadurch noch weiter nach unten gedrückt bis er irgendwann außer Kontrolle geriet, nach rechts oder links auswich und dann unbeschwert wieder an die Oberfläche schnellte. Manchmal hielten wir beim Sinken des Balkens bewusst die Luft an, klammerten uns mit den Beinen daran fest und schafften es, auf ihm sitzen zu bleiben bis er wieder auftauchte.

Mit den Balken konnte man noch mehr anfangen. Wenn der Badebetrieb Anfang September eingestellt wurde, hielt sich Karl Weisbecker noch einige Zeit im Schwimmbad auf und machte es winterfest. Er montierte die Schilder, Duschen und Sprungbretter ab, stapelte die Holzpritschen im Trockenen, sorgte dafür, dass bei Frost keine Leitungen platzen konnten, räumte weg und auf, reparierte. Er hatte noch ein paar Tage gut zu tun. Währenddessen durften wir „Floß fahren". Wir legten ein paar der Liegepritschen auf die beiden parallel gehaltenen Holzbalken, stakten diese schwimmende Plattform mit langen Stangen in dem riesigen Becken herum und freuten uns an dem ruhigen und gemächlichen Dahintreiben auf der weiten Wasserfläche. Ohne Sonnenschein war die Luft auch tagsüber schon merklich kühl. Die Wassertemperaturen lagen unter 18°, und für uns war wieder einmal ein Sommer zu Ende.

Bad Orb im Spessart Schwimmbad

Das Wasser wurde nicht abgelassen. In strengen Wintern fror das Schwimmbad zu, und die Stadt gab es, wenn das Eis dick genug war, zum Eislaufen frei. Dann tauchten auch wir wieder auf. Aber anders als das Rollschuhlaufen bereitete mir das Fahren auf Kufen keine so große Freude. Wir mussten damals die Schlittschuhe an unsere hohen Straßenschuhe schrauben. Diese hielten die Belastung nicht immer aus, und die Sohlen und Absätze lösten sich manchmal vom Oberleder. Es fehlten mir auch immer wirklich passende Schlittschuhe. Ich weiß nicht mehr, von wem ich sie mir besorgte, aber sie waren mir immer zu groß oder zu klein. Und für eigene zu sparen, fand ich nicht lohnend genug.

Doch mit dem Schwimmbad verbinden mich auch weniger gute, sogar unheimliche Erinnerungen. An einem Sonntagabend wandte sich ein auswärtiger Besucher Hilfe suchend an den Schwimmmeister Weisbecker. Das an diesem heißen und sonnigen Tag gut besuchte Bad begann sich schon zu leeren. Der junge Mann vermisste seit Stunden seinen Freund. Zuletzt waren sie zusammen im Tiefen geschwommen. Plötzlich hatten er ihn aus den Augen verloren. Zunächst machte er sich keine großen Gedanken darüber. Vielleicht war der andere auf irgendwelche Bekannte gestoßen und hatte sich zu ihnen gesetzt. Dann verschwand die Masse der Besucher. Von dem Vermissten fehlte weiterhin jede Spur. Auch im Wasser war nichts von ihm zu sehen. Seine Sachen lagen noch immer unberührt neben der gemeinsamen Decke auf der Liegewiese. Karl Weisbecker wirkte beunruhigt und besorgt. Er besprach sich mit den noch anwesenden Helfern von der DLRG. Sie begannen mit dem Tauchen. Das zog sich in die Länge. Die Ausrüstung der Taucher bestand nur aus Brille und Schwimmflossen, und das Wasser war trüb. Es wurde spät. Wir Kinder mussten zum Abendessen nach Hause.

Am nächsten Tag erfuhren wir die schlimme Nachricht: Der junge Mann wurde fern vom Ufer am Grund des Schwimmerbeckens gefunden. Alle Wiederbelebungsversuche blieben erfolglos. Man ging davon aus, dass er einem plötzlichen Herzversagen erlegen und sofort untergegangen war. Keiner der vielen anderen Schwimmer hatte etwas bemerkt und von einem Hilferuf berichtet. Dem Schwimmmeister gab man keine Schuld. Ihm konnte man einen Mangel an Wachsamkeit nicht nachweisen. Trotzdem machte ihn der Todesfall sehr betroffen.

Natürlich empfanden wir Kinder diesen Unfall als Tragödie. Uns wurde das gewisse Risiko bewusster, dem wir uns täglich unbekümmert aussetzten. Wiederholt ermahnten uns auch die Eltern, nicht gleich nach dem Mittagessen mit noch vollem Magen ins Wasser zu gehen und uns an heißen Tagen vor dem Hineinspringen abzukühlen. Die Hilflosigkeit des überlebenden Mannes und der überraschende Tod seines Freundes gingen auch mir unter die Haut. Dazu gruselte mir bei der Vorstellung, als Leiche im Tiefen herumzutreiben oder auf eine solche zu stoßen. Andererseits passierte ein solches Unglück nur selten. Wir betrachteten es schließlich als etwas Einmaliges und verdrängten es schnell.

Mit der alten Rutschbahn verband ich lange eine zwiespältige Erinnerung. Sie war einfach konstruiert, mit einer Gleitfläche aus aneinandergelöteten Blechstücken und zwei Handläufen aus oben abgerundetem Holz als seitliche Begrenzung. An einem strahlenden Sonntagnachmittag benutzten wir Kinder sie wieder einmal unermüdlich. Wir konnten nicht schnell genug die Leiter hinaufklettern und schmissen uns jedes Mal mit viel Schwung auf das Blech, damit wir mit einem „Affenzahn“ hinunter ins Wasser gleiten konnten, im Sitzen, im Liegen, auf dem Rücken, auf dem Bauch, mal mit dem Kopf vorne, mal mit den Füssen. Übermütig nahm ich einmal zuviel Schwung, rutschte in Sitzstellung los und drehte mich sofort nach rechts, um mit den Füssen voran in die Bauchlage zu wechseln. Das Manöver geriet mir außer Kontrolle. Ich schlug mit dem Oberkiefer auf den rechten Handlauf. Es tat entsetzlich weh. Das Wasser am Fuß der Rutschbahn färbte sich rot. Kinder führten mich an Land. Ich wand mich im Gras vor Schmerz. Ich war voller Blut. Man führte mich nach oben in das lange Gebäude mit den Kabinen. Irgendwann stand mir auch meine Mutter zur Seite. In einem Nebenraum erteilte man mir erste Hilfe. Die Unterlippe war von Holzsplittern aufgerissen worden, und mir fehlte der linke Schneidezahn. Richtig geholfen werden konnte mir noch nicht. Jemand verband mir das Kinn so, dass das Blut aus dem Mund in eine Schale aus Mull und Verband floss. Es sammelte sich dort an, meine Mutter tupfte es ständig mit Watte heraus, damit es nicht an mir herunterlief. In einem Auto fuhren wir in die Frankfurter Straße zum Krankenhaus. Zunächst meinte auch der Arzt vom Dienst, ich hätte mir den Vorderzahn ausgeschlagen. Doch eine genauere Untersuchung mit einer Sonde ergab, dass er durch den Aufprall ganz in den Oberkiefer hineingetrieben worden war. Er musste gezogen werden, und ich verbrachte die Nacht im Krankenhaus. Von da an hatte ich viele Jahre lang eine Zahnlücke und gewöhnte mir an, nur mit geschlossenem Mund zu lächeln.

Danach mied ich die Rutschbahn wie der Teufel das Weihwasser. Ich hatte beschlossen, sie nie wieder zu betreten. Aber irgendwann fand ich es abgedroschen, diese Abneigung anderen Kindern gegenüber immer wieder zu begründen. Und unbewältigte Ängste sind auch lästige Gespenster. Eines Tages fasste ich mir ein Herz und rutschte wieder hinunter. Ich fand das schön. Der Bann war gebrochen, und ich hatte mit dem Erlebnis abgeschlossen.

Im Orber Schwimmbad. Die Rutschbahn, auf der ich einen Schneidezahn verlor.

Für die Frösche des Orbtals bot sich das Schwimmbad und der angrenzende Orbbach mit seinen damals noch versumpften Ufern als attraktives Eldorado an. Ihr abendliches Quaken in diesem Raum sowie das gelegentlich aufgeregte Geschnatter der Enten vom nahen Kurparkweiher gehörte zu den vertrauten Lauten meiner Kindheit. Das riesige Schwimmbecken war nur an der Längsseite zum Bach und den beiden Schmalseiten befestigt. Zu der leicht ansteigenden großen Liegewiese hin wurde es übergangslos immer flacher. Der Grund war im Randbereich mit grob behauenen unverfugten Sandsteinplatten ausgelegt und weiter im Tiefen lag grober Basaltsplit, auf dem sich im Laufe der Jahre mehr oder weniger Schlamm abgelagert hatte.

Es handelte sich um ein Naturbad ohne eine Wasserreinigungsanlage. Demzufolge war das Wasser in diesem Randbereich bei starker Benutzung auch ziemlich trübe und bot sich auch als Lebensraum für kleine Tiere an, wie Wasserläufer, Libellen, manchmal auch kleine Fische. Im Frühjahr verließen die Frösche ihre Erdhöhlen am Bach und hüpften zu nächtlicher Zeit durch die Buchenhecke ins Schwimmbecken, paarten sich dort ausgiebig und füllten das Flachwasser reichlich mit ihrem Laich. Die kleinen schwarzen Kaulquappen, die daraus entstanden, sahen noch niedlich aus. Schnell wuchsen ihnen winzige Beinchen, und dann wurden sie zu kleinen graubraunen Fröschen. Diese begaben sich irgendwann an Land und verschwanden auf der Suche nach einem geeigneteren und geschützteren Lebensraum.

Ein Rückzugsgebiet für die größeren Frösche bot auch die Unterseite des Podiums. Dort war es schattig, kühl und feucht, und wir jugendlichen Schwimmer begaben uns hin und wieder in diesen düsteren und etwas unheimlichen Teil unserer Wasserwelt.

Das Schwimmbecken erhielt sein Wasser vom Orbbach. Es wurde von ihm abgezweigt, hineingeleitet und nach intensivem Gebrauch unterirdisch zurück in den Bach gelassen. Zwischendurch floss auch immer wieder frisches Wasser in das Becken und altes heraus. Trotzdem musste einmal im Sommer das gesamte Bad bis zum Grund geleert und mit frischem Bachwasser wieder angefüllt werden. In dieser Zeit war das Schwimmen zu unserem Kummer mehrere Tage lang gar nicht oder sehr eingeschränkt möglich. Für die Frösche bedeutete das eine Katastrophe. Das Wasser verschwand zunehmend in einem dicken Rohr an der tiefsten Stelle des Beckens, und sie saßen plötzlich auf dem Trocknen.

Einmal erlebte ich, wie der Schwimmmeister die älteren Jungen aufforderte, diese Gestrandeten einzusammeln. Ich beteiligte mich auch. Bald waren die vorhanden Eimer und Blechgefäße voller Frösche. Aber es hüpften immer noch eine Menge herum. Jemand trieb im Geräteraum einen leeren amerikanischen Benzinkanister auf. Durch den runden Einfüllstutzen wurden die Frösche hineingestopft. Aber was sollte man mit ihnen nun anfangen? Sie im Bach aussetzen? Dann wären sie ein Stück weit abgetrieben, und früher oder später ins Bad zurückgekehrt. Man musste sie endgültig loswerden. Das bedeutete, sie zu töten. Aber wie? Ich weiß nicht, woher die Idee kam. Der Schwimmeister stellte jedenfalls ein Beil zur Verfügung, und wir zogen mit den vollen Behältern vor das Schwimmbad über den Parkplatz zum Bachufer. Der Parkplatz war damals kleinflächiger als heute. Er wurde zum Bach hin gerade mit Bauschutt erweitert. Unterhalb der Halde neben dem Gewässer schlug einer von uns den Gefangenen auf einem alten Holzbrett einem nach dem anderen den Kopf ab und warf die enthaupteten Körper in den Bach. Nicht alle Anwesenden fühlten sich wohl dabei. Die Gesellschaft gab sich lustig, und blöde Sprüche wurden gemacht, wahrscheinlich auch, um die Abartigkeit des Geschehens zu verdrängen. Ich war entsetzt, stand hilflos dabei und hatte keinen gescheiten Vorschlag, wie man einer solchen Froschplage besser Herr werden konnte.

Schließlich war nur noch der volle Benzinkanister übrig. Verblüfft stellten die anführenden Jugendlichen fest, dass sie die Frösche durch die kleine Öffnung nicht wieder herausholen konnten. Einer versuchte es mit Hilfe eines Stocks. Es gelang nicht. Der Kanister hätte aufgeschnitten werden müssen. Dazu fehlte es an Werkzeug und Können. Alle standen ratlos um ihn herum. Schließlich äußerte jemand die Idee, die Frösche einfach darin zu lassen und sie unter dem abgelagerten Schutt zu vergraben. Der Schwimmeister war verärgert. Nicht wegen der Frösche. Ihm tat es leid um seinen Kanister.

Die Bilder des Tötens und der lebendig begrabenen kleinen Tiere gingen mir lange nicht aus dem Kopf. Dabei fühlte ich mich nicht einmal schuldig. Ich konnte gegen diese als Abenteuer empfundene Aktion der Großen nichts unternehmen und verharrte verloren in der Position des Schwachen, der dieser Willkür und der Grausamkeit nichts entgegensetzen konnte

Karl Weisbecker, unseren Schwimmmeister, Clubvorsitzenden und Trainer erlebte ich immer als ruhigen gewissenhaften Menschen. Ich bin mir sicher, dass alle Schwimmbadfreunde der damaligen Zeit von seinem späteren Schicksal erschüttert waren. Ich weiß nicht, welchen Beruf er ursprünglich ausübte. Jedenfalls besaß er eine besondere handwerkliche Begabung. Sie zeigte sich bei der Ausführung der immer anfallenden Instandhaltungs- und Reparaturarbeiten, denen er sich besonders vor der jährlichen offiziellen Eröffnung des Bades am 15. Mai zeitaufwändig und mit viel Sorgfalt widmete. Er malte auch selbst die Hinweisschilder, die Besucher während ihres Aufenthaltes im Bad zum richtigen Verhalten aufforderten. Gleich in Eingangsnähe stand eines seiner weiß lackierten Holzschilder. Es zeigte ein bunt gekleidetes Männchen, das gerade tat, was ganz und gar als ungehörig galt, mit dem Hinweis „Bitte, nicht spucken!" Auch unsere Eltern schätzten ihn für seine Genauigkeit und Verlässlichkeit. Bei ihm im Schwimmbad galten wir immer als gut aufgehoben. Außerhalb der Schwimmsaison, wenn er das Bad für die Überwinterung fertig gemacht hatte, arbeitete er für die Stadtverwaltung als Bote.

Leider wurde ihm später eine enge Beziehung zu einer Frau zum tragischen Verhängnis. Sie war eine Ortsfremde und arbeitete als Betreuerin in der Kinderheilanstalt. Wir kannten sie von ihren gelegentlichen Schwimmbadbesuchen. Sie wirkte auf mich streng, humorlos und gar nicht verführerisch. Einmal bat mich Karl Weisbecker vertraulich, ihr die Nachricht zu überbringen, er wäre zu einer bestimmten Zeit bei den „Drei Birken", einer allgemein bekannten Stelle am Waldrand oberhalb der Stadt. Ich konnte mir leicht vorstellen, dass die beiden dort nicht nur Händchen halten wollten, aber erzählte niemandem ein Sterbenswort, nicht zuletzt, weil ich das Vertrauen des Schwimmeisters in mich nicht enttäuschen wollte.

Weisbecker war mit einer Orberin verheiratet, einer kleinen, schon älteren patenten Frau und hatte mit ihr zwei erwachsene Kinder. Sie führte den Kiosk, sprach mit vielen Kunden und wusste daher über Leben und Treiben im Schwimmbad gut Bescheid. Irgendwann war sie die Untreue ihres Mannes leid und drohte mit Konsequenzen. Dieser hatte sich aber mit gewissen Versprechungen und vielleicht auch mit einer wirklichen Liebe in die Beziehung zu seiner Freundin verstrickt und kam nicht mehr von ihr los. Die enttäuschte und wütende Ehefrau, eine alteingesessene Einheimische mit engen Kontakten zum Rathaus, sorgte dafür, dass er sein Amt als Schwimmmeister und seine Beschäftigung bei der Stadtverwaltung verlor. Seine Freundin hatte inzwischen Orb verlassen, und er folgte ihr zwangsweise zu ihrem neuen Wohnsitz. Bald verbreitete sich in Orb das Gerücht, sein neues Leben in der Fremde verliefe überhaupt nicht glücklich. Monate später fanden ihn Spaziergänger tot im Orber Wald. In seiner Not hatte er sich an einem Baum erhängt.

Meine christliche Erziehung

Wie zu Anfang berichtet, lebte meine Mutter von klein auf in Wien am Bischof-Faber-Platz gegenüber der Gersthofer Pfarrkirche. Sie war eine tiefgläubige Frau, und das nahe katholische Gotteshaus mit dem früher üblichen häufigen Läuten der Glocken könnte sie schon als Kind in ihrer Frömmigkeit bestärkt haben. Selbst durch die geschlossenen Fenster hörte sie die Klänge der Orgel von gegenüber. Nie sah ich sie einen Brotlaib anschneiden, ohne dass sie ihn vorher mit ihrem rechten Daumen leicht bekreuzigte. Ihren Briefen vor meiner Geburt an meinen Vater entnehme ich, dass sie damals an allen Sonn- und Feiertagen an einem Gottesdienst teilnahm, regelmäßig zur Kommunion ging und zudem auch zwischendurch „auf einen Sprung" in die Kirche schaute, um dort zu beten.

Trotzdem fehlte ihrem Glauben das Dogmatische. Im Juni 1940 schrieb sie meinem Vater nach Frankreich: „In seiner Sonntagspredigt nutzt unser guter Pfarrer die großen und ewigen Worte des Evangeliums zu kleinlichen Christenlehren." Und ein Jahr später: „Aus uralten überlieferten Formen des Gottesdienstes kommt einem immer wieder Sammlung und Ruhe, wenn auch der Verfall erschreckend ist, den auch die beruflichen Pfleger dieser Formen aufweisen."

Sie sah in ihrem Herrgott nicht nur den über den Menschen stehenden allmächtigen Übervater, sondern auch den nachsichtigen und verständnisvollen Freund und Beschützer, an den sie sich in ihrer Einsamkeit als Einzelkind immer vertrauensvoll wenden konnte. Sie brauchte ihn möglicherweise in dieser Rolle als Gegenpol zu ihren strengen Eltern, die ihr bei den gemeinsamen Mahlzeiten sogar wiederholt den Spazierstock ihres Vaters zwischen Kleid und Rücken steckten, um ihr früh eine aufrechte und gerade Haltung anzugewöhnen. Wie sehr sie es schätzte, wenn sich auch andere Gläubige trotz ihrer gelebten Frömmigkeit ein von der römisch katholischen Lehre unabhängigeres Denken und Handeln herausnahmen, vermittelte sie uns Kindern mit der Schilderung des Verhaltens ihrer väterlichen Großmutter Johanna Köck in Sankt Veit an der Gölsen. Diese Frau, Tochter eines erfolgreichen und vermögenden Bauern aus Sankt Georgen am Steinfelde, wollte sich nicht strikt an die damals geltende Regel halten, dass man die Kommunion nur nüchtern, das heißt ohne vorher gefrühstückt zu haben, empfangen durfte.

Wenn sie vor dem Besuch des sonntäglichen Gottesdienstes vor den kritischen Augen ihrer Familie schnell noch ein kleines Fleischgericht zu sich nahm, rechtfertigte sie sich in ihrem niederösterreichischen Dialekt mit den Worten: „Ein kleines Gulasch vor der Messe, das macht nichts." Anschließend begab sie sich, ihrer besonderen Stellung in Familie und Gemeinde sehr bewusst, mit Mann und Kindern in das ausschließlich der Familie Köck vorbehaltene Kirchengestühl im Chor der Kirche von St. Veit und schritt später erhobenen Hauptes und anscheinend mit ihrem Herrgott ganz im Reinen zum Empfang der Kommunion.

Über ihre österreichische Großmutter erzählte meine Mutter auch die folgende Anekdote: Die alte Hofherrin und Frau des Müllermeisters lag im Sterben. Ein Geistlicher war gerufen worden. Er erteilte ihr die Letzte Ölung. Schon während dieser Segnung lebte sie wieder etwas auf. Kaum aber hatte der junge Kaplan das Zimmer verlassen, blickte sie in die Runde der noch andächtig schweigenden Angehörigen und sagte dann mit einem Seufzer: „So a fescher Mann!"

Der Urgroßmutter blieb nach dieser Begegnung der nahe Tod noch einmal erspart, und sie kam wieder zu Kräften. Leider habe ich vergessen, nach wie vielen Letzten Ölungen sie endgültig Abschied von dieser Welt mit ihren feschen Männern nehmen musste.

Meiner Mutter hat diese Frau jedenfalls sehr imponiert. Nicht nur für unabhängig handelnde Menschen, auch für „fesche Männer" hatte auch sie einen wachen Blick. Allerdings war sie anspruchsvoll und wählerisch, und wählte schließlich mutig und entschlossen meinen Vater, für den sie die Heimat aufgab und dem sie bis zu ihrem Tod in Liebe und Treue verbunden blieb, obwohl er ihr das Leben in Orb mit seiner Schwäche für andere Frauen zuweilen schwer machte.

In lebenslanger Treue stand sie auch zu ihrem Glauben an einen gütigen und barmherzigen Gott. Bei ihm fühlte sie sich gut aufgehoben. Ihr Vertrauen in seine Klugheit und sein Wissen um die

Sorgen und Nöte jedes einzelnen Menschen gaben ihr stets Kraft und Stärke. Diesen Glauben an einen tiefen Sinn ihres Schicksals lebte sie auch in den langen Jahren ihrer Krankheit anscheinend unerschüttert bis zum Ende ihres Lebens.

Meine Mutter als Kommunionskind (1916).

Die erste Begegnung meiner Eltern im Erfurter Dom vor dem riesigen Bild des Hl. Christophorus konnte nur stattfinden, weil beide, bedingt durch eine tiefe Gläubigkeit und vielschichtige kulturelle Interessen einen besonderen inneren Zugang zu Kirchen und Klöstern hatten.

Wie meine Mutter entstammte auch mein Vater einem stark katholisch geprägten Elternhaus. Die Ehe seiner Eltern war sogar von einem Geistlichen, dem zeitweiligen Rektor der Orber Lateinschule und späteren Pfarrer Haseneier „gestiftet" worden, wie man früher sagte. Das heißt, durch die Vermittlung Haseneiers lernten sich Großmutter und Großvater überhaupt erst kennen. Der Großvater war zudem viele Jahre im Kirchenvorstand der Orber Gemeinde. Dieses Amt verpflichtete ihn, an zahllosen Beerdigungen teilzunehmen, natürlich stets im schwarzen Anzug, schwarzen Mantel und schwarzen Zylinder, einem Chapeau Claque, der sich zusammenfalten ließ, ein seltsames Konstrukt, das mich als Kind faszinierte. Ingrid erinnert sich, dass unser Großvater die Beerdigungen in der kalten Jahreszeit überhaupt nicht mochte. Denn am Grab mussten die Männer während der Aussegnung durch den Pfarrer ihre Hüte und Zylinder abnehmen, und unser Opa hatte, wie sein und auch mein Vater, schon früh eine Glatze und holte sich über den verkühlten Kopf leicht eine Erkältung, ein häufiger hoher Preis für die von der Pflicht geforderte Aufgabe.

Das traditionsreiche katholische Kleinstadtleben Orbs sowie die engen persönlichen Bindungen zwischen der Familie in der Post und den Geistlichen im nahen Pfarrhaus trugen dann auch mit dazu bei, dass mein Vater im Jahre 1933 mit einundzwanzig Jahren in das Bischöfliche Priesterseminar in Fulda eintrat und fünf Semester katholische Theologie studierte. Obwohl er sich schließlich gegen das Priesteramt entschied, praktizierte er weiterhin überzeugt seinen Glauben, unterhielt sein ganzes Leben lang beste Beziehungen zu den wechselnden Orber Seelsorgern, mit denen ihn aufgrund seiner eigenen theologischen Bildung immer mehr verband als nur die übliche Gemeindemitgliedschaft. Das Thema seiner Prüfungsarbeit zum Abschluss seines Lehrerstudiums am Pädagogischen Institut in Fulda im Frühjahr 1950 lautete: „Das Religiöse als Uranlage im Menschen und der Ablauf seiner Entwicklung im Kinde im Zusammenhang mit dem organischen Werden". Die über fünfzigseitige Arbeit zeigt, wie stark er auch intellektuell von seinem Glauben durchdrungen war. Immer schon interessiert an sakraler Kunst führte er nach seiner Pensionierung regelmäßig Touristen und Kurgäste durch die Orber Martinskirche. Er gehörte auch dem Gremium an, das über die Verwendung der Gelder des Quanzschen Fond entschied, der von seinem Gründer für einheimische Hilfsbedürftige eingerichtet worden war und dem der jeweils amtierende Pfarrer vorstand.

Anders als meine Mutter und übrigens alle seine Geschwister neigte mein Vater zu einer strengeren Form der Gläubigkeit. Das führte in seinem Fall zu einer gelegentlichen inneren Zerrissenheit, weil er sich beispielsweise einerseits als gläubiger Katholik lautstark für die vorgegebenen strengen Gebote seiner Kirche einsetzte, andererseits außerehelichen Seitensprüngen, die meine Mutter und von uns Kindern vor allem Gitti stark belasteten, überhaupt nicht abgeneigt war. Besonders er, weniger meine Mutter, wollte zunächst auch nicht akzeptieren, als ich als junger Mann allmählich meinen ursprünglich tiefen Glauben verlor und mich immer kritischer gegenüber der Kirche äußerte.

Glockenläuten verbindet mich heute noch mit meiner uneingeschränkten Gläubigkeit als Kind. Ich erlebe es wie ein vertrautes Raunen aus der Tiefe einer endlosen Vergangenheit, ähnlich dem Wiener Dialekt meiner Mutter, den ich ja schon im Mutterleib ständig mitbekommen haben musste. In Wien lebte ich von klein auf über drei Jahre lang in unmittelbarer Nachbarschaft der Gersthofer Kirche mit ihrem Glockenklängen, und auch während der Zeit in der Post lag die Martinskirche über der Kleinstadt in unserer Sichtweite, und das regelmäßige immer gleiche Läuten der Kirchenglocken war ein selbstverständlicher Teil des alltäglichen Lebens.

Zugegeben, die sonntäglichen Gottesdienstbesuche empfand ich trotz meiner Frömmigkeit in der Regel als langweilig und disziplinierend. Für die Kinder fand um Viertel vor neun der so genannte Kindergottesdienst statt. Die Jahrgänge waren damals stark. Meinem gehörten über 120 Kinder an. Die meisten waren katholisch. Die Jungen saßen in den Bänken auf der rechten, die Mädchen auf der linken Seite. Meist führte der damalige Rektor der Volksschule Henkel während der Messe Aufsicht. Immer wieder dämmte er mit strafenden Blicken oder strengen Anweisungen aufkeimende Unruhe ein, die überwiegend von der Jungenseite ausging. Man sagte, er nähme sonntags stets an zwei Gottesdiensten teil, an einem früheren für sich und einem zweiten als Aufpasser.

Die Beziehungen zwischen dem Katholischen Pfarrhaus und der Volksschule und Mittelschule waren eng. Von der fünften

Klasse an und auch schon vorher wurde uns katholischen Schülern der Religionsunterricht von Geistlichen erteilt. So lernten wir diese nicht nur in ihren Rollen als Priester in den Gottesdiensten, sondern auch von ihrer menschlichen Seite her kennen und wurden mit ihnen und ihrer Art vertraut. Andererseits entwickelten sie auch zu uns früh eine persönlichere Beziehung. Schließlich verkörperten wir die Jugend ihrer Gemeinde, und sie fanden auch über uns Kinder zusätzlichen Kontakt zu den Familien. So war es üblich, dass sie am Nachmittag nach der Erstkommunion in der Kaffeezeit die Familien der Kommunikanten besuchten und dort als willkommene Gäste einige Zeit verbrachten.

Die Religionsstunden fand ich oft interessant und unterhaltsam. Der schon ältere Kaplan Schmalbach und der jüngere Kaplan Korn verhielten sich uns gegenüber nachsichtiger und verständnisvoller als manche Lehrer. Schon das machte sie mir sympathisch.

Am Aschermittwoch fiel die erste Schulstunde immer aus. Stattdessen saßen wir in der Martinskirche, mussten nun zu Beginn der Fastenzeit todtraurige dumpf klingende Passionslieder singen, „O Haupt voll Blut und Wunden, voll Schmerz und voller Hohn ..." wonach mir überhaupt nicht der Sinn stand. Dann holten wir uns alle das Aschenkreuz, das sich bis zum Abwischen als grauer Schmutzfleck auf unseren Stirnen hielt.

Nach der Erstkommunion gingen wir zunächst auch in der Unterrichtszeit klassenweise zur Beichte. An der linken Seite des früheren Antoniusaltars an der linken Chorecke – auch ein Opfer der Flammen in der Brandnacht 1983 – lag als Erinnerungshilfe hinter einem Holztürchen in einer Nische ein kleiner Stapel abgegriffener Beichtspiegel. Wer sich schwer tat mit der Beichtvorbereitung, weil ihm sein Sündenregister zu spärlich erschien oder er mit der Formulierung seiner Missetaten Schwierigkeiten hatte, der bekam hier Anregungen zuhauf. Mancherlei des angeführten Fehlverhaltens verstand ich anfangs noch gar nicht, besonders Vergehen, die sich auf Unkeuschheiten bezogen. Aber im Nachhinein finde ich diesen Zwang zur Gewissenserforschung schon nützlich. Einer Gedankenlosigkeit und Unbesonnenheit meinerseits wurde hier Einhalt geboten. Ich musste für mich klären, ob ich den Vorstellungen meiner Religion gemäß Gutes oder Böses gedacht oder getan hatte und mich damit einer zwar lästigen, aber sehr kritischen Selbstprüfung unterziehen. Zudem denke ich gerne an die Erleichterung nach der Beichte zurück. Es gab schon Verhaltensweisen, die mich bedrückten und belasteten, und dann befreite mich der Priester im Beichtstuhl nach kurzer Anhörung und seltenen Rückfragen im Namen eines verzeihenden Gottes von allen Gewissensbissen. Wie großartig fühlte ich mich hinterher, so ganz ohne die manchmal quälenden Schuldgefühle! Und die Gegenleistung bestand nur aus ein paar kurzen Bußgebeten, wie drei „Vater unser" und drei „Gegrüßet seist du, Maria". Daraufhin war alles wieder gut.

Gegen eine Schwäche musste ich damals stark ankämpfen. Die Versuchung boten die silbrigen Geldstücke im großen Portemonnaie meiner Mutter. Gelegentlich bediente ich mich heimlich daraus. Allerdings immer zurückhaltend und vorsichtig. Ich erinnere mich nicht daran, dass sie mich einmal dabei erwischte oder mich wegen eines fehlenden 50-Pfennig- oder Markstückes zur Rechenschaft zog. Gelegentlich baten wir Kinder sie, uns ein Eis oder etwas Süßes zu kaufen. Sie verweigerte uns das mit der Begründung, sie hätte dafür kein Geld. Dabei verfügte sie doch über ein in unseren Augen so volles Portemonnaie! Also nahm ich mir, was sie angeblich nicht hatte, und kaufte mir, was sie mir nicht kaufen wollte. So begründete ich jedenfalls das Klauen gegenüber meinem schlechten Gewissen. Bei meiner ersten Beichte zur Vorbereitung auf die Erstkommunion musste ich im Beichtstuhl Farbe bekennen. „Du sollst nicht stehlen!" lautet das siebte der Zehn Gebote. Ich betete immer wieder zu Gott, bat Maria und alle möglichen Heiligen, mich von der Versuchung und dem Zwang, der Mutter ins Portemonnaie zu greifen, endlich zu befreien. Schließlich setzte ich in Anbetracht der anstehenden Firmung auf den Heiligen Geist. Und ich nahm mir fest vor, danach nie wieder irgendjemandem auch nur einen Pfennig wegzunehmen. Noch heute bin ich von der Wirkung angetan. Nach meiner Firmung war allein schon die Versuchung plötzlich wie ausgelöscht. Nur die Versorgung unserer Meerschweinchen und unseres Stallhasen erforderte im Herbst die heimliche Beschaffung von Runkelrüben und Heu von den Feldern und Wiesen der Bauern. Doch dieses Klauen belastete mein Gewissen wenig. Schließlich kam das nicht mir persönlich, sondern den mir anvertrauten kleinen Wesen zugute. Beichten musste ich es trotzdem.

Am Tag meiner Erstkommunion 1950.

Anders als mehrere meiner meist katholischen Klassenkameraden wurde ich nie Messdiener und trat auch keiner kirchlichen Verbindung wie der Jungschar oder den St. Georg Pfadfindern bei. Es lag mir wenig daran, mich solchen natürlich auch ideologisch befrachteten Gruppenzwängen zu unterwerfen. Elternhaus und Schule bedeuteten mir Zwang genug. Daneben brauchte ich meine Freiheit und Spielraum für meine Fantasie.

So wurde ich nicht einmal ein regelmäßiger Besucher der Pfarrbücherei, schaute mich dort nur wenige Male um und war enttäuscht.

Das Angebot sollte nicht nur unterhalten und bilden. Es sollte auch lesefreudige Gläubige in ihrem Glauben bestärken und nicht verunsichern. Die geistige Enge bedrückte mich. Ich suchte die Weite.

Trotz der räumlichen Nähe zur Kirche, den regelmäßigen Besuchen der Gottesdienste an Sonn- und Feiertagen, der Teilnahme an Prozessionen, kurzen Wallfahrten und dem ständigen Religionsunterricht war mein Verhältnis zum Glauben doch im wesentlichen von dem Vorbild der Eltern beeinflusst. Sie sorgten dafür, dass wir die kirchlichen Vorgaben befolgten, das aber ohne jegliche übertreibende Frömmelei. Als wir noch klein waren, sprach unsere Mutter, bevor sie das Licht löschte, mit uns ein Abendgebet wie „Müde bin ich, geh' zur Ruh..." oder „Abends, wenn ich schlafen geh', vierzehn Englein bei mir steh'n, ...". Dabei überkam mich dann auch stets ein wohltuendes Gefühl des Beschütztseins. Von klein auf und über Jahre hinweg prägte unsere Mutter ihr Gottvertrauen in uns ein. Und unser Vater stand ihr darin wenig nach, nur gelang es ihm nicht derart gefühlvoll und überzeugend.

An Sonn- und Feiertagen besuchten wir alle einen der Gottesdienste. Gefrühstückt wurde ausnahmslos immer danach. Tischgebete vor dem Mittag- und Abendessen waren eine Selbstverständlichkeit: „Komm Herr Jesus, sei unser Gast und segne, was Du uns bescheret hast." und „Wir danken Dir Herr Jesus Christ, dass Du unser Gast gewesen bist." Gott war überall. Nichts verlief gegen seinen Willen und ohne eine besondere Absicht. Selbstverständlich hielten wir uns an die anderen üblichen kirchlichen Gebote. Freitags gab es grundsätzlich kein Fleisch und keine Wurst, stattdessen Fisch. Am Karfreitag sollten wir uns möglichst nur bei einer Mahlzeit satt essen. Während der Fastenzeit wurden wir angehalten, auf den Verzehr von Süßigkeiten zu verzichten. Jedes von uns drei Geschwistern sammelte die Bonbons und die Schokolade, die wir in dieser Zeit geschenkt bekamen, in einem jeweils eigenen Einmachglas, und erst ab dem Ostersonntag konnten wir uns zu dem, was uns der Osterhase gebracht hatte, die wochenlang gehorteten Schätze munden lassen.

Ein Leben ohne einen tiefen Glauben war mir in meiner Kindheit jedenfalls nicht vorstellbar. Er gab mir in schwierigen Situationen Halt und machte mein Leben erträglicher und einfacher.

Einmal kehrte ich nach einer Besorgung in der Stadt durch den Kurpark nach Hause zurück und vermisste anschließend einen meiner Handschuhe. Es waren meine einzigen, von der Mutter handgestrickt und nicht ohne weiteres ersetzbar. Wegen der eingebrochenen Dunkelheit konnte ich nicht zurücklaufen und nach ihm suchen. Ich sagte niemanden etwas von dem Missgeschick und betete in meiner Verzweiflung zum Hl. Antonius, dem Heiligen, der nach allgemeinem Glauben für Fundsachen zuständig ist. Natürlich versprach ich ihm einen Geldbetrag für den Fall einer erfolgreichen Wiederbeschaffung. Am nächsten Morgen wählte ich nach der Schule den gleichen Heimweg durch den Kurpark wie am Abend zuvor. Und ich fand den Handschuh. Jemand hatte ihn aufgehoben und auf einen Brückenpfeiler am Orbbach gelegt.

Der Hl. Antonius bekam dafür die versprochenen 50 Pfennige in den Opferstock mit der Aufschrift „Antoniusbrot". Er befand sich in St. Martin zwischen dem Beichtstuhl des Pfarrer Lins und dem Grabaltar. Es war schön, einen solchen Glauben zu haben.

Einige meiner Mitschüler waren evangelisch. Sie hatten Religionsunterricht bei Aenne Weis, einer unverheirateten resoluten, etwas korpulenten Lehrerin Mitte vierzig, der man wegen ihrer auffälligen Beleibtheit zwischenzeitlich immer wieder einmal unterstellte, sie sei schwanger. Die unauffälligere protestantische Art und Weise der Religionsausübung berührte uns kaum. Bad Orb war traditionell katholisch. Die evangelischen Mitbürger bildeten nur eine Minderheit. Viele von ihnen waren Flüchtlinge. Pfarrer Lins erwähnte wiederholt seine guten Kontakte zum evangelischen Pfarrhaus und betonte die gegenseitige Brüderlichkeit.

Einmal nahm ich aus Neugier mit Klaus Peter und Jürgen Kruse an einem evangelischen Gottesdienst teil. Verglichen mit den gewohnten katholischen Messfeiern erschien er mir wohltuend einfach und kurz. Trotz der räumlichen und persönlichen Nähe von Katholiken und Protestanten wurden aber noch Jahre später eheliche Verbindungen zwischen diesen verschiedenen Konfessionen vom Großteil der Bevölkerung ablehnend beurteilt. Die Kritiker sprachen leicht abfällig von „Mischehen", die angeblich wegen eines fehlenden gemeinsamen religiösen Fundaments als nicht so bestandssicher galten. Dabei entstammte unser Großvater Karl Funke selbst einer solchen Mischehe mit einem evangelischen Vater und einer katholischen Mutter, und diese hatte einen so guten, freundlichen und gläubigen Mann wie ihn hervorgebracht. So stand ich solchen Meinungen schon früh auch kritisch gegenüber.

In der Volksschule (1947 – 1952)

Im Oktober 1947 wurde ich eingeschult. Zur Feier des Tages bekam ich zum Frühstück ein gekochtes Ei, als einziger in der Familie. Gitti und Martin beneideten mit darum und wären schon allein deswegen auch gerne eingeschult worden. Sie mussten aber noch warten und bekamen ihr Ei erst ein bzw. drei Jahre später. Vom Vorplatz der Martinskirche zogen alle Schulanfänger – wir waren etwa hundertdreißig – begleitet von ihren Müttern zur höher gelegenen Volksschule neben dem Friedhof. Meine Mutter war irgendwie verhindert, und so hatte ich als einziges Kind meinen Vater an meiner Seite. Ich bedauerte das. Meine Mutter wäre mir lieber gewesen. Mein Vater machte sich auch bald auf und davon. Er musste zur Arbeit in seine Gärtnerei. Ich fühlte mich zwischen den vielen unbekannten Jungen ziemlich einsam und verlassen. Manche kannten einander als Nachbarskinder und vom Kindergarten her. Einige gingen hart und grob miteinander um. Ich betrachtete mich noch nicht als richtiger Orber und war zu Anfang mit keinem von ihnen näher vertraut. Das kam erst allmählich. Zu meiner Erleichterung war der erste Schulvormittag nur kurz. Ich hatte eigentlich schon am ersten Tag genug von der Schule.

Gleich am nächsten Tag begannen wir mit dem Schreiben. Das gefiel mir auch nicht. Wir begannen mit dem i. Als Hausaufgabe mussten wir über die Hälfte unserer Schiefertafeln mit i voll schreiben. Ich machte nach zweieinhalb Zeilen Schluss, erklärte zuhause, mehr hätten wir nicht auf und erschien bereits an meinem dritten Schultag ohne vollständige Hausaufgaben. Ich mochte solche Zwänge nicht, und das bunte Leben draußen mit den Einblicken in die Welt der Erwachsenen war einfach interessanter.

Lesen lernen wollte ich auch nicht. Kurz nach Ostern 1948 nahmen mich Opa und Tante Irmel mit zu Julianes Erstkommunion nach Karlsruhe-Rüppurr. In Opas Gepäck befand sich auch meine ungeliebte Lesefibel. Opa sollte mit mir täglich eine halbe Stunde üben. Aber ich weigerte mich, versteckte das Buch anfangs immer so, dass es erst nach längerem Suchen irgendwo in der Wohnung aufgespürt wurde. Und wenn man die Fibel schließlich gefunden hatte, schrie ich herum und gebärdete mich widerspenstig bis Opa sich endlich durchsetzte. Dabei litt ich an keiner Lese- und Rechtschreibschwäche. Ich hatte einfach keine Lust.

Als ich als Lehrer am Goethe-Gymnasium in Frankfurt 1976 zum ersten Mal eine fünfte Klasse in Erdkunde unterrichtete, erstaunten mich die noch eingeschränkten Kenntnisse mancher Schüler im Lesen, Schreiben und auch im Rechnen. Irgendwie konnte ich nicht nachvollziehen, dass sie in der langen Zeit ihrer vier Grundschuljahre nicht mehr gelernt hatten. Dann kam unser Sohn Tammo 1984 in die Schule. Da merkte ich erst wieder, wie beschwerlich und aufwändig das Erlernen dieser Grundfertigkeiten für Kinder sein kann. So wurden mir erst im Rückblick eigene Schwierigkeiten von früher wieder bewusst, und meine Einstellung, dass man Lesen und Schreiben so mal eben schnell lernt, erschien mir dann im Nachhinein doch abgehoben und arrogant. Irgendwie hatte ich mir eingebildet, die Grundschule nur so nebenbei besucht zu haben. Ich erkläre es mir damit, dass ich wegen unguter Erfahrungen vieles von dem verdrängt habe, was ich damals in der Schule erlebte und außerhalb des Schullebens viele Erlebnisse hatte, die weitaus fesselnder und eindrucksvoller waren als das, was mir die Grundschule bot.

In der Klasse 1a waren wir mehr als vierzig Jungen. Daneben gab es noch zwei Parallelklassen, eine reine Mädchenklasse und eine mit Jungen und Mädchen. Unser Klassenlehrer war Herr Markgraf, ein erfahrener, gütiger Lehrer im Pensionsalter. In mein erstes Zeugnis schrieb er in der Rubrik Besondere Bemerkungen: „Christoph träumt oft während des Unterrichts." Ich muss gestehen, dass ich auch in meiner späteren Schulzeit oft im Unterricht träumte, vorausgesetzt, ich langweilte mich, und das war nicht selten. Trotzdem beurteilte Herr Markgraf nach eineinhalb Jahren meine mündlichen und schriftlichen Leistungen in „Deutscher Sprache" und auch in Rechnen mit „gut". Demnach müssen die Mahnungen der Eltern und Opas konsequenter Einsatz in Karlsruhe-Rüppurr schließlich gefruchtet haben.

Unser erstes Schuljahr dauerte von Oktober 1947 bis März 1949, also eineinhalb Jahre, weil nach meiner Einschulung der

Schuljahresbeginn vom Herbst auf das Frühjahr verschoben worden war. So verlängerte sich für meinen Jahrgang die Gesamtschulzeit um ein halbes Jahr.

Im zweiten Schulhalbjahr 1949/50 übernahm ein junger Lehrer namens Haushold die Klasse. Wir nutzten seine Unerfahrenheit skrupellos aus, störten häufig den Unterricht und machten uns über seine Aufforderungen, uns besser zu verhalten, nur lustig. Er bekam uns nie in den Griff. Dabei ging es auch mit meinen Leistungen bergab. Natürlich nutzten wir auch jede Gelegenheit zum Schwänzen. Eines Tages hatte ich keine Lust zum Nachmittagsunterricht. Stattdessen verabredete ich mich mit Klaus Peter und Jürgen Kruse, den Gärtnersöhnen aus meiner Klasse, zum Spielen. Ich verließ das Haus als ginge ich zur Schule, vergrub aber heimlich meinen Schulranzen in der Hütte im Garten unter einem Haufen Holzscheite und machte mich, von der Mutter unbeobachtet, auf den Weg zu den Kruses ins Haberstal.

Tags darauf stellte Herr Haushold mich wegen meines Fehlens zur Rede. Anstatt ihm die Abwesenheit mit einer Ausrede zu begründen, behauptete ich frech, ich hätte doch überhaupt nicht gefehlt. Er müsse mich am Nachmittag zuvor wohl übersehen haben. Und dieses schamloses Verhalten hatte keinerlei Konsequenzen. Wir gingen mit dem Mann um, wie eine Katze mit einer von ihr gefangenen Maus.

Mein Vater bereitete sich zu jener Zeit im Fuldaer Lehrerseminar auf seinen dritten Beruf vor, war selten zu Hause, und meine Mutter lebte mit uns drei Kindern überwiegend allein und war auch wegen ihrer gesundheitlichen Probleme etwas überfordert. Mit meinem Vater in der Nähe hätte ich mich das mit dem Schwänzen wohl kaum getraut.

Nach einem einjährigen Studium und der Ersten Lehrerprüfung kehrte er als Lehramtsanwärter nach Orb zurück. Wegen des kriegsbedingten Lehrermangels gab es für Männer und Frauen mit Abitur nach dem Krieg eine Zeit lang die Möglichkeit einer stark verkürzten Ausbildung zum Grund- und Hauptschullehrer.

Der von uns so gepeinigte Herr Haushold verschwand nach einem halben Jahr so plötzlich wie er gekommen war, und zu meiner großen Überraschung übernahm mein Vater als Klassenlehrer unseren etwas verwahrlosten Haufen. Ich nahm die Nachricht von seinem Einsatz mit zwiespältigen Gefühlen zur Kenntnis. Meinen Schulkameraden war der Wechsel eher egal. Unbekümmert und mit der Absicht, sich auch von dem „Neuen“ nicht unterkriegen zu lassen, schoben sich die Jungen vor Beginn der ersten Stunde durch die Tür des Klassenraums. Direkt vor mir erklärte der zwei Jahre ältere, weil schon zweimal sitzen gebliebene Ewald S. lautstark in reinstem Orberisch: „Un’ den Funke, den mache ma aach noch ferdisch!“ Da tat mir mein Vater schon etwas leid. Aber es stellte sich schnell heraus, dass meine Sorge unbegründet war.

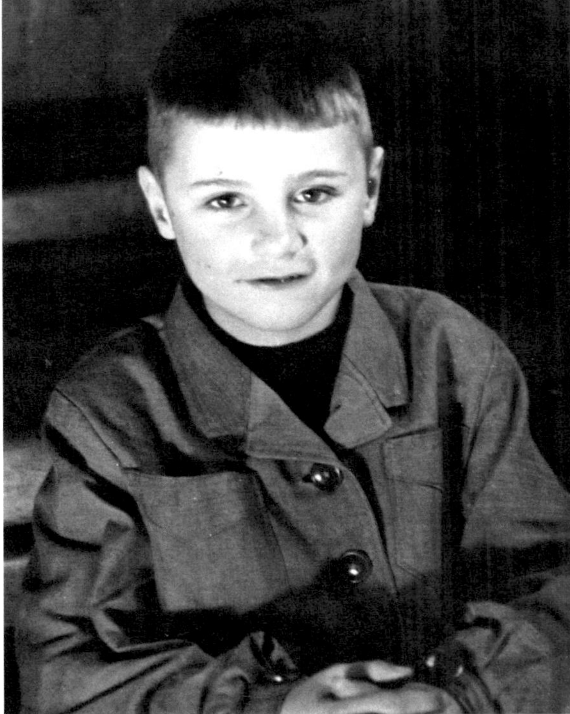

Ich im März 1948.

Schon allein aus Loyalität berichtete ich ihm nach der Schule über die aktuelle Stimmungslage in der Klasse und zitierte auch Ewalds unvergessliche Kampfansage. Mein Vater war natürlich auch von unserem Schulleiter, Rektor Henkel, auf seine schwierige Aufgabe eingestimmt worden und griff gleich zu Beginn seines ersten Auftritts vor uns hart durch. Wir Schüler kapierten schnell: Der war von einem ganz anderen Kaliber als wir es bisher gewohnt waren. Der ließ sich überhaupt nichts gefallen.

Nach einem Jahr als Klassenlehrer meiner Klasse beschrieb mein Vater in einem zu meiner Überraschung noch erhaltenen Tätigkeitsbericht unsere Situation zu Beginn des 3. Schuljahrs wie folgt:

„Als ich nach Ablegung der ersten Lehrerprüfung am 2. August 1950 meinen Dienst an der Volksschule in Bad Orb antrat, wurde mir die Führung der Klasse 3a, Jungen, anvertraut. Leider ging ihr kein guter Ruf voraus. Die acht- bis neunjährigen Rangen hatten es während der letzten Monate tatsächlich fertiggebracht, unter skrupelloser Ausbeutung der ihnen bisher in naiver Großzügigkeit zugestandenen Freiheit nicht nur ihren Lehrer, sondern auch ihre Eltern bis an den Rand der Verzweiflung zu bringen. Da mein eigener Junge Schüler dieser Klasse war, konnte ich die Entwicklungskurve sowohl in pädagogischer wie in psychologischer Sicht genau verfolgen. Selbst Orber und daher Kenner der Orber Psyche weiß ich aus eigener Erfahrung, dass sich der hiesige Lehrer nur mit einem außergewöhnlichen Maß innerer Härte durchsetzen kann ..."

„So war es dahin gekommen, dass die kleinen Radaubrüder in planvoller Ausnutzung dieses Systems großzügiger Freiheit und der ihnen staatlich verbrieften Unantastbarkeit möglichst vielen schulischen Aufgaben und Pflichten auswichen und sich in dem Ruf ihrer zweifelhaften Berühmtheit regelrecht badeten ..."

„Die Kinder dachten triebhaft, handelten triebhaft, ungebändigt, ungezügelt, hordenmäßig. Der ganze physisch-psychische Leistungsapparat stand unter diesem Einfluß. Gewohnt, sich ständig gehen zu lassen, fiel es den Kindern selbstverständlich schwer, sich zu sammeln, ruhig zu sitzen, zuzuhören ohne ständig nach dem Nachbarn zu schielen. Alle auf dem ruhigen Ablauf eingespielter Ordnungsfunktionen beruhenden Tätigkeiten wie Schreiben, Rechtschreiben, Abschreiben, Rechnen wurden mangelhaft oberflächlich hingehauen ..."

„Bei all den Leistungsmängeln stellte ich bei einer großen Zahl der Kinder eine erschreckende Gefühlsrohheit fest. Sie hatten eine brutale und rücksichtslose Art miteinander umzugehen, sodaß fast ständig einer am Bluten war. Gerauft wurde bei jeder Gelegenheit. Wenn das auch großenteils altersbedingt sein mag, so gingen die Formen denn doch weit über ein erträgliches Maß hinaus. Durch ihre Erfahrungen der letzten Monate war den Burschen der letzte Rest von Ehrfurcht vor der Person des Lehrers verloren gegangen."

Im Rückblick wundere ich mich noch heute über das damalige Ausmaß von Gewalttätigkeit an der Orber Volksschule. In meinen fast dreiunddreißig Jahren als Lehrer habe ich das nie wieder so erlebt, auch nicht an meinen beiden Bremer Additiven Gesamtschulen mit ihren Real- und Hauptschülern von unterschiedlichster ethnischer Herkunft und den sich daraus ergebenden besonderen Konflikten. In Orb gab es kaum eine große Pause ohne eine ernste Handgreiflichkeit oder Schlägerei unter den älteren Schülern. Herrschte einmal langweilige Ruhe auf dem Hof, kamen irgendwelche Jungen auf die Idee, so zu tun, als hätten sich zwei Kontrahenten in der Wolle. Ein dichter Kreis wurde gebildet, und eine johlende Zuschauermenge feuerte die gar nicht vorhandenen Kampfhähne in der Mitte an. Der Lehrer, der die Pausenaufsicht hatte, eilte besorgt und entschlossen herbei, bahnte sich einen Weg durch die nur widerwillig weichenden Schüler und schaffte es schließlich bis zur leeren Mitte des Kreises umgeben von einem Schwall von Gelächter.

Es war in der dritten oder vierten Klasse, als mein Mitschüler Gerd Armbruster während eines Streites mit einem anderen Jungen in seiner Bedrängnis plötzlich ein Messer aus der Tasche zog, es blitzschnell aufklappte und sich damit den Anderen vom Hals hielt. Gerd wohnte in der Altstadt in dem Bereich Obertorstraße und Heppengasse, in der auch Ewald S. zu Hause war. Einige der Jungen von dort galten als aggressiv und grob, traten gern als Gruppe auf und machten sich einen Spaß daraus, Kindern aus anderen Stadtteilen aufzulauern und sie zumindest zu bedrohen.

Es war auch üblich, Streitigkeiten, die im Laufe des Schulmorgens entstanden, nach der Schule auf der schmalen Straße hinunter zum Burgring auszutragen. Da waren alle auf sich gestellt. Kein Lehrer konnte eingreifen. Wir nannten das „verschlagen". Ich erinnere mich nicht mehr an Einzelheiten, wann und wie auch mir zugesetzt wurde. Ich habe sie, so wie manche andere unangenehme Erfahrungen, verdrängt. Dessen bin ich mir sicher.

Denn betroffen war ich auch. Und meine Mutter konnte mir nur raten, mich zu wehren oder den Schlägern aus dem Weg zu gehen. Den besten Schutz bildete immer die Gruppe, mit der man einen gemeinsamen Heimweg hatte.

In einem der oben zitierten Auszüge aus dem Tätigkeitsbericht bezeichnet sich mein Vater als „Kenner der Orber Psyche". Darin äußert er auch die Meinung, dass „Rohheit und auch Grobheit ein Erbübel der Orber Kinder ist". Mir erzählte er einmal, als seine Familie noch in der Alten Post am heutigen Salinenplatz wohnte, hätte es in ihrer weiteren Nachbarschaft keine Katze ohne abgesengte Schnurrhaare gegeben. Als Gaudi banden die Jungen den Katzen auch gerne leere Dosen an deren Schwänze und trieben sie unter lautem Gejohle hin und her.

Mein Vater wurde in Orb geboren und wuchs dort auf. Von dem noch jungen Kurbetrieb profitierte damals nur eine Minderheit der Einheimischen, und der Großteil der Bevölkerung lebte in ärmlichen und beengten Verhältnissen. In seiner Kindheit und Jugend – er gehörte dem Jahrgang 1912 an – erlebte er während des Ersten Weltkriegs und in den Folgejahren, geprägt von politischen und wirtschaftlichen Krisen, in seiner Heimatstadt viel Armut und große Not. Viele Kinder liefen in einfachster abgetragener Kleidung und im Sommer auch barfuß herum. In den Jahren vor der Machtergreifung durch Hitler und seine Nationalsozialisten, 1933, standen die arbeitslosen Männer täglich in großen Gruppen am Untertorplatz und diskutierten erregt die schlimme wirtschaftliche Lage. Und Not macht nicht nur erfinderisch, sondern auch rücksichtslos und grausam.

Wir vom Jahrgang 1940/41 waren Kriegskinder von Kriegstoten, Vermissten, Kriegsgefangenen und physisch und psychisch Kriegsversehrten in einer entbehrungsreichen und schwierigen Nachkriegszeit. Die Existenznöte der Erwachsenen empfanden wir zwar nicht so gravierend wie sie selbst, weil uns der Vergleich mit den besseren Zeiten fehlte, aber unsere Lebenseinstellung orientierte sich an ihrem kämpferischen Bemühen, mit allen sich bietenden Mitteln durch- und weiterzukommen. Und nicht jedes von uns Kindern erlebte das Glück der Geborgenheit in einem heilen familiären Umfeld mit liebevoller Zuneigung und entsprechenden Umgangsformen.

Zudem gingen die Erwachsenen, wie es der Tradition entsprach, mit den Kindern häufig autoritär und ruppig um. Schläge für Fehlverhalten waren nichts Ungewöhnliches. Auch mein Vater hatte eine „lockere Hand“. Wir Geschwister konnten ein Lied davon singen. Ich wusste schon, warum ich mich bei unseren gemeinsamen Mahlzeiten, wenn möglich, nicht neben ihn setzte.

Trotz des in der Schule eingeführten Verbots der „Prügelstrafe“ fassten uns auch unsere Lehrer nicht mit Samthandschuhen an. Der von vielen Schülern gefürchtete strenge Rektor der Volksschule, Henkel, hielt sich häufig nach Unterrichtsbeginn um acht Uhr im Eingangsbereich der Schule auf und nahm sich dort die Zuspätkommer vor. Auch ich geriet ihm einmal in die Fänge. Mit dem Daumen und Zeigefinger der rechten Hand packte er ein Büschel meiner kurzen Haare über meinem linken Ohr, zog daran und drehte es bis ich mein Gesicht verzog und mich vor Schmerz krümmte. Man kann sich vorstellen, dass wir solche Begegnungen tunlichst vermieden und uns auch nie bei den Eltern beschwerten. Sie sollten ja nicht wissen, dass wir unpünktlich waren. Uns reichte schon der eine Ärger mit dem Lehrer.

Ein Vorfall im vierten Schuljahr während des Heimatkundeunterrichts des Lehrers Wagner bleibt mir ebenfalls unvergessen. Dieser eigentlich besonnene, von meinem Vater sehr geschätzte Vertreter einer damals alten Lehrergeneration, konnte wundervoll und spannend erzählen. Er brachte uns die bewegte Geschichte Orbs so nahe, dass wir die Rufe der Verteidiger auf der Stadtmauer, das Klirren der Waffen, das Donnern der aufgefahrenen Geschütze und auch das Knirschen der Räder der mit Pestleichen beladenen Karren auf dem steinigen Weg zur Eichhöhle hören konnten. Trotzdem gab es immer wieder Störenfriede in unserer Mitte. Einer von ihnen war Rüdi Hammer, der vorlaute und selbstbewusste Sohn eines vermögenden Frankfurter Textilkaufmanns. Seine Familie war gegen Kriegsende samt der Köchin aus Frankfurt nach Orb evakuiert worden. Rüdi störte wieder einmal und gab nichts auf Wagners wiederholte Ermahnungen. Er musste nach vorne kommen und sollte den Klassenraum verlassen. Er verweigerte sich dieser Anweisung und bestand wortreich und großspurig auf einem Recht, am Unterricht teilzunehmen. Da überkam Wagner der Zorn. Der große

Mann packte Rüdi an den Oberarmen und drückte ihn heftig gegen die Wand. Der Junge gab nicht klein bei und protestierte lauthals weiter. Wagner, noch stärker erregt durch dieses Geschrei, warf ihn daraufhin mit Schwung gegen die noch geschlossene Tür. Von dieser Form der Gegenwehr völlig überrascht, gab sich der aufmüpfige Rüdi jetzt geschlagen und verließ zu unserem Erstaunen hilflos und kleinlaut den Raum. Und wir Mitschüler saßen in der Phase dieser heftigen Auseinandersetzung zwischen den beiden Kontrahenten mucksmäuschenstill und wie gebannt in unseren Bänken. Was sich da vor unseren Augen zwischen dem respektierten Lehrer und dem renitenten, gerne auftrumpfenden Rüdi abspielte, entsprach genau unserem Geschmack. Das wirkte auch auf mich noch viel eindruckvoller als Herrn Wagners spannendste Erzählung.

Es war unsere letzte Schulstunde, und auf dem Heimweg schimpfte Rüdi wie ein Rohrspatz über die Art und Weise, wie „der Wagner" mit ihm umgegangen war. Und das ganze hätte noch ein Nachspiel. Seine Eltern würden noch gleich heute der Sache nachgehen und dann hätte dieser alte Sack nichts mehr zu lachen.

Am übernächsten Tag schließlich erfuhren wir, wie der „Fall Hammer" ausgegangen war. Rüdis Eltern hatten tags zuvor mit Herrn Wagner in dessen Haus in der Lindenallee neben dem Nervenwäldchen ein klärendes Gespräch geführt. Die Eltern Hammer – zunächst wie der Sohn auf Krawall gebürstet – waren danach so angetan von diesem Lehrer, dass sie sich sogar auf eine Besichtigung seiner Bienenstöcke hinten im Garten einließen und ihm an Ort und Stelle auch noch mehrere Gläser Honig abkauften. Zu Hause müssen sie dann ihrem Jüngsten ordentlich die Leviten gelesen haben und zwar so überzeugend, dass er von da an Wagners Unterricht niemals mehr störte und auch fast nur noch Gutes über ihn von sich gab. Nach einem wieder einmal spannenden Bericht aus der Geschichte Orbs meinte er sogar, Wagner sollte seine Erzählungen unbedingt in Buchform veröffentlichen. Er war Kaufmannssohn und zeigte früh einen wachen Sinn fürs Geschäft.

Mit meinem Vater als Klassenlehrer geriet ich wie zwischen zwei Fronten. Einerseits schuldete ich ihm Loyalität, andererseits wollte ich in unserer Klassengemeinschaft nicht als Lehrersohn zum Außenseiter werden. Auch er hatte Probleme mit einer klaren Trennung zwischen der Rolle des Vaters und der des Klassenlehrers. Er befürchtete, die Klasse könnte ihm vorwerfen, er würde mich im Umgang und bei der Leistungsbeurteilung in irgendeiner Weise bevorzugen.

In einer Rechenstunde war ich mit dem Niederschreiben einer Lösung vorne an der Tafel beschäftigt. Mein Vater hatte der Klasse für einen Moment den Rücken zugewandt, als von hinten plötzlich eine Unruhe aufkam. Da er den Anstifter nicht ermitteln konnte, gab er allen eine Strafarbeit auf. Jedem der Schüler war klar, dass ich auf keinen Fall etwas mit dem Fehlverhalten zu tun hatte. Trotzdem murrten sie als mein Vater auf eine Nachfrage hin zunächst erklärte, ich sei eindeutig als Unbeteiligter von der Strafarbeit ausgeschlossen. Nach einer kurzen Diskussion, in der es darum ging, dass auch viele andere Unschuldige von dieser Kollektivstrafe betroffen waren, änderte er seine Entschluss und entschied sich gegen mich.

Ich bin mir sicher, jeden anderen Mitschüler hätte er in Schutz genommen und auf seiner ersten Entscheidung bestanden. Heute denke ich, er wollte mich in dieser für uns beide wirklich schwierigen Situation auch vor kritischen und sogar hämische Bemerkungen von andern Jungen bewahren. Trotzdem empfand ich sein damaliges Verhalten mir gegenüber als ungerecht. In den beiden Jahren, in denen er in unserer Klasse unterrichtete, fühlte ich mich wiederholt benachteiligt. Mein Vater schien an mich stets strengere Maßstäbe anzulegen als an meine Mitschüler. Andererseits stand er mir in keiner Zeit unseres gemeinsamen Lebens so nahe wie in dieser zweijährigen Grundschulzeit. Doch dazu komme ich noch später.

Als neuer Klassenlehrer ließ sich mein Vater von der ersten Stunde an absolut nichts bieten. So wie er die Rabauken unter uns und schließlich die ganze Klasse in den Griff bekam und sie zu einem ordentlicherem Lernverhalten brachte, das war aus meiner heutigen Sicht als ehemaliger Lehrer einfach ein Meisterstück. Dieser Erfolg hing natürlich auch mit seiner Begeisterung zusammen, endlich wieder in einem Beruf fußgefasst zu haben, dessen Ausübung mehr voraussetzte als eine gute körperliche Konstitution und eine halbjährige

Gärtnerlehre. Auch der verbesserte gesellschaftliche Status, das endlich regelmäßige Einkommen, der Ehrgeiz nach Anerkennung bei den alten erfahrenen Kollegen und der Wunsch nach einem baldigen gutbenoteten Abschluss seiner Lehrerausbildung waren sicherlich Gründe für seinen Schwung und seine Tatkraft.

Den Anführer der Störenfriede, Ewald S., nahm er gleich am Anfang ins Visier. Bei einem Hausbesuch stellte er fest, dass Ewald ohne Eltern in der engen dunklen Oberwohnung eines alten Orber Häuschens bei seiner Großmutter in ärmlichen, unhygienischen Wohnverhältnissen lebte. Die Mutter hatte ihn außerehelich zur Welt gebracht, heiratete später einen anderen Mann und lebte mit diesem und den Kindern aus der neuen Verbindung in Oberhessen. Die alte Frau war mit der Erziehung des Jungen überfordert und gestand meinem Vater auch ihre Hilflosigkeit ein. Bei einer angekündigten schulärztlichen Untersuchung erschien Ewald mit einem völlig verdreckten Oberkörper. Er sah aus, als hätte er sich seit Monaten nicht richtig gewaschen.

Andererseits hatte Ewald einen guten Kern und eine offene fröhliche und unbekümmerte Art, an der auch mein Vater Gefallen fand. Trotz seiner Strenge gegenüber dem Jungen begegnete er ihm auch mit Humor und Großherzigkeit. Einmal hatte Ewald sich wieder etwas zu schulden kommen lassen. Mein Vater bestrafte ihn mit Nachsitzen, aber nicht in der Schule, sondern bei uns zu Hause in der Spessartstraße. Wie befohlen stand er um vier Uhr nachmittags vor unserer Wohnungstür. Ich ließ ihn herein. Ich war verlegen, er, ganz anders als ich ihn von der Schule her kannte, schweigsam und in dieser fremden Umgebung unsicher. Mein Vater verschwand mit ihm im Wohnzimmer. Ich hörte sie miteinander reden, und etwa zehn Minuten später durfte er zu seiner und auch meiner großen Überraschung schon wieder gehen. Nach dieser Begegnung bereitete er meinem Vater willentlich nie mehr große Schwierigkeiten. In einem späteren Gespräch soll seine Großmutter meinem Vater erzählt haben, ihr Enkel hätte zu ihr über ihn gesagt: „Dieser Lehrer ist gut zu mir."

Ewald blieb aber, obwohl er nicht unbegabt war, irgendwann noch einmal sitzen, wurde nach Beendigung der achtjährigen Schulpflicht ohne Abschluss entlassen und verdingte sich dann zunächst als Hilfsarbeiter. Während einer Schulferienarbeit für die Firma Strassing beim Bau der Kurmainzer Straße am Orber Wintersberg begegneten wir uns Jahre später als Arbeitskollegen wieder. Er hob als Baggerführer die Gräben für die Rohrleitungen aus, ich transportierte mit einer Schubkarre Backsteine zum Mauern der Kanalschächte. Bei Arbeitsbeginn am ersten Tag fühlte ich mich vor der Baubude zunächst völlig unsicher, weil ich weder den Arbeitsplatz, noch eine Menschenseele kannte. Aber plötzlich kam Ewald auf mich zu, erinnerte sich laut, und für alle vernehmlich, an unsere gemeinsame Schulzeit und sang ein Loblied auf meinen Vater. Er war der Spaßvogel der Baustelle, pfiff allen Mädchen nach und offenbarte uns in den Arbeitspausen unbekümmert seine Träume vom süßen Leben mit einer von ihnen irgendwo auf einer fernen Südseeinsel. 1974 ist er bei Bauarbeiten tödlich verunglückt. Ich war sehr traurig, als ich davon hörte. Jemand erzählte mir damals, ihm sei, draufgängerisch und unvorsichtig wie er sein konnte, als Fahrer einer Planierraupe an einem Hang ein schlimmer Fahrfehler unterlaufen und sein schweres Fahrzeug sei umgestürzt und habe ihn erdrückt. Beim Treffen des Orber Jahrgangs 1941 Ende Oktober 2011 sagte mir dagegen Ellen Betz, Ewald sei bei der Arbeit in einer tiefen Baugrube von herabstürzendem Gestein erschlagen und verschüttet worden. Sein Grab liegt oberhalb dem meiner Eltern auf dem Orber Friedhof.

Den neuen Ton in meiner Klasse und die ungewohnten Anforderungen zu Beginn meines dritten Schuljahrs empfand ich zunächst als lästig. Während seines Studiums in Fulda war unser Vater selten zu Hause gewesen, und die Mutter hatte allein für uns gesorgt. Nun saß er mir plötzlich von früh bis spät im Nacken. Ich habe mich als zuweilen faulen, zumindest recht bequemen Schüler in Erinnerung. Da gab es Aufgabenstellungen wie: 7 in 56 = ? Ich dachte gar nicht erst nach, sondern schrieb irgendeine einstellige Zahl als Ergebnis hin. So war die Hausaufgabe im Nu erledigt. Ob richtig oder falsch spielte keine Rolle. Hauptsache, es stand etwas da, und man kam bei einer flüchtigen Kontrolle durch. Einmal sollten wir aus einzelnen Hauptwörtern einen Satz bilden.

Bei dem Wort Maus schrieb ich: „Die Maus ist grau." Mein Vater schimpfte: „Ist, ist, ist! Das steht bei dir in jedem Satz. Was ist grau an der Maus?" „Das Fell", antwortete ich und schrieb dann: „Die Maus hat ein graues Fell." Und schon war die Maus viel lebendiger in meiner Vorstellung, und mein zweiter Satz gefiel auch mir viel besser. Ich merkte, mit Sprache kann man ja gestalten.

Manchmal machte ich die Hausaufgaben auch gar nicht. Da nutzte mir eine Schwäche meines Vaters sehr. In seiner Anfangszeit bei uns vergaß er wiederholt seinen Schlüsselbund mit den Schulschlüsseln, auch die für die Wandschränke in unserem Klassenraum. In ihnen lagerte ein Teil des benötigten Unterrichtsmaterials. Jemand musste die Schlüssel unbedingt aus der Spessartstraße holen. Und ich war die Person, die sich diesbezüglich dort auskannte. Mit Vaters Fahrrad brauchte ich hin und zurück etwa zwanzig Minuten. Doch zog ich die Rückkehr deutlich hinaus. Nur dann konnte ich sicher sein, dass die Hausaufgaben für die erste Stunde abgefragt waren, und ich wieder einmal davongekommen war.

Anders als der linkisch wirkende und unsichere Herr Haushold setzte uns mein Vater klare Ziele. Wir mussten uns ihm beugen und sie akzeptieren. Als ehemaliger Frontsoldat und Abteilungskommandeur galt für ihn bei allem Verständnis für unsere Schwächen das Prinzip von Befehl und Gehorsam. Meines Erachtens ging er manchmal damit zu weit. Wie ein Luchs spähte er umher, und wer sich zu auffällig in seiner Bank herumlümmelte, nicht aufpasste, mit dem Nachbarn schwätzte oder sonst irgendwie störte, bekam das sofort zu hören oder sogar zu spüren. Er hatte die schreckliche Angewohnheit, Tafelkreide als Wurfgeschosse einzusetzen. So kam sogar der alte Artillerist in ihm in unserem Klassenzimmer wieder zur Geltung. Und er war gut im Werfen und traf fast immer. In der Regel flog uns das Kreidestück dann gegen die Brust. Wir schreckten hoch und rissen uns zusammen.

Er neigte auch zu Zornesausbrüchen. Dann erschien er furchterregend und unberechenbar. Das sicherte ihm wiederum einen durchschlagenden Erfolg bei den Schülern unter uns, die selbst die Furcht anderer vor ihnen als Methode der Unterdrückung ausnutzten. Doch eines Morgens trieb ihn ein eher seltener Anfall von echtem Jähzorn beinahe ins Verderben. Links hinter mir in der letzten Reihe konnte der spitzbübische und zappelige Karl Krieger trotz Ermahnung wieder einmal nicht die vorgeschriebene Ruhe einhalten. Mein Vater, gerade vorne am Pult mit einer Schreibarbeit beschäftigt, erhob sich plötzlich bis zur Weißglut gereizt zu seiner vollen Größe und schleuderte mit aller Macht seinen offenen Füllfederhalter in Richtung des kleinen Kerls. Dank des Warnrufes von irgendeiner Seite erkannte das wieselflinke Karlchen die ihm drohende Gefahr, zog blitzschnell den Kopf nach unten und ging so tief wie möglich in seiner Bank in Deckung. Vaters Füller zerschellte an der Wand hinter ihm und hinterließ einen Tintenfleck, wohl ähnlich dem von Martin Luthers Tintenfass, das er auf der Wartburg nach dem Teufel geschmissen haben soll.

Nicht auszudenken, was passiert wäre, wenn Karl Krieger nicht so gut reagiert hätte. So hatte der Zwischenfall meines Wissens für den unbeherrschten Lehramtskandidaten keinerlei Folgen. Meine Mutter war entsetzt, als sie davon hörte. Was andere Eltern darüber sagten, weiß ich nicht. Mein Vater dankte bestimmt wiederholt seinem Schutzengel und beschränkte sich von da an allein auf das Werfen von Kreidestücken.

Entscheidend für seinen Erfolg, war jedoch sein für mich häufig interessanter und lebendiger Unterricht. Fröhlich, fordernd und fantasievoll jagte er uns beim Kopfrechnen in Windeseile von einer Aufgabe zur anderen. Das war eine Herausforderung für die wirklich guten Schüler. Die schwachen mussten dann eben passen und blieben kleinlaut. Da herrschte zuweilen eine Stimmung wie bei Sportwettkämpfen. Schnellen Rechnern – ich gehörte nicht zu ihnen – konnte man schlecht unterstellen, sie seien einfach nur fleißige Streber. Die waren eben einfach besser und verdienten Anerkennung.

Er unterrichtete uns auch in Sport, Deutsch und Religion. Ähnlich wie der Lehrer Wagner konnte er sehr anschaulich erzählen. Manchmal freute ich mich richtig auf seinen Religionsunterricht. Sicherlich bedingt durch sein Theologiestudium kannte er sich im Alten und dem Neuen Testament bestens aus. Er vermittelte das biblische Geschehen als eine Serie von spannenden Geschichten. Ich floh mit den Israeliten aus Ägypten durch das Rote Meer und erstieg mit Moses den Berg Sinai. Ich saß mit geringer Hoffnung auf Rettung mit Jonas im übelriechenden Walfischbauch. Vor meinen Augen traf Saulus, den Judenverfolger, auf dem Weg nach Damaskus der blendende Blitz, mit dem Gott seine Wandlung zum Paulus einleitete. Aus dem Buch Tobit erzählte er uns, wie Tobias im Auftrag seines Vaters mit dem Engel Raphael nach Rages in Medien unterwegs ist. An einem Abend schlagen die beiden am Tigris ihr Lager auf. Tobias will in dem Fluss baden. Da schießt ein gefräßiger Fisch aus dem Wasser, um ihn zu verschlingen. In der großen Not ruft Raphael dem Gefährten vom Ufer aus zu, Mut zu zeigen, und so angefeuert packt er den Fisch an den Kiemen und zieht ihn an Land.

Bei einer viel späteren Lektüre des Alten Testaments fiel mir auf, wie sachlich die mir bereits bekannten Ereignisse dort berichtet sind. Und mein Vater machte so wunderbar spannende Geschichten daraus! Daneben empfand ich trotz des bebilderten Buches den zusätzlichen Katechismusunterricht beim Kaplan Schmalbauch als Vorbereitung auf unsere Erstkommunion als schrecklich langweilig und ziemlich wirkungslos.

Mein Vater unterrichtete uns zwischenzeitlich auch in Musik. Er hatte eine gute Stimme, sang selbst vor und begleitete uns auf der Gitarre. Auch in anderen Unterrichtsstunden griff er manchmal zu seiner „Klampfe“ und ließ uns zur Abwechslung und Entspannung zwischendurch ein Lied singen. Sein Repertoire bestand aus traditionellen Volks- und Wanderliedern. Manchmal saß er auch nachmittags oder abends allein bei uns zu Hause im Wohnzimmer und gab sich seiner Spielfreude und Sangeslust hin. Er wirkte dann so zufrieden und glücklich und schien mit sich und der Welt im Reinen zu sein. Zu meinem Bedauern fehlt mir seine Musikalität. Seine musikalische Begabung gab er aber an meine Schwester Gitti weiter. Ein Trost, dass sie so der Familie erhalten geblieben ist.

Gerne erinnere ich mich an die Wanderungen und Ausflüge, die er mit uns machte. Er kannte sich bestens in der Umgebung seiner Heimatstadt aus und versuchte uns seine zuweilen fast überschwängliche Naturbegeisterung zu vermitteln. Einmal kam sogar meine Mutter als Begleiterin mit. Wir Jungen mochten solche Tage vor allem, weil wir dann keinen Unterricht hatten und uns unterwegs unbekümmert unterhalten und auch ohne Zurückhaltung hin- und herlaufen konnten. Zwischendurch wurden wir immer wieder aufgefordert, einen Ameisenhügel zu betrachten, die Fress- und Tarnbewegungen von Kiefernspannern zu verfolgen, einen gefundenen Tierschädel zu begutachten oder uns mit dem Wachsen und Werden einzelner Pflanzen zu beschäftigen. Manche von uns hatten andererseits wenig Lust, die vielen Kilometer durch den Wald zu laufen und gaben früher oder später auch ihrem Unmut Ausdruck. Er selbst bezeichnete die Natur einmal als „herrliche Lehrstube". Und um ihr richtig nahe zu kommen, sollten wir sie uns möglichst erwandern.

Einmal fuhren wir sogar mit dem Omnibus über Bad Brückenau in die Rhön, eine zu dieser Zeit ganz neuartige Form eines Schulausflugs. Von Oberweißenbrunn mussten wir über zwei Stunden zum Kreuzberg aufsteigen. Es nieselte die ganze Zeit, und im dichten Nebel konnten wir nur einige Meter weit sehen. Durchnässt und müde und ohne Ziel vor Augen bezweifelten einige der Klasse den Orientierungssinn meines führenden Vaters. Da tauchte plötzlich kurz vor uns die blaugraue Mauer des ersten Klostergebäudes auf. Endlich konnten wir einkehren. Drinnen in der Gaststätte war es trocken und gemütlich. Mein Vater ließ aber den Bus nicht hochkommen. Erst nach einem weiteren Fußmarsch hinunter nach Wildflecken durften wir wieder einsteigen. Wir Zehnjährigen zogen das Busfahren dem Wandern vor, besonders bei dem schlechtem Wetter, und viele von uns maulten.

Mein Vater musste am Tag seiner zweiten Lehrerprüfung drei Lehrproben in Deutsch, Turnen und in Naturkunde halten. Die naturkundliche Unterrichtseinheit befasste sich mit dem Wesen und Leben der Insekten, und in der Stunde sollten wir uns mit der Kreuzspinne befassen. Etwa zwei Wochen vorher erhielt ich den Auftrag, auf dem Heuboden der Wopienkas eine zu fangen und sie nach Hause zu bringen. Mit Horsts Hilfe glückte mir das auch. Von seiner kurzen Zeit als Vertreter des Europäischen Buchclubs, eine vorübergehende Nebenerwerbstätigkeit, besaß der Vater noch ein rundum verglastes, eigens nach seinen Vorstellungen geschreinertes kleines Schränkchen, in dem er für mögliche Lesefreunde abwechselnd in mehreren Kurhotels gehobene Populärliteratur präsentierte. Es wurde nun naturnah mit Gras, Blättern und Zweigen eingerichtet und der Kreuzspinne als neues Domizil übergeben. Sie sollte darin ein Netz bauen. Um dieses Kunstwerk ging es in der entscheidenden Stunde. Täglich schauten wir erwartungsvoll in den Glaskasten. Dort tat sich aber gar nichts. Die Spinne kam der ihr gestellten Aufgabe einfach nicht nach. Mein Vater rechnete schon gar nicht mehr mit dem von ihr erwarteten Beitrag und schloss sie nicht mehr in seine Unterrichtsplanung ein. Trotzdem wollten wir nicht ganz aufgeben. So zogen Horst und ich wieder einmal suchend über das Hofgelände. Am Tag vor der Lehrprobe fingen wir in einer Gerätekammer endlich noch eine zweite Spinne mit dem typischen weißlichen Kreuz auf dem Rücken. Und dann, am nächsten Morgen, wir trauten unseren Augen kaum, hatte die Gefangene ein herrliches Netz gesponnen. Der Vater war begeistert und seine Unterrichtsstunde, ganz anders als seine Werbung für Buchclubmitgliedschaften, ein großer Erfolg.

Wie schon erwähnt, betrachtete er seinen Einsatz in unserer Klasse als eine große Herausforderung. Alten Unterlagen aus der damaligen Zeit entnehme ich, dass er bei 60 der 64 Schüler – so viele waren wir irgendwann in der 4. Klasse, weil unsere gemischte Parallelklasse auf die Jungen- und Mädchenklasse aufgeteilt wurde – Hausbesuche machte, deren Ergebnisse er auf einem dafür vorbereiteten Fragebogen festhielt. So verschaffte er sich einen umfassenden Einblick in die Familienverhältnisse meiner Klassenkameraden und kannte dadurch auch fast alle Eltern, zumindest einen Elternteil. Durch diese Kontakte entwickelte er nicht nur ein besseres und differenzierteres Verständnis für die einzelnen Schüler, er erreichte bei den Familien auch eine größere Zustimmung und Wertschätzung für seine Tätigkeit als Lehrer ihrer Kinder.

Wie schwer es aber selbst Schüler aus einem Elternhaus, das den Wert einer guten Schulbildung hoch einschätzt, einem Lehrer zeitweilig machen können, erlebte unser Vater mit seinem eigenen Sohn Martin. Eines Morgens fragte Franz Noll, damals Martins Klassenlehrer, meinen Vater in der ersten großen Pause, warum sein Sprössling nicht am Unterricht teilgenommen habe. „Der Junge hat doch mit mir zusammen den Schulhof betreten," antwortete mein Vater erstaunt. Aber Martin blieb verschwunden. Zum Mittagessen tauchte er pünktlich zu Hause auf. Seine Behauptung, er sei doch in der Schule gewesen, wurde schnell widerlegt. Er war nach der Trennung von unserem Vater zu den unter der Turnhalle gelegenen Toiletten abgezweigt, hatte sich nach Beginn der ersten Stunde über den leeren Hof davongemacht, sich von Maria Rieger in ihrem Fachwerkhäuschen am Fuß der Kirchtreppe mit Wurstbroten stärken lassen und sich den Vormittag über in der Stadt herumgetrieben. Mein Vater, relativ neu in seinem Amt, war nicht nur als gewissenhafter Vater sondern auch als engagierter und erfolgsbewusster Pädagoge enttäuscht und entsetzt über Martins dreistes Verhalten. Er regte sich wahnsinnig über seinen Jüngsten auf, fühlte sich von ihm vor den anderen Kollegen beschämt und musste wieder einmal zum Teppichklopfer greifen.

Erst heute beim Zurückdenken wird mir deutlich, dass mir der Vater nie so nahe stand wie in diesen beiden Schuljahren als mein Klassenlehrer. Vorher unterhielt er eine distanzierte Beziehung zu seinen Kindern, wie wahrscheinlich viele Väter seiner Generation. Da wir im Krieg geboren wurden, sah er uns, als wir klein waren, nur während seiner kurzen Heimaturlaube. Nach dem Krieg verbrachte er ein halbes Jahr als Gärtnerlehrling in Frankfurt Oberrad, eine Zeit in Düsseldorf in der Textilfirma von Alfred Eberhardt und dann noch ein Jahr im Lehrerseminar in Fulda. Infolge dieses Mangels an Nähe zu uns Kindern war er mit uns und unseren Eigenheiten weit weniger vertraut als unsere Mutter. Die Mutter liebte uns uneingeschränkt. Sie ließ uns spüren: Wir waren ihr Ein und Alles. Auch sie war streng und fordernd. Aber sie verstand uns besser und ging einfühlsamer auf unsere Bedürfnisse und Empfindsamkeiten ein.

Trotz meiner Bewunderung für meinen Vater begegnete er mir nicht als väterlicher Freund, wie ich ihn mir oft gewünscht habe. Diese Distanz hat er zumindest gegenüber meiner Schwester und mir sein ganzes Leben lang nie richtig aufheben können. Ein Erlebnis ging mir sehr zu Herzen: Er war ein begeisterter Reiter. An einem Sonntagnachmittag erschien er bei uns in der Spessartstraße auf dem Pferd, mit dem er aus dem Krieg heimgekehrt war und das er an einen Bauern verkauft hatte. Da saß er sportlich, kühn, elegant und überlegen hoch zu Ross und schaute auf uns Kinder herab. Ich hatte noch nie auf einem Pferd gesessen und bat ihn fast flehentlich, mich doch nur einmal kurz nach oben zu holen. Ich wollte liebend gerne auch das von ihm immer so hochgepriesene Glück auf dem Rücken der Pferde erleben. Aber er versagte mir diesen Wunsch. Den Grund konnte oder wollte ich nicht verstehen. Er war der Reiter. Ich gehörte zum kleinen Fußvolk und sollte gefälligst auch dort unten bleiben. So habe ich es jedenfalls damals empfunden.

Als sein Schüler wurde ich plötzlich für ihn interessanter. Mit den Theorien des Studiums im Kopf musste er sich nun der Wirklichkeit der Lehrerrolle stellen. Und diese zwang ihn, sich schnell ein möglichst tief gegründetes Verständnis für die Gedanken, Gefühle und Verhaltensweisen von Kindern an sich und ganz besonders für die der Jungen seiner schwierigen Klasse zu erwerben. Anders als meine Mitschüler erlebte er mich nicht nur in der Schule als einen unter vielen, sondern auch tagtäglich bei sich zu Hause als Kind mit besonderen Eigenheiten, Ansprüchen und Interessen. Seine Neugier und sein wachsendes Verständnis für mich kamen schnell einem besseren Verständnis für meine etwa altersgleichen Mitschüler zugute und ermöglichten es ihm, feinfühliger und behutsamer auf sie einzugehen. Durch mich und auch durch meine jüngeren Geschwister, die ja auch untereinander oder im Familienkreis über ihre Schulerlebnisse redeten, wurden ihm auch Seiten des Schullebens bekannt und deutlich, zu denen er ohne uns keinen Zugang gehabt hätte.

Nach einer Weile konnte sich unsere Klasse der zunächst ungewohnten Anforderungen meines Vaters nicht mehr erwehren. Der rüde Ton der leistungsschwächeren Stimmungsmacher war nicht mehr vorherrschend. Das Verhalten und die Mitarbeit der mittleren und guten Schüler prägten zunehmend das Unterrichtsgeschehen. Auch meine Beziehung zur Schule und mein Lernverhalten verbesserten sich. Ich entwickelte sogar den Ehrgeiz, zu den guten Schülern zu gehören und gab mich nicht, wie vorher, mit eher mittelmäßigen Leistungen zufrieden. Dabei spielten auch die wiederholten Hinweise auf die angeblich schwierige Aufnahmeprüfung für die Mittelschule eine Rolle. Die so geschürten Ängste verstärkten den Anreiz, mein Bestes zu geben. Nie wieder in meiner gesamten Schulzeit war ich so motiviert, etwas für die Schule zu tun. Zur Verbesserung meiner Rechtschreibung bat ich sogar meine Mutter, mir als zusätzliche Lernübung kleine Texte zu diktieren. Sie tat das auch gerne. Sie hatte ihre Schulzeit in Wien in guter Erinnerung und erzählte uns, sie wäre gerne Lehrerin geworden.

Wegen der Unruhe und auch einer gewissen Enge bei uns zu Hause erledigte mein Vater damals häufiger seine Unterrichtsvorbereitungen nachmittags in der Schule. Wenn es draußen kalt und unfreundlich war und ich nichts Besseres zu tun hatte, begleitete ich ihn gelegentlich dorthin und leistete ihm Gesellschaft. Er war damals auch verantwortlich für die Physiksammlung und bereitete dort seine Experimente für den folgenden Morgen vor. Einmal half ich ihm zusammen mit einem Mitschüler bei der schwierigen Gestaltung einer Sandkastenlandschaft mit einer Talsperre für eine seiner Unterrichtsstunden. In der Schülerbücherei saßen wir manches Mal an einem Tisch einander gegenüber. Ich erledigte meine Schularbeiten, und wenn ich damit fertig war, durfte ich auch schon einmal Diktate meiner Klasse mit Bleistift vorkorrigieren. Die vielen Bücher um uns herum faszinierten mich. Ich blätterte darin und ich nutzte die Gelegenheit der sofortigen Ausleihe.

Eines dieser Bücher fesselte mich tagelang, „Sigismund Rüstig“ von Frederick Marryat. Eine englische Familie erleidet auf dem Weg nach Australien im Pazifischen Ozean Schiffbruch, kann mit Hilfe des Bremer Steuermanns Rüstig eine Insel erreichen und überlebt dank seiner Umsicht, Geschicklichkeit, Selbstlosigkeit und seines Mutes die schwierige Zeit bis zur späteren dramatischen Rettung. Ich bin meinem Vater heute noch dafür dankbar, dass er mir die Möglichkeit gab, auf dieses ungewöhnliche Buch zu stoßen. Diese Lektüre war eines meiner größten damaligen Leseerlebnisse.

Irgendwann im vierten Schuljahr verbrachte eine größere Gruppe der Klasse eine Woche in der damaligen Mittelschule in der Martin-Luther-Straße. Wir sollten unsere Eignung für die Höhere Schule nachweisen. Mein Vater war enttäuscht darüber, dass einige Eltern ihren Söhnen die Teilnahme an der Prüfung verweigerten. So hatte er bei einem Hausbesuch auch dem Vater von

Heinz Reinhard, dem Betreiber der fahrbaren Holzsägemaschine, geraten, seinen Jungen auf die Mittelschule zu schicken. Heinz gehörte zu den besten Rechnern unserer Klasse. Trotzdem argumentierte Herr Reinhard hartnäckig gegen einen Schulwechsel. Sein Bub sollte weiterhin die achtjährige Volksschule besuchen, mit vierzehn eine Lehre beginnen, von seinem Lehrlingslohn zu Hause Kostgeld abgeben und damit zum Familieneinkommen beitragen. Heinz wurde dann zunächst Buchhalter bei der Orber Straßenbaufirma Strassing.

Die Aufnahmeprüfung für die Mittelschule habe ich als interessant und abwechslungsreich in Erinnerung. Es handelte sich um eine bunte Mischung aus mündlichem Unterricht und schriftlich gestellten Aufgaben. Herr Kaczor übte mit uns zum Einstand sogar ein lustiges Lied ein, das wir auch an den folgenden Tagen mit zusätzlichen Strophen wiederholt sangen: „Ein kleiner Hund mit Namen Phips erhielt vom Onkel einen Schlips aus gelb und roter Seide ...“. Wir sangen, malten, rechneten und schrieben. An eine der Deutschaufgaben erinnere ich mich: Der Brief eines Kriegsgefangenen kommt stark beschädigt aus Russland in der Heimat an. Nur etwa zwei Drittel der einen Seite sind noch lesbar. Der Rest ist abgerissen. Wir sollten den Brief vervollständigen und niederschreiben. So etwas konnte mich begeistern. Mein Vater war stolz, dass sechzehn Schüler unserer Klasse die Prüfung bestanden. Er war gewiss auch zufrieden mit mir, weil ich wirklich gut abgeschnitten hatte, angeblich als bester von seinen Jungen. Nie wieder war ich von der Schule so eingenommen. Schon danach in der Mittelschule gab ich wieder anderen Interessen den Vorrang und strengte mich nicht mehr so an. Aber ich hatte die Erfahrung gemacht, dass ich erfolgreich arbeiten konnte, wenn ich nur wollte, und dieses Selbstvertrauen half mir durch mein ganzes Leben.

Kollegium der Orber Volksschule in meiner Schulzeit (ca. 1951). Jeweils von links. Hintere Reihe: Franz Noll, Fr. Glatow, Fr. Weis, Dr. Schnauder, mein Vater, H. Ristl, Fr. Krieger, H. Hübner. Mittlere Reihe: H. Grenzebach, Rektor Henkel, Fr. Birkenbach, Fr. Abegg, H. Wagner, H. Schwägerl. Ganz vorn: Anni Ihl, die nach dem Tod meiner Mutter meinen Vater heiratete, Fr. Atzert, H. Holzmann.

Im Kindersanatorium Weilmünster

In der ersten Mittelschulklasse stellte 1952 ein Amtsarzt bei einer schulärztlichen Untersuchung fest, dass ich unterernährt war und für meine Größe Untergewicht hatte. Er verordnete mir während der Sommerferien einen sechswöchigen Aufenthalt in einem Kindersanatorium in Weilmünster im Taunus. Mein Vater brachte mich zum Bahnhof und vertraute mich einer fremden Person an. Sie half mir in Wächtersbach beim Umsteigen. In Gelnhausen stieß ich auf eine Gruppe von mehreren Jungen und Mädchen, die betreut von einer jungen Frau, auch auf dem Weg nach Weilmünster waren. Ich kannte niemanden. Die Unsicherheit über das, was uns erwartete, gab uns einen gewissen Zusammenhalt.

Der Empfang in Weilmünster verlief etwas seltsam. Wir kamen dort nach langer Fahrt, die auch durch das damals luftverpestete übelriechende Frankfurt-Höchst führte, am Spätnachmittag hungrig und durstig an. Aber es hieß gleich, unsere Eingangsuntersuchung ginge vor, und wir müssten uns bis zum Abendessen zusammenreißen. Vor dem Wiegen wurden wir alle unter Aufsicht aufs Klo geschickt und durften dort auf keinen Fall mit Leitungswasser unseren Durst löschen. Jeder musste dorthin, ob ihm danach war oder nicht. Wir verstanden den Grund erst bei der Abschlussuntersuchung am Ende unseres Aufenthaltes.

Ich wurde einer Gruppe von zweiundzwanzig Jungen zugeteilt mit einer so genannten Tante als Betreuerin. Die meisten von uns waren elf oder zwölf Jahre alt und kamen überwiegend aus dem hessischen Raum. Uwe aus Flensburg, der sich schnell als schlagfertiger Wortführer durchsetzte, war der älteste und schon dreizehn, ich mit noch nicht ganz elf der jüngste. Die verantwortlichen Tanten und das Personal der medizinischen Abteilung machten uns schnell klar, wozu wir bei ihnen in Weilmünster waren. Wir sollten möglichst viel an Gewicht zunehmen. Das bedeutete ausgiebig ruhen, ordentlich essen und kein Übermaß an körperlicher Bewegung.

Gemäß der Hausordnung lagen wir schon um acht Uhr abends fertig zum Schlafen in den Betten und durften uns bis zum Wecken um acht Uhr morgens nicht rühren. Dazu kam noch eine tägliche Mittagsruhe von eins bis drei. Wer nicht soviel schlafen konnte, und das waren alle von uns, musste zumindest so tun, als täte er es. Wir durften während dieser Ruhezeiten auch nicht lesen, mussten bei den häufigen Kontrollen immer mit geschlossenen Augen daliegen und zumindest einen Schlafzustand vortäuschen. Ansonsten gab es vorwurfsvolle und bissige Ermahnungen und Rügen. Wenn die Aufsicht führende Tante nicht prüfend von Bett zu Bett unterwegs war, saß sie nahe der Eingangstür, las unter einer kleinen Lampe oder strickte und ließ zwischendurch auch immer wieder die Blicke über uns schweifen. Diese Wache erfolgte während der Mittagsruhe durchgehend, abends auf jeden Fall bis ungefähr halb elf. Von da an ließ uns die Diensthabende in immer längeren Zeitabständen allein, und irgendwann blieb sie dann ganz weg. Schließlich wollte sie selbst auch ins Bett. Wir konnten uns aber nie ganz sicher sein, ob sie doch noch einmal nach uns schauen würde. In dieser Zeit träumten oder dösten wir meist schlaflos vor uns hin und warteten ab. Denn erst ohne die Wache konnten ungehindert Gespräche von Bett zu Bett oder durch den ganzen Schlafsaal geführt werden.

Wir hatten auch einige Spaßmacher unter uns, wie einen flachsköpfigen Berliner, der wegen seines Dialekts bei uns nur Icke hieß. Diese gaben dann ihre kleinen Geschichten zum Besten, machten Witze oder kommentierten mit soviel Komik unsere bedauernswerte Lage hinter den vergitterten Fenstern, dass bisweilen wirklich alle von uns in ein wildes und ungezügeltes Gelächter ausbrachen. Einmal wurde nach dem Verschwinden der Aufsicht eine endlos lange Stillhaltephase durch die trocken vorgebrachte Bemerkung Ickes „Da rollt der Furz auf der Gardinenstange.“ abrupt beendet, und unser Lachanfall ging rasend schnell in ein spätabendliches Tohuwabohu über, das in einer gewaltigen Kissenschlacht mündete.

Unser Lärmen alarmierte die abwesende Aufsicht, und ich geriet auf dem langen Rückzug zu meinem Bett ganz hinten im Saal in den Lichtkegel ihrer Taschenlampe. Zwei anderen Jungen erging es nicht besser. Zur Strafe musste sich der erste unter sein einzelstehendes Bett auf den Boden legen. Decke und Kissen durfte er allerdings mit nach unten nehmen. Wir beiden anderen wurden mit unserem Bettzeug unter den Armen aus dem Schlafsaal geführt und getrennt in uns fremden dunklen Räumen des Gebäudes untergebracht. Mir wies die Tante eine viel zu kurze Schwelle im Türrahmen eines Speisesaals zum Weiterschlafen zu, mit der Auflage, mich ja nicht von der Stelle zu rühren. Da lag ich nun fern von meinen Schicksalsgefährten, verkannt, allein, ein Häufchen Elend. Irgendwann, nachdem ich mich im Stockdunklen mit meinem Zustand abgefunden hatte und tief schlief, wurde ich geweckt, kapierte erst gar nicht, wo ich eigentlich war und wurde schlaftrunken zurück in den Schlafsaal geführt.

An einem anderen Abend trieben wir es noch toller. Auch ich wurde wieder auf frischer Tat ertappt, weil doch mein Bett so weit hinten stand. Aber dieses Mal waren so viele von uns unterwegs, dass sich die Heimleitung für eine saftige Kollektivstrafe entschied. Davon erfuhren wir am nächsten Morgen. Doch zunächst wurde unsere Gruppe nach dem Vorfall erst einmal geteilt. Einige der erwischten Missetäter mussten sich zum Weiterschlafen auf den Boden unter ihren Betten legen. Einen anderen Teil, darunter auch ich, brachte die Aufsicht, unterstützt durch eine zusätzlich herbeigerufene Kollegin, in näher oder weiter entfernt gelegene Räume. Ich erwachte frühmorgens zu meiner großen Überraschung in einem Behandlungsraum der medizinischen Abteilung, jedoch nicht auf einer Liege, sondern in einer Ecke auf dem blanken Fußboden.

Nach dem Frühstück, bei dem schon Sprechverbot herrschte, kam die Urteilsverkündung. Wir verbrachten dann die Zeit zwischen Frühstück und Mittagessen überwiegend aufgereiht stehend mit kurzen Sitzpausen auf mitgebrachten Stühlen am vorderen bettenfreien Ende unseres Schlafsaals und durften kein Wörtchen von uns geben. Nur wer unbedingt zur Toilette musste, erhielt damit eine kurze Auszeit. Dieser Denkzettel sollte uns für ein und alle mal zur Besinnung bringen. Und wir vergaßen ihn auch nicht.

Obwohl ich diesem Kuraufenthalt zugestimmt hatte, setzte mir von Beginn an das Heimweh am meisten zu. Die im Kindersanatorium eingeschränkte Freiheit war nicht das Schlimmste. Die anderen Jungen taten sich genau so schwer damit, und zusammen bildeten wir eine Art Trostgemeinschaft. Wir konnten untereinander unsere Gedanken und Gefühle äußern, ohne uns lächerlich zu machen. Ich bemerkte, dass einige Jungen mit unserer Situation einfach gelassener umgingen, und ich nahm sie mir zum Vorbild. Von irgendwann an half mir die Vorstellung, die sechs Wochen glichen einer beschwerlichen Wanderung über einen hohen Berg. Drei Wochen lang ging es bergauf, drei Wochen bergab. Dann wäre ich wieder zu Hause.

Auch dachte ich viel über die Beziehung zwischen mir und meinen Eltern nach. So nahm ich mir fest vor, nach meiner Rückkehr meiner Familie gegenüber entgegenkommender und rücksichtsvoller und meinen Eltern ein noch besserer Sohn zu sein. Auch in der Schule wollte ich aufmerksamer und fleißiger werden. Dieses Heimweh produzierte ganz tolle Vorsätze. Nicht nur bei mir. In meiner Gruppe befand sich noch ein anderes Kind aus Orb, Lothar Tinscher. Er gelangte mit einem anderen Transport nach Weilmünster und kam erst nach mir in unsere Gruppe. Er wohnte in der Frankfurter Straße und war in der letzten Volksschulklasse zwischenzeitlich sogar mein Klassenkamerad. Trotzdem kannte ich ihn nur flüchtig. Er schwänzte viel, und sein Interesse an der Schule war auch zum Kummer seiner verwitweten Mutter gering. Hier in Weilmünster führte uns das gemeinsame Schicksal näher zusammen. Auch heimwehgeplagt, gelobte er gleich mir immer wieder, nach seiner Rückkehr sein bisheriges Verhalten völlig zu verändern und seiner besorgten Mutter nicht mehr eine solche Last zu sein.

Verantwortlich für unsere Gruppe war Tante Anneliese, eine junge Frau, nicht viel größer als wir, freundlich, aber auch kühl und bestimmend. Sie ließ sich von uns nichts vormachen und nichts durchgehen, das gegen die Regeln verstieß. Uwe aus Flensburg, schon dreizehn, aber neben ihr einen halben Kopf kleiner, zeigte sich wahnsinnig verliebt in sie und ließ das auch alle wissen. Aber trotz unermüdlicher Anstrengungen konnte er ihr Herz nicht erobern. Sie reagierte eher spöttisch auf seine Liebesmühen, und wir Jüngeren waren erleichtert, dass Uwes gockelartiges Dominanzstreben und Imponiergehabe, dem auch wir ausgesetzt waren, von der Angebeteten immer wieder zurechtgestutzt wurde.

Ein großer Trost war damals die regelmäßige Post von meiner Mutter. Sie berichtete mir in Einzelheiten, was zu Hause alles passierte und wie sehr ich von allen vermisst wurde. So fühlte ich mich trotz der Ferne als geliebter Teil der Familie und nicht ganz allein gelassen. Mindestens einmal erhielt ich auch ein Päckchen mit einem Kuchen und Süßigkeiten. Mein Bettnachbar Hartmut, der aus irgendeinem Dorf in Mittelhessen kam, schaute immer fasziniert auf ihre mit der Maschine geschriebenen Briefe. Für ihn waren diese „gedruckt". Er hatte noch nie eine Schreibmaschine gesehen.

Einmal überraschte mich Hartmut mit einer großartigen Geste der Hilfsbereitschaft. An einem Nachmittag während eines Spazierganges kam unsere Gruppe an einem Gehöft vorbei. In der Toreinfahrt stolzierten und pickten ein paar Hühner und Truthähne auf dem Boden herum. Von irgendeiner Vorstellung angestachelt hob ich ein herumliegendes Stück Kokskohle auf, zielte auf einen Truthahn und traf ihn am Kopf. Dummerweise wurde ich von Tante Anneliese, die ein paar Meter vor mir ging, dabei gesehen. Spontan teilte sie mir gleich die Strafe mit. Sofort nach unserer Rückkehr musste ich ohne Abendessen ins Bett.

Da lag ich nun allein in dem noch leeren Schlafsaal und fühlte mich wieder einmal von Gott und der Welt verlassen. Und an diesem Abend sollte es auch noch Dampfnudeln mit Vanillesauce geben, eines meiner Lieblingsgerichte. Während ich in meinem Bett noch mein Los beklagte und in Selbstmitleid schwelgte, stürmten die ersten Jungen in den Schlafsaal, fröhlich, satt und zufrieden. Schließlich tauchte auch Hartmut auf. Auffallend ruhig setze er sich neben mir auf sein Bett, knöpfte sein Hemd auf, holte etwas heraus und schob es mir unauffällig unter die Bettdecke. Es waren zwei zusammengedrückte Dampfnudeln, „Pressnudeln", wie er sie anschließend nannte. Er hatte sie bei Tisch unbeobachtet an sich genommen, sie sich unter den Hintern geschoben und sie so platt gesessen, dass er sie von allen unbemerkt unter seinem Hemd verstecken konnte.

Uns ohne Essen ins Bett zu schicken, war eine äußerst seltene Strafe. Gefährdete sie doch unsere angestrebte Gewichtszunahme. Und die registrierten unsere Betreuerinnen genauestens. Ich hatte das Pech, nach meiner ersten Woche ein paar Gramm unter dem eingetragenen Eingangsgewicht zu liegen und erhielt dafür ein absolutes Schwimmverbot. Als leidenschaftlicher Schwimmer durfte ich nun vom Ufer aus zusehen, wie meine Kameraden im etwas aufgestauten Bachwasser der Weil herumtollten. Es war Hochsommer und heiß, und zudem konnte ich den anderen Jungen nicht mehr beweisen, wie sehr das Wasser gerade mein Element war.

Im Rückblick auf Weilmünster bleiben mir aber auch die vielen Stunden unvergesslich, in denen Tante Anneliese uns aus Indianerbüchern vorlas. Das geschah an Regentagen im Hause oder auch nach kleinen Wanderungen durch den nahen Wald im schattigen Hof hinter dem langgezogenen hohen Gebäude, in dem wir untergebracht waren. Die abenteuerlichen Erlebnisse des jungen Tecumseh in „Der fliegende Pfeil" und „Der Berglöwe" von Fritz Steuben, dem Autor vieler Indianererzählungen, versetzten mich in eine ferne faszinierende Welt, schlugen mich in ihren Bann und ließen mich nie mehr ganz los. Damals schwärmte auch ein Junge von dem früheren Segelschiffkapitän Felix Graf von Luckner, der als 13-Jähriger von zu Hause fortlief und auf einem Schiff anheuerte. Ich lieh mir später sein Buch „Seeteufel – Abenteuer aus meinem Leben" und war begeistert. Der Mann wurde mir zum Vorbild dafür, dass man auch schon als Junge und Jugendlicher einen Weg durchsetzen kann, der nicht unbedingt mit den Vorstellungen der Erwachsenen übereinstimmt.

Am Abend vor unserer Rückreise wurden wir ein letztes Mal ärztlich untersucht und gewogen, zu unserem anfänglichen Erstaunen erstmals nach dem Abendessen, das ungewöhnlich opulent war. Wir ließen es uns munden und schlugen uns die Bäuche voll. Vor dem Wiegen durften wir dann unter keinen Umständen aufs Klo. Ich gehörte zu denen, die in den sechs Wochen wirklich ordentlich an Gewicht gewonnen hatten. Über acht Pfund sollen es gewesen sein. Auch nach Abzug des Abendessens und der eingenommenen Getränke blieb wahrscheinlich immer noch ein ordentliches Plus.

Heute glaube ich, dieser Aufenthalt in Weilmünster brachte mir viel mehr als nur eine Zunahme an Körpergewicht. Ich lernte damals, dass ich mich ohne die direkte Unterstützung durch meine Familie und mir nahestehenden Menschen in einer mir zunächst fremden Welt recht gut behaupten konnte.

Mein Vater holte mich am Orber Bahnhof ab und hatte zu meiner Erfrischung ein paar Klaräpfel aus unserem Garten dabei.

Zuhause schloss mich meine glückliche Mutter in ihre Arme. Ich wunderte mich zunächst vor allem, wie klein und niedlich meine Geschwister Gitti und Martin doch noch waren. Nach der langen Zeit unter den großen Kindern im Heim war ich das Zusammensein mit so viel jüngeren gar nicht mehr gewohnt.

Unsere Jungengruppe in Weilmünster (1952). Ich bin in der hinteren Reihe der Dritte von rechts.

Meersburg am Bodensee

Vahle, Hagnau/Bodensee. Nr. 205

NOTOPFER 2 BERLIN STEUERMARKE

DEUTSCHE BUNDESPOST 10

21.VII.52

An
Christoph Funke
Weilmünster i. Taunus
Kindersanatorium
Haus Berlin

Post von meinen Eltern. Während meiner Zeit in Weilmünster unternahmen sie eine Motorradreise zum Bodensee.

In der Mittelschule (1952 – 1955)

Die Orber Mittelschule hatten auch schon mein Vater und seine beiden Brüder besucht. Offiziell hieß sie Realschule, im Volksmund Lateinschule, weil neben Englisch und Französisch auch Latein und früher sogar noch Altgriechisch angeboten wurde. Latein wählten die Schüler, die später auf eines der entfernt gelegenen Gymnasien wechseln wollten. Die besuchten dann als Fahrschüler die Grimmelshausen-Schule in der Kreisstadt Gelnhausen oder wechselten auf ein Gymnasium im siebenundfünfzig Kilometer entfernten Fulda. Dort wohnten sie im Bischöflichen Konvikt, einem katholischen Internat. So blieben ihnen die aufwändigen täglichen Schulwege und Bahnfahrten mit Umsteigen in Wächtersbach erspart.

Im damaligen Hauptgebäude der Mittelschule, dem heutigen Martin-Luther-Haus, gab es nur wenig Klassenräume. Die 5. und 6. Klassen wurden deshalb in der Alten Schule am Untertorplatz unterrichtet, im gleichen Gebäude, in dem auch der Kindergarten untergebracht war und in dem ich zusammen mit Horst Kleinhenz bei Otto Schwägerl ein Jahr lang Geigenunterricht hatte. Unser kürzester Schulweg führte durch den Kurpark, die Salinenstraße und die Hauptstraße. Manchmal benutzten wir für den Heimweg bis zum Rathaus auch den Quellenring, seltener die Gretenbach- oder die Gutenbergstraße. An der Ecke Jössertorstraße-Gutenbergstraße arbeitete der Schmied Desch. Der untersetzte kräftige Mann führte den für mich interessantesten Orber Handwerksbetrieb. Nicht nur, weil er wie eine mythische Gestalt ständig über dem offenen Feuer und auf seinem Amboss mit glühenden Eisen hantierte, sondern vor allem, weil er hin und wieder auch ein Pferd beschlug, das an einem Eisenring neben dem Eingang zur Schmiede angebunden stand. Das verlief nicht immer ohne Schwierigkeiten. Manche Pferde hatten Angst und scheuten. Wir Kinder waren dann als Zuschauer unerwünscht und mussten uns auf Distanz halten. Ich fragte mich immer, wie Desch es schaffte, die Nägel so in den Huf zu schlagen, dass er den Pferdefuß nicht verletzte. Meine Mutter hielt große Stücke auf ihn. Er war auch dem Kunsthandwerk zugetan. Irgendwann beschloss die Stadt, die kleinen Brücken über dem Orbbach am Quellenring mit außergewöhnlichen Geländern zu versehen. Sie sollten ganz besondere Motive der Badestadt zum Thema haben. Er erhielt diesen Auftrag und zeigte, dass er mehr war als ein gewöhnlicher Schmied und aus Eisen alles machen konnte.

Auf einem Heimweg durch die Hauptstraße im Sommer 1953 erlebte ich mein erstes Fernsehen. Es war der Krönungstag der englischen Königin Elizabeth II. Die Fenster der kleinen Gaststätte Zum Berliner Hof standen weit offen. Herr Rieger, der Wirt, gehörte mit zu den ersten Orbern, die sich einen Fernseher angeschafft hatten, und der Besuch seiner Gaststube bot nun den Gästen diese sensationelle Neuheit. Wir Kinder durften natürlich nicht rein. Wir krallten uns außen an den hochgelegenen Fensterbänken fest, zogen uns mit den Armen neugierig nach oben und versuchten uns dort möglichst lange vor den flimmernden schwarzweißen Bildern zu halten.

Eines Morgens begann unser Schulunterricht mit einiger Verspätung. An der Ecke Bahnhofsstraße/Untertorplatz hatte sich ein Unglück ereignet. Schüler und Lehrer und noch andere Schaulustige standen erschrocken vor einem Trümmerhaufen. Früh am Morgen war ein mit Holz beladener Lkw aus dem Jossgrund mit hoher Geschwindigkeit gegen den prächtigen alten Maulbeerbaum neben dem Orbbach geprallt. Das Führerhaus war völlig eingedrückt, Fahrer und Beifahrer tot. Mein Klassenkamerad Wolfgang Larbig, der damals nur wenige Meter davon entfernt im Eckhaus an der Bahnhofsstraße wohnte, erzählte uns, dass seine Familie durch einen mächtigen Knall aus dem Schlaf gerissen worden war und sie dann entsetzt vom Wohnzimmerfenster auf den Unglücksort schauten. Der LKW war völlig zerstört. Die Holzladung lag zerstreut herum. Außer den beiden Männern im Auto kam noch eine weitere Person ums Leben: Ein Pendler, den auf dem Weg zum Frühzug nach Wächtersbach ein herumfliegender Holzscheit am Kopf getroffen hatte. Diesen Mann kannte ich vom Sehen.

Wir fragten uns erregt, wie so etwas hatte passieren können. Später stellte sich heraus, dass der LKW völlig überladen war und die Bremsen schon weit oben in der Würzburger Straße die überhöhte Geschwindigkeit des Fahrzeugs nicht mindern konnten. Bedingt durch die leichte Linkskrümmung der Straße vor der Kreuzung am Untertor hatte der Fahrer den Lastwagen nicht mehr auf der Fahrbahn halten können. Doch wir alle sahen auch das Glück im Unglück. Was hätte auf der Strecke bis zum Unglücksort alles passieren können, wäre der LKW nicht um fünf Uhr morgens, sondern zu einer Zeit mit Verkehr und vielen Menschen unterwegs in unsere Stadt hineingerast? Wir Schüler verbrachten die großen Pausen stets am Untertorplatz, nur wenige Meter von der Unfallstelle entfernt.

Unfallstelle am Untertorplatz.

Unsere Klassenlehrerin im 5. und 6. Schuljahr war Fräulein Schnauder, eine geflüchtete ältere Ostpreußin, die der Krieg nach Bad Orb verschlagen hatte. Sie legte Wert darauf, mit ihrem Doktortitel angesprochen zu werden. Das fiel uns zunächst nicht ganz leicht, weil wir in unserer Badestadt mit einem Doktor ganz andere Vorstellungen verbanden. Sie war klug und feinsinnig und auch fleißig und gewissenhaft, aber eigentlich nicht geeignet, uns wilde Jungen zu unterrichten. Mit den Mädchen kam sie besser zurecht. Ich mochte ihre freundliche verständnisvolle Art. Aber die nutzte ich andererseits auch tunlichst aus und kam ihren wohlgemeinten Ansprüchen an mich nicht immer nach. Beim Abfragen der Hausaufgaben war auch ich hin und wieder von der Hilfe meiner Nachbarn abhängig. Rüdi Hammer, der Sohn des Textilkaufmanns, schaffte es sogar einmal, einen kleinen Aufsatz ohne Vorlage so vorzutragen, als würde er ihn aus seinem Heft vorlesen. Er stockte zwar oft, aber Dr. Schnauder ging der Ursache nicht auf den Grund.

Zu ihrer großen Enttäuschung hatte ich mich eines Tages auf die Erdkundestunde wieder einmal überhaupt nicht vorbereitet. Dabei behandelten wir gerade Österreich. Sie wusste, dass meine Mutter aus Wien kam, und Wien stand auch als mein Geburtsort im Klassenbuch. Prompt und in der Erwartung, dass ich für mein Herkunftsland ein ganz besonderes Interesse zeigte, nahm sie mich dran, und ich konnte nur kläglich irgendwelche banalen Allgemeinplätze herausstammeln. Es war mir schrecklich peinlich, aber gegenüber den Klassenkameraden bewertete ich ihren Anspruch an mich dann als üble Zumutung und tat so, als hätte ich mit meinem Geburtsland eigentlich wenig zu tun.

Dr. Schnauders Vorname war Luise. An ihrem Geburtstag überraschten wir sie neben einem kleinen Geschenk mit einem ganz besonderen Beitrag. Zwei Flüchtlingsmädchen, die als Fahrschülerinnen aus dem Jossgrund kamen, trugen ein uns bis dahin völlig unbekanntes Lied vor: „In einem Tale, dort wo der Ostwind wehte, da stand Luise am Blumenbeete ...“. Eine leise Wehmut nach der verlorenen Heimat herrschte vorübergehend im Klassenraum. Dr. Schnauder zeigte sich gerührt und den Tränen nahe. Bei dieser Stimmung war an einen normalen Unterricht nicht mehr zu denken. Es konnte nur noch vorgelesen werden. Und Hausaufgaben gab es auch keine.

Irgendwann lag Fräulein Schnauder krank danieder. Im Auftrag meiner Eltern, mit denen sie sich gut verstand, trug ich einen Blumenstrauß mit Wünschen zur baldigen Genesung in die Villa Haberstal. Sie bewohnte dort ein Zimmer im Erdgeschoss. Ich klopfte an. Auf ihr „Herein!“ hin öffnete ich die Tür, und sie empfing mich im Bett liegend. Bei der Begrüßung konnte ich sie schlecht verstehen, und Wangen und Mund wirkten unnatürlich tief eingefallen. Erst dachte ich, dieser Zustand hätte etwas mit ihrer Erkrankung zu tun. Dann erblickte ich auf ihrem Nachttisch ein Wasserglas mit etwas darin, das ich so klar und deutlich noch nie zuvor gesehen hatte. Es gruselte mich leicht, denn es war ein Gebiss.

Englisch hatten wir bei Fräulein Kertel, einer kleinen, stets bestimmend auftretenden Person, unverheiratet, ältlich, und sie mochte Mädchen lieber als Jungen. Sie unterrichtete uns auch noch in Biologie. Schon in der zweiten Englischstunde versetzte sie mir einen schweren Schock. Bei aller Begeisterung für ihren Einführungsunterricht am Tag zuvor hatte ich nicht mitbekommen, dass damit auch eine Hausaufgabe verbunden war. Von ihr fast bösartig gerügt und mit einer saftigen Strafarbeit versehen, fand ich dann am Englischen bis auf weiteres keinen großen Gefallen mehr. Wir mussten bei ihr auch viel lesen und schreiben. Zum Sprechen veranlasste sie uns kaum. Ihr Biologieunterricht gefiel mir besser. Aber obwohl ich mich gerade damals für die Natur und besonders für Tiere sehr interessierte, das Fach also mochte und mich zumindest zwischenzeitlich anstrengte, kam ich bei ihr nie über ein „befriedigend“ hinaus.

Wie die meisten Lehrer damals besaß sie noch kein Auto und musste die eingesammelten Schul- und Arbeitshefte immer in einer Tasche nach Hause tragen. Wenn sie sich zu ihrer Entlastung von uns jemanden als Träger wünschte, meldete ich mich des öfteren und war ihr behilflich. Der kleine Umweg zu ihrem hübschen Häuschen Am Orbgrund oberhalb der Tennisplätze machte mir nichts aus, erhoffte ich mir von ihr doch auch mehr Großmut bei der Notengebung. Zu meiner Enttäuschung überzeugte meine Sonderleistung sie nicht und verschaffte mir keinen Vorteil.

Wir kannten ihren Vornamen: Pauline. Einmal brachte einer von uns ein Büchlein mit, in dem die Bedeutung aller Namen erklärt war. Und neugierig blätterten wir auch nach dem ihrigen. Und da stand zu unserer aller Begeisterung, dass Pauline „die kleine Paula“ heißt. Wohl ein Zufall, aber wie gut das auf sie zutraf! Trotzdem erschien uns ihr Name nicht passend genug. Bei uns hieß sie nur „das Krotzchen“.

Vielleicht tue ich ihr auch ein wenig Unrecht. Anders als die Mädchen, mit denen wir jetzt zusammen unterrichtet wurden, war für uns Jungen der Umgang mit Lehrerinnen ungewohnt.

Zudem handelte es sich bei ihnen fast ausschließlich um ältere unverheiratete Frauen ohne Erfahrung mit eigenen Kindern. Wir Jungen erwiesen ihnen weniger Respekt als ihren männlichen Kollegen, die auf unseren Übermut und unsere Unverschämtheiten verständnisvoller eingehen und sie auch entschlossener unterbinden konnten.

Die Klassen drei bis sechs der Mittelschule wurden im Hauptgebäude in der Martin-Luther-Straße unterrichtet. Wir Schüler saßen in den damals üblichen Holzbänken mit Klappsitzen. Es gab keine Zentralheizung. Zu den Aufgaben der Hausmeisterin Anna Heim, die zusammen mit ihrer Tochter und ihrer Enkelin Christa, einer früheren Klassenkameradin Gittis, im ersten Stock wohnte, gehörte in der kalten Jahreszeit das Befeuern aller Öfen. Ihr Arbeitstag begann schon lange vor Unterrichtsbeginn, damit Lehrer und Schüler es warm hatten. Unser neuer Klassenraum war der größte und auch der, in dem wir über zwei Jahre zuvor unsere Aufnahmeprüfungen gemacht hatten. Wir waren so um die vierzig Schülerinnen und Schüler.

Herr Gahn, unser Klassenlehrer in der dritten Mittelschulklasse, unterrichtete uns in Mathematik und Physik. Als fröhlicher und humorvoller Mann zeigte er mehr Verständnis als seine Kolleginnen für die Blödeleien von uns Jungen und hatte uns andererseits aber einigermaßen fest in der Hand. Als Mann des guten Geschmacks gab er sich in der großen Pause nicht, wie wir, mit einem Schulbrot von zu Hause zufrieden, es gelüstete ihn oft nach etwas Höherwertigem aus der Metzgerei am Wendelinusbrunnen. So wurde gegen Ende seines Unterrichts häufig einer von uns mit dem Auftrag losgeschickt, ihm so zügig wie möglich ein Stück Fleischwurst und frische Brötchen zur Stärkung für seine schwere Arbeit zu beschaffen. An Freiwilligen für solche Gänge mangelte es nie. Ja, wir empfanden solch einen Auftrag eher als Vertrauensbeweis, wenn nicht sogar als Privileg. Ich erinnere mich seiner gerne. Mathematik war neben Deutsch das einzige Hauptfach, mit dem ich nach dem Wechsel auf die Grimmelshausen-Schule in Gelnhausen keinerlei Schwierigkeiten hatte.

Bei Karl Wald, dem Rektor der einzügigen Mittelschule hatten auch schon mein Vater dreißig Jahre vor mir, und vor und nach ihm mein Onkel Oskar und mein Patenonkel Karl Ernst ihre ersten Latein- und Griechischkenntnisse erworben. Er war klein und untersetzt, hatte vom Nikotin gelb gefärbte Finger und konnte so wunderbar erzählen. Mucksmäuschenstill lauschte ihm die Klasse, als er über die Geschehnisse im Krieg der Perser gegen die Griechen berichtete, und wie der Läufer für sein Vaterland in Not die mehr als 42 Kilometer lange Strecke von Marathon nach Athen hastete, dort den Sieg des Miltiades meldete und dann nach erfülltem Auftrag tot zusammenbrach. Herr Wald konnte sich in die Dramatik eines Geschehens so gefühlvoll hineinsteigern, dass es ihm beim Berichten eines besonders tragischen Ereignisses die Tränen in die Augen trieb.

Fast alle Jungen aus meiner 7. Realschulklasse mit Klassenlehrer Gahn. Mit Horst Kleinhenz (letzte Reihe, fünfter von links), Lothar Weiler (vordere Reihe, zweiter von rechts) und Klaus Neumann (zweite Reihe, rechts außen) verbrachte ich (links neben ihm) viel freie Zeit.

Weniger gern erinnere ich mich an Herrn Ristl, aber nur, weil ich ihm einmal einen dummen Streich spielte und dafür Buße tun musste.

Die Ristls gehörten zu den Flüchtlingen aus dem Osten, die es nach Bad Orb verschlagen hatte. Seine jüngere Tochter Gerlinde besuchte mit mir die gleiche Mittelschulklasse. Herr Ristl war ein Kollege meines Vaters. Die Familie wohnte im Obergeschoss des Henkershauses, einem alten Gebäude aus Fachwerk, zwischen dem Orbbach am Quellenring und der Würzburgerstraße. Dort waren wir auch wiederholt an Sonntagnachmittagen zu Gast. Frau Ristl, eine zur Fülle neigende dunkelhaarige mütterliche Frau, erzählte gern von ihren Erfahrungen mit den Soldaten der Roten Armee und deren barbarischem und unzivilisiertem Verhalten gegenüber den Sudetendeutschen. Ihr Mann unterrichtete an der Volksschule und uns Jungen in Leibeserziehung in der Mittelschule. Ich fühlte mich gelegentlich von ihm gestriezt, und mochte ihn dafür nicht besonders.

Nach einer Turnstunde bei ihm verließ ich als einer der letzten unserer Gruppe die Halle. Neben der Tür hatte Herr Ristl Hut, Mantel und seine Schultasche abgelegt. Er selbst hielt sich gerade an der Spitze der Gruppe im Treppenhaus auf, um unten aufzuschließen. Ich sah den Hut, mich ritt der Teufel, und mir kam eine Idee. Die Turnhalle diente damals auch regelmäßig öffentlichen Veranstaltungen, wie Theateraufführungen, parteipolitischen Versammlungen, Vorträgen und Vereinsfesten. Dafür wurden unter einer Empore viele Stühle bereitgehalten. Sie waren eng zusammengestellt und platzsparend aufeinandergestapelt. Ich griff nach Ristls Hut und ließ ihn zur Freude der Klassenkameraden in Richtung Empore auf die Stühle zusegeln. Er landete etwas zu weit hinten und war zu meinem Bedauern überhaupt nicht mehr zu sehen. Das gab mir schon ein gewisses Unbehagen. Aber wir waren auf dem Weg nach draußen, und die paar Jungen, die das noch mitbekommen hatten, machten aus ihrer Begeisterung keinen Hehl und zogen mich mit.

Ich schenkte dem Vorfall wenig Gedanken. Schließlich war der Hut nicht verloren oder beschädigt. In spätestens ein paar Tagen würde man die Stühle brauchen und ihn finden. Unter uns Schülern war es üblich, gegen die Lehrer zusammenzuhalten und uns nicht gegenseitig zu verpetzen. Und Ristl gehörte auch nicht zum Kollegium unserer Schule.

Mit dem folgenden Nachspiel hatte ich nicht gerechnet. Schon am nächsten Schulmorgen wurden wir nach dem verschwundenen Hut gefragt. Die Mädchen wussten von nichts. Die Jungen, die es mitbekommen oder es danach erfahren hatten, stellten sich unwissend. Ich atmete auf. Der Hut würde schließlich ganz von selbst wieder auftauchen. Ristl müsste eben ein paar Tage ohne ihn auskommen.

Am Tag darauf unterbrach völlig unerwartet der stellvertretende Schulleiter Kaczor den laufenden Unterricht, holte mich aus der Klasse und stellte mich gleich im Treppenhaus zornig zur Rede. Natürlich ging es um den Hut. Ich versuchte noch, die Tat abzustreiten, aber er berief sich wütend auf einen Zeugen. Er habe alles berichtet. Es war zu meiner völligen Überraschung Hans-Walter S. Und der war beim Verlassen der Turnhalle an meiner Seite gewesen, und ich hielt ihn für einen Vertrauten. Ich konnte seinen Verrat nicht fassen, musste nun alles zugeben und wurde von Kaczor angebrüllt und fertiggemacht. Mit Tränen in den Augen, von Reue und Scham geplagt, aber auch enttäuscht und zornig über Hans-Walter, den ich als empfindsamen, netten Jungen kannte, wurde ich in den Unterricht zurückgeschickt.

Als nächstes wartete ich auf eine Strafe, denn ungesühnt konnte mein Verhalten nicht bleiben. Nicht nur ich, auch die Mitschüler fragten sich, wie diese Geschichte mit dem Hut ausgehen würde. Zunächst musste ich den ganzen Vorfall zu Hause meinen Eltern erzählen. Ich weiß nicht mehr, ob mein Vater schon im Voraus davon erfahren hatte. Ich nehme das an, denn schließlich war er Ristls Kollege und verstand sich mit ihm zudem gut. Vielleicht entstand aus dieser Nähe zu ihm auch der Vorschlag, ich könnte die Sache in Ordnung bringen, indem ich mich persönlich bei ihm entschuldigte. Zunächst lehnte ich das ab, aber die Eltern zeigten kein Verständnis für meinen Trotz. Ich musste dorthin. Mein Vater, dem das Ganze fast so unangenehm gewesen sein musste wie mir, begleitete mich, vielleicht um mir durch seine Anwesenheit beizustehen. So betraten wir schon am Nachmittag zusammen das Orber Henkershaus, stiegen die steile Treppe hinauf in die kleine Wohnung, und ich leistete unter Tränen Abbitte.

Viele Wochen später, die Geschichte lag zum Glück weit hinter mir und war mehr oder weniger vergessen, veranstalteten wir in der Klasse am letzten Tag vor den Weihnachtsferien einen Julklapp. Wir wussten, wen wir beschenken sollten, aber nicht, wer uns beschenken würde. Unsere Päckchen enthielten im wesentlichen, was unsere Mütter für Weihnachten gebacken hatten und wir an Ort und Stelle verzehren konnten. Da saßen wir nun in den engen Schulbänken mit dem Weihnachtsgebäck auf dem offenen Geschenkpapier und ließen es uns gut gehen. Ich hatte ein liebevoll zusammengestelltes Päckchen erhalten. Offensichtlich kam es von einem Mädchen. Es enthielt auch einige Walnüsse, und ich wurde von jemandem aufgefordert, die Nüsse zu knacken und nicht ungeöffnet mit nach Hause zu nehmen. Eine davon fühlte sich auffallend leicht an und ließ sich fast widerstandslos aufbrechen. Meine Julklappartnerin hatte diese Walnuss geschickt halbiert, entkernt, ein Zettelchen hineingelegt und die beiden Hälften sorgfältig wieder zusammengeklebt. Auf dem winzigen Papierschnitzel standen die beiden Worte: „Der Hut“.

Das Henkershaus.

Es gefiel mir gar nicht, noch einmal an eine alte Missetat erinnert zu werden. Aber die Mitschüler neben mir freuten sich und fanden den Scherz mit der Nuss lustig. Und nie vergesse ich das fröhliche und verschmitzte Lächeln von Heide Schreier, der ideenreichen Schenkerin.

Anfang 1955, im zweiten Halbjahr der dritten Klasse fuhren acht unserer Mädchen und Jungen an drei Tagen nach Gelnhausen zur Aufnahmeprüfung für das dortige Gymnasium, der alten Grimmelshausen-Schule am Obermarkt. Verglichen mit der Prüfung zur Mittelschule drei Jahre zuvor empfand ich diese als kurz. Nur der Schulweg war auf einmal lang und umständlich. Klaus Neumanns Vater erklärte sich bereit, an den drei Prüfungstagen uns Jungen in seinem Auto dorthin zu fahren. Wir wurden nur in den vier Hauptfächern mündlich und schriftlich geprüft und haben auch alle bestanden.

Mädchen und Jungen meiner 7. Realschulklasse, die auf ein Gymnasium wechselten. Ich bin vorn ganz links (1955).

Das Kollegium der Orber Mittelschule 1954. Von links: Rektor Wald, Frau Kertel, Fr. Schnauder, Herr Heidelberger, Herr Kaczor, Herr Gahn, Fr. Bock.

Der Weg zum eigenen Haus

Kurz bevor meine Mutter im November 1944 mit uns Kindern Wien verließ, bevollmächtigte sie den Rechtsanwalt Dr. Redlich mit der Verwaltung ihres Hauses. Seine Mitarbeiterin Grete Pless war eine gute Bekannte meiner Mutter. Sie kümmerte sich um Einzelheiten der Haus- und Mietverwaltung, und sie stellte nach dem Tod des Hausmeisters Forster auch einen neuen ein. Die regelmäßigen Überweisungen der Mieteinnahmen nach Bad Orb endeten abrupt mit dem Ende des Zweiten Weltkriegs. Österreich wurde von den Alliierten wieder von Deutschland abgetrennt, und meine Mutter – durch ihre Heirat Deutsche geworden – verlor damit ihre österreichische Staatsbürgerschaft. Sie galt als Ausländerin, und die Gelder der Ausländer wurden auf Sperrkonten bei der Österreichischen Nationalbank festgehalten und durften auch nicht nach Deutschland transferiert werden. Ihre beiden Konten mit den Reichsmarkguthaben beim Postsparkassenamt Wien wurden nach der anfänglichen Sperrung später sogar ersatzlos geschlossen, weil mit solchen Geldern deutscher Staatsangehöriger österreichische Forderungen gegenüber der früheren Deutschen Reichspost bzw. deren Rechtsnachfolger abgedeckt wurden.

Zwar erhielt meine Mutter vom Verwalter Monats- und Jahresabrechnungen zugeschickt, aber ein Transfer der Überschüsse nach Deutschland war nicht möglich. Bei einer Anwesenheit in Wien hätte sie über dieses Geld verfügen können. Doch nach Wien, das wie Berlin von den vier Siegermächten in Sektoren eingeteilt war und in einer sowjetischen Besatzungszone lag, durfte sie als deutsche Staatsbürgerin nicht reisen. So konnte sie in Orb mit ihrem Besitz in der Ferne nicht zum Lebensunterhalt der Familie beitragen.

Schon in der frühen Orber Zeit spielte sie mit dem Gedanken, das Haus zu verkaufen. Erst ab 1948 schien sie fest dazu entschlossen gewesen zu sein. Fritz Hriwa, ein Bekannter meiner Mutter, bekundete schon 1947 bei der Hausverwaltung sein Interesse. Er betrieb in der Gersthoferstraße 59 ein Geschäft mit „Herrenmode – Trikotagen und Wäsche nach Maß".

Die Kommunikation zwischen Bad Orb und Wien war in den ersten Nachkriegsjahren schlecht und der Gedanken- und Informationsaustausch lückenhaft. Die Briefeschreiber durften sich nicht offen einander mitteilen. Die Alliierten hatten die Österreichische Zensurstelle eingerichtet. Alle Briefe wurden geöffnet, manche blieben liegen und kamen verspätet oder nie an. Aus den Briefen meiner Mutter an ihre Freundinnen Helene Lintner und Blanka Hess wurden immer wieder Teile herausgeschnitten. Ihre Hausverwaltung in Wien ermahnte sie im Mai 1949 in einem aus Gründen der Sicherheit in Westdeutschland aufgegebenen Brief, keine „unvorsichtigen Briefe" zu schreiben, weil ihr Haus bei den Behörden zu diesem Zeitpunkt immer noch nicht als „deutsches Eigentum" gemeldet war. Als solches hätte es von den Russen beschlagnahmt werden können.

Dr. Redlich, der Hausverwalter, empfahl unserer Mutter, wegen der Hausangelegenheit persönlich nach Wien zu kommen. Vergeblich beantragte er für sie eine Dringlichkeitsbescheinigung beim Bundesministerium für Justiz. Nur mit einer solchen hätte sie einreisen können. Stattdessen musste sie sich in Geduld üben. Zeitweilig erwog sie sogar, ohne Einreisegenehmigung einfach schwarz über die Grenze zu gehen. Diese Idee wurde dann immer wieder erörtert und letztlich verworfen. Erst nachdem sie im August 1952 ihre verlorene österreichische Staatsbürgerschaft zurückerhalten hatte, konnte sie nach beinahe siebenjähriger Abwesenheit zum ersten Mal wieder nach Wien fahren.

Leider hatte das Haus zu der Zeit nur einen enttäuschend niedrigen Verkaufswert. Der Grund waren die mieterfreundlichen Gesetze der Stadt Wien, die sogar Tante Greti zu Beginn der 80er Jahre noch zu schaffen machten und manchen Eigentümern auch noch heute. Die damaligen Mieter besaßen in dem Haus alle ein lebenslanges Wohnrecht. Das wurde sogar noch auf die nächste Generation ausgeweitet, vorausgesetzt, die Nachkommen blieben dort polizeilich gemeldet. Alle sechs Wohnungen des Hauses waren vermietet, und die Aussicht auf eine freiwerdende Wohnung zur Eigennutzung oder einer günstigeren Wiedervermietung waren gleich null und die Einnahmen infolge der gesetzlich niedrig gehalten Mieten gering. Eine Verordnung verpflichtete zudem den Hauseigentümer oder Verwalter, den Hauptmietzins von fünf Jahren für Reparaturen und Renovierungen nachweislich zurückzubehalten. Dieser Betrag betrug für das Haus am Bischof-Faber-Platz fast zweiundzwanzigtausend Schilling! So waren die Hausbesitzer zum Vorteil der Mieter gezwungen, das Haus stets in einem guten Zustand zu halten.

Die Investition in solch ein Haus, das unter Mieterschutz stand, versprach auf Jahre hinaus keinerlei Rendite. So hatte meine Mutter große Probleme, überhaupt einen Käufer zu finden. Bei ihrem ersten Wienaufenthalt machte ihr Herr Hriwa ein schriftliches Angebot. Er wollte das Haus für sechzigtausend Schilling (etwa fünfzehntausend DM) kaufen. Sie stellte Dr. Redlich eine Verkaufsvollmacht aus, für den Fall, dass sie sich kurzfristig von Orb aus für Hriwas Angebot entschied.

Wegen des damals unmöglichen Transfers des Geldes nach Westdeutschland und in der Hoffnung auf bessere Verkaufsbedingungen lehnte meine Mutter das Angebot schließlich ab und bat den Verwalter um eine vorläufige Einstellung der Verkaufsbemühungen.

Auf wiederholte Anfragen bei der Prüfungsstelle für den Zahlungsverkehr mit dem Auslande der Österreichischen Nationalbank wurde ihr noch Mitte 1954 mitgeteilt, dass ein Verkaufserlös nicht nach Deutschland überwiesen werden könnte, weil das Haus am 8. Mai 1945 deutsches Eigentum war und gemäß einem Militärregierungsgesetz noch als solches geführt wurde, obwohl meine Mutter zu der Zeit wieder die österreichische Staatsbürgerschaft besaß.

Inzwischen hatten meine Eltern in Orb Bauland gekauft und zu den alten Schulden noch neue hinzugefügt. Im September 1954 lag der erste Bauplan vor. Sie brauchten unbedingt Geld. In Wien schaltete Dr. Redlich einen Makler ein und annoncierte in einer Zeitung. Ein ernsthafter Interessent wollte den geforderten Kaufpreis von sechzigtausend Schilling nicht bezahlen. Hriwa hielt sich noch bedeckt. Er hatte inzwischen das etwas größere Nachbarhaus Nr. 3 für nur fünfzigtausend Schilling erworben. Im Herbst 1954 fuhr meine Mutter wieder nach Wien. Im Haus saßen noch alle Mieter von einst. Es gab keine Aussicht auf eine frei werdende Wohnung. Hriwa zeigte wieder Interesse. Laut Kaufvertrag vom Januar 1955 vereinbarten sie einen Kaufpreis von zweiundvierzigtausend Schilling.

Das Wiener Haus am Bischof-Faber-Platz (2008).

Ich weiß nicht mehr, wie meine Mutter den Geldtransfer schließlich durchführte. Nach Abschluss des Staatsvertrags mit den Alliierten Mitte Mai 1955 wurde Österreich wieder frei und unabhängig und die beschränkenden Gesetze der Militärregierungen wurden aufgehoben. Diese Entwicklung war schon voraussehbar. Jedenfalls konnte meine Mutter bei Baubeginn im Sommer 1955 schon frei über ihr Geld verfügen.

Ich vermute zudem, der wirkliche Kauferlös lag um einiges über dem im Kaufvertrag festgelegten. Denn als meine Mutter nach dem Verkauf aus Wien nach Hause zurückkehrte, brachte sie eine Menge Bargeld mit. Wir Kinder wussten aus Gesprächen darüber, dass eine solche Ausfuhr verboten und gewagt war und fragten sie, wie sie das Geld unentdeckt über die Grenze bringen konnte. Sie hätte die Scheine im Büstenhalter versteckt, erklärte sie uns strahlend. Die Zöllner hätten sich nicht getraut, dort nachzusehen.

In einem noch erhaltenen Brief des Käufers vom April 1955 an meine Mutter teilte er ihr mit, er hätte ihr von Deutschland aus die Restschuld von dreitausend Schilling in Mark (480 DM) überwiesen und schickte ihr als Beweis den Einzahlungsbeleg, weil meine Mutter nach dem Geld gefragt hatte.

Bei uns zu Hause hieß es immer, das Haus in Wien sei für einen Gegenwert von nur zehntausend Mark verkauft worden.

Damit konnten meine Eltern endlich einmal alle ihre aufgelaufenen Schulden tilgen, die sich während des Lehrerstudiums des Vaters angesammelt hatten, kurz bevor sie dann neue machten. Das geplante Haus in der Hubertusstraße sollte über fünfundvierzigtausend Mark kosten und dabei ein Zwerg werden verglichen mit dem der Mutter in Wien, dafür aber völlig mieterfrei.

Die Fahrten unserer Mutter nach Wien brachten uns einen hochgeschätzten Vorteil, der uns über ihre Abwesenheit hinwegtröstete. Wir brauchten ein Weile ihre bescheidenen Kochkünste nicht zu ertragen. Da Rosel Schmalbach, unsere einst so geschätzte Haushaltshilfe, nicht mehr bei uns war, bezogen wir in dieser Zwischenzeit unser Mittagessen fast immer aus dem Hotel Wittelsbacher Hof an der Ecke Marktplatz und Hauptstraße. Zu Frau Schlötter, der Inhaberin und Köchin, hatte unsere Mutter aus der Zeit ihres Blumenladens ein gutes Verhältnis. Nach der Schule ging ich durch den Hoteleingang zur Küche hinunter und wartete unten neben dem Fuß der Treppe auf das bestellte Essen. Es wurde mir in vier aufeinander gestapelten Aluminiumtöpfen übergeben, die ein Lederriemen mit einem Tragegriff über dem obersten Topf fest zusammenhielt. Ganz oben war die Suppe und ganz unten ein meist köstlicher Nachtisch. Diese Hotelkost schmeckte uns immer prächtig, und ich konnte die Bewunderung, die meine Mutter für Köchinnen und Köche hegte, nach diesen Mahlzeiten nur allzu gut verstehen.

Auch nach dem Verkauf ihres Hauses blieb unsere Mutter noch jahrelang in gutem Kontakt mit Frau Marschall, einer der Mieterinnen. Von ihr erfuhr sie auch, was in ihrem ehemaligen Besitz so vor sich ging. Frau Marschall schickte ihr Anfang der sechziger Jahre auch einmal einen Zeitungsausschnitt, in dem berichtet wurde, dass im Souterrain des Hauses, dort wo ein Schuster vorher seine Werkstatt hatte, eine Falschmünzerwerkstatt entdeckt und von der Polizei ausgehoben worden war. Wir fanden das einfach sensationell. Gedanklich stand uns der frühere Besitz in Wien noch immer nah. Und Falschmünzer kannten wir sonst nur aus Jugendbüchern, so wie sie Enid Blyton schrieb, oder auch aus der in den Fünfzigerjahren populären Jugendzeitschrift „Die Rasselbande", in denen wache und unternehmungslustige Kinder solchen geschickten Betrügern in abenteuerlicher Weise auf die Spur kamen.

Ich muss gestehen, dass ich mir das verkaufte Haus trotz meiner vielen späteren Wienbesuche erst 2004 zum ersten Mal anschaute. In jenem Jahr fuhr ich mit dem Fahrrad von Bremen nach Wien. Damals erwachte in mir ein Interesse an der Geschichte meiner Familie. Im Erfurter Dom betrachtete ich erstaunt das riesige Bild vom Hl. Christophorus, meinem Namenspatron, und stellte mir vor, wie meine Eltern vor fünfundsechzig Jahren davor standen, sich kurz darauf vor dem Dom ansprachen, vielleicht anschließend zusammen ein gemütliches Café aufsuchten und sich einander immer besser gefielen. Ich radelte weiter, kam durch Böhmen, suchte aber vergeblich nach dem Dorf, aus dem meine Wiener Großmutter Theresia stammte, weil allen Orten nach Kriegsende ihre deutschen Namen genommen wurden. Und nach meiner Ankunft in Wien wollte ich doch endlich auch einmal mein „Mutterhaus" betrachten, aus dem ich stamme.

An einem Spätvormittag stand ich schließlich davor. Die Haustür war offen, weil in einer leeren Wohnung Handwerker renovierten. Ich ging ein Stück die Treppe hoch, tat einen Blick in den Garten und trat wieder auf die Straße. Während ich ein Foto machte sprach mich plötzlich ein herbeigeeilter Herr mit zwei Damen im Gefolge sehr misstrauisch mit den Worten an: „Warum fotografieren sie dieses Haus?" Über den leicht aggressiven Ton etwas verärgert, entgegnete ich dennoch freundlich: „Dieses Haus gehörte einmal meiner Mutter, und ich verbrachte darin die ersten Jahre meines Lebens." Und gleich daraufhin antwortete die ältere der beiden Damen, offensichtlich überrascht: „Aber dann müssen Sie ja Herr Funke sein!"

Mit einem Mal war ich der Überraschte. Es stellte sich heraus, dass die ältere Dame, etwa Ende siebzig, nicht nur eine Nichte des Fritz Hriwa war, der das Haus 1955 kaufte und es ihr später vererbte, sie hatte auch meine Mutter gekannt, als diese noch in Wien lebte, und später von ihren Besuchen bei ihrem Onkel bis er dann der Eigentümer wurde. Sie bot mir auch an, mich durch das Haus zu führen und mit ihr einen Blick in den Garten zu tun, aber ich war ja schon darin gewesen und lehnte dankend ab.

Zum Abschied bemerkte sie dann noch: „Herr Funke, Ihre Frau Mutter hat mich immer sehr beeindruckt. Sie war eine wirklich fesche Frau."

Ich war sehr ergriffen von dieser Begegnung und fragte mich später, ob man so etwas wirklich einfach Zufall nennen kann. Ich komme vielleicht alle fünf Jahre einmal nach Wien, stehe als Erwachsener zum ersten Mal in meinem Leben vor diesem Haus, und da begegnet mir der vielleicht einzige Mensch in dieser Millionenmetropole, der noch eine andere Erinnerung an meine 1972 verstorbene Mutter hat als ich. Nicht eine Erinnerung an eine von Krankheiten und Lebensnöten gezeichnete und hilfsbedürftig gewordene Frau, sondern an eine noch viel jüngere, forsche und wagemutige, die zu all dem noch fesch war. Und dieser Mensch spricht mich, einen zunächst völlig Unbekannten, sogar mit meinem Namen an. Ohne den Fotoapparat vorm Auge, Minuten früher oder später, und wir wären achtlos aneinander vorbeigegangen oder hätten uns nie gesehen.

Anschließend ging ich zum ersten Mal in die Gersthofer Pfarrkirche hinter mir, so wie meine Mutter und meine Wiener Großeltern schon viele Jahre vor mir, und habe dort nach langer Zeit wieder einmal aus vollem Herzen so richtig gebetet.

Ende 1952 erreichten uns Gerüchte, dass das Haus in der Spessartstraße verkauft werden sollte und zwar an Frau Schüßler, die Inhaberin des nahegelegenen Hotels Madstein. Als neue Besitzer entpuppten sich aber schließlich eine ihrer beiden Töchter und ihr Mann Dr. Karl Ramek, den sein Beruf nach Orb geführt hatte und der am Quellenring als Badearzt praktizierte. Sein Vater Rudolf Ramek war von 1924-26 österreichischer Bundeskanzler gewesen, und im Rückblick finde ich es erstaunlich, wieviele Österreicher von verschiedenster Herkunft durch den Krieg in das kleine Orb gerieten und nicht wieder davon loskamen.

Die Rameks planten einen großzügigen Umbau des Hauses zu einer Pension für Kurgäste mit einem Wohntrakt für die Familie und einer Arztpraxis. Das bedeutete, dass wir Mieter auf Dauer nicht mehr dort wohnen bleiben konnten.

Meine Eltern machten sich schon vor dem Besitzerwechsel viele Gedanken über ein geeigneteres Zuhause für uns. Es gab drei Alternativen: In eine der damals neu entstehenden städtischen Mietwohnungen zu ziehen, oder in eine private neue, für die ein damals üblicher Baukostenzuschuss verlangt wurde, oder ein eigenes Haus zu erwerben. Beide Eltern waren der früher ungewohnten und nun schon jahrelang andauernden Abhängigkeit von Wohnungsamt und Vermietern überdrüssig. Besonders für meine Mutter kam nur ein eigenes Haus infrage. Letzteres setzte aber den Verkauf ihres Wiener Hauses und einen möglichen Transfer des Erlöses von Wien nach Bad Orb voraus.

In der Spessartstraße litten meine Eltern neben den eingeschränkten Wohnverhältnissen auch neuerdings unter der Abhängigkeit von dem nun häufig präsenten neuen Hausbesitzer. Mit den Mietern im Haus konnten die Rameks es nicht einfach umbauen und mussten ihr Vorhaben in Bauabschnitte gliedern. Im Sommer 1953 begannen sie mit einem großen Anbau. Die Lebens- und Apfelbäume auf der Seite zum Hotel Teutonia wurden gefällt. Wir mussten die Holzhütte aufgeben. Wo vorher unser Gemüse wuchs und meine Blumen blühten und mein selbst gezogenes Pfirsichbäumchen sich so prächtig entwickelt hatte, schachteten die Bauarbeiter der Firma Philip Drisch jetzt das Erdreich aus. Der erste Abschnitt des Neubaus wuchs schnell in die Höhe, und eines Tages wurde es am hellichten Tage ziemlich duster in unserer Küche. Die Maurer hatten das größere Küchenfenster zum Hotel Teutonia hin zugemauert. Im Rahmen der neuen Gartenplanung mussten auch die Welters auf Grund eines Gerichtsentscheids ihre Gartenhütte abreißen. Sie fanden schließlich eine komfortablere Wohnung in der Villbacher Straße. Bis die freigewordenen Räume im Hochparterre in den Neubau integriert wurden, dienten sie einer Gruppe von jungen Angestellten aus dem Madstein als Unterkunft. Neben uns hatten wir die Handwerker und unter uns die lauten jungen Leute, mit denen wir, wie vorher mit den anderen Mietern, das einzige Klo teilen mussten, sehr zum Ärger meiner Eltern, weil wir es manches Mal stark verunreinigt vorfanden. Und die Miete wurde uns auch noch um zehn Prozent erhöht.

Wir fühlten uns regelrecht herausgedrängt und trösteten uns allein mit der Aussicht auf ein eigenes Haus. Andererseits förderte dieser Druck wiederum eine Entscheidung. Wir sprachen immer wieder über unsere künftige Unabhängigkeit und den ersehnten Wohnkomfort in einem eigenen Heim mit viel Platz für uns alle und einem Zimmer für jeden von uns. Wir Kinder waren zwar an dieses einfache Wohnen gewöhnt, aber die Eltern litten unter der Enge. Sie entbehrten auch besonders das von früher her gewohnte Badezimmer und die eigene Toilette. Ein schöner großer Garten, aus dem uns kein Mensch mehr vertreiben konnte, gehörte ebenfalls zu unseren Vorstellungen.

Irgendwann 1954 zogen dann die Rameks mit ihren beiden Kindern Gela und Wolfgang in den Anbau der Spessartstraße 6 ein. Gela war etwa in Martins Alter, ihr Bruder ein paar Jahre jünger. Mir waren sie zu klein und zurückhaltend. Ältere Kinder fand ich immer interessanter. Aber Gitti freundete sich mit Gela an, und trotz ihrer ganz unterschiedlichen Lebenswege pflegen die beiden noch heute, seit über fünfzig Jahren, den Kontakt zueinander.

Der Anbau war tiefer als das alte Haus in den Garten hineingebaut, und so konnten wir durch das Treppenhausfenster schräg auf den Essplatz der Rameks sehen. Der Vater schien viel Wert auf allerbeste Tischmanieren zu legen, und ich sehe immer noch den kleinen Wolfgang hinter dem Seitenfenster, wie er in steifer aufrechter Haltung mühevoll mit Messer und Gabel hantierte. Er wirkte dabei auf mich unglücklich und unterdrückt, und ich hätte nicht mit ihm tauschen wollen. Seine Mutter, die ich vom Tennisplatz her kannte, war eine freundliche und umgängliche Frau. Ihr Mann dagegen wirkte zuweilen distanziert und etwas arrogant auf mich. Als kleiner Junge bedeutete ich ihm natürlich auch nicht viel, und abgesehen davon, dass er mich und Martin einmal barsch aus seinem Rohbau wies, in dem wir angeblich eine Katze suchten, in Wirklichkeit nur neugierig herumstreiften, hatte ich persönlich mit ihm keine Probleme.

Einmal schoss ich unvorsichtig mit dem Ball die Scheibe eines der beiden Fensterflügel im Treppenhaus kaputt. Meine Vater trug mir auf, das Fenster auf meine Kosten beim Glaser Schüßler in der Gretenbachstraße reparieren zu lassen. Um Geld zu sparen, ließ ich eine alte Glasplatte von unseren abgebauten Frühbeeten einsetzen. Das Glas war nicht klar, sondern leicht trübe und passte da überhaupt nicht hin. Kaum hatte ich den frisch verglasten Flügel wieder eingehängt, stand auch schon der gestrenge Hausherr hinter mir und forderte eine Erklärung. Ich merkte, wie er mit sich kämpfte, ob er auf einer klaren Scheibe bestehen sollte oder nicht. Dann äußerte er nur kurz sein Missfallen und ließ Gnade vor Recht ergehen.

Nach langer, intensiver Suche fanden meine Eltern 1954 ein Grundstück im oberen Teil der damaligen Leimbachstraße. Vor dem Kauf bestand es aufgrund von Erbteilungen aus vier kleinen landwirtschaftlich genutzten Flächen. Drei davon erwarb mein Vater für 2,50 DM pro Quadratmeter. Der Besitzer der vierten wollte zuerst nicht verkaufen. Auch weil er später keinen Zugang zur Straße gehabt hätte, gab er schließlich nach und einigte sich mit meinem Vater auf den Preis von 3,50 DM für den Quadratmeter. Die Gesamtfläche betrug dann etwa 1.450 Quadratmeter.

Meine Eltern waren sehr zufrieden mit ihrem Kauf. An einem Sonntagnachmittag machte unsere Familie einen ersten gemeinsamen Spaziergang über den Friedhof und auf dem seitdem so vertrauten Weg oberhalb der Schule in die Leimbachstraße, die später in Hubertusstraße umbenannt wurde. Es war eine für uns ganz fremde Gegend. Statt Hotels, gepflegten Rasenflächen und großzügigen Kuranlagen beherrschten bescheidene Häuschen, einfach umzäunte Gartengrundstücke und kleine Felder und Wiesen das Bild dieses uns Kindern noch völlig unbekannten Ortsteils. Im mittleren Bereich der heutigen Hubertusstraße, oberhalb der Einmündung der Johann-Büttel-Straße hatte die Stadt unterhalb des Steilhangs neben der ansteigenden Straße kistenförmige kleine Behelfsheime für Flüchtlinge errichtet. Diesen besitzlosen Fremden begegnete die einheimische Bevölkerung noch mit Misstrauen und Argwohn. Auch unsere zukünftigen Nachbarn gehörten nicht gehobenen Orber Kreisen an. Das veranlasste meine Großmutter zu der Bemerkung. „Was, zu dem Gesindel dort oben wollt ihr ziehen?" Ob sie dabei an die Flüchtlinge in den Behelfsheimen dachte oder auch an unsere anderen Nachbarn, kann ich nicht sagen. Meine Mutter, diesbezüglich ohne Vorurteile, ließ sich nicht im Geringsten von dieser Haltung beeindrucken. Das Grundstück war wirklich groß, die leichte Hanglage gewährte einen unverbaubaren Blick über das Leimbachtal auf den gegenüberliegenden Kasselberg. Die künftigen Nachbarn gefielen uns. Gegenüber unserem späteren seitlichen Hauseingang wohnte in einem winzigen Häuschen mit angewitterten Holzschindeln an der Wetterseite Frau Gensbauer-Korb mit ihrer alten Mutter. Sie war eine aus Böhmen vertriebene Pianistin, arbeitete als Klavierlehrerin an der Musikhochschule in Frankfurt und erteilte auch Privatunterricht. Auf einem Emailleschild an der hölzernem Gartenpforte stand unter ihrer Berufsbezeichnung „früher Prag". Neben ihr betrieben die Bormanns ein gut gehendes Bedachungsgeschäft. Der rechte untere Teil unseres Grundstücks grenzte an das der Döppenschmitts. Der Vater war einer der Vorarbeiter der lokalen Straßenbaufirma Strassing, seine immer freundliche Frau die Tochter eines früheren Bürgermeisters von Pfaffenhausen. In dem winzigen Eckhäuschen an der Gabelung Hubertusstraße – Leimbachsraße wohnte Frau Mack mit ihrem Sohn Michael, der eine Schreinerlehre absolvierte und mir nach unserem Umzug fachmännisch beim Umbau eines Hasenstalls half. Das riesige damals noch unbebaute Grundstück, das links an das unsrige angrenzte, gehörte dem Obergärtner Pfeifer. Die Leidenschaft für seinen Beruf spiegelte sich in seiner gepflegten Gartenanlage mit den vorbildlich gehegten Baumscheiben nieder. Im Frühling stellte er vor seinem eigentlichen Arbeitsbeginn schon frühmorgens schöne Fliedersträuße zusammen, die er für private Kunden mit in die von ihm geführte Kurparkgärtnerei hinter dem heutigen Salinenplatz nahm. Meine Eltern kannten ihn als ehemaligen Berufskollegen gut. Im Gewächshaus der Kurparkgärtnerei hegte er einen schlangenförmigen Kaktus, der nur einmal im Jahr, in einer Sommernacht, und dann auch nur für wenige Stunden, blühte. Als es wieder einmal soweit war, übermittelte er es meiner Mutter, die ihm als Blumen- und Kakteenfreundin nahe stand. Und ich durfte mitkommen und mir diese seltene „Königin der Nacht" ansehen. Aber es ging schon auf Mitternacht zu, als sie endlich aufgeblüht war, und ich war hundemüde. Die große, ungewöhnliche, weißrosa Blüte beeindruckte meine Mutter und die anderen interessierten Erwachsenen. Mich dagegen kaum. Sie war schon prächtig, aber eine Königin der Nacht hatte ich mir in meiner von vielen Märchen beflügelten Fantasie noch prachtvoller vorgestellt.

Mein Klassenkamerad Toni Prehler, der etwas die Straße hinunter neben den Bormanns wohnte, behauptete, unser Grundstück wäre ursprünglich Teil des Orber Pestackers gewesen. Die anfängliche gruselige Vorstellung dazu ebbte schnell ab. Die Pest gab es nicht mehr. Von angeblich vergrabenen Leichen fehlten jegliche Spuren. Das Grundstück gefiel uns ohne Wenn und Aber.

Meine Eltern entschieden sich für Gerhard Glatow als Architekt. Er war der Mann einer befreundeten Kollegin meines Vaters. Beim Entwurf des Grundrisses für die Wohnräume im Erdgeschoss mussten auch die Maße der Wiener Möbel berücksichtigt werden. Wie und wo sie im Wohn- und Esszimmer aufgestellt wurden, stand schon vor dem ersten Spatenstich fest.

Inzwischen war nach der Tilgung der Bankschulden und dem Grundstückskauf der Erlös aus dem Verkauf des Wiener Hauses so gut wie aufgebraucht. Das monatliche Lehrergehalt meines Vaters – im Jahre 1955 ca. 620 DM – war nicht üppig. Deshalb wurde bei der Planung des Hauses von vornherein eine saisonale Zimmervermietung an Kurgäste berücksichtigt. Um die Baukosten niedrig zu halten, sollten möglichst viele Nebenarbeiten am Haus in Schwarzarbeit durchgeführt werden. Selbstverständlich mussten auch wir Kinder im Rahmen unserer Möglichkeiten immer wieder einen Beitrag leisten. Dem Bau des Hauses hatten wir viele andere persönliche Interessen unterzuordnen, und das sahen wir auch ein.

Anstatt wie gewohnt in den Sommerferien schon frühmorgens ins Schwimmbad zu ziehen, folgten Martin und ich unserem Vater zur künftigen Baustelle. Tagelang hoben wir vor Beginn der Ausschachtungsarbeiten den schweren Mutterboden ab und fuhren ihn mit der Schubkarre an die Grundstückgrenzen. Mit ihm wurde nach der Fertigstellung des Hauses die aus dem ausgehobenen Erdreich geformte Terrasse abgedeckt. Der im Sommer 1955 elfjährige Martin litt damals besonders unter der ihm zugemuteten Arbeit. Da uns noch jegliche sanitären Anlagen fehlten, durften wir die Toilette der Bormanns mitbenutzen. Und von dieser großzügigen Gastfreundschaft der Nachbarn machte mein Bruder zur Verwunderung meines Vaters und mir auffallend häufig Gebrauch. Er blieb dann auch immer lange weg und versagte uns seine helfenden Hände. Natürlich verbrachte er die meiste Zeit nicht auf der Kloschüssel. Er saß in der gemütlichen Wohnküche beim Kätchen, der vollbusigen mütterlichen, aber auch scharfzüngigen Hausfrau mit den dunklen Kirschenaugen, und ließ sich von ihr verköstigen. Schließlich verstand er es schon als kleiner Kerl, Frauenherzen für sich zu gewinnen.

Wie knapp beim Hausbau kalkuliert wurde, verdeutlichte mir ein Gespräch zwischen dem Bauunternehmer Engel und meinem Vater während der Ausschachtungsarbeiten. Die Arbeiter benutzten dafür damals noch Pickel und Schaufeln. Sie stießen schon bald auf eine Sandsteinader, und kamen viel langsamer in die Tiefe als vorgesehen. Herr Engel erklärte meinem Vater, er könne bei diesen unvorhergesehenen Schwierigkeiten den dafür vorgesehenen Preis im Kostenvoranschlag nicht einhalten. Daraufhin wurde das Fundament etwas höher gelegt als ursprünglich geplant. Die niedrigen Decken der Kellerräume sind wohl eine Folge dieser damaligen Entscheidung. Vielleicht gewann das Haus auch insgesamt dadurch etwas an Höhe.

Trotz der beschränkten Mittel feierten wir traditionsgemäß im Gasthof zur Linde in der Eduard-Gräf-Straße ein schönes Richtfest mit fröhlichen Ansprachen und lustigen Trinksprüchen. Mein Vater war verwundert über die große Zahl der anwesenden Bauarbeiter. Viele Gesichter hatte er auf unserer Baustelle noch nie gesehen. Es hieß dann, das seien die Arbeiter aus einem der Steinbrüche an der Fortsetzung der Altenbergstraße am Wintersberg. Sie brachen dort den für den Haussockel benötigten Sandstein heraus und hauten einen Teil davon mit Hammer und Meißel zu

Quadern. Aber so viele, wie da mitaßen und mittranken, konnten es gar nicht sein. Andererseits passten sie gut in unsere große Gemeinschaft.

Herr Engel, der Bauunternehmer, schaute an diesem Abend tief ins Glas und saß dann mit geschlossenen Augen wie teilnahmslos an unserem Tisch. Ich kam in Versuchung, deswegen eine vernehmbare spöttische Bemerkung zu machen, aber der Maurer neben mir flüsterte mir zu, ich sollte besser Acht geben. Herr Engel würde stets viel trinken und wirke dann nicht ganz zurechnungsfähig, aber er höre immer alles und vergäße nichts und würde im nüchternen Zustand auf Boshaftigkeiten zurückkommen. Den Rat nahm ich ernst und habe ihn auch später im Umgang mit Betrunkenen meist beherzigt.

Unser Haus in der heutigen Hubertusstraße im Rohbau 1955.

Das Haus nach der Fertigstellung.

Bei den Bauarbeiten konnten wir Jungen unserem Vater helfen und selbst mit Hand anlegen. So füllten wir auf dem Spitzboden den freien Raum zwischen den Deckenbalken des Dachgeschosses mit angefahrenem Lehm aus und stopften zur Isolierung Glaswolle hinter die gegen die Dachbalken genagelten grauen Pressplatten aus Schilf oder Holzwolle, die eine getrocknete Zementmasse zusammenhielt. Da manche Arbeiten, wie das Mauern der Lichtschächte für zwei Kellerfenster und der beiden Sickergruben sowie das Aufbringen des Estrichs in der Garage und den Kellerräumen schwarz gemacht wurde, verrichteten wir Jungen, wo immer möglich, Hilfsarbeiten, die sich die Maurer nicht zumuten ließen und für die unser Vater extra Kräfte hätte einstellen und bezahlen müssen.

Im Nachhinein denke ich auch voller Bewunderung an einen Maurer – seinen Namen habe ich leider vergessen –, der im Krieg beide Beine verloren hatte und ohne Prothesen auf seinen von Lederhüllen geschützten kurzen Stümpfen bei diesen Arbeiten half. Sein erwachsener Sohn, Maurer wie sein Vater, trug ihn immer zu den schwer erreichbaren Stellen.

Unser Vater verbrachte während der Bauphase viel Zeit auf der Baustelle. Manches Mal kam er erst spät abends nach Hause. Er borgte sich in dieser Zeit häufig mein Fahrrad aus und war gedanklich so sehr mit den Bauarbeiten beschäftigt, dass er einige Male ohne Fahrrad nach Hause kam. Da er nach so langen Arbeitstagen verständlicherweise todmüde war – schließlich tat er das alles noch neben seinen beruflichen Aufgaben – musste ich dann zu Fuß in die Leimbachstraße laufen und mein zurückgelassenes Fahrrad holen. Ich entrüstete mich jedes Mal entsetzlich über diese Zumutung, fügte mich aber dann immer dem Willen der Eltern. Nur fand ich die Forderung unseres Vaters äußerst ungerecht. Ich selbst vergaß gelegentlich, mein hinter dem Haus abgestelltes Rad abends in den Keller zu tragen. Wenn mein Vater spätabends das Rad im Freien sah, stellte er es niemals selbst rein. Stattdessen holte er mich mit der Warnung vor einem möglichen Diebstahl sogar aus dem Bett. Damit sollte angeblich mein Verantwortungsbewusstsein gestärkt werden. Ich fand das kleinlich von ihm.

Das Haus musste bis Weihnachten bezugsfertig sein. Der Mietvertrag für die Spessartstraße endete mit dem Dezember 1955. Meine Eltern standen unter einem gewaltigen Zeitdruck. Obwohl Herr Glatow die Bauaufsicht innehatte, führten sie ständig Gespräche mit Handwerkern, die nicht immer termingerecht arbeiteten. Die Zeit von sechs Monaten vom ersten Spatenstich bis zur Fertigstellung war auch kurz. Die schwierigeren Probleme ergaben sich eigentlich erst, nachdem das Dach auf dem Rohbau war und die Zeit immer mehr drängte. Die geplante Reihenfolge beim Einsatz der unterschiedlichen Handwerker geriet durcheinander. Mauerwerk, Estrich, Innenputz trockneten in den regenreichen kühlen Herbstmonaten zu langsam. Die Folgearbeiten für die Glaser, Schreiner, Elektriker, Installateure, Fliesenleger, Maler zogen sich hin, und der verschobene Zeitplan erschwerte ihre Koordination. Im Wohnzimmer blieben zunächst die Tapetenbahnen nicht haften und rutschten an den zu feuchten Wänden nach unten. Das Gelände um das nicht ganz fertige und unverputzte Haus glich beim Einzug immer noch einer Wüstenei. Hier lagerten während der Bauphase die Steine und der Sand. Hier standen die Bauhütte, die Speispfanne und die Betonmischmaschine. Die Terrasse war noch nicht angelegt, die Gartenmauer noch nicht gebaut. Eine Reihe von der Straße aus gelegter Bohlen bildete zunächst den Eingangsweg. Ein paar Wochen vor dem Einzug regte sich meine Mutter über einen der Handwerker so schrecklich auf, dass sie kurz darauf im Beisein Gittis bei einer Rast in der Alte Stadt-Apotheke plötzlich die Bewegungen ihrer linken Körperseite nicht mehr beherrschte und zusammensackte. Sie war erst siebenundvierzig Jahre alt, als sie diesen Schlaganfall erlitt. Unser Hausarzt Dr. Hans Scherf erwies sich als machtlos. Anders als heute waren die Ärzte gegen diese Krankheit nicht gerüstet. Meine Mutter kam nicht einmal ins Krankenhaus.

Die Folgen machten nicht nur ihr, sondern auch meinem Vater und uns Kindern bis zu ihrem Tod achtzehn Jahre später immer schwer zu schaffen. Mein Vater war zweiundvierzig, ich vierzehn, Gitti dreizehn und Martin erst elf Jahre alt. Wir hatten mit unserem eigenen Haus eine heiß ersehnte persönliche Freiheit gewonnen, aber gleichzeitig eine starke und unternehmerische Frau und Mutter verloren. Im Rückblick bin ich mir dessen sicher: Meine Kindheit und der trotz aller Schwierigkeiten unbeschwerteste Abschnitt meines Lebens gingen damals zu Ende.

Meine Großeltern Funke am Tag ihrer Goldenen Hochzeit vor dem Turmeingang zur Martinskirche (18. August 1956).
Von links: Tante Aenne, mein Vater, Martin, Opa, Tante Else mit meiner Kusine Annette Horwedel (zwischen den Großeltern), Oma, meine Mutter, ich, Gitti, Onkel Oskar.

Unsere ersten Haustiere

Tiere faszinierten mich schon immer. Unsere Kleinstadt war voll davon. Viele Bewohner betrieben im Nebenerwerb eine kleine Landwirtschaft. Pferde gab es nur wenige, aber viele Kühe, Schweine, Ziegen, Schafe und natürlich jede Menge Hühner, auch Gänse, Enten und Hasen, Nutztiere, die der Ernährung dienten. Katzen fingen Mäuse und Ratten. Hunde bewachten Haus und Hof. Sicherlich nicht alle. Aber verwöhnte Haustiere ohne Pflichten, so wie heute, waren eher selten und galten als Luxus, zumindest als Besonderheit.

Martin und besonders ich wollten auch ein Tier. Gitti dagegen war sich nicht so sicher. Vielleicht fehlten ihr gute Erfahrungen mit ihnen. Die Welters unter uns hatten Katzen. Aber die mieden einen allzu engen Kontakt zu uns und ließen sich nur ungern streicheln, sicherlich aus guten Gründen. Das Thema Tiere kam wiederholt auf unseren längeren sonntäglichen Wanderungen auf. Die Eltern verstanden uns schon. Unser Vater erzählte gern von der Schäferhündin Mira aus seiner Familie, und unsere Mutter war in Boxer vernarrt. Als Ersatz für ein lebendes Tier besaß sie einen aus Kopenhagener Porzellan. Der müsste heute noch bei Martin sein. Trotzdem waren beide strikt gegen unseren Wunsch nach einem Haustier. Nicht einmal ein kleines Kaninchen durfte es sein, und sie begründeten das mit den beengten Wohnverhältnissen in unserer Etagenwohnung im ersten Stock. Ja, später einmal im eigenen Haus, das wäre dann etwas anderes. Aber gegenwärtig ginge es nicht. Wir argumentierten ihnen die Ohren voll. Sie wollten nichts mehr davon hören.

Mit zehn pflegte ich enge Kontakte zu meinem Klassenkameraden Horst Wopienka, dessen Eltern einen der größten Bauernhöfe Orbs bewirtschafteten. Eines Tages zeigte mir Horst ein Tier, wie ich noch keines gesehen hatte. Es sah aus wie eine riesige verkürzte Ratte ohne Schwanz. Er sagte mir, es sei ein Meerschweinchen. Ein Bekannter der Familie hätte es mitgebracht, aber sein Interesse an ihm sei gering und ob ich es haben wolle.

Ein eigenes Tier für mich! Zunächst war ich Feuer und Flamme. Dann kamen mir doch Bedenken. Wo würde ich es unterbringen?

Womit verpflegen? Und was, vor allem, würden meine Eltern dazu sagen? Horst, von klein auf mit den Problemen der Tierhaltung vertraut, dachte praktisch. Zuerst besorgten wir uns eine oben offene Kiste. Wir nagelten eine Holzlatte quer über die Öffnung und überspannten zwei Drittel der offenen Fläche mit Hasendraht. Für das verbliebene Drittel sägten wir ein Brett als Klappe zum Öffnen und Schließen des Stalles zurecht. Als Scharniere dienten zwei kurze Stücke eines ausgemusterten Lederriemens vom Pferdegeschirr. Neben der Sägemaschine in der Holzhalle lag genug Sägemehl für einen dicke Lage Streu. Das seltsame Tier schien sich in dieser Behausung wohl zu fühlen. Die Futterbeschaffung wäre auch kein Problem, meinte Horst. Meerschweinchen fräßen das Gleiche wie Stallhasen: Löwenzahn, Salatblätter, Karotten, Grünzeug eben und im Winter Heu, Runkelrüben und gequetschten Hafer, und davon gäbe es auf ihrem Hof mehr als genug. Das könnte ich von ihm haben. Und das Problem mit meinen Eltern? Horst schlug vor, wir sollten sie einfach überraschen. Ich könnte das Tier zunächst einmal auf Probe übernehmen. Wenn ich mich damit zu Hause nicht durchsetzen könnte, würde er es im Notfall wieder zurücknehmen und es irgendwo anders unterbringen. Und so trugen wir an einem Nachmittag die Kiste mit Susi – so hatte ich das Meerschweinchen inzwischen benannt – zu zweit in die Spessartstraße.

Noch Jahre danach erinnerte sich unsere Mutter begeistert an den Stil unseres Auftretens. Zwei kleine Jungen klingelten im ersten Stock, baten mit ihrer Fracht um Einlass und stellten die zum Stall umgebaute Kiste in der linken Balkonecke ab. So war plötzlich doch ein Haustier in unsere Wohnung gelangt. Bis dahin undenkbar. Zunächst wurde hin- und herargumentiert, aber schließlich durfte Susi bleiben, und wie es sich dann ergab, für immer.

Denn Susi entpuppte sich auch als ungewöhnliche Vertreterin ihrer Art. Für ein Meerschweinchen war sie ungewöhnlich groß. Glatthaarig, die linke Kopfseite schwarz, die rechte hellbraun und weiß mit einem weißen Streifen von der Stirn zwischen den kleinen Ohren hinunter zur Nase, ähnelte sie von vorne ein wenig einem Dachs. Hinter dem Kopf war ihr Fell weiß, gelblich bis hellbraun. Von Beginn an zeigte sie keinerlei Ängstlichkeit, stattdessen ein mich anrührendes scheinbar unbekümmertes Zutrauen.

Nachmittags ließ ich sie regelmäßig im Garten frei herumlaufen, und wenn ich sie zu meinen Füßen absetzte und langsam ging, folgte sie mir auf ihren kleinen Beinchen auf Schritt und Tritt. Alle staunten über dieses ungewöhnliche Verhalten, und niemand konnte es erklären. Ich empfand es als besonderen Vertrauensbeweis und fühlte mich glücklich und stolz. Susi sprang nach unseren Gartenausflügen von sich aus alle Treppenstufen hinauf bis zu unserer Wohnungstür. Mit ihr hatte ich ein Lebewesen gefunden, das ich in mein Herz schloss und das mich nie enttäuschte.

Erstaunlich schnell fand sie auch die Zuneigung unserer zunächst äußerst skeptischen Mutter. Nur Gitti hatte Schwierigkeiten, sich an sie zu gewöhnen. Sie fürchtete damals noch alle möglichen Tiere, mochte keine berühren, auch Hunde und Katzen nicht. Andererseits wollte sie mit Susi umgehen können, so wie wir. Um sich an sie zu gewöhnen, ließ sie sich Susi von uns auf den Schoß setzen und begann sie vorsichtig zu streicheln. Sie getraute sich eine ganze Weile jedoch nicht, das Tierchen selbst hoch- oder herunterzunehmen. Doch allmählich verschwanden ihre Ängste. Auch ihr wurde Susi lieb und teuer, und sie ist heute noch der festen Meinung, mit Susis Hilfe hätte sie ihre Furcht vor Tieren überwunden.

Der Sommer ging zu Ende. Draußen wurde es kalt. Susi bekam ein Winterdomizil in unserer warmen Küche. Erstaunlich, dass sie – wie auch die anderen Meerschweinchen später – unabhängig von der Zeit der Fütterung stets zum Fressen aus ihrer Höhle in der Kiste hervorkam, wenn die Familie zusammensaß und ihre Mahlzeiten einnahm. Daraus schlossen wir, dass sie die Geselligkeit schätzte. Wir Kinder waren zu dritt, hatten dazu unsere Eltern und ständig viele Kontakte über den Kreis der Familie hinaus. Susi hatte zwar uns, war aber aus einer uns unbekannten Fremde ohne jeglichen Anhang in unserer Mitte gelandet und verkörperte ein bedauernswertes Alleinsein. Wir alle waren uns bald einig: Susi brauchte einen Gefährten.

Im Orbtal lag hinter dem Wildpark eine Fuchsfarm mit Silber- und Platinfüchsen. Fuchspelze waren damals in Mode. Als Attraktion für schaulustige Besucher hielt der Züchter noch einige andere Tiere, wie zum Beispiel Nutrias, Waschbären und auch, wie wir herausgefunden hatten, Meerschweinchen.

An einem Sonntagnachmittag besuchten wir drei Kinder unter Führung unserer Mutter zum ersten Mal diesen Farmbetrieb. Unser Hauptinteresse galt natürlich den Meerschweinchen, die in einem mehrstöckigen Hasenstall gehalten wurden. Vier Augenpaare suchten nach dem von uns ersehnten passenden Gefährten für Susi. Schließlich entschieden wir uns für einen überwiegend dunkelbraunen kleinen Kerl, den der Züchter mit schnellem Griff aus dem Gewimmel seiner zahlreichen Verwandten herausholte. Ich glaube, er kostete eine Mark, und wir gaben ihm auch gleich vor Ort den, wie wir meinten, passenden Namen: Hansi. Wegen der Kälte steckten wir Hansi behutsam, das Hinterteil zuunterst, in einen meiner Wollhandschuhe. Er guckte oben raus, und wir trugen ihn überglücklich auf dem so genannten Wiesenweg in die Spessartstraße. Wir waren natürlich alle auf Susis Freude über den kleinen Neuankömmling gespannt. Endlich würde sie neben uns auch einen Freund ihrer eigenen Art haben und ihre Einsamkeit ein Ende finden.

Doch dann passierte folgendes: Kaum hatten wir Hansi in Susis Kiste gesetzt, gingen die beiden wild aufeinander los, und zwar knurrend mit gebleckten Schneidezähnen. Noch bevor sie sich etwas antun konnten, nahmen wir Hansi schnell heraus, noch völlig überrascht, ja ungläubig über das, was wir da erleben mussten. Irgendetwas hatten wir falsch gemacht. Aber was? Wir berieten uns. Warum vertrugen sie sich von Beginn an nicht, obwohl jeder für sich so freundlich und zahm war? Lag es an der unterschiedlichen Größe oder Herkunft, oder konnten sie sich einfach nicht riechen, wie man so schön sagt. Wir redeten und rätselten. Schließlich kam einer auf die Idee, doch noch einmal die Geschlechtsmerkmale der Tiere zu überprüfen. Beim Züchter hatten wir zum ersten Mal gesehen, wie man das macht: Man legt das Tierchen auf den Rücken und drückt mit dem Zeigefinger leicht auf den Unterbauch kurz oberhalb der Hinterbeine. Bei den Weibchen tut sich gar nichts, bei den Männchen dagegen kommt ein kleiner Penis heraus. Der von Hansi zeigte sich wie erwartet, aber welch eine Überraschung, unsere gute Susi, trotz ihrer zwei Reihen Zitzen unterm Bauch, hatte auch einen! Das angebliche Weibchen war ein Männchen und unsere sonntägliche Unternehmung ein Fehlschlag. Hansi bekam notgedrungen seine eigene Kiste. Aber er war der Aggressivere, sprang sogar mehrere Male hinüber in Susis ebenfalls oben offene Winterbehausung und wollte ihr zusetzen.

Die beiden haben sich übrigens nie vertragen und blieben sich lebenslänglich spinnefeind. Denn Hansi blieb bei uns. Wir hätten ihn gegen ein Weibchen umtauschen können. Doch hatten wir uns zu viert für ihn entschieden. Er war so niedlich und wirkte allein auch so hilfsbedürftig. Nein, das kleine Kerlchen wollten wir nicht wieder hergeben. So kamen wir zu unserem Haustier Nummer zwei.

Das gesellige Familienleben der Meerschweinchen auf der Fuchsfarm kam uns immer wieder in den Sinn, wenn wir den kleinen einsamen Hansi betrachteten. Susi, wir unterstellten ihr das nun, war das Alleinsein schon länger gewohnt und konnte es leichter ertragen. Hansi musste sich ständig nach der gewohnten Gesellschaft sehnen und bei uns unter schrecklichem Heimweh leiden. Irgendwann gaben wir unserem Mitleid nach. Hansi sollte glücklicher werden und eine Gefährtin bekommen. Wieder zur Fuchsfarm, und die weißhellbraun gescheckte Resi wurde unser Haustier Nummer drei.

Martin mit Resi und Hansi.

Wir waren froh. Endlich ohne Gewissensbisse und Schuldgefühle. Zudem herrschte noch mehr Leben in der warmen Küche. Resi konnte so fröhliche Pfeiflaute von sich geben. Hansi umschnurrte sie mit all seinem Charme. Noch ahnten wir nicht, dass dieses Glück der beiden uns auf Dauer, das heißt vor allem mir, unerwartete Probleme bescheren sollte. Wir staunten nicht schlecht als Resi, und sie war doch noch so klein und jung, immer dicker wurde. Resi war trächtig, und der Nachwuchs ließ nicht lange auf sich warten. Eines morgens war er da. Entzückt, aber auch erleichtert schauten wir alle in die Kiste. Entzückt wegen des Aussehens der Jungen. Sie lagen nicht nackt und blind in einer Ecke. Schon voll ausgebildet, wenn auch noch ziemlich dünn, stakten sie schon in der Kiste herum. Erleichterung herrschte wegen ihrer geringen Zahl. Es waren nur zwei. In der Überprüfung der Geschlechtsmerkmale waren wir inzwischen geübt. Die genaue Kontrolle ergab ein Männchen und ein Weibchen. In Anlehnung an unsere österreichische Vergangenheit nannten wir sie Pfiffi und Sissi, unsere Haustiere Nummer vier und fünf.

Die Kleinen wuchsen schnell heran. Wir beschlossen, sie wegzugeben. Aber wohin mit ihnen? Heute wäre das kein Problem. Kinder halten sich Mäuse, Ratten, Meerschweinchen, Zwergkaninchen, Goldhamster, kleine Käfigvögel und Fische. Es gibt Zoohandlungen, in denen diese Tiere, ihr Futter, nebst Behältern aller Art für die Haltung erworben werden können. Wir erlebten das noch anders. Keines der Kinder, die wir kannten, ganz gleich, ob sie Hilfsarbeiter-, Handwerker- oder Arztfamilien angehörten, hielt irgendwelche Kleintiere, außer dem mir nahestehenden Klassenkameraden Lothar Weiler. Der besaß ein paar Brieftauben. Wir fragten viel und hörten uns lange nach Interessenten für Pfiffi und Sissi um. Schließlich übernahm ein Schulfreundin Gittis das Pärchen. Ihre Familie wohnte idyllisch weit außerhalb der Stadt hinten im Haseltal. Trotz ihrer guten Einkommensverhältnisse hielten sie noch Hühner und Hasen, und ein freier Hasenstall bot sich als neues Heim an. Erleichtert brachten wir unsere Tiere dorthin, denn Resi war schon wieder guter Hoffnung. Kaum der einen großen Sorge enthoben, kündigte sich schon die nächste an.

Ich zermarterte mir das Hirn, wie ich der rasanten Vermehrung der Tiere Einhalt gebieten könnte. Bei den Wopienkas wurden die jungen Kätzchen gleich nach der Geburt ersäuft, sofern sie sich überhaupt in einem der Schuppen oder Scheunen aufspüren ließen. Auch Gisela, die jüngere Tochter der Welters unter uns, beschränkte auf diese Weise ihren Katzensegen auf ein Minimum. Ich hielt die Methode für grausam, weil ich die Zeitspanne vom Untertauchen bis zum Eintritt der Bewusstlosigkeit für zu lang und qualvoll hielt. Wir Kinder verbrachten damals viel Zeit im Schwimmbad, und ich wusste genau, wie lange man es ohne Luft zu holen unter Wasser aushalten konnte. In der Familie wurde nicht ausführlich darüber geredet. Das war nun einmal so. Trotzdem fand ich es gruselig, und es widerte mich an. Gab es nicht auch bessere Lösungen?

Eines Morgens hatte Resi wieder Junge geworfen. Dieses Mal waren es schon fünf. Durch mich kamen die Meerschweinchen in die Familie, ich trug letztlich die Verantwortung dafür und hatte zu entscheiden, was zu tun war. Ich nahm vier der Tierchen aus Resis Kiste – ein Männchen ließ ich ihr – setzte diese in einen Schuhkarton und trug sie nach unten. Neben der Treppe zum Hintereingang schmiss ich sie nacheinander mit aller Kraft, die ich aufbieten konnte, gegen die Hauswand. Sie waren sofort tot. Dann begrub ich sie im Garten.

An die Reaktion der Familie erinnerte ich mich nicht. Meine Eltern können nur erleichtert gewesen sein. Den Geschwistern gegenüber habe ich mich sicherlich irgendwie erklären müssen. Ob ich ihnen die Wahrheit zumutete oder ob ich sie belog, weiß ich nicht mehr.

Mit Resis einzigen ihr verbliebenen Nachwuchs hatten wir nun vier Meerschweinchen. Ich gab dem Jungen den Namen Jackie. Der Kopf war schwarz-braun. Nach hinten ging sein schwarzes Fell in ein mittleres Braun über. Bestechend empfand ich auch die seltene Symmetrie der Fellfarben. Beide Körperhälften entsprachen einander. Jackie würde ich behalten. Darin war ich mir von Anfang an sicher. Nach Susis Tod nahm er bei mir ihre besondere Rolle ein. Er überlebte als einziges seiner Geschwister. Ihm fühlte ich mich immer besonders verbunden.

Unsere Meerschweinchen wurden gut betreut. In den wärmeren Jahreszeiten ließen wir sie nachmittags täglich in unserem Garten über eine längere Zeit frei herumlaufen. Da wir Susi von

Hansi und Resi getrennt halten mussten, baute ich aus Holzlatten und Hasendraht ein versetzbares Gehege, das wir je nach Bedarf direkt hinterm Haus auf der Rasenfläche zwischen zwei Apfelbäumen hin- und herschieben konnten. Wir nannten diese nachmittäglichen Aktionen „die Tiere weiden".

Jackie.

Auf der uns gegenüberliegenden Seite der Spessartstraße standen damals noch hohe alte Fichten mit ausladenden dicken unteren Zweigen. Dahinter erstreckte sich bis zum Orbbach eine schöne Naturwiese. Hier spielten wir häufig bis zum Abendessen oder Anbruch der Dunkelheit miteinander oder mit den Nachbarskindern, den Graulichs vom Hotel Hohenzollern nebenan. Unsere Tiere sollten auch etwas von diesem Leben in Freiheit haben, und zumindest die verlässliche Susi und später auch ein uns überlassener Hase waren meist dabei, liefen bzw. hoppelten herum und rupften sich die schmackhaftesten Kräuter. Wie erwähnt, gab es hier kaum Hunde. Trotzdem rechneten wir stets mit einer solchen Gefahr und gaben Acht.

Nach einem derartigen erlebnisreichen Sommerabend setzte ich Susi anschließend zurück in ihren Stall. Als ich eine viertel Stunde später noch einmal nach den Tieren schaute, lag sie tot auf einer Seite. Noch kurz zuvor war sie – wie gewöhnlich – eifrig hinter mir hergelaufen, über sämtliche Treppenstufen nach oben gesprungen und hatte keinerlei Anzeichen von Erschöpfung gezeigt.

Meine Eltern hatten damals im Haberstal von einer Familie namens Bannert zusätzliches Gartenland gepachtet, weil der Garten in der Spessartstraße nicht genügend Anbaufläche bot. Wir Kinder mussten hier einen Teil der Gartenarbeit leisten. Die Meerschweinchen kamen bei gutem Wetter immer mit. In diesem Garten hoben wir für die tote Susi ein kleines Grab aus. Als der kleine kalte Körper in der Erde lag, fing ich bitterlich an zu schluchzen. Ich heulte Rotz und Wasser, wie unsere Mutter das bezeichnet hätte. Bei keiner anderen Beerdigung in meinem Leben habe ich meiner Traurigkeit derart nachgegeben und solche Tränen vergossen, nicht einmal bei den Begräbnissen der eigenen Eltern.

Die beiden ältesten Kinder vom Hotel Hohenzollern, Ute und Kurti, bekamen als Osterüberraschung von Benno, dem so genannten Hausburschen, einen jungen Stallhasen geschenkt. Die völlig in den Hotelbetrieb eingespannten Eltern waren entsetzt. Zum Schlachten hätten sie ihn noch geduldet, nicht aber zur Haltung aus reiner Tierliebe. Außerdem hielten sie ihre Kinder damit für überfordert. Also landete Hasi, ein anderer Name fiel uns spontan nicht ein, schon kurz nach Ostern in unserer kleinen Menagerie. Anders als die eher ruhigen und sich gemächlich bewegenden Meerschweinchen barst er beinahe vor Neugier, Lebensfreude und Energie. Er begeisterte uns, wenn er im Garten oder auf der großen Wiese zwischen den Fichten und dem Orbbach mümmelnd herumhüpfte, zwischendurch seine Männchen machte, dann wieder plötzlich lospreschte und ganz unerwartet seine Haken schlug. Hasi sollte nicht in einer Pfanne der Hotelküche als Braten enden. Wir wollten für ihn sorgen. Und das taten wir auch – das heißt, überwiegend ich – bis zu seinem Tod mehr als sieben Jahre später.

Die Haltung der Tiere war an sich kein Problem. Susi und Hasi teilten sich den einen Stall. Resi und Hansi bis zu ihrer Trennung den anderen. Die ausgebauten Kisten standen je nach Jahreszeit in der Diele, auf dem riesigen Spitzboden über der Wohnung, der von der Diele aus über eine einfache Holztreppe zugänglich war, oder bei niedrigen Außentemperaturen auf jeden Fall in der Küche. Als Streu benutzte ich Sägemehl. Das holte ich mir mit dem Fahrrad vom Sägewerk Weißbecker in der Hasel. Später in der Leimbachstraße 48, die nach einer Umbenennung zur Hubertusstraße 40 wurde, benutzte ich auch Torf. Die Ställe reinigte ich täglich. Mit einer kleinen Schaufel entfernte ich die vom Urin durchfeuchteten Stellen und bedeckte den freien Boden mit frischer Streu. Alle paar Tage wurde das alte Sägemehl gegen neues ausgetauscht. Im Vergleich mit unseren Hunden Jahre später nahm man den Geruch der Tiere kaum wahr.

Gitti mit Hasi.

Die Versorgung mit Nahrung erfolgte nicht immer mühelos. Im Sommer bis in den Herbst hinein boten Garten und nähere Umgebung genug zum Fressen: Gras, Löwenzahn, Karotten, Salat- und Kohlblätter. Zusätzlich verfütterte ich etwas Hafer. Aber wie auch in unserem Haushalt und bei den Viehbauern musste für die karge Winterzeit Vorratswirtschaft betrieben werden. Nach dem Wechsel von der Volksschule auf die Mittelschule pflegte ich nicht mehr die früheren engen Kontakte zu Horst Wopienka. Unsere Interessen entwickelten sich zu unterschiedlich. Heu und Runkelrüben, übrigens damals auch das typische Winterfutter für Milchvieh, musste ich woanders herkriegen. Aber woher? Ein bisschen Heu konnten wir im Garten machen. Viel war es nicht. Also zog ich nach Dunkelheit mit einem Sack unterm Arm los und holte es mir von einer Heuwiese zwischen der Lindenallee und dem damaligen Badehaus III, auf dessen Gelände heute eine Rehaklinik steht. Die Runkelrüben, deren Anbau mir im Garten der Spessartstraße völlig missglückte, besorgte ich auf ähnliche Weise. Ich brauchte über fünfzig davon und musste wegen ihres Gewichts mehrmals zu einem dieser „Raubzüge" aufbrechen. Je dunkler diese späten Abende waren, desto besser war mir bei diesen zweifelhaften Unternehmungen zu Mute. Ich ließ mich auch niemals beim Klauen erwischen. Zu meiner Entschuldigung füge ich noch Folgendes hinzu: Von leichten Gewissensbissen geplagt, fragte ich einmal einen Bauern in unserer Nähe, ob ich ihm die benötigten Rüben abkaufen könnte. Fast schroff wies er mein Anliegen zurück. Er bräuchte sie alle für sich selbst. Ein paar Tage später holte ich mir vom nächsten Feld so viele wie ich für den kommenden Winter benötigte. Ich lagerte sie im Kartoffelkeller ein. Das Heu häufte ich locker in einer Ecke des Spitzbodens an, damit es trocken blieb.

Pfiffi und Sissi hatten bei Gittis Freundin im Haseltal zwei Junge bekommen. Über ihre Kinder ließ uns die Mutter eines Tages wissen, sie würde die Meerschweinchen auf ihrem kleinen Anwesen nicht mehr dulden. Sie seien doch nur „unnütze Fresser". Wir sollten alle vier zurücknehmen. Ich war enttäuscht und besorgt. Ich konnte die Tiere nicht wieder in unsere Wohnung bringen. Und Resis Leibesumfang nahm auch schon wieder zu. Kurz zuvor war sie einem von uns Kindern heruntergefallen und saß nun ohne Auslauf mit einem gebrochenen Hinterbein in einem engen Schuhkarton. Sie vorübergehend so zu halten, riet mir der einzige Tierarzt im Ort, Dr. Thielemann. Sie in Gips zu legen, war in ihrem Fall und Zustand unmöglich. Dr. Thielemann gab sich nicht mit kleinen Haustieren ab. Er führte auch keine Praxis und empfing mich im Wohnzimmer. Er kümmerte sich um das Vieh der Bauern in Orb und den Nachbardörfern und war verantwortlich für Hygiene und den reibungslosen Betriebsablauf im Orber Schlachthof. Für die Unterbringung überzähliger Meerschweinchen kannte er auch keine gute Lösung. „Ja, wenn du sie unbedingt loswerden musst, die im Schlachthof können da schon helfen", meinte er.

Mir war damals bewusst, dass mir bei meiner Meerschweinchenhaltung etwas aus dem Ruder gelaufen war. Verzweifelt versuchte ich die Kontrolle zurückzugewinnen. Keiner wollte den Nachwuchs haben. Andererseits musste ich die zusätzlichen Tiere loswerden. Sie einfach auszusetzen stand außer Frage. Sie würden unbeschützt einen qualvollen Tod erleiden. Von Laboren, in denen mit ihnen Versuche angestellt wurden und die sie gebrauchen könnten, hatte ich auch gehört. Die sollte es weit weg von Orb in Frankfurt oder Gießen geben. Ich kannte aber niemanden mit Kontakten dorthin. Von den Eltern erwartete ich keine Hilfe. Die hatten ihre eigenen Sorgen. Ich allein musste aus dem Schlamassel herausfinden, den ich mir blauäugig selbst eingebrockt hatte.

Ich entschied mich für den Schlachthof. Ein Mann wurde für mich abgeordnet. Er versicherte mir, alles ging ganz schnell. In einer Hofecke setzte er die vier Tierchen in einen alten Jutesack, den er tief unten zuband, damit sie sich nur wenig bewegen konnten. Dann nahm er ein Schussgerät, wie man es für die Tötung von Vieh benutzt. Beim Abdrücken schoss ein langer Bolzen durch das Gewebe in den Sack, und mir fuhr das schreckliche Quieken der getroffen Tierchen durch Mark und Bein. Der Mann gab in kurzen Abständen noch weitere Schüsse ab bis eine völlige Stille herrschte und sich in dem Sack nichts mehr rührte. Ich weiß nicht mehr, was dann noch gesagt wurde, wie ich nach Hause kam, ob ich das Erlebnis jemandem preisgab – ich denke heute, ich muss es erzählt haben – ich weiß aber noch ganz genau, dass ich mich angesichts dieses Blutbads auf dem Hof abrupt von meinem seit langem gehegten Berufswunsch trennte: Ich hatte Tierarzt werden wollen.

Resi mit ihrem gebrochenen Hinterlauf in dem engen Schuhkarton wurde von Tag zu Tag fülliger. Nach dem Aufwachen in der Frühe war mir zunächst schrecklich zumute. Noch im Nachthemd warf ich einen flüchtigen Blick in ihren Karton. Es grauste mich vor dem nächsten notwendigen Massaker. Und wie viele Junge würden es dieses Mal sein? Fünf, sechs oder noch mehr? Welche Erleichterung für mich am Morgen, wenn sie noch nicht geworfen hatte!

Dann wieder der morgendliche schwere Gang in die Küche. Aus dumpfer Angst wurde blitzschnell befreiende Überraschung:

Resis Leibesfülle war geschwunden. Aber keinerlei Spuren von den geworfenen Jungen. Jemand war mir zuvorgekommen und hatte sie an meiner Statt beseitigt. Kein offenes Wort darüber. Ich erfuhr nur, unser Vater stand dahinter. Ich bin ihm noch heute dankbar dafür.

An diesem Tag fiel auch eine längst fällige Entscheidung: Von nun an sollte es keinen Nachwuchs mehr geben. Die Voraussetzungen für eine strikte Geburtenkontrolle wurden geschaffen. Susi lebte nicht mehr. Wir hatten jetzt nur noch die beiden Männchen Hansi und Jackie, die sich nicht vertrugen, und Resi, das Weibchen. Ab sofort mussten alle getrennt voneinander gehalten werden. Ich baute einen dritten Stall. Den großen konnten sich Hasi mit Hansi teilen.

Im Dezember 1955 zogen wir in unser eigenes Haus. Für unsere Tiere sollte das auch von Vorteil sein. Vom Posthof überführte ich einen lange nicht mehr genutzten Hasenstall in die Hubertusstraße. Michael Mack aus der Nachbarschaft machte gerade seine Schreinerlehre. Fachmännisch half er mir bei der Sanierung des Stalles. Noch heute denke ich mit Bewunderung daran, wie sorgfältig und millimetergenau er die Rahmenteile für die beiden Türen zurechtsägte und zusammenbaute. Sie wurden auch ordentlich mit richtigen Scharnieren angebracht, nicht mit Lederstücken wie an Susis Kiste. Der Stall erhielt zwei Ebenen mit unten einer und oben zwei Abteilungen. Für Hasi und Hansi war der untere Bereich geplant, Resi und Jackie brauchten weniger Platz. Sie kamen nach oben. Zudem zimmerte ich für jedes Meerschweinchen zusätzlich einen kleinen Kasten mit einer halbrunden Öffnung als Eingang, ein Rückzugsgebiet und Schutz gegen Kälte und Zug.

Das fertige Werk bekam in der Garage neben den Kellerräumen eine Imprägnierung aus grünem Karbolineum. Eine halbe Stunde nach dem Anstrich stürmte unser Vater von Zorn erfüllt auf der Suche nach mir durch das Haus. Er konfrontierte mich mit dem Vorwurf, wie ich dazu käme, den Hasenstall in der Garage zu streichen, im ganzen Haus stänke es jetzt nach dem Zeug. Schon sein Auftauchen stimmte mich zu meiner eigenen Überraschung fröhlich. Denn seine Nasenspitze verunzierte ein grüner Klecks. Beim kritischen Schnuppern an dem frisch gestrichenen Objekt hatte seine große Nase etwas von der Farbe abbekommen. In diesem Zustand hätte er mein Karbolineum selbst kilometerweit vom Tatort entfernt, im letzten Winkel von Orb, riechen können.

Unser neuer großer Garten bot den Tieren Auslauf im Übermaß. Besonders zugute kam das dem Hasen. Heute noch sehe ich ihn unbekümmert und lebensfroh durch die Reihen zwischen den Bohnenstangen flitzen. Und dann immer wieder die elegant eingelegten Haken aus einer Reihe heraus, als wolle er für den Fall irgendeines plötzlichen feindlichen Angriffs im Entkommen geübt sein. Die räumliche Trennung der Meerschweinchen vergaß ich nie. Ich wollte keine Jungen mehr.

Wir hatten nun auch genug Rasenflächen für eine ausreichende Heuernte. Nur die als Winterfutter benötigten Runkelrüben musste ich weiterhin an dunklen Herbstabenden klauen. Da wir ziemlich am Ortsrand wohnten, brauchte ich nur ein paar hundert Meter bis zum nächsten Rübenfeld.

Meine Tiere blieben inzwischen ganz mir überlassen. Anders als früher lebten sie nicht mehr im Kreise der Familie, sondern in einiger Entfernung zum Haus, und ich galt als der alleinige Verantwortliche für sie. Zudem hatten wir uns der von Vorbesitzern misshandelten Boxerhündin Lassy angenommen. Sie nahm eine Menge Aufmerksamkeit und Zeit in Anspruch.

Wir Kinder wurden älter, und die Tiere kamen in die Jahre. Anders als Susi starb keines von ihnen an Altersschwäche oder einfachem Herzversagen. Alle verloren ihr Leben auf unglückliche Weise. Hansi blieb mit seinen Nagezähnen im Drahtgitter seiner Stalltür hängen. Sie wuchsen zwar nach, doch er verletzte sich den Oberkiefer wiederholt und lag eines Tages tot im Stall. Resi verloren wir durch reine Unachtsamkeit. An einem Sommerabend, die Tiere waren schon gefüttert, aber sie war als einzige noch nicht draußen gewesen, setzte ich sie auf der Wiese noch schnell unter einen umgestülpten Drahtkorb und vergaß, sie vor der Dunkelheit wieder in ihren Stall zu bringen. Am nächsten Morgen war sie verschwunden. Der Korb stand etwa an gleicher Stelle, doch von Resi keine Spur. Schuldbewusst streifte ich stundenlang durch alle fünf Gärten, die an unser Grundstück grenzten und suchte nach ihr. Ich sah sie nie wieder.

Unser Vater meinte, höchstwahrscheinlich hätte eine Katze oder ein Marder sie geholt. Von denen gab es viele in unserer Gegend.

Irgendwann fiel mir eine Schwäche Hasis in seinen Hinterläufen auf. Zunächst sprang er nicht mehr ohne Hilfe aus seinem Stall heraus. Ich musste ihn herausheben. Dann verharrte er stets eine Weile bevor er sich schließlich mühselig hochkämpfte und erst nach längerer Einlaufzeit ganz vorsichtig herumhoppelte. Er schlug keine Haken mehr. Er bewegte sich immer langsamer. Das Koten bereitete ihm auch Probleme. Der Stuhl kam nicht mehr in Perlenform, nur noch als zusammengeklebte Masse. Weil er sich offensichtlich im Darm staute, drückte ich ihn mit den Fingern heraus. Es war ein Elend. Eines Tages konnte sich Hasi nicht mehr aufrichten. Er lag vor dem Stall. Seine Hinterläufe blieben gelähmt. Meine Bemühungen, ihm auf die Beine zu helfen brachten gar nichts. Dieses einst so schöne und temperamentvolle Tier quälte sich seit Wochen mit seiner Lähmung herum, und ich wollte es nicht länger leiden lassen. Und Aussichten auf eine Besserung gab es nicht. Er war älter geworden als alle Stallhasen, die ich kannte, und er hatte – davon ging ich aus – ein schönes Leben gehabt. Und nun das.

Schon vorher machte ich mir immer wieder Gedanken darüber, was ich im Notfall tun könnte. Ich würde ihn von seinem Gebrechen erlösen und ihn auf eine schnelle und schmerzlose Art töten. Ich trug ihn in die Garage, nahm einen Rindenschäler, eine linealförmige stählerne Klinge mit Holzgriffen an den beiden Enden, streichelte ihn zum Abschied und schlug ihm mit der scharfen Kante kurz hintereinander zweimal mit Wucht ins Genick. Er war sofort tot. Ich fühlte mich elend, aber auch irgendwie befreit.

Der Familie teilte ich daraufhin mit, Hasi sei gestorben. Meine Einwirkung dabei behielt ich für mich. Ich wusste, ich hatte wohl überlegt und richtig gehandelt und hätte es jederzeit wieder getan, wollte mich aber vor der Familie nicht ausführlich rechtfertigen müssen. Meine Eltern hätten das sicher einfach akzeptiert, nicht aber die beiden jüngeren Geschwister. Erst Jahre später, als Erwachsener, gab ich die wahre Geschichte preis, während wir uns einmal unserer früheren Tiere erinnerten.

Und was geschah mit Jackie, dem nach Susis Tod soviel meiner Zuneigung galt? Ich weiß nicht mehr, wie er verunglückte. Jedenfalls fiel er durch eine Unachtsamkeit von irgendwo herunter und muss sich das Rückgrat gebrochen haben. Ich erinnere mich, dass ich das schlaffe Tierchen in eine mit Heu ausgepolsterte Schuhschachtel legte, diese ins Haus trug und neben mein Bett stellte. Jackie starb noch am gleichen Abend. Draußen hatte sich der Frühling mit aller Macht durchgesetzt. Der Duft der Fliederbüsche strömte durch die leicht geöffnete Balkontür in das Zimmer, das ich zu jener Zeit mit meinem Bruder Martin teilte. Ich schnitt im Garten einige Fliederdolden ab und legte sie auf den kleinen toten Tierkörper. Am nächsten Tag begrub ich Jackie unterhalb des Hasenstalls im Garten.

Stammbaum

Ernst Funke ⚭ *Katharina* Anna Funke geb. Hildmann
* 1848 in Hohengandern
† 1928 in Klostermühle bei Effelder/Eichsfeld

Katharina Anna Funke
geb. Hildmann
* 1845 in Hohengandern
†1908 in Werleshausen

Franziskus Johannes ⚭ Anna Pálinkáš
(*Janoš*) Pálinkáš
* 1854 in Tata/Ungarn
† 1920 in Langen

Anna Pálinkáš
geb. Mayer
* 1867 in Alzey/Pfa
† 1939 in Alzey

Bartholomaeus Ludovicus ⚭ *Anna* Elisabeth Funke
(Louis) *Karl* Funke
* 1875 in Hohengandern
† 1960 in Bad Orb

Anna Elisabeth Funke
geb. Pálinkáš
* 1887 in Alzey
† 1968 in Bad Orb

Anna (*Aenne*) Katharina Funke
verh. Hohmann, verh. Feldmann, verh. Wied
* 1907 in Bad Orb
† 2002 in Bad Orb

Rudolf Ludwig Karl Funke
* 1912 in Bad Orb
† 1994 in Bad Orb

Johannes Ernst *Oskar* Funke
* 1909 in Bad Orb
† 2000 in Kirchhain

Elisabeth (*Else*) Auguste Theodora Funke
verh. Horwedel
* 1910 in Bad Orb
† 2002 in Karlsruhe

Irmgard (*Irmel*) Johanna Maria Funke
verh. Manz
* 1918 in Bad Orb
† 2005 in Gelnhausen

Karl Ernst Christian Funke
* 1920 in Bad Orb
† 1944 gefallen

hann Köck ⚭ Johanna Köck
1835 in St. Veit
der Gölsen/
ederösterreich

Johanna Köck
geb. Kraus
* 1837 in Hart/
Niederösterreich

Franz Josef Kauzner ⚭ Franziska Kauzner
* 1827 in Walkowa/
Böhmen

Franziska Kauzner
geb. Hiehsl
* 1835 in Nebosedl/
Böhmen

Johann Köck ⚭ Theresia Köck
* 1859 in Steinwandleithen/
Niederösterreich
† 1924 in Wien

Theresia Köck
geb. Kauzner
* 1869 in Walkowa/Böhmen
† 1930 in Wien

ertrud Johanna Theresia Funke
eb. Köck
1907 in Wien
1972 in Gelnhausen

ristoph Karl Peter Funke
1941 in Wien

igitte (Gitti) Marie Funke
erh. Eissing, verh. Rack
1942 in Wien

artin Karl Funke
1944 in Wien

Anhang: Der Heimweg meines Vaters

Jahre nach dem Krieg verfasste mein Vater Rudolf Funke einen Bericht über den weiten Ritt von einem Dorf bei Rosenheim nach Bad Orb. Mit seinem Reisegefährten, einem Oberfeldwebel der Luftwaffe namens Arnold, war er etwa drei Wochen unterwegs. Hier einige Auszüge.

Am Waffenstillstandstag nahmen wir Abschied von unseren Gastgebern. Als Ausweispapier trug ich einen Zettel in der Tasche, der die Unterschrift des stellvertretenden Bürgermeisters vom Nachbarort Großholzhausen trug, mit der Anweisung, daß sich der Inhaber in Bad Orb bei der Behörde zu melden habe. Militärpapiere wie Truppenausweis usw. ließ ich verschwinden. Schon am Mittag trafen wir einen Mann der Organisation Todt, der aus einem Behelfsgefangenenlager bei Bad Aibling entlassen worden war. Von seinem Entlassungspapier in englischer Sprache fertigte ich uns beiden und anderen Heimkehrern, die sich bei diesem Treff einfanden, auf einer Schreibmaschine im nahen Wirtshaus Abschriften an. Die Unterschrift dieses Lagers „Kangourou", eines Leutnants, drückte ich durch das dünne Papier durch und zog sie mit Tinte nach. Stempel gab es keinen. Dieser Fetzen sollte sich mehrfach bewähren.

Für unser Vorwärtskommen kamen grundsätzlich nur Nebenwege in Frage. Wir mußten jeglicher Begegnung ausweichen. Über die Behandlung deutscher Kriegsgefangener gab ich mich keinen Illusionen hin. Was ich selbst darüber in Erfahrung bringen konnte, reichte aus, um alle Kraft und Umsicht aufzuwenden, um die Freiheit zu behalten.

Wir waren nicht die Einzigen, die nach Hause strebten. Einzeln, in kleinen Grüppchen, mit Handwagen, bespannten Bauernwägelchen, mit Schiebkarre oder nur mit Wanderstab suchte man sich seinen Weg, darunter Kinder, die aus bombengefährdeten Großstädten in ländliche Bezirke ausgesiedelt worden waren.

Dorfpassagen waren gefährlich. Wir mieden sie, wenn immer möglich. Unser Aufzug erweckte Aufsehen. Daß jetzt noch Soldaten (als solche unverkennbar) frei herumliefen, und das auch noch hoch zu Roß, weckte ungläubiges Staunen. Zurufe wie: „Wo wollt ihr denn hin?" „Gebt auf!" „Ihr kommt nicht weit!" „In dem Aufzug werdet ihr bald im Lager landen!" bekamen wir täglich serviert.

Unterkunft zu finden kostete häufig Geduld und Ausdauer. Wir mußten abends um sieben Uhr von der Straße sein und für die Gastgeber bedeutete es ein Risiko, Fremde aufzunehmen, besonders auf heimkehrende Soldaten gezielt. Oft haben uns Kinder mit nach Hause genommen und uns aus der Not geholfen.

Der Christi Himmelfahrtstag hat sich fest in die Erinnerung eingegraben. Wie bisher, stetig strahlte auch an diesem Morgen eine glühende Sonne vom Himmel. Wir mußten auf dem Weg nach Nordwesten über die Isar, suchten eine Brücke und zogen flußaufwärts, um nicht zu nahe an München heranzukommen. Mein Pferd Ralf lahmte, ein Eisen war locker, und nur ein Schmied konnte hier helfen. Zur Schonung gingen wir zu Fuß. Weit und breit keine Menschenseele. Plötzlich eine wilde Knallerei, von wüstem Gebrüll begleitet. Galt das uns? Partisanen? Ein Gefecht? Vom steil aufsteigendem Hang wurden Gestalten sichtbar, die im wahrsten Sinne des Wortes an Räuber erinnerten. Zwei, acht, zehn, zwanzig und mehr unheimlich aussehende Gesellen tobten da herunter auf die Sträße, knallten und fuchtelten mit allerlei Schießgerät herum, stürzten sich auf uns zu und hielten uns die Pistolen vor das Gesicht. Im Nu waren die Rucksäcke vom Sattel gerissen, lagen am Boden und wurden durchwühlt. Der Inhalt flog auf die Straße. Kamerad Arnold, zwanzig Meter zurück, stand wie ich mit erhobenen Händen. Die Uniformstücke mit Rangabzeichen erregten ihr besonderes Interesse, waren ihnen aber scheinbar unverständlich, flogen schließlich auf die Seite. Das waren keine Soldaten, wahrscheinlich Fremdarbeiter in die Freiheit entlassen, die hier als Wegelagerer auf ihre Weise Beute zu machen suchten. Kein Wunder, daß sich bei solch unsicheren Straßenverhältnissen keine Menschen außerhalb ihrer Ortschaft auf die Straßen wagten. Meine Vorräte an Zigarren und Zigaretten, die ich als wertvolle Tauschmittel gehortet hatte, wechselten den Besitzer. Palaver schließlich, hin und her. Wir konnten die Arme sinken lassen, atmeten auf. Zigaretten aus der Beute wurden angezündet. Wenn sie uns nur die Pferde ließen! Bei Gott, sie verkrümelten sich ohne uns noch zu beachten und verschwanden im Wald.

Wir waren wieder allein, suchten unsere Siebensachen zusammen, stopften sie in die Rucksäcke. Die Sonne schien, neben uns rauschte der Fluß, blau dehnte sich der Himmel. Ich dankte unserem Gott da droben, dessen Sohn heute heimkehrte in den Schoß des Vaters.

Wir durchquerten auf einem schmalen, aber lieblichen Waldweg ein Stück Hochwald. Das Knallen von Schüssen ließ uns langsamer werden und anhalten.

Der Weg senkte sich vor uns steil auf den Grund einer Schlucht, durch die ein Wildbach floß. Auf der Holzbrücke, die hinüberführte, stand ein amerikanischer Mannschaftswagen, dessen dazugehörige Soldaten, deren sechs an der Zahl, die ihre Schießkunst an ins Wasser geworfenen Blechbüchsen erprobten. Wir warteten auf das Ende der Knallerei. Das aber ließ auf sich warten. Ein Umweg kam für uns nicht in Frage. Also hinunter und vorbei. Die Amis stellten das Schießen ein, als wir auftauchten. Sie waren verblüfft. Die Enge zwischen Auto und Brückengeländer zwang uns vom Pferd. Die Soldaten, die Pistolen in der Hand, machten widerwillig Platz. Wir grüßten, guckten so freundlich wie möglich. Sie standen stumm, feindselig. Aufatmen, kein Schuß.

Auf dem Balkan wäre solch eine Begegnung mit dem früheren Gegner mit Sicherheit tödlich gewesen.

Wir näherten uns dem Frankenland. Rothenburgs Türme grüßten uns aus der Ferne. Suchen und Finden von Übernachtungsplätzen gestaltete sich zunehmend schwieriger. Die Bauern fürchteten die Besatzungsmacht, die Aufnahme und Unterstützung deutscher Soldaten unter Strafe stellte. Dazu kam, daß sie neidisch nach unseren Pferden schielten, nachdem sie ihre eigenen der deutschen Wehrmacht bei dem Rückzug zur Verfügung gestellt hatten. In einem Fall bot uns ein Bauer einen PKW zum Tausch, den er in der Scheune versteckt hielt. Was aber sollten wir mit einem solchen Gefährt, das auf Straßen und Brücken angewiesen war und Benzin benötigte? Ihre Einstellung war verständlich. Auch wir selbst hatten keinen Besitzanspruch, weniger als sie, aber ohne Pferde sank unsere Chance beträchtlich, unser Ziel zu erreichen. Wir mußten auch gegenüber unseren Landsleuten vorsichtig sein. Ein Wort genügte, uns ans Messer zu liefern. Dann adieu Freiheit!

Flußabwärts von Wertheim, schon heimatliches Gefild, erreichten wir den Main. Auch hier im Umkreis keine heile Brücke. Statt einer solchen gab es Fährverkehr, wenn auch nur durch ein kleines Ruderboot. Keine Frage, dieses Mal mußten die Pferde ins Wasser. Sogar die zickige Rosalinde war einverstanden. Für Ralf überhaupt kein Problem. Brav schwammen unsere Tierchen, von den Reitern im Boot leicht am Zügel geführt, hinter dem Boot her.

Hinunter nach Rothenbuch. Hier trafen wir wieder eine Reisegesellschaft mit Pferd und Bauernwagen, gemischt aus Frauen, Männern und Halbwüchsigen, die wir zuletzt beim Donauübergang gesichtet hatten. Sie hatten es noch weit bis in den hohen Norden. Für meinen Kameraden Arnold hieß es Abschied nehmen. Sein Weg nach Mainz zweigte hier ab. Ob er je nach Hause gekommen ist? Ob ihn die Franzosen geschnappt haben, beim Rheinübergang vielleicht? Ich habe ihn später vergeblich aufzuspüren versucht.

Der Spessart atmete tiefe Ruhe. Diese Wälder waren den Amis unheimlich. Sie mieden sie, wenn möglich. Noch immer spuckte in diesen Tagen die Mär vom Wehrwolf, Männern, die noch immer kampfbesessen, den Krieg nach Partisanenart fortsetzen wollten. Bemerkt hatte ich bisher davon nichts. Verführt von der Menschenleere benutzte ich ein Stück Weges die Fahrstraße nach Heigenbrücken und – schon war es passiert. Gerade beim Abzweigen in einen halb von Büschen verdeckten Waldweg erspähten mich die Insassen eines amerikanischen Jeeps, der hinter mir auftauchte, zweifellos Offiziere. Sie folgten mir in den Seitenweg, hielten mich an und verlangten Ausweispapiere. Ich sprang vom Pferd und kramte nach meinem Papierchen. Höchste Spannung! Ob es auch vor solch kritischen Augen seine Wirkung tun würde? Reihum guckten sich die Männer das Zettelchen an und gaben es zurück. Und kein Wort dazu. Ralf bekam sogar noch einen freundschaftlichen Klaps auf das Hinterteil. Der Motor heulte auf, das Gefährt stieß zurück auf die Straße und verschwand. Mein Gott, vierzig Kilometer vor der Haustüre, das hätte gerade noch gefehlt.

Wahrlich, ich hatte einen zuverlässigen Schutzengel.

In meiner Erinnerung kramte ich nach dem Namen eines Unteroffiziers, Angehöriger der 4. Batterie, der mir vor wenigen Monaten in Mostar zur Beförderung zum Wachtmeister vorgestellt worden war.

Ich hatte dabei erfahren, daß er aus einer Mühle in Jakobstal stammte, die durch ihre romantische Lage am Ortsende in einem reizvollen Tal schon früher meine Aufmerksamkeit geweckt hatte. Sie sollte das Tagesziel sein. Sicherlich würden sich die Eltern des Mannes, er hieß Josef Fleckenstein, freuen von ihrem Sohn zu hören.

Hangabwärts auf die Mühle zu, wie immer ein romantisches, liebliches Bild des Friedens. Eine Frau stand vor der überbauten Toreinfahrt, sah mich kommen, machte eilends ein paar Schritte vorwärts, rief mir zu: „Jopp, Jopp!" Mein Gott, sie hielt mich wahrhaftig für ihren Sohn. Gleich mußte sie ihren Irrtum erkennen und enttäuscht sein. Sie tat mir leid. Und doch gab es den Trost, zu hören von diesem Fremden, daß ihr Jopp am Leben war, wenigstens noch acht Wochen zuvor. Sechs Wochen später sollte sie ihn wieder in die Arme schließen können. Sie war eine gütige, hilfsbereite, mütterliche Frau, in deren Händen ich bestens aufgehoben war. Gleiche Fürsorge wurde auch dem Pferd zuteil. Wir waren in einer Mühle. Hier gab es Korn und Hafer, Brot und Butter. In den Nöten der folgenden Jahre sollte ich den Weg in diese Mühle noch oft und oft zurücklegen, um Mehl zu erstehen für die leeren Mägen der Familie. Nie fand ich die Tür verschlossen.

Die Nestwärme der Fleckenstein-Mühle konnte ich leider nur eine Nacht auskosten. Die Sehnsucht nach der Heimat trieb mich weiter. Pfingstsonntag, Frühling, die Welt voller Blüten. Früher Aufbruch. Bei Wiesen steckte ein deutsches Jagdflugzeug mit der Nase im Feld. Symbol für unseren Zusammenbruch, für unseren totalen Absturz ins Nichts. Man selbst wie ein treibendes Stückchen Holz auf einem unendlichen, wild wogenden Meer, hilflos, wehrlos preisgegeben tausend Einflüssen. Und doch! War ich nicht bisher dem Chaos heil entkommen? Warum sollte es nicht weiterhin gut laufen? Heute und auch morgen, übermorgen?

Inhalt

Danksagung

Das Niederschreiben meiner Kindheitserinnerungen fiel mir zuweilen schwer. Mut machte mir immer wieder meine Frau Silke, die auch Korrektur las und mich darin bestärkte, dass ein Buch daraus wurde.

Auch anderen Personen schulde ich großen Dank.

Meine Schwester Brigitte Funke-Rack erinnerte mich an verschiedene gemeinsame Kindheitserlebnisse. Mit meiner Orber Kusine Ingrid Funke-Braunsteiner konnte ich häufig über Ereignisse aus dem Leben in der Post und über Geschehnisse in Bad Orb gegen Ende des Krieges und in den ersten Nachkriegsjahren sprechen. Meine Kusine Juliane Jaenke geb. Horwedel gab mir einige ihrer Eindrücke aus dieser Zeit wieder.

Klaus Neumann machte mir Helga Kochs Beitrag „Die Weiße Liste“ im „Heimatjahrbuch 2007 – Zwischen Vogelsberg und Spessart“ zugänglich.

Bei meiner Suche nach Fotos halfen mir Dr. Angelika Wasel geb. Ramek (Haus Spessartstraße 6), Renate Maiwald geb. Graulich (Hotel Hohenzollern), Evi Janutsch geb. Schöneich, Dieter Bachmann und Klaus Neumann (alle mit Bildern aus der gemeinsamen Schulzeit) und Irmgard Wieczorkowski (Orber Schwimmbad).

Auch die Bad Orber Stadtarchivarin Helga Koch, sowie Elsbeth Ziegler und Eberhard Eisentraud waren sehr hilfsbereit und nahmen sich Zeit für mein Anliegen. Ihnen verdanke ich die folgenden Fotos:

- Archiv Karl A. Ihl im Orber Stadtarchiv: S. 88, 149, 302
- Archiv Ziegler-Eisentraud: S. 84, 111, 153, 169 (Kurhaus), 181, 295
- Das Bild der Orber Post auf S. 42 entnahm ich dem Buch von Aenne Weis: 130 Jahre Bad Orber Postamt. Bad Orb 1979.

Bremen, im Oktober 2012 — Christoph Funke